내 운명의 비밀을 알려주는

# 별자리
# 상담소

문원북
BOOK

내 운명의 비밀을 알려주는 **별자리** 상담소

초판발행 2019년 07월 01일
초판인쇄 2019년 07월 01일

지 은 이 Adler Institute of Psychology
편     저 김소원
펴 낸 이 김민철
펴 낸 곳 문원북
디 자 인 이미진
등록번호 제4-197호
등록일자 1992년 12월 5일
주     소 서울시 마포구 토정로 222 한국출판콘텐츠센터 422
대표전화 02-2634-9846 팩스 02-2365-9846
이 메 일 wellpine@hanmail.net
홈페이지 http://cafe.daum.net/samjai

ISBN 978-89-7461-441-6

내 운명의 비밀을 알려주는

# 별자리
## 상담소

지은이 Adler Institute of Psychology
편저 **김소원**

# 목차

**3장** 연애, 일, 결혼... 장르별로 운을 끌어올리는 법칙

**4장** 궁금한 그의 운명에 대해서 파악하기

**5장** 심리테스트로 더욱 깊이 자신을 알자.

# 1장

# 태양성좌로
# 이끄는
# 진정한 당신

# 양자리
### 3월 21일 ~ 4월 20일

사람들과 싸워서 성공을 쟁취하는 능력은 탁월하다.
자신의 정열에 솔직하게 살아 나가야만 사랑에서 행복해질 수 있다.

## 양자리가 살아가는 방법
*하늘에서 내려 준 용기와 행동력을 발휘하고 개척자로써 부여받은 사명을 완수하자.*

12성좌 중에서 톱의 자리에 위치하는 양자리는 원래 "개척자"로서의 사명을 짊어지고 있다. 미지의 세계를 개척하거나 무에서 유형의 대상을 창조하거나 하여서 그 방면의 개척자로서의 명성을 구가하게 될 운명이다. 선견지명, 용기, 행동력의 3요소가 무엇보다도 당신을 빛나게 해주는 포인트이다. 일이나 취미 등에서 지금까지 그 누구도 손대지 못했던 분야에서 활동하여 놀라운 성과를 내고 그것이 화제가 되기도 하며, 또한 그것이 커다란 금전적 메리트를 불러 오는 경우가 많을 것이다. 신규 기획이나 상품개발, 새로운 클라이언트 등으로 타깃을 정해서, 사내에서 "최초"로 또는 업계에서 "처음"이라는 타이틀 획득에도 도전해 보아야 할 것이다. 반드시 성공으로 데려다 줄 것이며 당신의 평가도 상승될 것임에 틀림없다.
또 양자리의 수호성은 싸움을 관장하는 화성이다. 승부나 경쟁에는 파워풀한 힘을 발휘하므로 사람들과 경쟁하여 성공을 쟁취하는 능력은 남들보다 훨씬 강하다. 정해진 박자대로 일이 진행된다고 하기 보다는 적이나 장애물이 많은 편이다. 그것을 극복하려는 의지가 다시금 실력을 발휘할 수 있게 되는 타입이므로 여럿이 승부를 다투는 일에 특히 잘 어울리는 사람이다. 콘테스트, 디스커션 등의 장소에서는 재능을 인정받아서 행운을 손에 넣는 경우도 많을 것이다.

다만, 운은 일의 시작 단계에 집중되어 있어서 시간이 흐를수록 그 힘이 약화되는 경향이 있으므로 그 의미에서 보자면 스타트 순간의 기세를 몰아서 남보다 한 발 앞으로 나서는 것이 행운의 열쇠가 된다. 단기간의 결전이라면 모든 면에서 자신의 생각대로 행운이 깃드는 길로 나갈 수 있다.

대인관계로서는 좋은 라이벌을 두는 편이 당신의 능력을 몇 배나 높여주는 결과를 갖다준다. 팔로어는 공격적인 당신의 운을 완화시켜주는, 사교성이 풍부한 사람을 친구나 파트너로 두면 운이 보다 더 확장될 것이다.

양자리의 운의 약점은 순발력은 있지만 지속력이 떨어진다는 점이다. 갑자기 그 이름을 사방에 떨치게 되었다고 생각했는데 순식간에 그림자를 감추고 잠수를 타게 되는 경우도 있으니 그렇게 되지 않기 위해서는 하나의 성공에 만족하지 않고 차례대로 새로운 도전에 임해보고 늘 주목을 받고 있어야 하는 것이다. 그렇게 하면 당신의 운은 보다 더 파워업이 된다. 즉, 양자리에게 있어서는 새로운 과제나 새로운 목표를 계속해서 지니고 있어야 한다는 점이 중요한 것이다. 신변의 변화나 환경의 변화를 두려워하지 말고 무슨 일이든지 도전하는 용기를 갖자.

## 양자리의 연애 타입
*장해가 있는 사랑에 강한 운을 지닌 당신. 단기간의 결전으로 승부를 낸다면 최강의 운을 기대할 수 있다.*

양자리의 사랑의 운세는 탈취하는 사랑이다. 남성을 따라 다닐 때의 당신에게는 공격적인 투쟁의 본능이 높아지므로 언제나 항상 매력적인 상태에 놓이게 된다. 그 정열도 상대를 감동시킬만할 정도로 높아져서 별반 고생없이도 사랑을 성취할 수 있을 것이다. 특히 장해가 있는 사랑에 강한 운을 갖는 것이 양자리의 커다란 특징이다. 라이벌이 많은 상대나 연인이 있는 사람을 말한다. 보통은 포기해 버릴만한 상대인 경우는 보다 더 불타오르는 타입이다. 무리해서라도 상대를 뺏으려고 덤벼들어서 그 유례를 보기 힘들 정도의 박력감이 주위를 압도하고 당신의 염원이 보기 좋게 달성되는 결과가 된다. 반칙이나 억지, 강제적이라는 시샘을 받을지 모르지만 자신의 정열에 정직하게 살고 있음으로서 비로소 행복하게 되는 것이다. 반면에 수동적인 자세를 취하면 당신의 매력은 그림자를 감춰버리기 쉽다. 늘 쫓는 입장에 서 있는 것이 당신의 연애운을 상승시킨다. 또, 첫눈에 반하는 사랑, 전기 스파크같은 사랑 등에 순간적으로 확하고 달아오르는 사랑은 당신에게는 신의 한 수가 된다. 단기간의 결전에 강한 양자리의 파워를 유감없이 발휘할 수 있어서 거의 100%의 확률로 승리를 수중에 넣을 수 있을 것이다. 여행지 등에서의 우연한 만남에서 사랑으로 발전하는 케이스도 많을 것이다.

양자리는 첫인상이 매우 선명하고 강렬하다. 당당한 눈동자로, 만난 순간에 남성의 마음을 사로잡아 버리는 경우도 자주 있다. 파티 등에서 제밀 먼저 남성들이 말을 걸어서 선망의 대상으로서 질투를 모으는 것은 대개는 당신일 것이다. 하지만 그런 화려한 만남과는 달리 사랑의 기간이 의외로 짧은 경향에 있는 것이 양자리이다. 교제가 시작되면 차라리 진전을 늦추는 등의 방법으로 서로의 정열을 적정한 온도로 유지시켜 나갈 궁리가 필요하다.

만혼이 행운으로 연결되므로 29살 이후에 결혼해야 운이 좋다. 단, 양자리는 남보다 훨씬 자립심이 강해서 경제적으로도 혼자서 살아 갈 수 있는 타입이기 때문에 결혼이란 모습으로는 나가려고 하지 않을 가능성도 있다. 자신의 욕구만이 아니라 남의 마음도 이해하고 그에 따른다면 결혼도 잘 진행될 것이다.


## 남들이 본 당신

*파워풀한 행동력을 갖고 있는 양자리의 당신을 주변에서는 어떻게 보고 있을까?*

★ **양자리**   같은 별자리이므로 센스나 성격이 닮았다. 하지만 자아의식이 강해서 남과 똑같은 것을 싫어하는 양자리는 서로에게 끌리지 않는 동안에 상대에게 반발하기 쉽다. 쓸데없는 다툼은 피하는 것이 좋을 것이다.

★ **황소자리**   황소자리는 요령이 좋지 않고 재치마저 떨어진다. 때문에 행동력이 뛰어나고 뭐든지 척척 잘 해나가는 당신은 동경과 선망의 대상이 된다. 상대가 우물쭈물하고 있을 때 손을 내밀어 거들어 준다면 바로 그의 마음을 잡을 수 있다.

**★ 쌍둥이자리**   두 사람 모두 행동적이고 자연스럽게 경쟁 관계가 되지만 양자리 쪽이 노력형이다. 때문에 쌍둥이자리는 이길 수 없는 상대로 당신을 의식할지도 모르니 너무 본격적으로 행동에 나서거나 경쟁하려고 하지말아야 한다.

**★ 게자리**   게자리는 기가 약하고 조금은 겁쟁이기도 하다. 그에 비해서 당신은 무모함마저 있으니 그런 당신의 행동을 게자리는 조마조마한 마음으로 보고 있을 것이다. 게자리와 교제하려면 상식이나 일상적인 규범을 정확히 구분해야 한다.

**★ 사자자리**   어느 쪽이든 파워풀한 행동력의 소유자이다. 곧바로 서로의 실력을 인정하는 사이가 된다. 게다가 쌍방은 패배를 싫어하는 면이 좋은 방향으로 움직이기 때문에 절차탁마해가면서 최강의 콤비가 된다.

**★ 처녀자리**   처녀자리는 섬세하고 매우 상처받기 쉬운 타입이다. 때문에 당신이 뱉은 생각없는 한마디는 당신을 무신경한 사람으로 생각하기 쉽다. 처녀자리와 교류할 때는 깨지기 쉬운 유리잔을 다루 듯 하는 기분으로 임해야 한다.

**★ 천칭자리**   천칭자리는 누구하고도 교류할 수 있는 사교가이다. 그에 비해서 당신은 확실함을 우선으로 하는 타입이므로 서로 부딪히게 되는 경우도 자주 생긴다. 자기에게는 없는 장점이라고 생각한다면 좋은 콤비가 될 것이다.

**★ 전갈자리**   양자리는 말수도 많지만 할 일은 제대로 하는 타입이다. 때문에 무언으로 실행하는 전갈자리에게는 깊은 신뢰를 줄 수 있다. 하지만 서로의 성격에는 격한 면도 있어서 일단 다투게 되면 오랜 기간 그것이 지속될 것이다.

★ 사수자리　　　정열적이고 매사에 열정적으로 임하는 당신. 또한 사수자리도 흥미가 있는 것에는 전력투구를 하는 사람이다. 무엇보다도 두 사람 모두 밝고 개방적인 성격이 공통분모가 되므로 곧바로 서로 호감을 갖게 될 것이다.

★ 염소자리　　　속전속결이 기본 모토인 당신과는 달리 염소자리는 지긋이 사물을 결정하는 사람이므로 당신을 신중함이 결여된 사람으로 여길 수 있다. 염소자리 앞에서는 잘 생각해보고 그 뒤에 입을 열도록 하자.

★ 물병자리　　　물병자리는 씩씩함이 부족하고 실행력도 다소 떨어진다. 때문에 파워풀하면서 늘 선두에 서서 행동하는 당신을 동경의 대상으로 삼는다. 무엇인가의 구실을 만들어서 끌어 당겨서 올려보도록 하자.

★ 물고기자리　　물고기자리는 남들로부터의 보호를 받고 싶은 타입이다. 당신이 평소처럼 대하고 있어도 야박스럽다고 여길 수도 있다. 사이가 좋아지고 싶다면 남보다 몇 배나 더 배려를 해주어야 한다.

양자리가 난관에 봉착했을 때의 탈출 키 워드

방향전환 ▶

단거리 주자인 양자리가 일생을 행복하게 살아가기 위해서는 과거의 영광에 집착하지 않아야 한다. 한번 성공했던 것과는 다른 활동 분야에 도전하거나 같은 분야라도 새로운 방향으로 전환함으로서 제2의 커리어를 펼쳐갈 수 있는 것이다. 즉, 양자리는 새로운 과제나 목표를 찾아내기만 하면 거듭해서 성공을 거두게 되고 그 결과 장기간 활약할 수 있게 된다. 양자리의 인생에 있어서 가장 중요한 것은 전력투구할 가치가 있는 신선한 목표를 언제까지나 유지시키는 것이다. 신변의 변화나 환경의 변화를 두려워하지 말고 많은 분야에 도전한다면 당신의 인생은 성공할 수 있다.

# 황소자리
## 4월 21일 ~ 5월 21일

재운과 물질운이 강성하여 장래에는 유복한 생활을 한다.
사랑을 쫓기 보다는 기다리는 것에 큰 인연이 있다.

## 황소자리가 살아가는 방법
*천부적인 오감을 십분 활용한다면 보다 풍족한 생활은 당신의 것이 된다.*

황소자리는 소유를 관장하는 별자리이다. 금전과 물질적으로 혜택을 받아서 일단 수중에
들어 온 것은 놓지 않는 천성적인 행운의 소유자이다. 젊었을 때부터 재물을 모으는 타입
으로, 그 중에는 20대에 자기 아파트를 구입하여 부러움의 대상이 되는 사람도 있다. 장래
의 풍족한 생활은 보장된 것과 다름없다고 말해도 좋을 것이다. 단지 수입을 늘려가기 위
해서는 금전이나 고가품 자체에 관련이 있는 직업을 갖는 것이 필요조건이다. 은행권이
나 경리, 귀금속, 갤러리 근무 등을 목표로 하면 좋을 것이다. 주의했으면 하는 것은 너무
돈에 집착한 나머지 손에 쥔 것은 절대로 놓지 않으려고 인색하게 행동하는 것이다. 나쁜
의미로 말하자면 '참, 대단한 사람'으로 여겨져서 경원당할 수 있을지도 모른다. 때문에
도를 넘은 탐욕은 운을 빈천하게 만드는 원흉이라고 명심해야 한다.
또한 지배의 별인 금성은 당신에게 멋진 오감을 준다. 당신은 시각, 청각, 미각, 후각, 촉각
중에서 어느 것인가 한 가지가 남보다 대단히 민감하다. 때문에 컬러리스트, 셰프, 소믈리
에 등 미묘한 감각으로 승부를 짓는 전문직을 목표로 한다면 이름을 날리는 프로가 될 수

있을 것이다.

물론 오감을 제대로 활용한다면 남들이 알지 못하거나 눈치를 채지 못하는 물건을 신속하게 찾아내거나 해서 당신의 생활은 믿을 수 없을 만큼 풍부해질 것이고 바겐세일 등에서도 남들보다 훨씬 유리하므로 압도적인 이익을 거둘 것이다.

황소자리의 운세는 안정성이 강하여 한번 정해진 방향은 여간해서 바꿀 수 없다. 그 의미로서 20대 후반까지 다양한 가능성을 두드려 보고 진로의 폭을 넓혀두지 않으면 평탄한 인생을 살 수 밖에  없게 된다. 특히 15~24세 사이에는 운이 가장 집중되므로 이 동안에 여러 가지를 흡수해 두는 것이 제일 좋다. 그렇게 얻은 수입의 기반, 인맥, 노하우 등은 후일의 성장세를 두드러지게 만들고, 멋지게 이루는 행운의 가능성을 품고 있을 것이다. 그것을 잘 확대시켜 나간다면 이후의 인생은 순풍에 돛을 단 모양이 된다. 슬로우 페이스의 착실한 황소자리이기 때문에 결과가 바로 나타나지 않을지도 모른다. 하지만 젊었을 때 갖춘 것을 소중히 키워나가는 동안에 어느새 커다란 성과를 얻게 될 것이다. 그리고 그 성공에는 지배의 별인 금성의 영향이 있어서 막대한 수입의 동반을 약속받을 것이다.


## 황소자리의 연애 타입
*여성이기 때문에 가능한 매력을 최대한 발휘하여 양보다 질로 혜택을 받는*
*연애운*

황소자리의 연애운은 여자의 모든 능력을 발휘함으로써 열려 나간다. 태생적으로 갖춘 풍부한 오감은 당신에게 요리솜씨, 쾌적한 환경을 꾸리는 재주, 진한 성적도취 등을 부여했다. 그것을 전부 활용함으로써 어떤 남성이라도 여성이기 때문에 가능한 당신의 풍부한 매력을 느끼게 되고 당신에게 홀딱 반하게 될 것이다. 특히 어프로치 단계에서는 금성이 갖춘 훌륭한 자태, 촉촉하고 아름다운 피부 등을 무기로 한다면 상대는 반드시 당신의 포로가 될 것이다.

연애는 양보다 질적인 면으로 좋은 운기를 타고 났다. 연애 횟수는 적지만 애인관계로 발전되는 사람은 성격, 재력, 섹시함의 삼박자를 갖춘 의외의 남자들만 생길 것이다. 사랑의 시행착오를 거듭하는 친구를 곁눈질해가면서 한 번에 타깃을 맞출 수가 있고 충실도가 높은 사랑을 손에 넣을 수도 있는 운명이다.

기다리는 사랑에 행운이 담겨있는 것도 황소자리이기 때문에 가능한 것이다. 당신을 차버렸던 남자가 당신의 매력을 알아차리고 다시 접근해 오는 일도 자주 있다. 그때는 관대하게 받아준다면 레벨이 높은 남자를 얻을 수 있다. 또 세컨드 입장에서도 사랑을 잘 역전 시키는 것도 황소자리가 갖고 있는 행운의 한 가지라고 말할 수 있다. 그 열쇠는 천부적인 아름다움, 온화함을 발휘하여 그의 마음속 오아시스가 되어 주는 것이다. 교재중인 연인과 다툴 때마다 그는 당신에게 구원을 요청하게 되고 결국에는 당신의 존재가 그에게 있어 메인의 여자로 바뀔 것이다. 거꾸로 남자를 쫓아만 다니는 사랑에는 불운이 따라다닐 것이다. 상대의 마음이 떠나면 집착하며 따라다녀서는 안 된다. 점착도가 높은 끈적이는 공략은 남성에게 있어서 싫어질 수밖에 없는 존재가 되기 때문이다. 독점욕은 적당히 발휘해야 한다.

황소자리는 사랑을 거의 결혼과 연결시켜 생각한다. 상대가 그러한 마음이 있다면 99%가 결혼에 도달한다. 원래 가정적인 성향이 강하므로 서두르는 것이 좋을 것이다. 또한 첫사랑의 상대와 광대역의 사랑을 성공시켜 결혼으로 골인되는 운도 있다.


## 남들이 본 당신
*여유 있고 끈기 있는 황소자리를 주변에서는 어떻게 보고 있을까?*


★ **양자리**　　여유있는 황소자리는 무엇을 해도 시간이 걸린다. 거꾸로 양자리는 매우 스피디하다. 때문에 "느린 사람"으로 여겨지기 쉽다. 양자리와 함께 있을 때는 행동을 재빨리 처신하자.


★ **황소자리**　　황소자리는 마음이 따뜻하고 남 앞에서는 늘 미소를 짓는다. 그런 황소자리끼리의 만남이므로 첫눈에 좋은 인상을 갖게 될 것이다. 또 교제가 깊어지면 그 사이도 보다 더 친밀해진다.


★ **쌍둥이자리**　　쌍둥이자리는 머리가 유연하고 사물에도 유연하게 대처한다. 황소자리는 무엇이든지 정도를 따라서 처리하므로 "요령이 나쁜 사람"으로 비쳐지기 쉽다. 쌍둥이자리 앞에서는 적당히 손을 빼보는 것도 좋을 것이다.

**★ 게자리**  당신은 금전감각이 매우 냉철한 타입이다. 한편 게자리도 12성좌 중에서 1, 2위를 다투는 절약가 타입이다. 두 사람은 한 번, 그리고 두 번 차나 식사를 나눈 것만으로 서로에게서 공통점이 있음을 느낄 것이다.

**★ 사자자리**  소프트 무드의 황소자리이지만 성격적으로는 꽤 완고한 면이 있다. 그 점에서는 사자자리도 지지 않는다. 자신의 고집스러움을 조금이라도 버리지 않으면 자주 다투게 될 것이다.

**★ 처녀자리**  당신이나 처녀자리나 사양과 절제가 미덕이며 성실한 성품이다. 채근하거나 강요하지 않으므로, 교제한다면 잘 되어 갈 것임을 서로 직관적으로 느낄 것이다. 친해지는 것은 그다지 시간이 걸리지 않을 것이다.

**★ 천칭자리**  당신이나 천칭자리나 뛰어난 미적 감각을 갖고 있다. 패션 센스나 예술을 보는 눈도 남보다 높은 수준일 것이다. 좋은 센스를 서로 인정해주는 관계가 될 것이다.

**★ 전갈자리**  쾌활하고 온유한 당신에 비해서 전갈자리는 경계심이 강하고 첫인상이 어두운 무드를 지녔다. 처음에는 서로를 보고 정반대의 느낌을 갖지만 지긋이 교제해 나간다면 좋은 친구가 된다.

**★ 사수자리**  사수자리는 호기심이 강하고 늘 돌아다니는 타입이다. 가만히 있는 것을 좋아하는 당신을 행동의 페이스가 맞지 않거나 따분한 사람으로 생각하고 있다. 사수자리하고는 보다 액티브하게 행동해야 한다.

**★ 염소자리**  당신은 신중하며 천천히 일을 진행시키는 타입이다. 성과는 늦어도 실수를 거의 하지 않는 점을 염소자리는 높게 평가하고 있다. 안심하고 맡길 수 있는 타입으로서 깊은 신뢰를 받고 있을 것이다.

**★ 물병자리**  황소자리는 남의 마음을 꿰뚫어 보거나 상황을 판단하는 것이 서툴다. 물병자리는 머리가 좋아 회전이 잘되며 또, 그에 대한 자만심도 있으므로 당신을 둔한 사람으로 보기가 쉽다. 물병자리 앞에서는 신속한 반응을 염두에 두자.

**★ 물고기자리**  황소자리는 끈기가 좋아서 힘들 때도 분발하는 타입이다. 변덕스럽고 힘들면 곧바로 입에 담아버리는 물고기자리는 당신을 보면 동경심이 생기는 사람이다. 즉, 저런 사람처럼 되고 싶다는 목표의 대상일 것이다.

## 황소자리가 난관에 봉착했을 때의 탈출 키 워드

### 대기만성

주위를 사랑하는 능력과 물질이나 사람에 대한 이해력이 연령과 함께 높아져 가는 황소자리 인생은 확실하게 말해서 「대기만성형」이다. 35세를 넘긴 40전후 시기부터 당신이 갖고 있는 기운이 주변의 많은 사람에게 사랑받게 되고 드디어는 자연스럽게 남들의 정점에 설 수 있게 되는 것이다. 때문에 일이든 취미든 인내심을 갖고 길게 보고 노력해야 한다. 젊었을 때는 재능이 있어도 여간해서 성공을 쟁취하지 못하므로 중도에 포기하고 싶은 경우도 있지만 반드시 성공은 찾아오므로 포기하지 말고 노력해야 한다. 더군다나 황소자리는 물질의 성좌이므로 성공과 함께 커다란 재물을 손에 넣을 수 있는 운명이기도 하다.

# 쌍둥이자리

## 5월 22일 ~ 6월 21일

인맥을 넓히고 거기서 성공을 획득하는 운명.
연애는 밀고 당기기를 하여 상대를 내 것으로 만드는 능력이 장기.

## 쌍둥이자리가 살아가는 방법

*호기심이야 말로 살아있는 에너지, 판단력을 연마하는 것이 운을 상승시키는 지름길*

커뮤니케이션의 성좌인 쌍둥이자리는 인간관계에서 성공의 열쇠를 쥐게 되는 운을 부여받았다. 대화에서 중요한 정보를 입수하여서 앞서 나가거나, 제일 영양가 있는 부분을 독차지하거나 해서 때로는 남의 업적까지 확실하게 뺏기도 하는 대단한 능력의 소유자이다. 천부적인 화술이나 폭넓은 인맥에 깊이나 무게감, 꼼꼼함이 더해지면 틀림없이 "인생의 달인"이 될 운명이다. 물론 "인맥이 재산"임을 모토로 교제범위를 넓혀서 네트워크를 만드는데 몰입하면 운은 점점 더 상승될 것이다. 마찬가지로 직업도 많은 사람들과 커뮤니케이션을 주고받는 업종이 쌍둥이자리가 성공을 이루는 것에 직결된다. 매스컴, 출판 등 문장이나 언어에 관련된 일이나 서비스 업종 등이 천직이라 할 수 있고 그러한 업종에서 활약 무대도 넓히기 쉬울 것이다. 게다가 기획개발 계통의 일이나 프로젝트 성향이 높은 일, 관공서나 대기업과의 교섭이나 협상 등 아이디어나 작전, 전략에 의해서 커다란 성과를 기대할 수 있는 분야에 종사해보는 것도 좋은 생각이다. 자기의 능력을 믿고서 앞으로 나가며, 스케일을 넓혀가는 것이 당신의 재능을 더욱 상승시키는 방법이 된다.

원래부터 운을 잘 움켜잡는 능력을 갖고 있기 때문에 찬스라고 생각되는 순간에 단번에 달라붙어서 그것을 내 것으로 만드는 것은 당신만의 능력이다. 운을 개척함으로서 주위의 상황을 잘 관찰하고 판단력을 연마하는 것이 운을 상승시키는 지름길이다. 때문에 늘 호기심을 불태우면서 무슨 일에도 머리를 들이밀어서 참여하는 파워를 발휘함을 잊지 않도록 하자. 그리고 두 개의 얼굴을 구분해서 사용할 수 있는 것도 쌍둥이자리만의 특권이다. 사이드 비즈니스 등 부업을 시작하면 수입도 비약적으로 늘어날 것이다. 낮과 밤으로 각각 다른 사람이 되어서 인생을 남들의 두 배로 즐기므로 많은 부러움을 사기도 할 것이다.

쌍둥이자리의 결점은 찬스를 너무 잘 잡아내는 점이다. 새로운 것에는 즉시 접근하다보니 이전부터의 우정이나 역할에 소홀해지기 쉬운 점도 있다. 이미 손에 넣었던 것의 전망이 불투명하게 보여도 손을 놓지 말고 붙들어 두도록 하자. 또 끈기가 없어서 뭔가에 몰두하는 능력이 약하므로 정상의 바로 앞에서 좌절을 많이 하는 것도 쌍둥이자리의 약점이다. 노력가이면서 끈기 있는 사람을 팔로어로 갖는다면 운을 보강시킬 수 있을 것이다.


## 쌍둥이자리의 연애 타입
*지적인 게임으로 사랑을 컨트롤하고, 삼각관계에 빠져도 멋지게 승리한다.*

쌍둥이자리에게 있어서 연애는 지적인 게임이다. 작전을 짜서 상대의 기를 끌어서, 남성의 심장을 교묘하게 자신의 페이스로 빠뜨리는 것은 능력 중의 능력이다. 말 그대로 전략적인 연애가 당신의 최강의 연애 패턴이라고 말할 수 있을 것이다. 특히 연애가 초보인 남성이라면 당신의 그물에 걸려들기 쉬우므로 연하의 신입사원 등을 낚는 파워는 발군의 수준이다. 다른 여자가 눈독을 들이는 남성이라도 그 여자보다 먼저 내 남자로 만들어버리는 수단가일 수도 있다. 이 테크닉은 삼각관계에서도 파워를 발휘하여 상대에게 연인이 있어도 주저하지 않고 접근하여 그를 내 것으로 만드는 타입이다. 당신은 불륜도 즐길 줄 알 것이다. 마음속 저변의 냉정함을 잃지 않으므로 좋은 부분만을 취하고 귀찮은 부분은 단칼에 잘라버릴 수 있다. 다만 본질적으로는 너무 냉정하므로 모든 것을 걸고 사랑에 몸을 던져버리는 드라마틱한 연애와는 인연이 없다. 한번 정도는 사랑에 흠뻑 빠져보는 것도 연애의 묘미라고 할 수 있지 않을까? 또한 연애할 때마다 좀 더 레벨이 높은 상대로 바꿔나가는 것이 강력한 연애운을 내 편으로 만드는 포인트이다.

일반적으로는 화려하고 멋진 연애에 강한 운을 지니고 있는 것이 특징이다. 쌍둥이자리는 풍부한 화제, 빠른 두뇌회전, 유머나 위트에 있어서의 센스 등이 12성좌 중에서 가장 뛰어나다. 지적인 연애나 밀고 당기기를 할 때처럼 기술을 요하는 경쟁적인 연애에서는 틀림없이 주인공이 될 수 있다.

그 때문에 지적 호기심을 자극받는 상대를 만나면 가슴이 두근거려서 제2, 제3의 연애를 동시에 진행시키게 된다. 뿐만 아니라 상대가 눈치를 채지 못하게 마지막까지 트러블 없이 끌고 나갈 수 있는 솜씨는 빼어남 그 자체다.

연애에는 냉정하여 드라이한 인상을 주는 쌍둥이자리이지만 20대 후반에 만나는 사람은 운명적인 남성이 될 가능성이 높을 것이다. 이 연애는 진심을 갖고 행하는 연애이므로 결혼으로 연결되는 경우도 많을 것이다. 연령적으로는 32세 전후에 결혼하면 행복해질 수 있다.


## 남들이 본 당신
*스피디하고 요령이 좋은 쌍둥이자리를 주변에서는 어떻게 보고 있을까?*

★ **양자리**    외골수인 양자리는 일단 시작하면 멈출 수 없다. 그러한 면에서 본다면 쌍둥이자리는 유연하므로 자유롭게 바꾸어 나갈 수 있다. 그러한 당신을 양자리는 재주꾼으로 보고 있다.

★ **황소자리**    황소자리는 어느 쪽인가 하면 슬로우 모션 타입이다. 그런 점에서 본다면 머리 회전도 빠르고 대화의 템포도 경쾌한 당신은 황소자리가 보기에 존경할 만한 가치가 있는 사람이므로 늘 경의에 찬 모습으로 보일 것이다.

★ **쌍둥이자리**    민감한 쌍둥이자리끼리다 보니 몇 마디 대화를 나눈 것만으로 코드가 맞는다는 직감이 들 것이다. 이야기하기를 좋아하는 사람들이다 보니 시간이 지나버린 것도 잊어버릴 정도로 대화가 충만해져서 단번에 친해질 것이다.

**★ 게자리**

게자리는 정서적이어서 누구하고도 친밀한 관계를 갖고 싶어 한다. 그러한 점에서 본다면 당신은 정반대이다. 누구와도 거리를 두고 싶어 한다. 소원해지지 않도록 말 한마디라도 건네는 것이 어떨까?

**★ 사자자리**

외향적인 사자자리는 잘 놀면서도 유머가 있는 사람을 좋아한다. 잘 놀며 농담도 잘하는 쌍둥이자리는 맘에 드는 타입이다. 약간은 수줍어하는 모습을 보이면 곧바로 호감을 보일 것이다.

**★ 처녀자리**

쌍둥이자리는 이야기를 잘하며 움직이는 것을 좋아한다. 그와 대비되는 처녀자리는 신경질적이고 민감한 타입이다. 때문에 당신을 시끄러운 사람이라고 멀리하기 쉽다. 처녀자리 앞에서는 얌전해지도록 하자.

**★ 천칭자리**

쌍둥이자리는 매사를 결정하는 것도 스피디하다. 하지만 천칭자리는 결단력이 부족하여 뭔가에 대해서는 주저하기가 쉽다. 천칭자리가 고민하고 있을 때 그 대신에 결정을 내려준다면 곧바로 친해질 수 있을 것이다.

**★ 전갈자리**

전갈자리는 파워풀하므로 무슨 일이든 끝까지 한다. 때문에 싫증을 잘 내며 무슨 일이든 도중에 포기하기 일쑤인 쌍둥이자리를 보고 적당주의자로 보고 있다. 전갈자리 앞에서는 의지가 강한 면을 보여주도록 하자.

**★ 사수자리**

쌍둥이자리는 재주가 좋고 무엇이든지 재빨리 처리한다. 사수자리도 행동력이 있고 스피디한 면도 있다. 지는 것을 싫어하는 사수자리이므로 당신에게 라이벌 의식을 갖는 경우가 많을 것이다.

**★ 염소자리**

염소자리는 12성좌 중에서 제일가는 노력가이다. 무슨 일이든 성의를 갖고 임한다. 한편 쌍둥이자리는 노력하는 것을 싫어하여 대충 마무리 짓는 것이 많은 편이다. 그런 당신을 신용적이지 않은 사람으로 내심은 경멸하고 있을 것이다.

**★ 물병자리**  쌍둥이자리는 계산적인 면이 강하다. 때문에 다른 별자리의 사람들에게는 그것이 부정적으로 느껴질지 모른다. 하지만 물병자리는 냉정하고 드라이하게 매사를 결정하는 당신에 대해서 확실한 면이 있으므로 기분이 좋은 사람이라고 평가하고 있다.

**★ 물고기자리**  물고기자리는 사람이 좋아서 자기가 손해를 보더라도 남을 위해서 최선을 다하는 타입이다. 때문에 자기만을 위해서 행동하는 당신을, 독선이 강한 사람으로 보고 있다. 물고기자리 앞에서는 다른 사람을 생각해주는 모습도 보이도록 하자.

## 쌍둥이자리가 난관에 봉착했을 때의 탈출 키 워드

### 생각하지 않는다

뭔가 새로운 것을 이루려고 생각할 때, 쌍둥이자리는 문득 하던 일을 멈춘다. 매사를 객관적으로 볼 수 있으므로 이 분야에서 성공할 수 있는 재능이 과연 나에게 있는 것인지, 또 다른 자기 자신이 자신의 행동이나 재능을 확인해보고자 브레이크를 거는 것이다. 유연성은 있지만 스스로 새로운 경지를 개척하지 않는 것이 문제점이다. 이 자세를 바꾼다면 쌍둥이자리는 반드시 대성할 수 있다. 그러기 위해서는 머리와 행동을 분리해야 한다. 늘 또 다른 자신이 감정적인 자신을 억압하므로 여간해서 새로운 행동으로 나서지 못한다. 또 다른 자신이란 당신의 지성을 말한다. 새로운 걸음을 내딛기 위해서는 여러 가지를 생각하지 말고 우선 첫발을 내딛는 자세를 견지하도록 하자.

# 게자리
## 6월 22일 ~ 7월 22일

주변으로부터의 강력한 도움이 행복의 근원.
남성에게 애정을 듬뿍 쏟아 부으면 운이 피어난다.

## 게자리가 살아가는 방법
*세심한 배려와 성실함이 다양한 행운을 불러다 준다.*

게자리는 멋진 인기의 운을 갖고 있는 별자리이다. 게자리의 수호성인 달은 변화하는 것을 지키는 힘을 갖고 있어서 변하기 쉬운 인기의 기운을 당신의 운으로 받아 준 것이다. 그 때문에 게자리는 천부적으로 주변으로부터의 조력이 강력하다. 특히 두드러진 실적이나 활약이 없어도 주위의 호의나 추천으로 상상 이상의 주목을 받는 운명이다. 그것도 평소의 세심한 마음 씀씀이나 성실함, 남들이 싫어하는 일도 솔선하는 부지런한 자세도 인정을 받고나서의 이야기이다. 진자리 마른자리를 가리지 않는 당신의 모습을 보고 있는 사람은 제대로 보고 있는 것이다. 때문에 불평이나 불만은 자제하고 늘 긍정적인 태도로 자기의 맡은 바 소임을 다하면 여러 가지로 행운이 다가 올 것이다. 다만 비즈니스 성향이 강하거나 배려심이 없는 사람이 많은 환경에서는 이러한 운은 여간해서 통하지 않는다. 의료나 복지 등의 분야나 가정적인 분위기의 직장에서 근무하는 것이 성공의 열쇠라고 말할 수 있다.

또한, 게자리는 모방하는 능력이 뛰어나서 공이나 사를 불문하고 독창성이 풍부한 사람이나 지금 잘 나간다고 여겨지는 사람과 행동을 같이 한다면 그 사람의 운이나 센스를 흉내 낼 수 있게 되고 그것이 자신의 몸에도 익숙해진다. 게다가 그 사람의 아이디어에 당신의 센스를 더해 나가면 상대보다 더 큰 성공을 손에 넣을 수가 있다. 이런 운은 반드시 활용해 볼 가치가 있다.

금전면에 있어서의 게자리는 걱정되는 부분이 늘 있으므로 중요한 시기를 대비해서 저금에 힘을 쓰는 타입이다. 지출도 가능한 줄이고 조금이라도 여유가 있으면 그것을 저금으로 돌린다. 보너스처럼 중간에 생기는 돈도 모두 저금하는 타입일 것이다. 필시 동년배와 비교해서 저금액이 압도적으로 많을 것이다. 그 정신은 배울만하지만 절약이나 저금에 매진하는 나머지 옷이나 신변의 소소한 지출도 닳아버리는 경향이 있다. 이미지가 실추되지 않도록 그 방면에 돈을 너무 아끼지 않도록 하자.

한편 수호성인 달은 자신에게 운을 당겨 놓았다가 되돌리는 리듬을 지배한다. 즉 게자리의 리듬 속에서 활약하는 운을 부여하고 있는 셈이다. 때문에 운의 리듬이 자기 쪽을 향하기 시작했다고 느껴지면 기세를 몰아서 전진해 나가야 함을 명심하도록 하자.


## 게자리의 연애 타입
*사랑을 아낌없이 쏟아 부으면서 동시에 상대를 지켜줌으로써 마음을 얻는다.*

게자리의 연애운은 많은 것을 주고 품어주는 동안에 열린다. 모성애를 본능으로 하는 별자리이므로 사랑을 아끼지 않고 쏟아 부음과 동시에 상대를 지켜줌으로써 그 마음을 얻는 것이다. 좋아하는 사람이 생기면 이해타산을 따지지 않고 사랑하고, 그를 돌봐주는 일에 전념하자. 반드시 그 헌신적인 행동이 그의 마음을 움직이게 할 것이다. 또 동정이나 배려에서 생기는 사랑도 당신이니까 가능하다. 역경에 빠진 남성이나 다소 연약한 타입을 열심히 격려해주거나 돌봐 줌으로써 저절로 강력한 끈이 생기는 경우도 자주 있다. 무거운 짐을 먼저 거들어주는 등의 행동이야말로 당신만이 할 수 있는 것이다. 남들이 뭐라고 하던 최선을 다해서 행복해지면 여자의 귀감으로서 칭찬받을 만한 것이 된다.

또한 게자리는 지배의 별인 달에 의해 강력한 영감을 부여받았다. 처음 본 순간 직감적으로 느낌이 오는 남성과는 궁합이 좋아서 급속하게 서로 이끌려 깊은 사랑에 빠지는 일도 있다. 직감에 의지하여 행동하면 멋진 연애를 이룰 수 있을 것이다. 기억력이 좋은 것도 당신의 연애운을 높여 준다. 이 전에 한 두 마디 대화를 나누기만 했던 남성을 머릿속에 기억하고 있다가 다시 만나게 되었을 때 상대를 감동시키거나 하는 경우도 있다. 그것이 연애로 발전되는 확률은 대단히 높다.

그리고 게자리가 본래 갖고 있는 모성적인 매력은 연애에서도 적극적으로 활용하자. 실의에 빠져있는 남성을 위로해주거나 이야기 한마디라도 들어주는 것으로 상대는 이미 당신의 존재를 강력하게 의식하게 될 것이다. 몸매에 자신이 있는 당신이라면 가슴을 어필할 수 있는 패션으로 공략해 보기 바란다.

결혼은 극단적으로 빠르거나 늦거나 둘 중의 한가지이다. 20살이나 29살 전후라면 행복해 질 수 있다. 단 게자리는 결혼욕구가 강하므로 초조해 하거나 서두르는 나머지 레벨이 낮은 남성을 선택하지 않도록 주의하자.

특히 경제력은 반드시 체크하자. 연애가 결혼으로 연결되는 운도 강하므로 초조해하거나 서둘지 말아야 한다.


## 남들이 본 당신
*예민하고 봉사심 강한 게자리를 주변에서는 어떻게 보고 있나?*

★ **양자리**      양자리는 무언가를 함에 있어서 선두를 달리고 싶어 한다. 게자리도 남의 앞자리에 서고 싶어 한다. 때문에 양자리에 있어서는 눈에 거슬리고 성가신 존재가 된다. 마음에 들게 하고 싶으면 선두를 양보하도록 하자.

★ **황소자리**      황소자리는 게으른 면이 있다. 대비되는 당신은 틈만 나면 뭔가를 하고 있는 타입이다. 그러한 당신은 근면한 사람으로 비쳐지고 자기로서는 흉내를 낼 수 없는 존재라고 생각하여 존경심을 갖고 있다.

★ **쌍둥이자리**      호기심이 강하고 유행에 민감한 쌍둥이자리에 비해서 게자리는 보수적이고 유행에는 무관심하다. 그 때문에 쌍둥이자리로부터는 유행을 무시한 채로 뒤떨어진 사람으로 취급당할 수 있다.

**★ 게자리**

게자리는 예민하고 남의 기분을 잘 파악하는 타입이다. 같은 게자리가 상대라면 서로 코드가 맞는 관계이다. 잠시 이야기를 한 것만으로 오래전에 알던 사람처럼 생각할 것이다.

**★ 사자자리**

남에게 베푸는 것을 매우 좋아하는 사자자리에게 있어서 돈 씀씀이가 인색해지기 쉬운 게자리는 구두쇠에 지나지 않는다. 사자자리 앞에서는 인색하지 않도록 통 크게 행동할 필요가 있다.

**★ 처녀자리**

게자리나 처녀자리도 고민을 자기 가슴에 묻고 겉으로 드러내지 않는 편이다. 처음에는 싱거운 사람으로 외면하기 일쑤지만 상대의 마음을 알게 되면 동질감을 느끼고 친근감을 갖게 된다.

**★ 천칭자리**

멋쟁이고 고급지향적인 천칭자리에 대비되는 게자리는 서민적인 이미지이므로 촌스럽다고 무시당하는 경우가 많을 것이다. 천칭자리에게 인정받으려면 무드만이라도 부유한 티가 나도록 연출하자.

**★ 전갈자리**

애정이 풍부하고 독점욕도 강한 전갈자리는 밀접한 관계로 교제하는 것을 좋아한다. 따라서 친절하고 봉사심이 강한 게자리를 아주 좋아한다. 뭔가에 대해서 친절하게 대해주면 곧바로 마음을 열고 다가오게 된다.

**★ 사수자리**

게자리는 정이 많은 만큼 좀 장황한 구석이 있다. 이와 대비되는 사수자리는 드라이하고 깔끔한 성격이다. 당신을 집요하다고 생각하는 경우도 많을 것이므로 사수자리하고는 드라이하게 접하도록 하자.

**★ 염소자리**

염소자리는 현실적으로 금전감각이 냉철하다. 그 점에서 게자리도 절약과 저축을 좋아하므로 염소자리에게는 확실한 사람으로 여겨지게 되어서 높은 평가를 받을 것이다. 바겐세일이나 재테크 등의 이야기는 더욱 관계가 친밀해지도록 만들어 준다.

**★ 물병자리**  게자리는 감정의 기복이 심하며 기분파이다. 그런 당신과 비교해서 언제나 냉정한 물병자리는 사귀기가 무척 어려운 타입으로 여길 것이다. 물병자리 앞에서는 냉정함을 제어하여 원만한 모습이 보이도록 하자.

**★ 물고기자리**  게자리나 물고기자리는 마음씨가 상냥하고 정도 많은 타입이다. 같이 행동하면 상대의 온화함에 이끌려 서로 호감을 느끼게 될 것이다. 그 후로는 더욱 더 확실하게 관계가 깊어지도록 가꾸어 나가야 한다.

## 게자리가 난관에 봉착했을 때의 탈출 키 워드

### 시야의 확대

변화하는 달을 지배의 별로 갖고 있는 당신의 인생은 부침이 심한 경향으로 흘러가기 쉽다. 게자리는 모성이 강하고 안정을 추구하므로 새로운 것을 받아들이는 것이 서툴지만 사랑하는 사람, 소중한 사람들에게 의식을 너무 집중시키므로 시야가 좁아져 버리는 경향이 강하다. 그것이 당신의 눈을 흐리게 해서 운세의 심한 부침을 불러일으키고 있는 것이다. 원래 게자리는 남을 정성껏 사랑하는 사람이다. 그렇기 때문에 사람을 보는 눈이 없으면 속임을 당하거나 일방적으로 헌신만 할 뿐 손해만 보기 일쑤다. 그러한 점에서 객관성을 기를 필요가 있다. 여러 가지에 흥미를 갖거나 다양한 분야의 책을 읽거나 해서 의식적으로 시야를 넓히도록 노력하자.

# 사자자리
## 7월 23일 ~ 8월 22일

태어나면서부터 여왕의 별을 갖는 운명이다.
주위가 부러워하는 사랑을 성취시켜 나가자.

## 사자자리가 살아가는 방법
*리더로서 살아나가는 것이 사명. 폭넓은 시야로 주변을 움직이자.*

"여왕의 별"이라는 별명대로 사자자리는 스타의 별과 지배운이라는, 태어날 때부터 화려하고 남의 위에 군림하는 운을 갖고 있다. 사물을 대국적으로 바라보아서 주위에 결단이나 지시를 내리며 항상 리더로서 행동하는 것이 당신의 사명이다. 많은 사람들로부터의 시선, 눈에 도드라지는 특징, 그러한 화려한 시츄에이션이 갖춰졌을 때 당신은 틀림없이 최고 여성의 자리에 앉게 될 것이다. 항상 남들 앞에 선다는 점을 상기하여 무리해서라도 리더십을 발휘하는 편이 보다 빨리 운을 자신의 편으로 끌어 올 수가 있으며 평생을 계속해서 주목을 받을 수 있을 것이다.

일하는데 있어서는 세세한 잡일에 얽매여서는 안 된다. 사물의 큰 모습을 파악했다면 넓은 시야로 그것을 캐치하여, 주변을 움직여 나가는 것을 목표로 하면 당신은 틀림없이 특별한 사람이 될 수 있을 것이다. 시대가 주목하고 있는 업계나 업종, 대담한 구상이나 계획 등으로 목표를 설정하면 좋을 것이다. 장래의 여성 임원, 경영자도 결코 꿈이 아니라 실현될 것이다. 또 예를 들어 소규모라도 레저나 업무에서 당신이 리더가 될 수 있는 그룹을 만들어 그 안에서 행동하기를 권한다. 당신은 남의 위에 서서 모두를 움직여서 발전되어 나가는 운을 갖고 있기 때문이다.

금전 면에서는 화려한 생활을 모토로 한다. 그것이 보다 나은 직업에 관한 이야기나 수입을 늘리는 것과 관련이 있는 이야기를 불러 오므로 일생을 풍족하게 생활할 수 있게 약속해 준다. 돈 씀씀이도 화려하지만 돈이 들어오고 나가는 것도 크다보니 다이내믹한 재운이 당신의 운을 향상시켜 줄 것은 틀림없다.

또한 사자자리에게 있어서 높은 프라이드는 최고의 액세서리가 된다. 당신이 갖고 있는 운의 대단한 면을 말한다. 다만 그 화려함과 강인함에서 질투나 반발도 사기 쉬운 것도 사실이다. 명예와 바꿔서 고독이라는 대가를 치르는 경우도 있다. 그렇게 되지 않기 위해서도 공적이나 업적은 독차지하지 말고 조력자나 협력자에게 감사하게 생각하고 보답하는 것을 잊지 않도록 하자. 그것이 당신의 약점을 보강해 줄 것이다.

## 사자자리의 연애 타입

*다소 도도한 태도가 연애운을 높여 준다. 생각한대로의 연애로 발전되어 나간다.*

사자자리의 운은 보여주는 연애이다. 무엇보다 그 화려한 무드에 필시 남성은 당신의 연인이 될 수만 있다면 그 자체로서 영광이라고 생각할 것이다. 때문에 상대가 접근해 온다면 도도한 태도로 대해주는 것이 연애운을 향상시키는 열쇠가 된다. 사귀어 준다는 자세가 남성에게 최면술을 거는 것이고 당신이 생각하는 연애의 모습으로 이끌어 나갈 수 있는 것이다. 상대로는 유명한 사람이나 레벨이 높은 남자 등 당신처럼 화려하고 누구나 부러워하는 남성을 고르도록 하자. 가장 눈에 띄는 커플로서 화제가 되고 어디를 가나 주목을 받아서 소위 드라마틱한 사랑의 주인공이 될 수 있을 것이다. 사자자리의 연애는 전설을 낳는다는 꽤 멋진 운을 갖고 있다. 일생을 현기증 날 정도의 화려한 연애 에피소드로 장식할 수도 있을 것이다. 또 사자자리는 외모적으로 뛰어난 사람이 많은 것이 특징이다. 화사한 얼굴에다 늘씬한 다리, 잘록한 허리와 풍만한 가슴 등 어디에 내놔도 남성의 눈을 끌게 된다. 첫눈에 반했다거나, 사랑의 고백이나 유혹 등을 받음으로서 화제가 되는 경우도 많을 것이다.

약점을 말한다면 경쟁적인 연애에는 결코 강하지 않다는 점이다. 한편 상대를 좋아하는 여성이 있다면 기분 좋게 연적에게 양보하자. 그 여유가 거꾸로 당신의 품격과 평판을 더욱 향상시켜서 레벨이 높은 남성이 접근해 오는 결과가 되기도 한다.

사자자리는 결혼상대로서 자기를 높여주는 남성만 고른다. 하지만 결혼으로 골인하는 연애는 그만큼 강렬한 연애임에는 틀림없을 것이다. 또한 21살, 30살 때 만난 연인은 당신을 국제무대로 올려놓아 줄 운명이다. 스케일이 큰 날개를 활용하고 싶으면 그 연애를 결혼으로 이끌도록 하자. 일반적으로는 결혼상대에게는 엔지니어를 추천하며 28살이나 31살에 하는 결혼은 행운을 가져다 줄 것이다.


## 남들이 본 당신
*정직하고 생명력 넘치는 사자자리를 주변사람은 어떻게 보고 있을까?*

★ **양자리**  사자자리는 남이나 자신에게 대해서도 정직하다. 실수는 실수라고 인정하고 패배 역시도 패배라고 인정하는 용기를 갖고 있다. 그런 순수함과 솔직함을 가진 양자리는 높게 평가한다. 존경할 수 있는 사람이라고 생각하고 있는 것이다.

★ **황소자리**  황소자리는 멋을 부리는 것을 좋아하고 식도락 지향적이다. 사자자리인 당신도 화려한 것을 좋아하고 그런 생활을 즐기고 싶은 타입이다. 황소자리에게는 곧 코드가 맞는 사람으로 여겨지므로 친근감을 느끼고 많이 접근해 올 것이다.

★ **쌍둥이자리**  쌍둥이자리는 즉흥적이며 농담도 좋아한다. 발랄하며 놀기도 좋아하는 사자자리와는 마음이 잘 통하며 첫눈에 호감을 갖게 된다. 가볍게 대화하거나 같이 놀러가는 동안에 점점 친근감이 증대될 것이다.

★ **게자리**  게자리는 내향적이고 상처받기 쉬운 타입이다. 그러한 게자리에게 있어서 의사표시가 확실하고 솔직하게 말하는 당신은 반발심을 사기 쉬운 상대이다. 호감을 갖게 만들고 싶거든 부드럽게 대하도록 하자.

**★ 사자자리**     같은 별자리이므로 코드가 맞는 것은 당연하다. 단지 사자자리는 지는 것을 싫어한다. 두 사람 모두가 주역이 되고 싶어 하므로 주도권을 놓고 다투지 않도록 해야 한다.

**★ 처녀자리**     처녀자리는 조심스런 성격이며 겸허를 미덕으로 삼는 타입이다. 프라이드가 높고 태도도 오만한 당신은 솔직히 말해서 성가신 존재이다. 처녀자리가 연상이라면 건방지다고 반감을 가질 수 있을 것이다.

**★ 천칭자리**     언제나 원기가 충만하고 생명력이 넘치는 사자자리 당신은 파워가 부족하고 열정이 부족한 천칭자리에게 존경할 가치가 있는 인물이 된다. 뭔가에 대해서 당신을 의지하고 있거나 의지할 가능성이 많을 것이다.

**★ 전갈자리**     전갈자리는 조심성이 많고 신중하다. 한편 당신은 대담한 도전가 타입이다. 그런 당신이 가볍게 처신한다면 경멸하는 경우도 있다. 전갈자리 앞에서는 당당하게 처신하는 모습을 보이도록 하자.

**★ 사수자리**     사수자리는 행동력은 뛰어나지만 사람을 리드하는 능력은 결여되어 있으므로 동료나 그룹을 솔선해서 이끌어주는 사자자리는 주시의 대상이다. 내심으로는 경의를 품고 있을 것이다.

**★ 염소자리**     질박하고 검약정신이 강한 염소자리에게 있어서 일류를 지향하고 돈 씀씀이도 거친 당신에게 낭비벽이 있는 사람이란 인상을 갖는다. 그러나 그 외의 면에서는 서로 향상심과 상승 지향성이 강하므로 의외로 코드가 맞을 수도 있을 것이다.

**★ 물병자리**     열기가 넘치고 늘 전력투구하는 당신의 에너지 넘치는 정신에 비해서 깔끔하고 새침거리는 물병자리는 당신을 촌스럽다고 여기기 쉽다. 물병자리 앞에서는 분위기에 젖은 나머지 너무 앞서나가지 않도록 하자.

★ 물고기자리   성격이 온화하고 주변사람들에게 대한 배려심이 남들의 두 배인 물고기자리와는 달리 당신은 남의 기분보다 자신의 의사를 관철시키는데 열심인 사람이다. 물고기자리에게 당신은 멋대로 구는 사람으로 여겨질 것이다.

## 사자자리가 난관에 봉착했을 때의 탈출 키 워드

### 자기다움 ▶

주위를 매료시키는 카리스마와 파워풀한 행동력으로 사회적인 지위를 얻을 수 있지만 그에 적응하기 위해서 억제하는 부분도 많으므로 자신의 입장에는 친숙하지 못한 것이 사자자리의 특징이다. 지위가 확립되면 커다란 역할이 당신에게 보답을 해준다. 사자자리는 책임감이 강한 나머지 강박관념에 지쳐버리는 경우도 있다. 그것을 구제하는 것이 타고난 자기 실현력이다. 주변사람들의 기대에 부응하지 못할지도 모른다는 의무감은 버려버리고 자기다움을 발휘하는 것을 우선시 하자. 스스로 기획해서 자기의 가치를 보여주기 위한 일이 생기면 타고 난 강운이 뒷받침되어 성공은 저절로 따라오게 된다.

# 처녀자리
## 8월 23일 ~ 9월 23일

견실한 성과를 쌓아올려 커다란 행운을 낚는 별.
청초하고 품위있는 매력은 최강의 결혼을 약속한다.

## 처녀자리가 살아가는 방법
*행복의 계단을 확실하게 올라가는 리얼리스트. 전문분야에 정통해지는 것이 성공의 카드이다.*

처녀자리는 견실하면서 신중하다. 철저한 계획성과 치밀한 두뇌로 운을 잡는 사람이다. 세세한 점에 대한 관찰력이 좋아서 인생이나 직업도 세밀하고 꼼꼼하게 프로그래밍하여 계획을 그대로 실행에 옮기면 예정된 성과를 100% 손에 넣을 수 있다. 주변 사람들이 대충 처리하다 실패를 거듭하는 모습을 곁눈질로 참고하면서 착실하게 계단을 올라가는 일면을 갖고 있는 당신. 알고 보니 가장 빠른 루트를 통해서 속 시원한 듯한 얼굴로 정점에 서 있더라는 경우도 자주 있다. 또 성실함과 예의 바름, 그리고 순진한 모습이 요즘 시대에 보기 드문 케이스로서 사람들에게 비쳐지고 있을 것이다. 드라마틱한 운을 추구하기보다 한 걸음 한 걸음 일상적인 성과를 쌓아나가며 최종적으로는 커다란 운을 잡는 것을 목표로 하는 것이 최강의 패턴일 것이다.
처녀자리의 수호성은 쌍둥이자리처럼 지성을 관장하는 수성이지만 쌍둥이자리가 지식의 다양성을 추구하는 것에 비해서 처녀자리는 지식의 정확성을 추구한다. 한 가지에 집착하여 끝까지 추구하고 분석하는 것이 처녀자리의 특기이다. 때문에 전문적인 분야에서 자기가 확신을 갖는 목표를 관철시키고자 하는 노력이 성공의 길을 걸을 수 있는 카드가 된다. 특히 지니고 있는 지식이나 기술을 자격이나 라이센스 등으로 구체화시키면 그것을 기회로 활약할 수 있는 찬스가 비약적으로 늘어나는 운명이다. 타고난 관찰력을 전부 발휘하여 평론가나 에세이스트 등 사회에 영향력을 끼치는 입장에서 이름을 날리는 사람도 많을 것이다.

재운은 강하다고 할 수는 없지만 타고난 계획성이 열매를 맺고, 일정한 패턴으로 저축을 하여서 적자에 허덕이는 일은 없을 것이다. 세세한 계산에 강하므로 이자로 재산을 늘리거나 바겐세일을 잘 활용하는 것도 특기이다. 장래를 보고 안전하고 확실하게 늘려나가므로 상당히 많은 재산을 모을 수 있을 것 같다. 그리고 천칭자리인 사람이 많은 도움을 주는 재테크 어드바이저가 될 것이다.

또 드러내지 않고 남을 돕는 조력자처럼 남들을 서포트하는 입장이 되면 그것을 통해서 장래의 후원자를 만나게 되거나 하므로 커다란 운이 열리는 경우도 많을 것이다.

또한 처녀자리의 인생은 건강 상태에 좌우되기 쉽다. 최고 여성의 자리를 목전에 두고서 병이나 심신쇠약 따위로 무력해져서 찬스를 놓치지 않도록 컨디션 관리에는 평소부터 만전을 기하도록 하자.


## 처녀자리의 연애 타입

*노리는 상대는 백발백중 함락시키는 연애운. 차분하고 진실된 사랑의 열매를 맺게 한다.*

처녀자리는 연애횟수는 적지만 한번 찍은 상대는 백발백중 함락시켜 버리는 강운을 갖고 있다. 그러나 그 연애가 열매를 맺기까지는 시간이 걸리는 것이 애석할 뿐이다. 2년째, 3년째 지속되는 연애를 힘들어하지 않는 인내심과 의지를 갖는 것이 운을 상승시키는 열쇠가 될 것이다. 특히 어렸을 때의 소꿉친구, 첫사랑의 상대와는 이상하리만치 인연이 닿아서 오랫동안 만나지 않아도 반드시 다시 만나게 되는 찬스로 찾아와서 인연이 부활되기도 한다. 또한 첫 경험의 상대가 결혼상대가 되는 경우도 많다.

처녀자리의 최고 무기는 그 청초하고 높은 품위가 매력이다. 연애경험을 쌓아 나가도 연애에 닳은 사람이 되거나 하지 않고 언제까지나 신선함을 잃지 않는 것은 정신 면에서 영원한 처녀성이 운명으로 약속되어 있기 때문이다. 그런 당신을 낚으려는 남성은 많지만 진심을 바칠만한 가치가 있는 사람이 나타날 때까지는 쉽게 마음을 허락하지 않는다. 그러한 점이 또 쉽게 다가서기 어렵게 느껴지고 타협하지도 않기 때문에 보다 더 수준 높은 남성이 끌려들게 만드는 강운을 갖고 있다.

결혼운은 보통 수준을 넘어서 상당한 수준에 속한다. 청초하고 예의바른 이미지가 연장자에게 인정을 받아서 꼭 성사시키고자 하는 맞선이 들어오는 타입이다. 거기에 머물지 않고 연애는 결혼을 전제로 하는 편이 당신의 매력이 발산되기 쉽고 유리할 것이다. 또한 처녀자리는 비록 많이 놀아보았다고 해도 처녀처럼 남자의 마음을 자극시키는 청순가련미를 갖고 있어서 당신만의 컬러를 갖게 된다. 떠보는 상대에게는 잠자리에서 청순한 이미지를 연출하면 결혼까지 몰고 갈 수 있을 것이다.

약점은 연애가 깨지면 여간해서 그 후유증에서 헤어 나오지 못한다는 점이다. 추억은 색이 바라기 전에 마음속의 보석 상자에 봉인해버려야 한다. 그리고 빨리 다음의 연애를 찾아보도록 하자.

결혼연령은 22살, 26살이 가장 좋다. 처녀자리는 럭셔리한 결혼이 이뤄지는 운을 지니고 있다. 이것은 당신에게 있어서 최고의 강운인 것이다. 결혼 상대는 10살 이상 연상인 상대를 마크해 두도록 하자. 그런 남성과의 맞선도 좋다.


## 남들이 본 당신
*머리 회전이 빠르고 꼼꼼한 처녀자리를 주변에서는 어떻게 보고 있을까?*

★ **양자리**    처녀자리는 다소 파워가 결여되어 있으나 대비되는 양자리는 원기가 왕성하다. 금방 피곤한 얼굴을 보이는 당신을 근성이 약하다고 보기 쉽다. 양자리 앞에서는 원기 왕성하게 행동해야 할 것 같다.

★ **황소자리**    꼼꼼한 처녀자리는 매우 공손하여 무슨 일이든지 성실함을 소중히 하는 황소자리에게 당신의 태도가 매우 호감적으로 비쳐지므로 금방 친근감을 품게 될 것이다.

★ **쌍둥이자리**    두 사람 모두 머리 회전이 빠르고 이야기 나누기를 좋아한다. 일단 대화가 시작되면 화제가 끊기지 않는다. 금방 코드가 맞는 사람이라서 호기심을 갖게 되고 우정도 지극히 자연스럽게 생겨 날 것이다.

| ★ 게자리 | 정이 많은 게자리는 남으로부터 친절한 대우를 받으면 무조건 기뻐하는 타입이다. 그러한 게자리에게 있어서 배려심이 넘치는 처녀자리는 친절하고 상냥한 사람이다. 알게 된지 1개월이면 친구같은 기분으로 대할 것이다. |
|---|---|
| ★ 사자자리 | 처녀자리는 사소한 일도 비밀에 부치거나 감추는 버릇이 있다. 그런 당신은 개방적인 성격의 사자자리가 보면 비밀이 많은 사람으로 여기기 쉽다. 사자자리 앞에서는 무엇이든지 오픈하도록 하자. |
| ★ 처녀자리 | 경계심이 강한 처녀자리들이라 상대의 마음을 모를 때는 서로 마음을 열지 않는다. 까다롭다고 여기므로 서로 멀리 할 수 있지만, 뭔가의 계기로 상대의 인품을 알게 되면 곧바로 의기투합하는 관계가 된다. |
| ★ 천칭자리 | 무엇이든지 적당히 대하는 것이 기본인 천칭자리에 비해서 처녀자리는 완전주의자이다. 때문에 상대로부터는 어울리기 까다로운 사람으로 여겨질 수 있다. 천칭자리와 접촉할 때는 적당한 시점에서 타협해 주도록 한다. |
| ★ 전갈자리 | 전갈자리는 성실하므로 얼버무리는 것을 극단적으로 싫어한다. 그런 전갈자리에게 있어서 약속한 것을 끝까지 지키는 당신은 책임감이 강한 사람으로 비쳐지므로 깊은 신뢰를 보여줌에 틀림없다. |
| ★ 사수자리 | 사수자리는 매사를 대충 처리하는 타입이다. 여기에 대비되는 처녀자리는 매우 세밀하고 신중하다. 때문에 너무 꼼꼼하고 좀스럽다고 여길지 모른다. 사수자리와 사귀려면 좀 더 대략적인 성향으로 가도록 하자. |
| ★ 염소자리 | 염소자리나 처녀자리는 현실적인 타입이다. 어느 쪽이든 계획성이 충만하고 이해타산도 세밀하다. 그런 사이이므로 조금 사귀다 보면 자기와 닮았다고 공감하고는 친근감을 갖기 시작한다. |

| ★ 물병자리 | 처녀자리나 물병자리는 청결감이 있는 타입이다. 외적인 면에서만 본다면 서로 호감을 느끼고 있을 것이다. 단 상식적인 처녀자리와 개성적인 물병자리의 관계이므로 서로를 알게 되면 물병자리가 볼 때는 재미있는 구석이 없는 사람으로 여겨질 것이다. |
|---|---|
| ★ 물고기자리 | 꼼꼼하고 정리정돈을 좋아하는 처녀자리 당신은 느슨한 물고기자리가 보면 다소 거북한 존재이다. 헐렁스럽게 보일 수 있는 물고기자리를 힐난하거나 한다면 잔소리가 심하다고 꺼리게 될 것이다. |

## 처녀자리가 난관에 봉착했을 때의 탈출 키 워드

**순애**

처녀자리는 똑똑하고 계산이 밝은 자신을 싫어하며 늘 순진성을 유지하려고 한다. 본디 연애에는 신중한 타입이지만 그 기분을 알아주는 남성을 만나면 처녀자리는 사랑에 빠지게 되고 결혼을 생각하는 것이다.

본래 연애는 자신의 껍질을 벗기고 남성과 새로운 가치를 공유하는 것인데 이것은 처녀자리의 가치관과는 정반대되는 것이다.

그러나 처녀자리에게 있어서 연애란 남녀가 서로의 마음의 가장 순수한 부분을 교감하는 행위이다. 순진한 기분으로 연애를 하는 것은 자신의 아이덴티티를 확립하는 것과 연결된다. 때문에 순애를 경험함으로서 자신의 본질과 동경의 갈등에서 해방되는 것이다.

# 천칭자리
## 9월 24일 ~ 10월 23일

대인관계에 있어서 발군의 조정능력은 강운을 잡을 수 있는 열쇠가 된다.
아름다움과 사랑의 별이 지켜주므로 누구에게라도 사랑받을 운명.

## 천칭자리가 살아가는 방법
*균형 감각이 뛰어난 평화주의자는 주어지는 운으로 인생을 구가한다.*

천칭자리는 12성좌 중에서 가장 사랑을 잘 받는 타입이다. 남들은 물론이고 운명에게까지 사랑받아서 정점에 서게 된다. 주위의 경쟁을 따돌리고 천부적인 미모와 센스가 저절로 후원자의 눈에 들어서 성공의 자리에 올라서는 일도 자주 있다. 즉, 알아서 운이 들어와 주는 천칭자리는 실력 이상의 평가를 얻거나, 경쟁하지 않고서도 원하는 것을 수중에 넣을 확률이 압도적으로 높은 운명이다. 사실은 당신이 남들과의 경쟁을 철저하게 피하는 평화주의자이기 때문이라고 말할 수 있다. 누군가를 화나게 하거나 상처를 주지 않도록 좀처럼 찬스에 손을 내밀지 않는 당신에게 기분 좋게 행운을 찾아다 주는 경우가 많은 것이다.

또 천칭의 이름이 의미하는 것처럼 균형이라는 요소가 당신의 또 다른 하나의 열쇠이기도 하다. 특히 대인관계에 있어서는 서로의 관계를 조율해주는 능력을 발휘한다. 남의 분쟁을 조정해 줄 때마다 평판이나 인기가 높아지는 것도 천칭자리이기 때문이다. 그것이 저절로 네트워크를 넓히는 것이 되고 유익한 정보 등도 캐치하기 쉬워져서 그것이 성공으로 연결된다. 말다툼, 파벌싸움 등에는 중간에 개입하는 습관을 들여서 운이 주는 선물을 받아들이도록 하자. 또한 직업에 있어서는 좋은 파트너의 자질이 있으므로 실력가의 오른팔이 될 수 있는 운도 있다. 강한 개성의 소유자나 행동력이 넘치는 타입의 인물은 자기에게 부족한 대인관계의 조정 능력을 당신으로 부터 보충을 받고 싶어 할 것이다. 적극적으로 파트너가 되도록 해보자. 그 외에 미용이나 패션과 관련된 무대에 서면 당신은 보다 더 빛나 보일 수 있다.

다만 자신에게 주어진 축복과도 같은 운에 젖어 있기 때문인지 운을 대수롭지 않게 다루는 것이 약점이다. 모처럼의 찬스가 도래해도 그것을 살려내려는 노력을 태만히 해서 찬스를 놓치거나 한다. 남에게 의지해서는 여왕의 자리에 등극할 수 없음을 명심해야 한다. 균형 감각이 특기인 천칭자리이지만 금전적인 면에 있어서는 약간은 다른 요소가 있다. 원래 사치를 좋아하고 저축은 서툴다고 하지만 천칭자리의 재물운은 사용하면 열려나간다는 점에서 반가운 요소가 된다. 특히 치장이나 미적 요소에 들이는 투자는 적극적으로 하자. 당신은 아름다워지면 아름다워질수록 찾아오는 운도 커지는 운명이다.


## 천칭자리의 연애 타입
*아름다움을 갈고 닦을수록 사랑받게 되는 운이 상승. 결혼 후에는 진정한 의미로서의 자신감이 생긴다.*

천칭장리의 수호성은 금성이다. 당신은 늘 누군가에게 사랑받는 운명이다. 그것은 당신이 아름다워서 남성으로부터의 강렬한 추구가 있기 때문이다. 따라서 당신의 사랑은 수동형이지만 아름다움을 갈고 닦으면 갈고 닦을수록 그 행운은 상승되어 연애할 때마다 미모가 점점 향상되어 간다. 타고난 아름다움을 무기로 상대를 초조하게 만드는 사랑의 테크닉을 구사하는 것도 효과적이다. 또 아름다워지면 상대의 수준도 높아져만 간다. 결국에는 용모, 지성, 경제력이 삼박자로 갖춰진 완벽한 남성에게 구애를 받고 신데렐라 스토리를 완성하는 운명을 갖고 있다. 자신이 먼저 좋아하게 된 경우라도 다가서기 이전에 상대가 다가오도록 만드는 편이 우위에 설 수 있게 되고, 이상에서 꿈꾸던 연애로 무리하지 않고 다가설 수도 있을 것이다. 또 천칭자리의 연애는 성격이나 센스에서 차이가 나는 사람과의 사이에서 태어나기 쉬운 경향이 있다. 자신과는 다른 타입의 인물, 살고 있는 세계가 다른 사람을 목표로 하면 효과가 있을 것이다. 교제가 시작되면 천칭자리의 연애는 밸런스가 중요하다. 연애와 일, 정신적인 연애와 SEX, 진지한 관계의 남자와 단순한 남자친구 등 모든 면에서 밸런스를 유지하는 것이 그의 정열을 한층 집중시켜 연애를 유리하게 전개시켜 준다. 하지만 이렇게 남들도 부러울 정도로 사랑을 받게 되는 운이라고 하지만 연애의 끈 자체는 약한 면이 있다. 사랑받고 있기 때문에 오만해져서 사랑에 최선을 다하지 않으면 두 사람의 관계는 쉽게 깨지게 된다. 나 자신을 좋아하게 하는 것뿐만 아니라 당신이 사랑에 열의를 갖는다면 어떠한 트러블도 극복할 수 있을 것이다.

천칭자리는 원래 결혼을 의미하는 별자리이다. 당신은 연애만으로는 결코 진정한 행복을 얻을 수 없다. 바로 이 사람이라고 생각되는 남성이 나타나면 빠른 시간 안에 결혼해야 할 것이다. 이상적인 연령은 24살이나 33살이다. 결혼 후에는 자신감이 보다 더 넘치게 되고 그 다음에 시작한 일이나 비즈니스에서 성공을 거두는 운을 갖고 있다.

## 남들이 본 당신
*유연성이 있고 멋스런 천칭자리를 주변에서는 어떻게 보고 있을까?*

★ 양자리　　　무엇이든 진득하게 생각하고 결론을 내는 천칭자리인 당신과 대비되는 양자리는 판단과 결정이 신속하기 때문에 당신을 우유부단한 사람으로 생각할 것이다. 양자리 앞에서는 재빠른 결단과 행동력을 취하도록 하자.

★ 황소자리　　황소자리는 성실하고 무엇을 하든지 진심으로 임하는 타입이다. 그런 황소자리에게는 낭비하지 않고 사람 다루는 솜씨도 빼어난 당신은 신용하기 어려운 타입으로 여겨진다. 세상사에 있어서 약삭빠르게 처신하는 것 같은 모습은 보이지 않도록 하자.

★ 쌍둥이자리　당신이나 쌍둥이자리나 모두 두뇌 회전이 빠른 타입이다. 약간의 대화만으로도 서로 파장이 맞는다고 느낄 것이다. 친해져 감에 따라 대화나 행동의 템포도 리듬을 탈 것이다.

| ★ 게자리 | 금전 면으로는 꽤 느슨한 천칭자리이지만 게자리는 12성좌 중에서 손가락 안에 들 정도로 금전감각이 야무진 사람이다. 당신을 느슨한 사람으로 생각하고 있을 것이다. 게자리 앞에서는 세세한 것일지라도 확실하게 처리하는 모습을 보이도록 하자. |
| --- | --- |
| ★ 사자자리 | 패션이든 라이프 스타일이든 고급을 지향하는 천칭자리는 다른 사람이 볼 때 사치성이 있다고 불평을 토로하지만 화려한 것을 좋아하는 사자자리에게는 좋게 보이기만 한다. 서로 놀기 좋아하는 면에서도 상성이 맞을 것이다. |
| ★ 처녀자리 | 매사를 원만하게 처리하기 위해서라면 세밀한 것까지 생각하지 않는 천칭자리와 대비되는 순진하고 로맨틱한 처녀자리는 당신을 너무 건조하고 남의 마음도 몰라주는 사람이라고 생각하여 포기할 수도 있다. 좀 더 마음의 교류가 이뤄지는 방법을 생각하고 중시하도록 하자. |
| ★ 천칭자리 | 같은 별자리이므로 성격이나 센스, 행동의 리듬은 비슷하다. 첫눈에 코드가 맞을 것 같다고 서로 좋은 인상을 품게 된다. 천칭자리 앞에서는 어떠한 사양도 하지 말고 시원시원하게 행동해도 문제없다. |
| ★ 전갈자리 | 무슨 일이든 적당하게 처리하므로 혼신의 힘을 다해 매사를 처리하는 사람을 세련되지 못하다고 생각하는 당신이지만 전갈자리는 오로지 최선을 다하는 사람이므로 당신을 자기 맘대로 행동하는 사람이라고 생각하기 쉽다. 전갈자리에게는 늘 진지한 모습으로 어필하도록 하자. |
| ★ 사수자리 | 사수자리는 호불호가 뚜렷하면서 자기주장도 강하므로 교제를 잘하는 편이라고는 할 수 없다. 그에 비해 누구와도 잘 어울리는 천칭자리를 보고 자기에게는 없는 재능을 갖고 있다고 느끼고 꽤 호의적인 인상을 갖게 될 것이다. |

**★ 염소자리**　염소자리는 겉치장을 하거나 얼버무리거나 하는 것을 싫어한다. 화려하고 놀기 좋아하는 천칭자리가 뭔가 가볍게 행동하면 마이너스 이미지를 가질 것이다. 염소자리 앞에서는 되도록 사양하며 점잖은 모습을 보이도록 하자.

**★ 물병자리**　잘 따지며 자기의 생각에 집착하는 물병자리이지만 당신은 유연성이 있고 남과 대립해도 잘 타협해 나가는 타입이다. 물병자리에게는 그것이 너무나 어른스럽게 보여서 호감을 갖는 경우가 많을 것이다.

**★ 물고기자리**　누구에게나 거리를 두고 대하는 당신에 비해서 애교가 있고 달라붙는 듯한 교제를 좋아하는 물고기자리는 당신을 무미건조하며 차갑다고 느끼기 쉽다. 좋은 인상을 품고 있지 않는 것 같으면 좀 더 다가서서 대해보도록 하자.

## 천칭자리가 난관에 봉착했을 때의 탈출 키 워드

### 이상적인 결혼 ▶

천칭자리의 인생 최대의 테마는 결혼이다. 천칭자리의 결혼은 자신의 희망이나 의사를 모두 끄집어 낼 수 있는 상대를 목표로 하고 있다. 그리고 결혼 상대의 결점이나 약점을 덮어주고 보완해주는 것으로 밸런스를 잡아 나간다. 결혼에 의해서 당신은 자기억제나 심적 고통에서 해방되어 비로소 자기의 모든 것을 솔직하게 겉으로 드러낼 수 있다. 뿐만 아니라 그것은 아무런 대립도 없이 자신이 인정받을 수 있는 것이며 동시에 당신에게 있어서 이상적인 행복을 잡을 수 있는 것이기도 하다. 때문에 당신은 결혼을 인생최대의 테마로 생각해야 한다. 상대는 진보적이며 남성다움을 갖고 있는 타입일수록 좋다. 초조한 나머지 타협을 보는 것은 엄금이다. 당신이 솔직해질 수 있는 상대를 찾아낼 때까지 결혼의 노력을 게을리 하지 않도록 하자.

# 전갈자리

## 10월 24일 ~ 11월 22일

느닷없는 능력을 발휘하는 역전운의 소유자.
연애는 육체관계에서 진지한 사랑으로 발전.

## 전갈자리가 살아가는 방법
*위기를 찬스로 바꿀 수 있는 사람. 철저한 마이 페이스로 운을 강화시킨다.*

전갈자리는 극적인 역전운을 갖고 있는 별자리이다. 언뜻 보아서 불리한 형국이라도 일전하여 유리한 상태로 몰고 갈 수 있는 강한 운을 갖고 있다. 전갈자리는 원래가 남다른 비장의 파워를 갖고 있어서 결정적인 순간에 놀라울 정도의 집중력을 발휘한다. 더구나 잠재의식은 늘 "죽음"을 의식한 절박한 상태에 놓여있으므로 위기에 직면되어 막판에 몰리고 나서야 잠재 능력이나 생명력이 살아난다. 그런 기사회생의 활약으로 위기를 기회로 바꿀 수 있는 것이 당신의 놀라운 운이라고 할 수 있다. 때문에 어떠한 역경에 놓여도 약해지거나 포기해서는 안 된다. 오히려 힘든 일이나 남들이 싫어하는 포지션도 적극적으로 맡아서 스스로 역경으로 몰아넣는 것이 당신의 잠자고 있는 운과 파워를 불러일으키는 것이다. "사느냐, 죽느냐?"하는 인생의 승부에 의외로 강한 것도 전갈자리 운의 특징이다. 진로 변경, 전직, 이미지 체인지 등에서 정답이라고 생각되는 결단은 작심하고서라도 "도박적"으로 나가보자. 보기 좋게 자기 생각대로 맞아 들어서 주위에 센세이션을 불러일으킬 것이다. 특히 이직은 완전히 다른 방면으로 움직이면 대성공하는 운을 갖고 있다.

그렇지만 남의 시선이나 간섭에 휘둘리면 집중력이 떨어져서 이러한 강운에도 마가 끼어 버린다. 팀플레이는 적극적으로 피하고 일은 혼자서 할 수 있는 것을 선택하자. 평소에 남 앞에서는 가능한 잠자코 있다가 갑자기 정점으로 뛰쳐나오는 것, 그것이 전갈자리의 강점을 최대한으로 살리는 요령이다. 노력이나 집중도가 남보다 뛰어나서 마이 페이스로 나가는 것이 운을 강력하게 만든다.

신중하고 조심성이 많은 전갈자리이므로 평소에 낭비가 없고 금전감각은 견실하다. 하지만 한차례 실수하면 멈추지 못하고 돈을 써버리는 약점이 있다. 특히 실연 등 정신적인 쇼크가 원인이 되기 쉬우므로 그럴 때는 다른 방법으로 기분을 풀거나 하자. 한편 전갈자리는 남에게서 돈을 얻게 되는 부러운 운세가 일생을 따라 다닌다. 장래 커다란 유산이 굴러 들어 올지도 모른다. 그 외에 "도 아니면 모"의 도박적인 운도 강력하다.


## 전갈자리의 연애 타입

*이성의 본질을 꿰뚫는 능력은 특출하다. 둘만의 세계에 도취되는 연애가 이상적이다.*

숨이 막힐 정도의 성적매력을 풍기고 있는 것이 전갈자리가 갖고 있는 사랑의 모습이다. 때문에 당신의 연애는 SEX를 빼고서는 말할 수 없다. 전갈자리의 연애는 머리나 가슴으로 하는 것이 아니라 말하자면 자궁의 감각으로 하는 것이다. 그만큼 섹스어필은 발군의 경지로서 의중의 남성들은 100% 당신의 매력에 포로가 된다. 뿐만 아니라 전갈자리에게 있어서는 육체적 관계를 갖는 것이 연애가 시작되는 첫걸음이다. 모험이나 헌팅 등 내심이 보이는 만남이 의외로 진지한 연애로 발전할 확률이 높으므로 못이기는 척하고 유혹에 응해보는 것도 좋을 것이다. 의중의 남자도 당신이 먼저 베드로 유혹하면 그 뒤로는 그가 빠져들게 되어서 유리한 전개로 가져갈 수 있다. 남성을 고르는 눈도 당신은 상당히 예리할 것이다. 남성의 본질을 꿰뚫는 직관력이 뛰어나다. 때문에 연애의 상대도 이상하게 실패할 염려가 없다. 그 의미에서도 대담하게 마음보다 몸을 앞장세우는 것이 정답이다. 또한 비밀스러운 향기가 나는 연애에도 강운을 발휘한다. 불륜이나 사내 연애 등 주위에 알려지면 곤란한 연애일수록 불타올라서 둘만의 세계에 도취될 수 있을 것이다. 그 매력적인 당신의 육체와 끝까지 진지한 생각이 상대 남성을 몰입시켜서 어느새 당신 없이는 살 수 없게 될 것이다.

상대가 범접하기 어려운 남자이거나 이미 연인이 있어서 비록 즐기기 위한 대상밖에 안

되어도 한번 남녀관계가 이뤄지면 그는 이미 당신의 포로가 되었을 것이다. 또한 연애에서도 "역전운"을 수중에 넣을 수 있는 것이 전갈자리인 것이다. 주의를 당부하고 싶은 것은 정열이나 성욕이 너무 강하여 남성이 발을 빼려고 하기 쉽다는 점이다. 베드에서 몰입하는 것은 좋지만 어디까지나 여자다운 몸가짐은 잊지 않도록 하자. 20살과 30살이 가장 좋은 결혼운을 불러 오는 시기이다. 둘이 사랑하는 마음을 서로 확인한 후에 베드 안에서 당신이 결혼이야기를 꺼낸다면 100% 성공할 것이다.

## 남들이 본 당신
*사려가 깊고 인내심이 강한 전갈자리를 주변에서는 어떻게 보고 있을까?*

★ **양자리**  자아가 강한 양자리와 완고한 당신은 서로 자신의 의견을 양보하지 않고 버티거나 하여 대립되기 쉽다. 자기 이야기를 주로 하면서 일방적으로 비난해 오므로 적당한 순간에 접어주는 것이 좋다.

★ **황소자리**  사려가 깊은 전갈자리는 매사에 시간을 들이는 타입이다. 느긋한 황소자리에게는 같은 타입으로 생각이 들어서 친근감을 가질 것이다. 충분하게 성의와 신뢰를 키워나갈 수 있는 좋은 상성이 된다.

★ **쌍둥이자리**  점잖고 말수가 적은 당신에게는 말이 많고 떠들기 좋아하는 쌍둥이자리는 약간 부족한 면이 있는 상대로 비쳐진다. 대화에는 적당히 맞장구를 치거나 가벼운 화제라도 이야기 상대가 되어 주자.

★ **게자리**  게자리는 섬세하므로 사소한 것에 의해 금방 동요하는 타입이다. 그러한 점에서 본다면 당신은 배짱이 있어서 늘 안정된 모습을 보인다. 게자리에게 당신은 믿음직한 사람으로 보일 것이다.

**★ 사자자리**

사자자리는 외향적이라 눈에 띄기를 좋아하는 타입이다. 무드도 화려하다. 그러한 사자자리에게 있어서 사양을 잘하고 패션도 얌전한 당신은 그다지 인상에 남지 않을지도 모른다. 사자자리 앞에서는 애써서라도 화려한 패턴으로 나가야 한다.

**★ 처녀자리**

무슨 일이든지 진지한 당신의 그러한 모습은 성실하고 완전주의자인 처녀자리에게는 감동을 불러일으킬 것이다. 단, 당신이 주변을 염두에 두지 않고 있는 점이 신경질적인 성향의 처녀자리에서 본다면 거슬릴 수 있는 요인이 된다.

**★ 천칭자리**

매사에 정면으로 부딪치는 당신이지만 천칭자리는 요령이 좋은 것을 중시하므로 당신을 수완이 부족하다고 보고 있다. 천칭자리 앞에서는 요령이 좋은 모습을 보이도록 하자.

**★ 전갈자리**

서로 말수가 적고 마음을 닫기 쉬운 전갈자리이므로 기질적으로는 잘 맞는 사이가 되지만 인상으로서는 밀착되기 어려운 점도 느낄 것이다. 하지만 어느 정도 친해지면 반드시 마음의 밑바닥에서부터 통하게 될 것이다.

**★ 사수자리**

마음을 여간해서 터놓지 않는 당신에 비해서 사수자리는 오픈 마인드이므로 아무래도 당신을 어둡게만 볼 수 있다. 사수자리에게는 밝은 모습으로 행동하도록 하자.

**★ 염소자리**

어느 쪽이든 원기와 인내력이 장점이지만 분발하는 것은 당신이 낫다. 저 사람에게는 이길 수 없다는 경의에 찬 감정을 갖기 쉬우므로 약간은 삼가는 편이 좋을 것이다.

**★ 물병자리**

매사에 집착하지 않고 깔끔한 센스를 갖고 있는 물병자리에 비해서 당신은 집착하는 성격이다. 집요한 사람으로 생각되기 쉬우므로 물병자리 앞에서는 사소한 것에 신경을 쓰지 말고 상큼하게 마치도록 하자.

**★ 물고기자리**  아무리 힘들어도 겉으로 드러내지 않는 당신에 비해서 물고기자리
는 불평하거나 약한 모습을 보이기도 한다. 그렇다 해도 두 사람은
감정적인 파장이 맞는 편이므로 뭔가 서로 의지가 되는 점이 많을
것이다.

## 전갈자리가 난관에 봉착했을 때의 탈출 키 워드

### 개인주의 ▶

전갈자리는 남들과 서로 협조하는 것이 서툰 별자리이다. 자신이 집중하고 있을 때 남이 이야기를 걸면
그 즉시에 조바심을 내기 일쑤다. 가능하면 자격이나 특수 기능을 습득하여 재택근무를 할 수 있는 일에
종사하도록 하자. 또한 전갈자리는 결코 손재주가 좋다고 할 수 없는 별자리이다. 모든 사안에 대해 삼
키고 뱉는 동작도 늦다. 직업을 갖으려면 시간을 들여서라도 조금씩 그 일을 마스터해 간다는 마음가짐
이 필요하다. 집중력은 대단히 뛰어난 점이 있으므로 철저하게 몰입할 수 있는 일을 선택하면 당신의 장
점이 살려져서 멋진 성과를 올릴 수 있을 것이다. 일에서 얼마나 결과를 얻는가에 따라서 인생의 충실도
가 결정된다. 사랑으로 살아가는 30대까지는 일에 흥미를 갖지 못하지만 자격 등을 활용할 수 있는 후
반생을 시야에 넣고서 직업을 고르도록 해야 함을 명심하자.

# 사수자리
## 11월 23일 ~ 12월 21일

운의 스케일이 크며 해외에서 활약하는 인연도 있다.
연애는 정열을 지닌 채로 돌진하는 사랑파 연인.

## 사수자리가 살아가는 방법
*상승을 지향하는 성격이 운을 보다 크게 만든다. 작은 성공에 만족하지 말 것.*

행운과 발전의 별인 목성에게 지배되는 사수자리의 운은 어쨌든 스케일이 큰 것이 특징
이다. 남들이 들으면 단순한 꿈 이야기거나 농담이라고 웃어버릴 만한 이상을 보기 좋게
실현시켜버리는 놀라운 운을 갖고 있다. 게다가 당신의 운은 가속도가 붙어 점점 커지므
로 작은 성공에 만족하거나 해서는 안 된다. 지금보다 훨씬 미래를 추구하는 자세가 당신
의 운을 보다 크고 풍요롭게 만든다. 실패를 두려워하지 않는 낙천적 사고와 모험심, 적은
것에 연연하지 않는 대범함이 그 때문에 필요한 비결이라고 할 수 있다. 항상 가장 큰 목
표를 설정하여 무한의 가능성에 도전하도록 하자. 힘을 내서 운을 잡기보다 낙관적으로
가만히 준비하고 있는 편이 저절로 운이 굴러 들어오기 쉬운 행운의 체질이기 때문이다.
반면에 사수자리의 운은 힘은 있지만 한번 내달리면 브레이크를 걸기 어려운 면도 있다.
만일 넘어진다면 피해 수준의 스케일이 심대해 질 것이다. 적어도 주변에 피해주지 않도
록 배려나 안전대책은 생각해 두어야 할 것이다.
직업에 대한 운도 어디까지나 이상을 추구하도록 하자. 동경하는 직종이나 꿈을 가질 수

있는 전직이라면 매우 길할 것이다. 이상에 불타는 당신의 모습이 새로운 직장의 활성제가 되어서 자연스럽게 성공의 운도 내 편이 되어 줄 것이다. 대인관계에 있어서는 남에게 뭔가를 주거나 양보하거나 하면 나중에 보다 큰 것을 손에 넣게 되는 운을 갖고 있다. 대담해지도록 하자.

또 한 가지의 좋은 운이 있는데 그것은 외국과는 아주 좋은 운을 갖고 있다는 점이다. 사수자리는 해외여행이나 해외정보에서 인생을 좌우하는 큰 행운을 손에 넣을 확률이 매우 높다. 원래 호기심이 왕성하고 에너지가 넘치는 당신이므로 해외에 눈을 돌리는 것은 극히 자연스러운 일이다. 재능이 해외에서 인정받거나 국제사업으로 성공을 거두거나 하는 것도 꿈이 아니다. 세계를 품에 안고 활약하는 멋진 여성을 목표로 해보는 것도 좋을 것이다. 무역, 여행관련, 외국계 기업으로의 취직이나 전직에도 행운이 들어 있다. 금전적인 면은 좋게 말해서 대범하지만 나쁘게 말하면 느슨한 부분이 있다. 기분 좋게 남에게 한턱 내면서도, 한편으로는 빌린 돈을 까맣게 잊어먹는 경우도 종종 있으니 이러한 점은 충분히 주의하자.


## 사수자리의 연애 타입

*충동적인 연애를 하거나 첫눈에 반해버리는 사랑도 대환영. 직감을 살려서 연애를 내 것으로 한다.*

사수자리 여인은 연애가 전부인 여자라는 숙명을 안고 있다. 그것은 사수자리라는 이름이 의미하는 대로 노린 대상물은 반드시 내 것으로 만드는 강운의 소유자이기 때문이다. 말 그대로 정열 하나만으로 남성을 공략하여 그 정열이 조금이라도 식으면 주저하지 않고 새로운 사랑을 찾는 타입이다. 그 대담한 행동이 때로는 "마성의 여인"이라고도 불리고 질투의 대상이 되는 경우도 있지만 그것이야말로 당신에게는 여자의 훈장이 된다. 목표한 상대를 바꾸는 것이 보다 수준 높은 남성이나 혹은 정열적인 사랑을 불러들이는 것이다. 사수자리에게 있어서 영원한 사랑을 원하거나 이별을 두려워하는 것은 운의 낭비일 뿐이다.

또한 충동적인 연애나 첫눈에 빠져버리는 연애는 압도적인 성공률을 부르는 운을 갖고 있다. 직감적으로 한 번에 와 닿는 것을 느낀다면 절차나 순서 따위는 필요 없다. 즉시 액션을 취하자. 사수자리가 갖고 있는 행동력이 그를 압도하고 한 번에 연애의 첫 번째 무대가 시작될 것이다. 하지만 연애가 전부인 여자에게는 스캔들이 늘 있게 된다. 연애 상황에 대해서는 너무 오픈하지 않도록 하자. 그 편이 주위의 오해나 질투를 사지 않고 지낼 수 있다. 외국과 좋은 인연의 운이 있는 당신은 연애 무대도 국제적이다. 여행에서 운명적인 만남이 찾아올 가능성도 높으므로 해외에서 드라마틱한 사랑을 얻게 되는 경우도 있을 것이다. 행동력이 장점인 사수자리야말로 세계를 품에 안고 뛰어 다닐수록 다이내믹하고 정열적인 사랑으로 발전한다. 외국인과의 연애나 결혼도 행운을 부르는 경우가 많으므로 국제결혼은 추천할만하다. 결혼은 결심한 날이 바로 길일이다. 정열을 품고 내딛는 편이 커다란 행복을 잡을 수 있다. 결혼 연령은 몇 살이라도 관계없지만 특히 좋은 나이는 30살이다.


## 남들이 본 당신
*대담하고 느긋한 사수자리를 주변에서는 어떻게 보고 있을까?*

★ **양자리**     당신이나 양자리도 일처리가 빠르고 매사를 신속하게 처리한다. 서로 자기와 닮았다고 공감을 하는 한편 양자리는 지기 싫어하므로 당신에게 라이벌 의식도 살짝 갖게 된다.

★ **황소자리**   언제나 느긋하게 안정되어 있는 황소자리에게 다소 번잡스럽기도 한 당신은 산만하게 느껴질 수 있는 존재이다. 황소자리 앞에서는 필요이상으로 소란스럽게 하거나 떠드는 것은 터부라고 명심하자.

★ **쌍둥이자리** 둘 다 호기심이 강하고 구경꾼 근성이 왕성하다. 당장은 잘 맞지만 쌍둥이자리의 호기심은 세속적이어서 당신이 좋아하는 진지한 테마는 서툴기만 하므로 어느새 껄끄럽게 느껴질 수도 있다.

★ **게자리**     게자리는 예민하여서 작은 소리에도 움찔하는 타입이다. 그런 게자리에게 있어서 당신의 대담한 행동은 모두 거슬릴 것이다. 게자리 옆에서는 얌전하게 있어야 할 것이다.

★ **사자자리**   정열적이고 무슨 일이든지 열심인 사자자리에게는 꿈을 추구하기만 하는 모습의 당신이 너무나 매력적으로 보일 것이다. 사자자리 앞에서는 장래의 꿈이나 포부 등을 드라마틱하게 풀어 내 보자.

**★ 처녀자리**  꼼꼼하고 섬세한 신경의 처녀자리에게 당신은 대국적인 시야로 사물을 보는 사람이다. 당신은 느슨한 사람으로 보여짐에 틀림없을 것이다. 처녀자리 앞에서는 제대로 된 모습을 보여주자.

**★ 천칭자리**  사교적이면서 누구와도 가볍게 대하는 천칭자리에게 당신도 매우 상냥하고 오픈 마인드이므로 서로 사귀기가 쉬우므로 극히 자연스럽게 호감을 갖게 될 것이다. 갑자기 대담한 면을 너무 많이 보이지 않도록 하자.

**★ 전갈자리**  전갈자리는 경계심이 강하며 열등감을 갖기 쉬운 타입이다. 그와 대비되는 당신은 활달하고 상큼한 면도 있다. 선망과 존경이 뒤섞인 복잡한 기분으로 보고 있는 상대를 잘 리드해 주면 어떨까?

**★ 사수자리**  같은 별자리이므로 이야기가 잘 통하고 커뮤니케이션도 원활하다. 서로 상대를 잘 알고 싶다는 직감적인 느낌이 들어 곧장 친구관계로 발전한다.

**★ 염소자리**  염소자리는 성실하며 여간해서 지나침이 없다. 한편 당신은 무엇이나 직선적으로 행동하는 타입이다. 염소자리가 질투가 섞인 신랄한 태도로 나오지 않도록 사양해야 할 순간을 잘 구분하도록 하자.

**★ 물병자리**  입으로는 다 할 것처럼 말해도 결정적인 순간에 행동을 취하려면 믿음직스럽지 못한 것이 물병자리이다. 당신은 언변이 있으면서 말한 것은 즉시 실행으로 옮기는 타입이다. 행동력으로 존경과 복종심을 갖도록 만들자.

**★ 물고기자리**  왕성한 친절을 베푸는 물고기자리는 남에게도 친절하게 대우받기를 원한다. 마이 페이스가 강한 당신은 남에게 신경을 쓰지 않는 타입이므로 물고기자리는 당신을 무신경한 사람이라고 생각하여 눈썹을 찌푸릴 수 있다.

## 사수자리가 난관에 봉착했을 때의 탈출 키 워드

### 빠른 결단 ▶

사수자리는 정신적인 탐구심과 호기심을 따라서 살아가는 사람이다. 금방 싫증을 낸다는 약점도 있지만 주위가 눈에 들어오지 않을 정도로 몰두할 수 있는 일을 만날 수 있다면 탐구심과 호기심으로 그 업계에서 정상에 설 수 있다. 중요한 것은 빠른 시기에 그 탐구심을 특정한 분야로 향하도록 하는 것이다. 즉 일생을 바쳐서 추구할 수 있는 목적을 젊었을 동안에 발견해 내는 것이 중요하다고 볼 수 있다. 그 시기가 빠르면 빠를수록 사수자리의 재능과 소질은 보다 더 잘 발휘되어 갈 것이다. 그렇기 위해서는 특기인 어학력이나 지식의 폭을 살리는 직업에 종사하는 것이 최선의 방법이다. 20대에는 자신감이 있는 분야를 찾기 위해 전직을 여러 번 해도 좋을 것이다. 주의해야 할 점은 최종적인 목표는 곁눈질하지 않고 한가지로 정리되도록 해야 한다.

# 염소자리
## 12월 22일 ~ 1월 20일

## 염소자리가 살아가는 방법,
*강한 역경운을 무기로 삼아 성공으로 다가가는 사람. 눈앞의 성과에 급급해 하지 말고 실력을 쌓자*

염소자리는 강한 "역경운"을 갖고 있는 별자리이다. 좌절이나 실패를 지렛대로 삼아 당신은 보다 큰 성과, 큰 성공으로 다가선다. 때문에 젊었을 동안에는 여러 가지 고생을 사서라도 경험해 보아야 한다. 비록 그것이 마이너스 평가를 받아도 오히려 좋은 운이 시작되는 첫걸음이라고 생각하여 긍정적으로 받아들이도록 하자.

또한 인생 전체의 운은 30살 이후에 집중되어 있다. 그 의미에서라도 20대에는 눈앞의 성공에 연연하지 말고 묵묵히 진짜 실력을 쌓는데 전념하자. 염소자리는 대기만성 운의 소유자이다. 정점이라고 불리는 위치가 빛나는 만큼 오래 동안 힘든 길을 가는 것이 당신의 운을 키워 준다. 그 결과 "최고의 여인" 자리에 군림할 수 있는 것이다.

또 염소자리는 12성좌 중에서 가장 높은 명예운을 갖고 있다. 직무에서 이례적인 발탁으로 인해 명예를 드높이거나 커리어 우먼으로서 최고의 포지션까지 승진할 가능성이 높다. 그 열쇠는 프로페셔널한 지식과 기술을 발휘하여 그것을 무기로 활용하는 것이다. 게다가 지배의 별인 토성이 나타내는 "시간"을 나의 편으로 만드는 것도 중요하다. 즉 기다리는 자세로 노력을 경주하면 라이벌이 차례차례로 탈락되어서 최후에는 당신이 승리를 휘어잡게 되는 것을 의미한다. 그리고 연장자의 도움을 받는 좋은 운을 갖고 있는 것도 염소자리의 운이 강하다는 의미가 된다. 교제중인 남성과의 교류로 인해 일의 폭이 확대됨은 물론이고 대인배의 틀이나 올바른 것을 간파하는 안목도 키워져서 실력이 점점 갈고 닦여질 것임에 확실하다.

한편, 실력을 차곡차곡 발휘해가는 당신의 너무나 대단한 운은 성공은 이뤘지만 아무도 나를 따라주지 않는다는 고고의 비애를 초래해버릴 것 같은 우려도 있다. 언제나 파워풀한 면만 과시하지 말고 때로는 인간적인 나약함도 보여주어서 친근감을 키워두도록 하자. 대인관계에서도 당신은 책임감이 강하기 때문에 스트레스를 쌓아두기 쉽다. 힘들 때의 기분을 알아주는, 따뜻한 친구나 상담이 가능한 사람을 곁에 두도록 하자. 재물운은 커리어가 늘어갈수록 착실하게 열려 나간다. 전직은 현재 수준 이상의 급여가 약속되는 경우에 한해서 좋은 결과로 귀결된다.


## 염소자리의 연애 타입
*본심을 꿰뚫는 꼼꼼한 운으로 선택한, 완성된 남성과 성숙한 연애를 키워간다.*

염소자리는 금욕적인 분위기로 연애의 행운을 잡는 타입이다. 늘 단정한 기품을 어필하면서 남성에게는 흥미가 없는 것 같은 모습을 보인다. 그것은 남성의 공격본능을 자극하여 점차 접근해오도록 만든다. 특히 일에 열중하는 당당한 모습은 남성에게 가장 매력적으로 보인다. 따라서 사내는 물론이고 고객이나 라이벌 회사조차도 포로로 만들어 버린다. 그 다음에 해야 할 일이란 당신이 선택하는 것만 남아 있는 상황일 것이다.

또, 수호성인 토성이 갖고 있는 "시간"이 당신의 강력한 아군이 된다. 느긋하게 상대를 체크하여 조금씩 거리를 좁혀가는 장기전의 연애가 염소자리에게 풍요로운 사랑의 열매를 약속해 준다. 예를 들어 그가 진전이 안 된다고 떠나버리거나 다른 사람에게 갔다고 해도 의연하게 기다리면 반드시 당신에게 돌아와 준다. 결코 늦추거나 서둘거나 해서는 안 된다.

그리고 당신의 연애운을 살리는 최대의 포인트는 "성숙한 연애"를 목표로 하는 것이다. 염소자리는 진짜를 꿰뚫어 보는 엄격한 비평의 눈을 갖고 있으므로 정신적, 경제적, 센스적으로도 완벽한 완성도의 남성을 예리하게 선택할 수 있을 것이다. 당신의 이성적이고 자기억제적인 개성도 그에게 "성숙한 여인"을 인식시켜 멋진 연애가 시작될 것이다. 약점 이라고 한다면 연애의 스타트 업이 느리다는 점이다. 당신의 첫인상이 약해서 유망한 만 남을 놓치기 쉬운 것이다. 패션이나 메이크 업에 집중한다거나 화려한 인상으로 어필하 도록 하자.

또 염소자리는 다소 호화스런 선물을 이용해서 사랑의 계기를 만드는 경우도 있다. 바로 이 시점이라고 생각되는 때에는 그에게 귀금속 등의 선물을 하는 것도 효과적이다.

결혼은 늦을수록 행복해지는 운을 갖고 있다. 특히 35살은 운명이라고 할 수 있는 강력한 인연이 찾아 올 암시가 들어 있다. 상대는 당신과 같은 연령이거나 그 이상의, 정신적으로 도 안정적인 어른스러운 남성이다.


## 남들이 본 당신
*신중하고 책임감이 강한 염소자리를 주변에서는 어떻게 보고 있을까?*

★ **양자리**　　신중하고 무슨 일이든 잘 생각한 뒤에 행동으로 옮기는 염소자리에 게 양자리는 생각하기 전에 행동하는 정반대의 타입이다. 당신은 초 조해 하고 있다고 볼 것이다. 양자리 앞에서는 빠른 판단과 결정을 보이도록 하자.

★ **황소자리**　　당신이나 황소자리는 말 수가 적고 조용하다. 멋을 부리는 센스도 함께 단순하므로 한번 본 것만으로 마음이 통할 것 같은 실감이 들 것이다. 친근해지는 것도 시간문제일 것이다.

★ **쌍둥이자리**　　성실한 당신은 그림그리기나 공부, 그리고 일에 대한 이야기가 중심 이다. 쌍둥이자리는 세속적으로 노는 것을 좋아하므로 당신을 개성 이 없는 사람이라고 생각할 것이다. 쌍둥이자리와는 레저나 예능계 의 이야기를 풀어보도록 하자.

**★ 게자리**
게자리는 동료의식이 강하고 늘 사람들과 어울리려고 한다. 그런 게 자리에게 있어서 자기중심적이고 단독행동이 많은 당신은 어딘지 마음에 걸리는 존재이다. 뒷말을 듣기 이전에 조금 더 보조를 맞춰 보도록 하자.

**★ 사자리**
사자자리는 마음이 넓고 범연하다. 금전적으로도 꽤 씀씀이가 호탕한 타입이다. 그런 사자자리에게 있어서 검약적인 염소자리는 마음이 가난한 사람이라고 여겨질 것이다. 사자자리 앞에서는 화려한 모습도 보여야 한다.

**★ 처녀자리**
당신은 남으로부터의 부탁은 반드시 들어주는 책임감 강한 타입이다. 그것이 꼼꼼하고 완전주의자인 처녀자리에게 너무나 호감을 주게 된다. 신용할 수 있는 사람으로 여겨져서 금새 신뢰감을 나눠 갖게 될 것이다.

**★ 천칭자리**
천칭자리는 여유를 소중히 생각하지만 당신은 뭐든지 타이트하게 처리하기 일쑤이다. 마이너스 인상은 피하기 어려울 수 있다. 천칭자리와 함께 있게 될 때는 시간과 돈이 드는 사안에 대해서는 눈을 감도록 하자.

**★ 전갈자리**
책임감이 강한 염소자리는 자신은 물론이고 남의 실수에도 엄한 면이 있다. 그 점이 다른 별자리에게는 기피당하지만 전갈자리에게만은 그렇지 않다. 닮은 사람끼리라고 공감을 하는 것이다. 성실하며 신용이 있는 사람이라고 높은 평가를 줄 것이다.

**★ 사수자리**
사수자리는 성격이 시원스러워서 포기도 매우 빠르다. 그에 대비되는 당신은 끈기가 있고, 때로는 집념이 강한 면도 있다. 둘의 관계는 말 그대로 물과 기름이다. 서로 독립적이고 독자적인 행보로 대하는 것이 무난하다.

★ 염소자리　　염소자리는 가드가 단단하므로 누구라도 금방 경계를 하게 된다. 그 때문에 대하기가 어렵다는 인상을 서로 품기 쉽다. 하지만 친해지면 같은 별자리가 되는 사이로 마음에서부터 서로 이해할 수 있게 될 것이다.

★ 물병자리　　머리 회전이 빠르고 언변도 좋은 물병자리에 비해서 당신은 요령이 없고 언변도 서툰 사람이다. 논쟁에 강한 물병자리에게는 만만하게 여겨진다. 물병자리에게는 말이 아닌 실적으로 서로 경쟁하도록 하자.

★ 물고기자리　　물고기자리는 상냥하지만 의뢰심이 강하고 금방 남에게 의지를 잘한다. 때문에 자립심이 왕성하고 무엇이든지 혼자서 해치우는 당신은 존경의 대상이 된다. 세심하게 살펴준다면 거꾸로 당신도 보답을 받을 수 있을 것이다.

## 염소자리가 난관에 봉착했을 때의 탈출 키 워드

### 계속한다 ▶

염소자리는 책임감이 강하고 물질에 대한 집착도 강한 편이다. 장시간에 걸쳐서 사물에 대해 생각할 수도 있다. 또 이성이 발달되어 있어서 자신을 억누르고 행동하는 것도 특기이다. 직업이 어떤 업종이라도 문제 없이 처리해 나간다. 하지만 일에서 성공을 거두기 위해서는 지속시키는 것이 중요하다. 염소자리의 힘은 지속적이어야만 발휘될 수가 있다. 전직을 한다고 해도 같은 직종의 연장선상이 아니면 성공은 손에 넣을 수 없다. "계속됨은 힘이다" 라는 말은 바로 염소자리를 위한 말이다. 참을성을 갖고 인내하도록 하자.

# 물병자리
## 1월 21일 ~ 2월 18일

직업운을 강화하는 예리한 통찰력과 형식을 타파하는 발상.
우정으로부터 사랑이 태어나고, 행복한 결혼운을 손에 넣게 된다.

## 물병자리가 살아가는 방법
*자유롭고 유연한 발상으로 시대의 선구자가 된다. 이미지를 구체화 하고 운을 연마해 나가자.*

물병자리는 지배의 별로서 천왕성을 갖고 있으며 자유롭고 유연한 아이디어를 받은 사람이다. 그 임무는 완벽하게 "시대의 선구자"가 되는 것이다. 그 다음으로는 해야 할 분야를 미리 읽고서 원래의 아이템이나 소재로부터 새로운 것을 만들거나 하는, 소위 당신은 히트 메이커로서 활약하는 운명에 있다. 미팅 등에서는 순간적인 생각이라도 좋으니 거침없이 의견을 말하도록 하자. 당신이 생각하고 있는 것 이상으로 독창적인 발상을 인정받아서 찬스를 잡게 되는 경우도 많을 것이다. 예리한 관찰력과 격식을 타파하는 발상, 폭넓은 인맥이 "최고의 여인" 지위에 달하기 위해서의 3종의 신기(神器)가 된다. 전문적인 분야나 기획, 연구개발적인 부문을 메인으로 하여 종횡무진의 활약을 기대할 수 있다.
한편 당신의 발상 스케일을 보다 크게 하기 위해서라도 자신의 개성과는 다른 이질적인 타입의 사람과 손을 잡으면 유리할 것이다.
꿈을 돈이나 성공으로 바꿀 수 있는 운을 갖고 있는 것도 당신의 강운이다. 발명, 공상 스토리의 창작 등 다소 현실과 거리가 있어도 자유롭게 상상의 날개를 펼 수 있는 것은 운을 가꾸는데 있어서 가장 좋은 방법이다. 평소 이뤄졌으면 하는 이미지를 구체화시켜 보자. 그것이 커다란 수입원이 되는 일도 있다.

물병자리는 예정되지 않은 사건, 우연한 만남 등이 계기가 되어 열려나가는 "해프닝운"이 압도적으로 많이 생기는 것이 특징이다. 따라서 너무 계획적인 면에 구애받지 말고 돌발적인 사건이 일어나면 그것을 잘 이용해야 하는 방법을 생각하자. 예를 들면 일하다가 가끔 아는 사람이 좋은 아이디어를 주거나 예정되어 있는 플랜이 변경되는 덕분에 오히려 일이 잘 되어가는 경우도 자주 있다. 변화를 유연하게 받아들이는 것이 성공의 열쇠가 된다. 그러나 이러한 종류의 운에는 함정이 있다. 쉽게 생각한 나머지 다음 일도 만만하게 대처하다가 아무 일도 일어나지 않고 결국 꼼짝도 못하는 신세가 되는 경우도 있으니 그 점을 주의하도록 한다.

또 우정에도 행운이 들어서 일생을 통해서 좋은 친구를 만나는 축복을 받기도 한다. 마음이 맞는 친구와 공동으로 사업을 하면 성공할 확률도 높을 것이다. 당신이 갖고 있는 아이디어의 파워를 발휘하여 독창적인 회사를 만들어 보는 것도 좋을 것이다.


## 물병자리의 연애 타입

*그룹 교제로 베스트 상대를 음미. 여행지에서 운명의 상대를 만날 가능성도 있다.*

물병자리의 연애는 극히 자연스러운 형식으로 성취되기 쉽다. 어프로치나 고백 등 누구나가 가장 고생하는 프로세스를 프리 패스로 활용하여 사랑을 캐치할 수가 있다. 그것은 당신이 오픈 마인드이며 누구와도 친구가 될 수 있기 때문이다. 그렇게 우정이 어느새 사랑으로 바뀌기 때문에 일부러 애써서 고백을 하거나 할 필요가 없다. 돌이켜보니 어느새 연인이 되어 있더라는 것이 물병자리의 전형적인 연애 패턴이다. 때문에 좋아하는 사람이 생기면 우선 친구가 되어야 한다. 그렇게 하면 70%는 사랑을 손에 넣은 것과 진배없다.

그런 의미에서 그룹으로 하는 교제부터 시작하는 것도 하나의 방법이다. 사교적인 당신이므로 거기에서 찍은 상대를 연인관계로 이끌어 가는 것은 간단하다. 일대일 방식의 관계를 애초부터 피하고 모두가 시끌벅적거리는 분위기 쪽이 상성이 맞는 남성을 얻기에 유리하고 빠를 것이다. 단지 나중에 엄청나게 앞지르기 했다는 비난은 각오해 두자.

또 여행이나 레저에서도 우연히 알게 된 사람과 연애에 빠지는 운이 강력한 것도 물병자리답다. 여행 도중이나 차 안, 기내에서는 가까이 앉아 있는 사람과 꼭 이야기를 나눠보도록 하자. 레스토랑이나 바 등에서도 가까이 있는 테이블의 남성과 가끔 이야기를 주고받으면 의기투합되는 경우가 있다. 며칠 후에는 연인이 되어 있더라는 식의 경우가 의외로 많을 것이다. 때문에 사교적이 되지 않으면 손해이다.

단지 물병자리의 연애는 상대와 코드가 너무 맞아서 이성으로서의 인식이 결여되기 쉬운 점이 문제가 된다. 섹스리스 관계가 되지 않도록 때로는 여자다움도 보여주도록 하자.

프리한 연애관과 결혼관을 갖고 있는 당신의 결혼은 학창시절의 친구, 서클의 동료 등이 가장 좋다. 연령적으로는 31~33살 사이가 가장 강운의 시기이다. 결혼 후에도 일을 계속할 수 있고 연애시절과 다름없이 자유스런 기분대로 할 수 있는, 말 그대로 행운이 넘치는 운명이다.


## 남들이 본 당신
*지적이고 이해력이 뛰어난 물병자리를 주변에서는 어떻게 보고 있을까?*


★ **양자리**     대쪽같은 성격의 양자리는 당신같이 드라이한 타입을 선호한다. 잠깐 이야기를 나눈 것만으로 기분 좋은 사람이라고 여겨서 극히 자연스럽게 호감을 가질 것이다.


★ **황소자리**     당신은 금전감각이 무뎌서 돈이 있으면 써버리는 타입이다. 그에 비해서 황소자리는 유별나게 억척스럽다. 때문에 당신을 낭비가 심하다고 경원하기 쉽다. 황소자리 앞에서는 절약을 명심하자.


★ **쌍둥이자리**     당신이나 쌍둥이자리나 서로 지적인 타입이다. 당신은 이론가이고 쌍둥이자리는 정보통으로 차이는 있지만 서로 상대의 우월성을 제대로 평가하고 있다. 어느새 시간도 잊을 정도로 이야기의 꽃을 피울 정도의 관계가 될 것이다.

| ★ 게자리 | 정이 많은 게자리는 정열적인 인간관계를 추구한다. 한편 물병자리는 깔끔하므로 끈끈한 관계는 서툴다. 어딘가 마음이 차가운 사람으로 필요이상 나쁘게 보여질 수 있으므로 애써서라도 친근한 정을 느끼도록 하자. |
|---|---|
| ★ 사자자리 | 사자자리는 프라이드가 높아서 자기중심적이다. 당신도 따지기를 좋아하므로 자기 의견이 올바르다고 생각하면 물러서지 않는다. 서로 반발감을 갖고 있더라도 존경심을 잃지 않도록 하자. |
| ★ 처녀자리 | 처녀자리는 논리가 정연하게 매사를 진행시키는 타입인데 비해서 물병자리도 이지적이어서 파장은 서로 잘 맞는 편이다. 단지 관심을 갖는 방향이 어떨 때는 개인, 때로는 이 세상의 전부가 되는 식으로 불일치한 면을 보이기 쉬운 점에는 주의가 요구된다. |
| ★ 천칭자리 | 물병자리나 천칭자리 모두 친구나 연인에게는 지적인 면을 요구하는 타입이다. 놀러 다니기 보다는 장래 이야기나 예술론 등을 토론하는 중에 절묘한 하모니를 연주해 나갈 수 있는 좋은 상성의 두 사람이 된다. |
| ★ 전갈자리 | 전갈자리는 말없이 실행하는 타입이다. 당신은 말솜씨는 대단하나 실행은 그저 그런 편이다. 당연히 말뿐인 사람으로 보고 있을 심산이 크다. 전갈자리 앞에서는 하겠다고 말한 것은 반드시 실행하자. |
| ★ 사수자리 | 사수자리는 호기심이 강하고 특이하거나 신기한 것을 좋아한다. 당신은 남들과는 다르다는 점을 강조하고 싶어하므로 첫 대면에서 흥미를 갖게되므로 싫증나지 않는 관계가 될 것이다. |
| ★ 염소자리 | 염소자리는 심신이 모두 터프하다. 무슨 일이 있어도 약한 모습은 보이지 않는다. 그에 비하면 당신은 파워가 없고 금방 겉으로 드러내므로 패기가 없는 사람으로 보고 싫어할 수 있다. 염소자리 앞에서는 활력을 내보이도록 하자. |

★ **물병자리**  같은 별자리이므로 상대의 기분을 잘 안다. 또 일단 이야기를 시작하면 멈추지 않는다. 서로 마음속으로부터 이해할 수 있는 사이라고 실감하고 있을 것이다

★ **물고기자리**  물고기자리는 직감력은 날카롭지만 사물을 논리적으로 생각하는 것은 서툴다. 대비되는 당신은 이해력이 뛰어나고 이치를 따지는 것이 특기이다. 어드바이저 역할을 자처해 보도록 하자. 그러나 마음의 교류도 소중히 하자.

---

### 물병자리가 난관에 봉착했을 때의 탈출 키 워드

**편가르지 않기**

물병자리는 전술한대로 우정을 매우 소중하게 생각하는 별자리이다. 원래 그것은 서로를 치켜세워주는 우정이겠지만 동질인 사람들의 모임이라면 편을 짜거나 하는 일도 자주 있다. 이것은 본래의 "연대"와는 다르다. 이질의 개성이 서로 부딪치고 나서야 자유를 소중히 깨우칠 수 있고 새로운 의견도 생길 수 있다. 한 통속이 이루어진 현상 속에서는 발전은 생길 수 없다는 점을 명심하고 의식적으로 자기와 다른 개성의 사람과 교류를 추구하자. 그렇지 않으면 발상의 스케일이 적어져서 물병자리 본래의 숙명인 "새로운 생각의 추구"로 향하는 에너지의 불꽃을 꺼버리는 결과가 되는 것이다. 이것은 특별히, 그리고 엄격하게 스스로 경계해 나감이 필요하다.

# 물고기자리
## 2월 19일 ~ 3월 20일

자신을 희생시키면 생각지도 않던 행운이 찾아온다.
연애에 인생의 모든 것을 걸 정도로 사랑을 쏟는 사람.

## 물고기자리가 살아가는 방법
*깊은 사랑으로 사람을 구제하는 것이 사명이다. 영감을 믿고 행동하도록.*

남을 위해 자신을 희생하므로 스스로도 운을 잡는 것이 물고기자리에게 주어진 운이다. 12성좌에서 마지막으로 등장하며 사랑에 도취되어 사람들을 구하는 것이 당신의 사명이다. 타인의 고통을 어루만져 주거나 궁지로부터 빠져나오도록 도와줌으로서 덕망이나 감사라는 이름의 빛나는 보물을 손에 넣는다. 손해 보는 역할이라고 생각할지 모르지만 그렇다고 한탄할 필요까지는 없다. 최종적으로는 많은 사람들이 당신 덕분에 살아났다고 머리를 숙이고 주위에도 커다란 감동을 불러일으키기 때문이다. 의료나 복지 관계의 직업은 천직이라고도 할 수 있다.

또한 잠재의식을 관장하는 해왕성으로부터 수호를 받고 있는 물고기자리는 육감이나 영감이 성공의 중요한 열쇠가 된다. 직감에 의지한 발언이나 행동이 완벽하게 들어맞거나 예술의 세계에서 훌륭한 걸작품을 낳거나 하는 등 신들린 것 같은 활약을 보이는 사람도 많을 것이다. 또 장래의 사안에 대해서도 꿈에서 계시를 받아 육감이 작동되는 경우도 많아서 그것을 활용하면 여러 가지로 좋은 결과를 부를 수 있을 것이다. 복권도 영감을 느꼈을 때 사둔다면 꽤 높은 당첨도 가능할 것이다.

게다가 물고기자리는 모든 분야에서 꿈과 소망으로 인도되는 별자리이다. 어렸을 때부터의 꿈이 이뤄지거나 줄곧 원하고 있던 것이 생각지도 못한 곳에서 들어오거나 하는 식의 행운이 늘 따라 다닌다. 언제까지나 꿈을 꾸는 당신이 되도록 하자. 대인관계에서는 남들로부터 운을 나누어 받을 수 있다는 면도 강점이 된다. 운이 좋은 사람 옆에서 행동을 함께 하면 당신의 운도 구체화될 것이다.

단, 물고기자리는 말하자면 물에 사는 물고기이다. 흐름에 따라서 주위나 환경에 의해서 운명이 크게 좌우되기 쉽다. 위험한 냄새가 나는 사람이나 장소에는 일절 접근하지 않는 것이 현명하다. 또 무드를 바꿈으로서 운도 바뀌므로 소침해진 때나 스트레스가 계속되는 때는 방의 분위기를 최대한 밝게 해보거나 완전히 다른 곳으로 몸을 움직이거나 하는 것도 방법이 된다.

금전적으로는 물고기자리는 꽤나 충동적인 타입이므로 필요한 것이 있으면 바로 손을 대는 경향이 있다. 그것이 버릇이 되어 돈이 모이지 않는 사람이 많으니 좀 더 절약을 실천하지 않으면 생활이 늘 핀치에 몰릴지도 모른다.


## 물고기자리의 연애 타입
*행운의 사랑을 얻을지의 여부는 상대에게 달렸다. 정에 이끌리지 않고 심지가 바른 사람을 고르자.*

연애에 인생 자체를 건다고 해도 과언이 아닌 물고기자리는 한번 남성을 사랑하면 상대에게 모든 것을 바치고 자기 인생도 그 사람에게 맞추기 위해 쉽게 바꿔 버릴 정도이다. 남성에게 있어서는 갸륵하기만 하니 가장 사랑스러운 여자일 것이다. 하지만 잊어서는 안 된다. 물고기자리가 행운의 사랑을 잡을 수 있는가 아닌가의 여부는 상대 남성에게 달려 있다는 점이다. 아무리 멋있어도 성의가 없는 남성을 사랑하거나, 상대가 너무나 저돌적으로 접근했다고 하여 결국에는 어쩔 수 없이 좋아지지도 않는 남성과 끈을 맺거나 하는 것은 절대로 용납되지 않는 행동들이다. 일단 관계가 만들어지면 저절로 진행되어 가는 것이 물고기자리의 性이다. 연애의 찬스나 구애는 항상 끊이지 않으니 되도록이면 자신에게 어울리는 남성에게만 사랑을 주도록 하자.

행운을 불러주는 상대는 정서가 풍부하면서 성실함과 외골수적인 일면을 갖고 있는 등 중심이 바른 남성이다. 그런 상대를 고른다면 당신의 연애운은 보증을 받은 것과 다름

없다.

또 물고기자리는 불륜관계에 꽤 행복을 느끼는 타입이다. 은밀하게 사랑받고 있다는 감각을 참을 수 없을 만큼 좋아한다. 그를 뺏어 올 가능성은 없지만 그런 즐거움을 맛보고 싶은 사람은 처자식을 거느린 남성에게 눈을 돌려보는 것도 나쁘지만은 않을 것이다. 오히려 남에게 말할 수 없는 관계이므로 순수하게 사랑만으로 맺는 관계를 만들 수 있고 연애의 흥분도 상승될 것이다.

또한 물고기자리 연애의 끈은 끊어진 것처럼 보여도 어딘가에서 연결되어 있는 케이스가 압도적으로 많은 것 같다. 헤어진 연인이나 소식이 끊긴 옛 남자 등이 어느새 인연이 살아나 행복한 연애로 부활되는 경우도 자주 있다. 그런 의미에서도 연애를 청산하는 경우에는 너무 깔끔히 정리하지 않는 편이 좋을 것이다.

연애 제일주의자인 당신이지만 결혼은 연애경험을 교훈으로 해서, 연애와는 다르다고 생각하고 현실적인 판단력이 높은 상대를 고르는 것이 열쇠가 된다. 연령으로서는 25살이 최적이고 그 다음은 34살이다.


## 남들이 본 당신
*애정이 깊고 여성스러운 물고기자리를 주변에서는 어떻게 보고 있을까?*

★ **양자리**　　물고기자리는 상냥하고 친절하여서 남에게 상처를 주지 않으려고 애매한 태도를 취하기 쉽다. 양자리에게는 그러한 섬세함이 없으므로 당신을 우유부단한 사람으로 해석해 버린다. 양자리인 사람이 스트레스를 받지 않도록 잘 처신하자.

★ **황소자리**　　온화한 성품의 황소자리는 여유있는 생활을 즐기고 싶어 하는 타입이다. 당신도 악착스러움을 싫어하므로 코드는 딱 맞는다. 스트레스를 느끼지 않는 편안한 관계를 구축할 수 있을 것이다.

**★ 쌍둥이자리**  당신은 경계심이 약하므로 남에게 속기 쉬운 타입이다. 당신과 대비되는 쌍둥이자리는 언변도 좋고 가해자에 속하는 편이다. 당신을 꼬드기기 쉬운 상대로 생각하고 이용하려는 경우도 많으므로 조심해야 한다.

**★ 게자리**  당신이나 게자리는 친절하고 봉사심을 갖고있는 타입이다. 게다가 두 사람은 잔정도 있으므로 첫눈에 마음이 통해버릴 것이다. 서로 세상이야기를 하면서 친해질 수 있는 좋은 관계이다.

**★ 사자자리**  외향적이고 서비스 정신이 왕성한 사자자리에게 기분파인 물고기자리는 불쾌한 감정은 금방 얼굴에 표시하여 자기만 아는 사람이라고 여겨지기 쉽다. 사자자리 앞에서는 늘 웃는 얼굴을 유지하자.

**★ 처녀자리**  약간 느슨하며 일을 벌이기만 하고 맺음이 적은 물고기자리에게 처녀자리는 꼼꼼하고 정리정돈 또한 잘 하는 성격이므로 당신을 느슨한 사람이라고 평가할 것이다. 처녀자리로부터 빈축을 사고 싶지 않으면 정확함과 꼼꼼함, 세밀함을 갖춰야 함을 명심하자.

**★ 천칭자리**  물고기자리는 감정의 변화가 심하고 기분의 기복도 심하다. 천칭자리는 밸런스가 잡힌 성격이므로 사귀기 어려운 사람이라고 회피하기 쉬울 것이다. 속마음보다 겉마음으로 접해 보자.

**★ 전갈자리**  당신이나 전갈자리나 모두 감성이 풍부하고 애정도 깊은 타입이다. 게다가 두 사람 모두 남의 기분을 잘 읽는다. 금방 상대의 부드러움이나 정이 많다는 점을 느끼고 서로 친근감을 품게 될 것이다.

**★ 사수자리**  사수자리는 밝고 드라이한 성격이다. 그런 사수자리에게 있어서 감정적이고 울기 잘하는 당신은 어려운 상대가 된다. 사수자리 앞에서는 감정을 억제하여 깔끔하게 행동하도록 하자.

★ **염소자리**  염소자리는 현실적이고 매사를 잘 계산하는 타입이다. 당신은 득실을 도외시하면서까지 남을 돕는 사람이므로 가치관적으로 보았을 때 두 사람은 전혀 맞지 않을 수도 있다. 단지 두 사람 모두 외골수이므로 성격적으로는 맞을 것이다.

★ **물병자리**  어리광을 잘 부리며 여성스러운 당신이므로 고개를 갸웃거리는 포즈도 자연스럽기만 하다. 하지만 잘 비꼬는 물병자리는 그것을 공주병이라고 냉담하게 보고 있다. 물병자리 앞에서는 말끔한 태도를 취하도록 하자.

★ **물고기자리**  같은 물고기자리이므로 성격도 비슷하다. 잠깐 이야기를 나눈 것만으로 상대를 알게 되고 금새 우정 이상의 무엇을 서로 느끼게 될 것이다. 단지 두 사람 모두 자기 멋대로 행동하는 면이 있어서 다툼도 곧잘 발생될 것이다.

---

**물고기자리가 난관에 봉착했을 때의 탈출 키 워드**

▶ **늘 사랑한다**

물고기자리는 남에게 사랑을 베푸는 것에 너무 열중하는 나머지 그 사랑을 자신에게는 베풀지 못한다. 때문에 자신이 고민이나 고통에 빠질 때 자신을 지탱해 주는 힘은 너무나 유약하기만 하다.

물고기자리가 자기답게 살아가기 위해서는 사랑을 베푸는 대상을 결코 잃어서는 안 된다. 누군가를 사랑하고 있는 한, 자신이 아무리 고통스러워도 인생에서의 충실감을 가질 수 있을 것이다. 그리고 당신이 강해지기 위해서 필요한 것은 타인으로부터의 사랑인 것이다. 가족이나 연인이 늘 당신을 사랑하고 또한 사랑을 추구해 온다면 어떤 시련이 있어도 노력을 할 것이다. 친근한 사람으로부터의 사랑을 에너지로 만들어 보자.

# 2장

# 12하우스가
# 가르쳐주는
# 당신의 인생의 의미

# 12하우스를 알면 인생이 보다 더 선명하게 보인다.

태양성좌만으로는 점성술의 심오함을 알 수 없다. 당신이라는 너무나 복잡한 인간을 만들어 내고 있는 것과, 그리고 인생의 의미를 알기 위해서는 12하우스가 도움이 된다. 여기서는 하우스가 갖고 있는 의미나 12성좌가 어떻게 연동하여 존재하고 있는가를 알고 넘어가자. 하우스의 메시지를 읽어내면 점성술은 더욱 재밌고 생생한 존재로 바뀌어 올 것이다.

당신의 본질을 관장하는 별자리(태양성좌)를 이해했으면 다시 자기 자신을 깊이 알기 위한 12하우스를 읽어나가도록 하자.

당신의 별자리는 홀로 독립되어 존재하는 것이 아니다. 12성좌 중의 하나로서 다른 별자리들과 연대하면서 그곳에 있는 것이다. 사실은 어느 별자리도 우리의 운명을 다루면서 중요한 일을 하고 있다. 바꿔 말한다면 12성좌 전체가 당신의 별자리라고도 말 할 수 있는 것이다.

하우스에서 보면 12성좌 전체를 크게 바라볼 수 있어서 자기의 별자리 이외의 11가지의 별자리 각각의 역할도 알게 될 것이다.

하우스란 천공을 12등분하여서 생기는 12개의 방을 말한다. 각각의 방은 인생의 경험의 장을 상징하고 있다. 하우스가 다루고 있는 운도 있고 인간이 태어나서 죽을 때까지 무슨 경치를 보고 어떤 경험을 하는가의 부분을 관장하는 별자리에 의해서 당신 인생의 드라마가 바뀌어 간다.

제1하우스는 인간이 이 세상이 태어나서 자아에 눈뜨는 시기이다. 당신이 사회에 보이는 겉 얼굴을 나타낸다.

자신의 몸을 지켜주는 것이 필요해지는 시기의 상징이 제2하우스이다. 돈이나 물질에 대한 가치관 등을 해독한다. 그리고 커뮤니케이션이 시작되는 제3하우스는 지성을 연마하는 장소라고도 여겨지고 있다. 자신의 영역을 다지고 가정 등 인생의 기반을 만드는 것이 제4하우스이다.

제5하우스는 자신의 개성을 어떻게 인정받아야 좋은지 그 방법을 나타내주는 장소이다. 게다가 다시 자신을 되돌아보는 기회를 부여받는 곳이 제6하우스이다. 사회 속에서 자기가 담당해야 할 의무, 역할에 대해서 알려 준다. 전환기를 맞는 것이 제7하우스이다. 타인과의 파트너십을 본다. 제8하우스는 재생의 방이다. 과거의 실패에서 벗어나는 방법도 배운다. 자기 확대의 시기를 맞이하는 것이 제9하우스이다. 정신적인 성장이 길러진다. 그리고 제10하우스는 사회의 방이다. 인생의 열매를 맞이하는 시기이다.

계속해서 개인의 성(城)을 넘어서 미래로 연결되어 가는 것이 제11하우스이다. 끝으로, 자아에 눈뜨는 것으로 시작한 하우스의 마지막 장은 제12하우스이다. 지금까지 길러진 것을 사회에 환원하는 장소이며 잠재적인 운도 보는 곳이다. 이렇게 12하우스는 실로 심오하게 인생과 연동하고 있는 셈이다.

또 각 하우스를 관장하는 별자리와 당신의 태양성좌와의 관계를 합하여 점쳐 보는 것으로 자신의 장점을 발전시키는 방법이나 결점을 보충하는 방법도 알게 된다.

본래는 하우스를 출생 시각으로 정하지만 이번에는 보다 간단하게 도출할 수 있도록 태양이 들어가 있는 별자리 (통상적인 점술에서 보는 자기의 별자리)를 제1하우스로 하고 있다.

### 자신을 더 이해할 수 있는 각 하우스 산출방법

우선 당신의 태양성좌를 생일에서 도출한다. 그 다음에 그 별자리를 위의 원 안에서 찾는다. 그리고 그 별자리를 「1」로 해서 시계 반대방향으로 돌면서 나간다. 예를 들면 당신의 별자리가 「양자리」라면 제1하우스는 당연히 「양자리」가 된다. 그리고 그곳을 기점으로 하여 제2하우스는 「황소자리」, 제5하우스는 「사자자리」, 제7하우스는 「천칭자리」…의 방식으로 맞추고 각 하우스를 관할하는 별자리를 찾아 나가는 것이다.

• 자기의 별자리를 「1」이라고 세는 것을 잊지 않도록 한다.

## 돈 & 재산

재운, 재산운, 소유운을 나타내는 하우스이다. 당신의 인생에서 돈은 어떻게 존재하는가를 알 수 있다. 자신의 자산을 유효하게 사용하는 방법을 파악해 보자.

## 여행

지성의 하우스에서는 커뮤니케이션이 어떻게 인생에 영향을 끼치는지 알 수 있다. 여기서는 남과의 교류를 포함한 당시의 여행운을 조사한다.

## 주거

부모와의 관계나 주거운 등 가정생활 일반을 나타낸다. 자신을 지켜주는 소위 "자신의 기지"를 의미하는 하우스이다. 여기서는 안심할 수 있는 주거에 대해서 파악한다.

## 사랑 & 정열

살아가는 기쁨을 나타내는 하우스이다. 개성이나 애정, 창조성 등을 알 수 있다. 자기 표현력을 알 수 있거나 당신이 어떤 연애에 달아오를 수 있는지도 알 수 있다.

## 건강

사회에서 자기가 담당해야 할 의무나 역할을 파악하는 방이며 당신의 사명도 알 수 있다. 여기서는 자신을 뒤돌아본다는 하우스 특징에서 건강운을 파악한다.

## 결혼 & 파트너

다른 사람과의 교류를 통해서 서로 인정받고 보완하는 관계를 만들어 나가는 것을 알 수 있는 하우스이다. 결혼은 물론 남녀관계가 없는 대인관계에 대해서 볼 수 있다.

## 연애의 역전운

자기가 아닌 남으로부터 생각되어지는 정신적이고 물질적인 것을 나타내고 있는 것이 제8하우스이다. 실패로부터의 탈출도 의미하며 여기서는 연애의 역전운을 읽을 수 있다.

## 새로운 모습의 자신

발전과 비약하는 운을 관할하는 하우스이다. 자기 자신을 성장시키기 위해 필요한 것은 무엇인가? 당신의 인간성을 크게 만들고 인생을 충실하게 만드는 힌트가 채워져 있다.

## 천직

사회에서 자신이 도달하고 싶은 목표나 사회적 입장을 나타내는 장소이다. 자기와 사회를 연결하는 실마리가 보인다. 여기서는 자신에게 맞는 천직을 발견할 수 있다.

## 인생을 풍요롭게 만들어주는 친구와 동지

현재의 자신을 뛰어 넘기 위해서 필요한 친구나 동지는 어떠한 사람인가를 볼 수 있다. 단순한 사람이 아니라 상대와 연결됨으로서 당신의 미래가 열려나간다.

## 숨은 적과 예기치 않은 트러블

평소에 보이지 않는 "잠재적인 운"을 나타내는 하우스이다. 예를 들면 스트레스나 비밀, 숨어 있는 적이나 아군을 알 수 있다. 여기서는 트러블에 대한 대처법과 함께 탐색한다.

# 2
# Money
## 제2하우스로 알 수 있는 – 돈 & 재산

열심히 일하는데도 돈이 모이지 않는 것은 저축 방법이 틀린 것뿐이다.
타고난 운명에 의해 저축방법은 달라지는 법이다.
당신의 성질을 살려나가면서 스마트하게 돈을 모으는 방법을 전수한다.

## 태양성좌가 물고기자리 ▶ 제2하우스가 **양자리**
*한 번에 집중해서 번다. 스피드가 물고기자리 재운의 핵심이 된다.*

순수하고 부드럽고 헌신적인 물고기자리. 남에게 최선을 다하고 싶어 하는 자기희생의 별자리라고도 할 수 있다. 정이 많아서 약한 것이나 불쌍한 사람을 보면 도와주지 않고서는 견딜 수가 없다. 또 너무 물러서 룰에도 흐리고 남에게 「No!」라고 말하지 못하는 경우도 있다. 그런 물고기자리이므로 어떤 면에서는 현세적 가치관에 구애되지 않는 사람이 많다. 돈에 대해서도 집착심이 없고 누군가를 위해서 써버리는 경우도 많을 것이다.

하지만 물고기자리의 재운을 나타내는 것은 에너지가 넘치며 활동적인 양자리이다. 이것은 돈에 관해서는 양자리처럼 적극적으로 행동을 취해 돈을 버는 사람이 많다는 의미.

양자리는 스피드감과 에너지를 나타내는 별자리이다. 돈에 관해서는 모두 스피디하게 승부를 거는 편이 좋을 것이다. 주식을 하더라도 한 가지 종목을 끈질기게 보유하는 것이 아니라 단번에 정해서 사들이고 오르면 단번에 팔아버린다. 도박도 단기결전으로 승부가 결정되는 것을 선택하는 것이 가장 좋다. 때문에 즉석복권 같은 것도 또한 좋다.

또 양자리의 수호성은 화성이다. 화성은 트러블의 별이기도 하다. 즉 물고기자리는 뭔가 트러블에 휘말리면 그 결과 돈을 쥐게 되는 경우도 있다. 그럴 때를 위해 손해보험에는 확실하게 가입해 두자. 사고나 상해 등의 보상금으로서 목돈이 굴러들어 올 가능성도 크다.

단기결전이 돈과 연결되는 물고기자리는 한 가지 일이나 직업에 구애받지 않고 끊임없이 돈을 만들어내는 대상을 바꾸는 것도 하나의 방법이다.

주식투자 등도 한 군데 집중시키지 않고 분산시키는 것도 좋을 것이다. 언제까지 갖고만 있지 않고 재빨리 팔아버리는 것이 열쇠가 된다.

한 번에 집중되어서 벌리는 운이 있기 때문에 회사원보다는 아티스트나 예술가, 가수나 탤런트 등의 방면이 돈을 벌 수 있는 직업일지도 모른다.

 **태양성좌가 양자리 ▶ 제2하우스가 황소자리**
*호쾌한 모습과는 달리, 견실함을 지향하는 경향이 있고 저축을 잘 하는 일면도 있다.*

호쾌한 모습과는 달리, 견실함을 지향하는 경향이 있고 저축을 잘 하는 일면도 있다.

양자리는 다이내믹하고 행동적이다. 기를 쓰고 일하며 버는 것도 순식간이며 쓰는 것도 호쾌하다고 여겨지기 쉽다. 하지만 사실은 보이는 것과 달리 견실한 점이 있는 것이다. 그것은 제2하우스에 황소자리가 위치하는 영향임을 알 수 있다.

황소자리는 12성좌 중에서 가장 재운이 좋다고 여겨지는 별자리이다. 원래 돈에 대한 집착이 강하고 성실하고 꼼꼼하게 일하며 벌은 돈을 견실하게 저축하는 능력도 뛰어나다. 그 황소자리가 재산이나 재운을 나타내는 제2하우스에 있는 당신은 사실은 상당히 저축을 잘 하는 사람이라고 할 수 있을지도 모른다. 허세를 부려서 후배들이나 밑의 사람들에게 한턱을 내거나 하여서 통이 큰 자신을 보이고 싶은 양자리이므로 인색하거나 쩨쩨한 행동은 겉으로 나타나지는 않는다. 하지만 사실은 뒤에서 통장의 돈을 몰래 세고 있거나 할 것이다.

그런 당신에게 추천하는 자산운용 방법은 돈을 예술품이나 금 등으로 바꿔서 가치가 오를 때를 지긋이 기다리는 방법이다. 예를 들면 재능이 넘치는 젊은 화가가 그린 그림을 싸게 구입하고 그 예술성에 감응하면서 가격이 오르기를 기다린다. 혹은 기념 골드 코인을 수집하는 것 등이다. 갖고 있으면 반드시 가치가 나오는 것을 선택하는 것이 자산을 잘 늘리는 비결이다.

금융상품이라면 이율이 낮아도 원금이 보장되어서 작은 금액이라도 반드시 이자가 붙는 것을 선택하자. 예를 들면 공사채 투자신탁을 이용하거나 저축형 보험에 가입하는 것 등을 추천한다. 거꾸로 이자가 높아도 원금에 손해를 보는 위험이 있는 외화예금이나 주식투자 등은 하지 않는 것이 무난하다. 왜냐하면 당신의 경우는 너무 뜨거워지거나 또는 신경이 쓰여서 일이 손에 잡히지 않게 될 위험성이 있기 때문이다.

대담무쌍한 행동력으로 주위사람도 눈을 둥그렇게 뜨고 놀랄만할 정도의 성공을 거두는 가능성을 갖고 있는 당신이며 수입의 운은 꽤나 하이레벨이므로 갬블이나 투기에 빠지지 않는 한 재운은 생애를 통해서 안정되어 있다고 할 수 있다.

 **태양성좌가 황소자리 ▶ 제2하우스가 쌍둥이자리**
*재운을 상승시키는 비결은 저축뿐만이 아니라 잘 순환시키는 것이다.*

물질욕이 강하고 돈에 대해 집착을 보이기 쉬운 황소자리. 원래 수호성인 금성의 영향으로 재운은 상당히 좋은 편이다. 무엇이든지 모아 담기만 하는 별자리이므로 저축도 꽤 많이 해놓고 있지는 않을지?

그런 황소자리의 재운을 나타내는 것은 제2하우스에 위치한 쌍둥이자리이다. 쌍둥이자리가 나타내는 것은 커뮤니케이션이나 정보, 이동 등이다. 즉, 황소자리가 돈을 보다 많이 손에 넣기 위해서는 모아 담기만 하는 것이 아니라 잘 회전시켜 나가는 것이 중요한 것이다. 순환시킴으로서 서서히 크게 팽창해가는 것이 황소자리의 재운이다.

에를 들면 남들과의 교류에 돈을 충분하게 쓰는 것도 중요하다. 교제비를 아끼지 말고 모두가 함께 맛있는 것을 먹거나 술을 마시거나 하는 것이다. 그렇게 해서 많은 사람과 교제해 나감으로서 유익한 정보가 얻어지고 그것이 결국은 더 한층 큰 재운으로 연결되는 것이다.

또는 입소문 정보나 인터넷에서 얻은 데이터를 기반으로 투자를 해보는 것도 좋을 것이다. 인터넷으로 주식을 매입하고 이익이 나면 매도하거나 한다. 이쪽도 마찬가지로 사두지만 말고 꼼꼼하게 다시 매입해 나가는 것으로서 서서히 원금도 늘어날 것이다.

원래 집착심이 강한 황소자리이므로 「더 오를지도 모른다」고 생각해서 매도 타이밍을 놓치기 일쑤인 경향이 있다. 하지만 황소자리의 경우는 제2하우스가 쌍둥이자리에 해당하므로 장기간 갖고 있는 것으로 가치가 오르는 것이 아니라 단기간에 올라서 단기간에 매도되는 식으로 하는 것이 가장 좋다. 즉, 짧고 가늘게 돌려가는 것이 좋다는 것이다.

또 「투 웨이」도 쌍둥이자리의 키 워드이다. 이것은 양다리를 걸치는 것으로서 이것으로 인해 돈이 들어온다는 것을 나타내고 있다. 부업을 갖는 것도 좋고 회사에 근무하면서 한편으로 인터넷 상점 등을 시작하는 것에도 잘 맞는다. 그리고 그렇게 하여서 얻은 돈을 교제비나 단기 투자에 사용해보자. 이처럼 순환을 잘 되게 하여서 돈이 들어오기 쉬운 환경을 만드는 것이 무엇보다 중요하다.

# 태양성좌가 쌍둥이자리 ▶ 제2하우스가 게자리
*안정된 운기의 열쇠는 주부의 감각을 발휘한 내 집 마련*

요령이 좋고 손재주도 좋으며 야무진 쌍둥이자리는 머리 회전이 좋고 손익계산도 잘 한다. 그렇지만 깔끔하며 편중되지 않은 성격 때문에 돈의 씀씀이는 거칠다고 생각되면서도 의외로 견실한 면도 있다. 수수하게 근검절약을 실행하고 있는 사람도 있다. 그것은 쌍둥이자리의 재운을 나타내는 제2하우스가 게자리이기 때문에 알 수 있다. 게자리는 무엇이나 담아두는 것을 좋아하는 성좌이다. 또 가정이나 주부, 서민감각도 나타내고 있다. 이 게자리가 쌍둥이자리의 돈을 나타내는 하우스를 관장한다는 것은 바로 돈에 관해서 주부적인 감각을 갖고 있다는 의미이다.

예를 들면 천냥 하우스에서 문방용구나 잡화를 사거나, 택시비를 아끼려고 걸어 다니고, 그래서 아낀 돈을 저금하는 사람도 있을 것이다. 또, 천성적인 약삭빠름으로 남에게 얻어 먹고 자기 돈을 아끼는 경우도 많을 것이다.

그런 쌍둥이자리에게 있어서 가장 유효한 돈 씀씀이는 주택을 구입하는 것이다. 게자리는 「집」이나 「가족」을 나타내는 별자리다. 이것이 제2하우스에 위치하고 있다는 것은 구입할 찬스에도 매우 좋은 운기를 맞이하기 쉽다는 점을 나타내고 있다. 또 풋 워크는 좋아도 정신적으로는 불안정하여서 기분이 바뀌기 쉬운 쌍둥이자리를 표현하고도 있다. "집'이라는 기반을 갖는 것으로 안정되고 게다가 비약적으로 발전하는 계기가 되기도 한다. 군자금은 역시 주택 재형저축을 이용하여 현명하게 모으는 것이 제일 좋다. 또 작지만 "쌓아나가는 저금"이나 5백 원짜리 동전을 모으는 것도 돈이 늘어가는 추임새를 눈으로 볼 수 있어서 좋을 것이다.

일상생활에 있어서는 낡은 옷을 수선해서 의류비를 줄이는 것을 추천한다. 또 필요가 없어진 것을 벼룩시장에 내다 팔고 가치가 있는 물건을 싸게 구하는 것도 좋을 것이다. 진심으로 돈을 모으고 싶은 경우는 소비생활 설계사에게 상담을 받는 것도 추천한다.

기본적으로 크게 벌어서 크게 저축하기보다는 착실하게 벌어서 꼼꼼하게 저축해 나가는 것이 쌍둥이자리의 패턴이다. 일확천금을 노리지 말고 착실하게 저축하기에 힘써야 할 것이다.

## 태양성좌가 게자리 ▶ 제2하우스가 **사자자리**

*통 크게 쓰면 더 큰 재산이 되어서 다시 돌아 올 가능성이 크다.*

게자리는 모성애가 풍부한 별자리이다. 서민파, 주부적인 감각의 소유자로 절약이나 저축을 잘하는 사람이 많을 것이다. 돈 씀씀이에는 꽤 꼼꼼해서 슈퍼마켓의 전단지를 보고 쇼핑하러 가거나 한다.

평소에는 너무 아끼는 나머지 싸구려를 사거나 저렴한 레스토랑을 이용하는 게자리이지만 이러한 꼼꼼함을 보이는 것은 자기 혼자 있을 때에 한해서이다.

사실은 의외로 허세를 부려서 남에게 좋은 모습을 보이고자 하므로 통이 크게 선배나 동료에게 한턱을 쏘거나 하는 경우가 많다.

그것은 게자리의 재운을 나타내는 제2하우스에 위치한 사자자리의 영향이다. 화려하고 우두머리 성향의 사자자리는 쩨쩨한 것이나 아기자기한 것을 매우 싫어한다. 하지만 그러한 씀씀이로도 OK이다.

사자자리의 제2하우스는 통이 크게 돈을 쓰는 것이 나중에 크게 되어 다시 돌아온다는 것을 나타내고 있다. 남에게 무엇인가를 얻었다면 색을 칠해서 돌려줄 정도의 호쾌함이 있어도 좋다. 그 돈 씀씀이에 의해서 당신의 가치도 상승된다.

또, 사자자리는 「신분」을 나타내는 별자리이기도 하다. 때문에 골드 카드를 지니는 것도 매우 좋다. 신용이 종국적으로는 재산으로 직결된다는 암시도 있다. 카드만이 아니라 양복이나 소지품 등은 고가품으로 지니는 것을 명심하여 자신의 가치를 올리는 노력을 하자.

또, 게자리는 "집"을 나타내는 성좌이다. 자신의 집 인테리어를 고급스럽게 꾸미는 것도 재운을 상승시키는 것으로 직결된다. 특히 현관 주변을 깨끗이 정리하여 밖에서 오는 사람에게 임팩트를 주도록 하는 것도 좋을 것이다.

혹시 저축을 한다면 대형 은행을 추천한다. 보험이나 투자신탁 등도 대형이면서 대대적으로 광고를 하고 있는 곳이거나 메이저급의 은행에서 유력한 상품을 선택하자.

더불어서 사자자리는 갬블도 나타내지만 돈을 걸고서 하는 것은 안 된다. 어디까지나 게임으로서 즐기는 정도에서 그만두어야 할 것이다.

## 태양성좌가 사자자리 ▶ 제2하우스가 처녀자리

*일확천금을 노리는 것은 어울리지 않는다, 착실하게 일해서 확실한 재물을 이루는 타입.*

화려하고 고급스러운 것을 좋아하고 눈에 띄기를 좋아 하며 분위기를 잘 타는 사자자리. 최고의 권력자라고 부르는 존재감이 있어서 사람들을 이끄는 리더십도 우수하다. 프라이드가 매우 높고, 자신의 존재감을 무시하면 용서하지 못한다. 또한 공명정대하고 사람과의 약속을 소중히 한다.

그런 사자자리의 재운을 나타내는 제2하우스는 처녀자리에 해당한다. 처녀자리가 나타내는 것은 꼼꼼함, 도덕적 결벽증, 견실함 등이다. 평소에는 화려하고 사람들 위에 군림하려는 호쾌한 사자자리도 돈에 있어서는 상당히 견실하고 충실한 사람으로 변신한다는 것을 나타내고 있다. 일상생활에서도 낭비하지 않고 제대로 계획을 세워서 운용하거나 저축하고 있을 것이다. 평상시는 그런 내색도 하지 않지만 돈을 꽤 모아 두고 있는 사람도 많을 것이다.

그런 사자자리가 돈을 불리려면 갖고 있는 것만으로도 가치가 생기는 상품을 수집하는 것이 제일 좋다. 예를 들면, 골동품 인형을 수집해 보거나 앞으로 인기가 생길 것 같은 화가를 발굴하여 저렴한 가격에 그림을 사 두는 것이다. 처녀자리의 수호성인 수성이 상징하는 우표를 모으는 것도 좋을 것이다. 그것을 사랑으로서 기다리며 가격이 오르기를 기다린다. 사실 사자자리는 선견지명이 있는 별자리이다. 반드시 가치가 있는 것을 찾고 이익으로 연결시킬 수 있을 것이다.

또 처녀자리는 건강과 질병을 나타낸다. 이 별이 제2하우스에 있다는 것은 장기적으로 건강과 질병에 연관하여 돈을 쓸 일이 있다는 것을 예측한다. 이것을 대비하여, 가능한 빨리 의료보험에 가입하기를 권장한다. 의심되는 것은 성인병이나 류머티스, 심장 등의 질환이다. 특히 입원보험이나 보장 등이 확실한 보험을 선택하자.

기본적으로 사자자리는 일생을 통해서 착실하게 일함으로서 돈이 들어온다는 암시가 있다. 갬블이나 복권 등으로 일확천금을 노리지 말고 성실하게 일하면서 조금씩 저축을 늘리도록 하자.

**태양성좌가 처녀자리 ▶ 제2하우스가 천칭자리**
*재운은 인맥이 가져다주는 것이다. 교제비를 아끼지 말자.*

꼼꼼하고 도덕심에 넘치는 처녀자리. 착실하게, 꾸준히 노력하고 목적을 달성한다. 겸 허하고 겸손하고, 눈에 띄는 것을 싫어한다. 다분히 비판적인 측면이 있고 사람을 가려 가면서 사귀는 것이 심할 정도이다. 또한 룰에 충실한 우등생 타입이라고 할 수 있을지 도 모른다.

그런 처녀자리의 재운을 나타내는 것은 제2하우스인 천칭자리이다. 천칭자리는 매우 균 형 잡힌 별자리로서 조화를 첫 번째로 중시한다. 이 별자리가 재운을 가리키는 것은 처녀 자리가 균형감 있게 돈을 쓸 수 있는 사람이라는 점이다. 반드시, 수지 균형이 제대로 잡 힌 생활을 보내므로 빚이나 과도한 절약 때문에 생기는 비참함도 없을 것이다. 소득에 맞 는 금액으로 생활하고 저축도 적당히 있을 것이다.

단지 원래 합리적이며 낭비를 싫어하는 면이 처녀자리에 있기 때문에 「돈이 아깝다」고 하 면서 사람들과의 교제를 생략하는 경우도 많다. 하지만 처녀자리의 재운은 인맥에서 나 온 것을 제2하우스의 천칭자리가 나타내고 있다. 쩨쩨하지 않게 교제비는 기분 좋게 쓰도 록 하자. 이에 따라 소득이 향상되는 것으로 직결되는 유익한 정보나 인맥을 얻을 수 있을 것이다. 이렇게 해서 얻은 것은 결과적으로 나가는 돈보다는 클 것이다.

원래 사람을 사귀는 것이 그렇게 능하지 않고 한정된 사람만으로 집중되기 쉬운 처녀자 리이지만, 좀 더 사교적으로 바뀌는 편이 좋을 것이다. 다양한 가치관을 가진 사람과 접촉 하거나 생각이나 의견을 듣는 것은 당신의 성장과 도약에 큰 도움이 된다.

천칭자리는 사랑이나 아름다움을 관장하는 별자리이기도 하므로 아름다워지기 위해 돈 을 쓰는 것도 처녀자리의 재운으로 연결된다고 말할 수 있다. 예를 들어서 에스테 살롱에 가서 가꾸거나 미용실에서 유행중인 헤어스타일로 꾸미거나 네일 아트를 즐기는 것 등이 다. 자신에게 어울리는 옷을 사거나 잔뜩 치장을 하는 것도 좋다.

낭비를 싫어하며 합리적인 처녀자리이지만 아름다워지고 사교적으로 바뀌면 새로 찾아 오는 운도 있다는 것을 알도록 하자.

## 태양성좌가 천칭자리 ▶ 제2하우스가 전갈자리
### 억만금을 쥐든가 모든 것을 잃든가 극단적인 재물운의 소유자

사교적이고 밸런스 감각이 뛰어난 천칭자리. 예의바르고 부드러운 언행에서 점잖은 것이 매력이다. 유연성이 넘치는 성격이며 여성적인 태도 때문에 누구와도 잘 지낼 수 있다.

그런 천칭자리는 재물의 별인 금성에게 수호를 받고 있기 때문에 타고난 재물운은 좋은 편이다. 지금까지 돈에 쪼들린 경험을 한 적이 별로 없을 것이다. 하지만 천칭자리의 재운을 나타내는 제2하우스에 위치하고 있는 것은 〈All or Nothing〉의 별자리인 전갈자리다. 이것은 말 그대로 모든 것을 없앨 것인가 아니면 막대한 부를 얻을 것인가라는 궁극의 재운을 나타내는 것이다.

예를 들어 막대한 부를 얻게 되는 계기는 부모나 친족의 유산일 것이라는 점이 유력하다. 또는 생전에 거액을 받았을 가능성도 있다. 또한 누군가가 쌓아 올린 것을 넘겨받아, 그것을 더 크게 늘려서 돈을 번 경우도 있다.

반대로 모든 것을 잃게 되는 패턴으로, 론이나 대출에 의한 다중 채무를 들 수 있다. 원래 사치를 좋아하고 귀찮은 것을 싫어하는 천칭자리이다. 어떠한 계기만 있다면 점점 론의 지옥으로 빠져 버린다. 자각이 있는 사람은 스스로 한도를 정해 놓고 사용하도록 하는 편이 좋을 것이다.

다만, 신용카드는 좋지 않지만 다양한 혜택을 주는 것도 사실이다. 숙박비가 할인되거나 마일리지를 모아서 여행을 가는 등 그 혜택은 다양하다. 가능한 한, 조건이 좋은 곳을 찾아서 현금 카드를 만들고 그 혜택을 노리는 것도 좋을 것이다.

또한 복권이나 경마 등의 갬블에서 대박을 맞을 가능성도 크다. 혼자서 조용히 사는 것도 나쁘지는 않지만, 가족이나 연인 등과 공동으로 구입하면 당첨될 확률도 급격히 상승하므로 꼭 시험해 보도록 하자.

주식투자도 좋지만, 판단을 잘못하면 꽤 커다란 손실을 입는다. 손실을 입고서 모든 것을 날리지 않도록 어느 정도는 생활의 여유자금을 사용하여 가벼운 기분으로 해야 한다.

★ [용기가 끓어오른다]

"승부를 내는 날"의 전날에 매듭이 오른쪽 허리 부분으로 오도록 빨간 리본을 묶는다. 그 날은 리본을 달아 놓은 채로 잠을 자고 다음 날 아침도 다시 한 번 강하게 매듭부분을 만지면서 기합을 넣어 보자.

**태양성좌가 전갈자리 ▶ 제2하우스가 사수자리**
*일확천금을 노리는 승부운이 있지만, 무리한 욕심은 금물.*

무엇을 해도 철저하고, 어중간한 것은 하지 않는 전갈자리. 유례가 드문 통찰력과 집중력을 갖고 있으며 매사를 대할 때의 집착심은 놀랍기만 하다. 하지만 모든 판단기준은 좋아하는지 아닌지에 달려있다. 흥미가 생기면 침식을 잊을 정도로 빠지지만 관심이 없는 것에는 철저히 무관심하다.

돈에 대한 애착이 상당히 강한 편이라고 할 수 있다. 죽음과 재생의 별인 명왕성이 수호성이기 때문에 일확천금의 가능성이 있는 한편으로는 모든 것을 날려버리기 쉬운 면도 있다.

그런 전갈자리의 재운을 관장하는 제2하우스에 있는 것은 사수자리이다. 그리고 사수자리는 모험의 별자리이다. 하이리스크 하이리턴이 상징이다. 그 영향을 받은 전갈자리는 상당히 도박을 좋아한다고 할 수 있다. 특히 사수자리는 말을 나타내므로 경마에 빠져있는 사람이 많은 듯하다.

복권, 경마, 경륜, 카지노 등 보통의 갬블에 손을 대지만 확실하고 가장 적절한 것은, 현명하게만 구입한다는 전제하의 경마일지도. 모른다. 100% 운에 의하는 복권은 어울리지도 않고 어려울 것이다.

또한, 사수자리는 주식 투자도 나타내므로 빨리 돈을 불리고 싶다면 주식투자를 시도해보면 좋을 것이다. 이 경우는 최근에 급상승한 주식을 노리고 단번에 사들인다. 그리고 조금 벌었다면 곧바로 팔아버리는 방법이 베스트이다. 전갈자리는 욕심을 부리기 쉬우므로 멈칫거리다가는 하락해서 매도기회를 놓치는 악재가 있다. 이 점은 충분히 주의해야 한다.

또 사수자리는 해외를 나타낸다. 때문에 외화예금이나 해외 은행에 투자신탁을 해보는 것도 좋을 것이다.

이 사수자리와 전갈자리의 관계라면 어느 정도 크게 승부를 걸어서 일확천금을 노려보는 것도 나쁘지는 않다. 전갈자리는 의외로 견실한 면이 있어서 그 와중에도 나름대로 저금을 하고 있을 것이다. 예를 들면 3천만 원이 있으면 1천만 원의 존재는 잊고서 2천만 원으로 승부를 거는 것이다. 근본이 되는 돈은 절대로 건들지 않고 어디까지나 여유자금만으로 투자를 즐기도록 하자.

## 태양성좌가 사수자리 ▶ 제2하우스가 **염소자리**

*장기 계획을 세워서 하는 저축이 확고한 재산과 번영을 약속해 준다.*

대담하고 거침없는 사수자리는 향상심이 왕성하고 항상 위를 쳐다보는 별자리다. 노력에 비례해서 운세도 점점 커지는 경향이 있다. 기세가 있을 때에는 거침없이 줄기차게 승부를 걸어 나가야 한다.

그러나, 사수자리의 재운을 나타내는 제2하우스에 위치한 것은 염소자리이다. 염소자리의 수호성인 토성은 긴 세월에 걸쳐서 성과를 늘려가면서 장기적인 번영을 가져온다는 별이다.

또한 염소자리는 숫자 8을 나타낸다. 그리고 사수자리의 숫자는 3이다. 사수자리는 인고의 긴 시간이 지나서야 돈을 버는 기반이 생기고 8년 이상을 저축함으로서 크고 확실한 돈이 된다는 것을 나타낸다.

즉, 조금씩 시간을 들이면서 축적해 나가면 확실한 돈이 만들어 지는 것이 사수자리와 염소자리의 관계가 나타내는 재운인 것이다. 일확천금을 노리거나 손쉬운 돈벌이 이야기에 귀를 기울여서도 안 된다는 것을 알아야 한다.

계획성이 없고 무작정 기질의 사수자리이지만 돈에 대해서는 이야기가 달라진다. 염소자리에게 수호를 받으므로 젊을 때부터 견실하게 그리고 아무지게 투자를 하거나 토지와 자금 등을 보유하고 있거나 하며, 그 중에는 30대에 주택을 보유하는 사람도 있다. 염소자리는 부동산을 나타내므로 젊었을 때 투자를 해두면 시간이 지난 후에는 열매가 되어서 돌아온다.

또한 염소자리는 국채를 나타내므로 장기국채나 지방자치 단체의 투자 등도 좋을 것이다. 염소자리의 키 워드는 「장기적」, 「공적」이다. 이러한 키 워드에 해당 되는 저축방법과 보험, 투자 등을 선택하자. 골동품 등을 재산 대신에 소유하는 것도 매우 좋은 방법이다.

기본적으로 염소자리는 「사회활동」을 나타내는 별자리이다. 즉, 사회적 지위가 높아짐에 따라 재운도 확실히 진행되어 가는 운세인 것이다. 사수자리는 모험심이 강하기 때문에 「한 방에 적중시켜 보이겠다!」는 욕심이 있지만, 그러나 현실은 그 반대이다.

그 한 방을 맞추기 위해서 앞으로 어떻게 투자해 나가야 하는가를 생각해야 한다. 시선을 약간의 미래에 두면 성과가 확실히 나오게 된다.

## 태양성좌가 염소자리 ▶ 제2하우스가 물병자리
*저축에만 만족하지 않고 능숙하게 운용하는 것이 수입의 증대로 연결된다.*

고지식하고 견실한 염소자리는 남몰래 노력을 거듭하는 별자리이다. 꾸준하고 인내력이 있기 때문에 다소의 업무에서는 지치지 않는다. 온화하고 차분하다고 여겨지기 쉽지만 실은 그 얼굴 뒤에 왕성한 야심을 숨기고 있다.

그런 염소자리에게 있어서의 재운은 제2하우스에 있는 물병자리가 나타낸다. 원래 장기간 계속되는 것이나 안정성이 있는 것에 가치를 찾는 염소자리이다. 당연히 돈도 그냥 모아 두거나 장기간 동일한 은행에 넣어 둔 채로 지내는 것이 대부분일 것이다.

하지만 염소자리의 재운을 관장하는 물병자리는 개혁과 새로운 가치관을 나타낸다. 이것은 단지 갖고 있을 뿐만 아니라 돈을 리뉴얼, 쇄신해야 하는 필요성을 역설하고 있는 것이다.

염소자리의 경우는 근검절약가로서 일이 바빠지면, 단지 돈을 갖고 있게만 되는 경향이 있다. 그렇지만 돈도 쓰지 않으면 단순한 종이에 불과하며 그 상태로는 새로운 돈도, 새로운 돈줄도 다가오지 않는다. 그래서 돈을 리뉴얼해야 하며 능숙하게 사용하는 것도 필요하다고 별이 전해주고 있는 것이다.

변하지 않는 것이 염소자리의 좋은 점이지만 재산에 관한 문제에 있어서는 그것을 적극적으로 사용해 보는 것을 생각해 보자.

물병자리가 나타내는 것은 「교류」라는 키 워드이다. 이것은 사람과의 관계와 교제에 돈을 거는 것으로, 새로운 재운이 들어오는 것을 암시하고 있는 것이다. 예를 들어 「타업종 교류회」에 참석해 본다면 어떨까?

잘 모르는 세계에 접하여 인맥을 넓힘으로서 수입 향상에 도움이 되는 부분이 나올 것이다. 또한 물병자리의 수호성은 천왕성이다. 그리고 천왕성은 투기를 나타내는 별이다. 즉, 염소자리는 주식 등으로 거액을 손에 넣을 가능성을 감추고 있다고도 말할 수 있다. 그래서 흐름에 맡기는 것이 아닌, 제대로 된 연구 데이터를 기반으로 투자하면 기쁜 결과가 나올지도 모른다. 천왕성은 전파를 나타내기도 하는 별이므로 인터넷으로 주식을 구입하거나 적절한 타이밍으로 회전시켜 주면 좋을 것이다.

**태양성좌가 물병자리 ▶ 제2하우스가 물고기자리**
*손익을 도외시하면 도약의 계기가 된다. 사람에 대한 투자도 권한다.*

개성적이고 독창성이 풍부한 발상을 할 수 있는 물병자리. 개혁과 혁신을 좋아하고, 기존의 가치관을 뒤엎는 역할을 담당하고 있다. 항상 냉정하고 깔끔하므로 논리적으로 사물을 생각하는 버릇이 있다. 그리고 약간 고집스럽고 경직된 면이 있다.

그런 물병자리의 재운을 나타내는 것은 제2하우스에 있는 물고기자리이다. 물고기자리는 애정이 많고 사람들 모두에게 자신이 갖고 있는 것을 나누어 주는 자기희생의 별자리이다. 물병자리에게 있어서의 재운을 이 별자리가 나타낸다는 것은 결국 물병자리는 남을 위해 돈을 쓰는 것이 중요하다는 사실을 나타낸다.

예를 들어 손익을 염두에 두지 말고 남이 기뻐하는 것에 아낌없이 돈을 쓰거나 남에게 투자를 해보자. 이렇게 하면 돈은 돌고 돌아 다시 돌아온다는 암시이다. 무조건적으로 베푸는 사랑은 다시 커다란 재운으로 돌아올 것이다.

또한 물고기자리가 나타내는 것은 「자원봉사」라고 말할 수 있다. 남들에게 보답을 바라지 않는 헌신으로 돈을 버는 것이 아니라 금전으로 바꿀 수 없는 경험을 하고 정신적인 가치를 알게 된다. 그것이야말로 눈에 보이지 않아도 가치가 있는 일이다.

물고기자리는 표면에 나타나 있지 않은 것을 나타내는 별자리이기도 하다. 그것은 물질 이외의 대상에 돈을 쓰라는 메시지이다. 예를 들어 여행을 떠나거나 강연에 참가하거나 연극이나 콘서트에 돈을 쓰거나 하는 것이다. 이렇게 하면 돈으로 살 수 없는 뭔가를 얻을 수 있다. 그리고 그것이 계기가 되어서 당신 자신을 키우거나 커다란 금맥을 이루는 일로 이어질 것이다.

물병자리와 물고기자리의 관계는 바로 돈으로 정신적인 풍요로움을 사는 관계이다. 또는 돈의 가치관에 얽매이지 않음으로써 더 행복한 삶을 찾는 조합이라고 할 수 있다.

한편 물고기자리는 재활용도 나타내고 있으므로 불필요한 것을 재활용으로 돌리거나 재활용품을 구입하면 신품을 구매할 때 보다 좋은 물건이 손에 들어 올 가능성도 있다.

# 재운을 더 Up! 럭키넘버를 아군으로 만들자!

더욱 재운을 불러들이는 숫자를 아군으로 만들자. 당신의 제2하우스가 갖고 있는 각각의 숫자의 의미를 알아내서 저축이나 구매계획을 세우면 재산을 더 많이 손에 넣을 수가 있다.

| 9 | 8 | 7 | 6 | 5 | 4 | 3 | 2 | 1 | 0 | 넘버 / 제2하우스 |
|---|---|---|---|---|---|---|---|---|---|---|
| 109 | 97 | 85 | 73 | 61 | 49 | 37 | 25 | 13 | 1 | 양자리 |
| 110 | 98 | 86 | 74 | 62 | 50 | 38 | 26 | 14 | 2 | 황소자리 |
| 111 | 99 | 87 | 75 | 63 | 51 | 39 | 27 | 15 | 3 | 쌍둥이자리 |
| 112 | 100 | 88 | 76 | 64 | 52 | 40 | 28 | 16 | 4 | 게자리 |
| 113 | 101 | 89 | 77 | 65 | 53 | 41 | 29 | 17 | 5 | 사자자리 |
| 114 | 102 | 90 | 78 | 66 | 54 | 42 | 30 | 18 | 6 | 처녀자리 |
| 115 | 103 | 91 | 79 | 67 | 55 | 43 | 31 | 19 | 7 | 천칭자리 |
| 116 | 104 | 92 | 80 | 68 | 56 | 44 | 32 | 20 | 8 | 전갈자리 |
| 117 | 105 | 93 | 81 | 69 | 57 | 45 | 33 | 21 | 9 | 사수자리 |
| 118 | 106 | 94 | 82 | 70 | 58 | 46 | 34 | 22 | 10 | 염소자리 |
| 119 | 107 | 95 | 83 | 71 | 59 | 47 | 35 | 23 | 11 | 물병자리 |
| 120 | 108 | 96 | 84 | 72 | 60 | 48 | 36 | 24 | 12 | 물고기자리 |

1 해외 관련 강운수. 개인수입이나 브랜드품의 수입은 0이 붙는 날에.

2 감추기에 좋은 수. 카드의 비밀번호 끝은 0으로.

3 협력을 나타낸다. 0이 붙는 날에 복권을 산다면 친구와 함께 사자.

4 협력의 성과를 보증하는 수. 연구나 배우는 것은 0이 붙는 날이 가장 좋다.

5 도박에 강한 수. 복권은 끝이 0인 번호가 베스트

6 부동산 관련 행운수. 번지 끝이 0이 붙는 물건을 구입하면 길.

7 정보의 강운수. 0이 붙는 날의 구인이나 끝 번호가 0인 전화번호는 길.

8 재테크의 강운수. 저금의 개시는 0이 붙는 날이 좋을 것이다.

9 부탁이나 조르는 일은 0이 붙는 날에 하자. 통하게 된다.

10 도움을 원할 때는 끝이 0인 날, 시간에 행하면 길.

11 재테크 강좌, 학습회는 0이 붙는 날에 하자. 좋은 스승을 만난다.

12 합격을 부르는 수. 0이 붙는 날의 면접이나 0이 붙는 수험번호가 길하다.

13 직무운을 높여주는 수. 1이 붙는 날이나 1시 대는 일이 우선이다.

14 레저의 강운수. 1이 붙는 날에 놀러 가면 이익을 볼 일이 있다.

15 투자 스타트나 구좌개설, 저축을 개시하려면 1이 붙는 날에.

16 정보의 강운수. 1이 붙는 날의 전화나 공지는 매우 유익하다.

17 귀금속 구입은 1이 붙는 날에 혼자서 한다. 보물을 캘 수 있다.

18 자기 투자의 최강운. 1이 붙는 날의 투자라면 원금회수가 가능하다.

19 수호신이 발동되는 수. 돈을 빌리거나 상담을 하려면 1이 붙는 날이 가장 좋다.

20 이상 실현의 수. 1이 붙는 날의 재테크 플랜으로 꿈이 실현될지도.

21 수상의 강운수. 1이 붙는 날의 작품발표는 표창감이 된다.

22 커다란 발전을 부르는 수. 1이 붙는 날의 전직은 성공으로 이끌어 준다.

23 매사를 백지로 돌리는 수. 발을 빼려고 계약을 해지하려면 1이 붙는 날에.

24 설득이나 교섭은 1이 붙는 날에 하자. 상대를 잘 설득할 수 있게 된다.

25 2가 붙는 날은 조공을 받는 운이 상승된다. "이"가 붙는 이름의 남성은 중요한 사람.

26 부동산은 2가 붙는 날에 구입을 하자. 2번지나 2층짜리 물건은 더 좋다.

27 2가 붙는 날에는 중요한 계약에 대해 교섭을 하자. 당신은 우위를 점하게 된다.

28 쇼핑은 2시 대에, 두 명이 간다. 의외의 득템을 발견할 수 있다.

29 결단의 강운수. 커다란 투자나 구매, 양자택일은 2가 붙는 날에.

30 도움이 필요하면 두 살 연상인 사람, 이름에 "이"가 붙는 사람이 협력적이 된다..

31 우연의 길수. 2가 붙는 날, 2시 대의 사건은 임시 수입을 불러 온다.

32 곤란을 뿌리칠 수 있는 강운수. 장기 론이나 적금은 2가 붙는 날에.

33 갬블운이 상승하는 수. 끝번호가 2인 복권은 당첨될지도 모른다.

34 비밀을 지키는 강운수. 카드나 금고는 2가 붙는 비밀번호로 한다.

35 양가의 며느리가 되는 길수. 2가 붙는 날의 맞선이나 파티에 조우할지도 모른다.

36 부탁할 일은 2가 붙는 날에. 무리한 것도 들어 준다.

37 3이 붙는 날은 프레젠테이션에 최적. 높은 평가를 얻을 수 있다.

38 해외운이 강화. 3이 붙는 날이나 3시 대의 외화예금은 길할 것이다.

39 3이 붙는 날이나 3과 관련된 현상공모, 제비뽑기 등은 대길하다.

40 횡재의 강운수. 3이 붙는 날의 대역이나 의뢰에는 보답이 있다.

41 경리의 행운수. 전표, 장부정리는 3이 붙는 날에 하면 길.

42 갬블을 하려면 3을 의식하자. 끝 번호가 3인 넘버는 대길.

43 재운을 부르는 수. 3이 붙는 날, 3이 붙는 금액부터 저금을 시작하자.

44 수리의 강운수. 돈 때문에 분쟁이 있다면 3시 대, 3이 붙는 날에 중재를.

45 저축의 행운수. 3이 붙는 날, 세 구좌로 나눠서 운용하면 행운이 깃든다.

46 어떤 일의 시작은 3이 붙는 날에. 저금, 재테크 개시도 원활하게 진행된다.

47 원조를 불러 오는 수. 세 명으로 짠 그룹, 생일에 3이 붙는 사람을 소중히 여기자.

48 우정을 높이는 수. 공동출자를 하려면 세 명이 그룹으로 3이 붙는 날이 베스트.

49 액운을 물리치는 수. 위험을 수반하는 투자나 거래는 4가 붙는 날에 하자.

50 전직의 강운수. 응모나 면접은 4가 붙는 날에. 수입의 증대를 노릴 수 있다.

51 자금 원조의 부탁은 4월이나 4가 붙는 날, 4시 대에 하는 것이 베스트.

52 외자 처축, 외국 주식에 투자하는 것은 4가 붙는 날이 길. 해외운이 Up된다.

53 뭔가를 얻는데 길한 넘버. 4가 붙는 날은 누군가 한턱을 내거나 무엇인가를 줍기도 한다.

54 파트너운을 높이는 수. 출자나 업무상대는 4살 이상이거나 아래가 길.

55 취직의 강운수. 수험번호, 면접일의 끝이 4라면 결과가 좋을 것이다.

56 갬블을 하려면 4가 붙는 날, 창구, 머신에 럭키의 여신이 있다.

57 부동산의 강운수. 4가 붙는 날의 주택 찾기, 4가 붙는 방 번호는 대길.

58 정보가 필요한 때는 끝번호가 4인 전화번호에 연락을 해보자.

59 저축의 강운수. 통장이나 비밀번호에 4가 붙으면 돈이 쌓여 간다.

60 인생을 지배하는 강운수. 중요한 결단은 4가 붙는 날에 행하자.

61 변경의 강운수. 예금주좌나 비밀번호 등의 변경은 5가 붙는 날에.

62 대출금의 변제, 청산은 5가 붙는 날에 행하는 것이 좋을 것이다.

63 갬블의 럭키넘버는 5. 마권이라면 5가 붙는 것을.

64 승부를 거는데 강운수. 갬블, 게임은 다섯 명의 그룹으로, 5번 등이 길하다.

65 꿈의 실현에 강운수. 생일에 5가 있는 사람이 좋은 어드바이저가 된다.

66 부수입에 맞는 수. 아르바이트는 5가 붙는 날에 시작하자.

67 인생을 지배하는 행운수. 독립, 새로운 계획은 5가 붙는 날에 시작하자.

68 장래에 대한 머니 플랜은 5가 붙는 날, 또는 5시 대에 결정하자.

69 공동작업의 유망수. 5가 붙는 날이 생일인 사람과의 협력에 행운이 있다.

70 장기전에 강한 수. 적립이나 보험가입은 5가 붙는 날이면 오래 지속된다.

71 강습을 받으려면 5가 붙는 날에 시작하자. 재능을 만개시켜 줄 것이다.

72 만회하는데 강운수. 이전에 실패한 투자는 5가 붙는 날에 재도전하자.

73 물질운이 팽창되는 날. 6이 붙는 날은 선물이나 누군가의 한 턱이 기대된다.

74 계약에 사용하고 싶은 수. 론의 금액도 6백만, 6천만 등이 행운을 불러 온다.

75 투자나 고가품을 사려면 6이 붙는 날이나 6시 대에 하자.

76 남자운을 상승시키는 넘버. 6이 붙는 날의 데이트는 중요하게 생각하자.

77 부동산의 강운수. 이사나 아파트 구입은 6이 붙는 번지가 가장 좋다.

78 정보수집의 행운수. 6이 붙는 날, 여섯 명이 하는 상담에 큰 건수가 기다린다.

79 여행은 6이 붙는 날에 출발을. 금맥을 만날 수 있는 여행이 된다.

80 액운을 물리치는 수. 위험한 투자나 투기의 결단은 6이 붙는 날에.

81 전직은 구인지의 6이 붙는 페이지를 보라. 수입이 증대되는 일을 찾을 수 있다.

82 그룹 활동의 강운수. 여섯 명이 함께 하는 일이나 거래는 성공을 거둔다.

83 투자의 강운수. 6이 붙는 날에 구입한 그림이나 도자기에 가치가 있다.

84 여행의 행운수. 6이 붙는 날에 여행사에 가면 매우 이익적인 플랜이 있다.

85 모험적인 행동의 강운수. 7이 붙는 날, 년도에는 커다란 결단을 하자.

86 창작의 길수. 7이 붙는 날의 작품 제작이나 발표는 실익이 동반된다.

87 집단교섭에 강한 수. 급여인상 등의 요구는 7명이 단체로 하자.

88 직무의 강운수. 중요한 일의 상담은 7시 대에 실행하자.

89 리스크가 있는 투자 등은 7이 붙는 날에 실행하자. 담보도 기대할 수 있다.

90 선물의 강운수. 7이 붙는 날은 누군가로부터의 한 턱을 기대하자.

91 소개의 강운수. 7이 붙는 날의 소개팅은 행운을 보증한다.

92 전표나 가계부의 정리는 7이 붙는 날이나 7시 대에 행하면 효율적이다.

93 만남의 강운수. 7이 붙는 날에 알게 된 남성은 부자일 것이다.

94 집에 관한 강운수. 이사, 구입 모두 7이 붙는 날이 대길하다.

95 설득, 교섭의 강운수. 7시 대, 7이 붙는 날의 이야기는 유리하게 진전된다.

96 재운 상승의 수. 복권은 7번 창구에서, 7시에 7장을 산다.

97 의사를 발의하는데 적합한 날은 8이 붙는 날이다. 좋은 아이디어가 떠오른다.

98 일의 강운수. 8이 붙는 날의 임금교섭, 상담은 당신에게 유리하게 전개된다.

99 공부에 강운수. 8층이나 8이 붙는 룸에서의 재테크 교실은 유익하다.

100 남의 뒤를 캐려면 8이 붙는 날에 하자. 결코 발각되지 않고 성공한다.

101 인맥을 만드는데 강운수. 8월, 8이 붙는 인원을 초청하는 모임에 금맥이 기다린다.

102 계약의 강운수. 8이 붙는 날, 8시 대에 한 약속은 지킬 수 있다.

103 8은 결단, 승부의 강운수. 갬블, 투자에 유효하게 활용되어 길하다.

104 아군을 만드는 수. 생일에 8이 붙은 사람이 믿음직한 아군이다.

105 모니터링의 행운수. 8이 붙는 날의 좌담회 등은 용돈벌이에 좋은 소재다.

106 쇼핑의 행운수. 8이 붙는 날에 8번지 등에서 득템할 수도 있다.

107 경쟁의 강운수. 경매나 의논 등은 8이 붙는 날에 하자.

108 우연의 강운수. 8이 붙는 날, 8시의 만남은 금맥을 불러 온다.

109 재운의 수호신. 론이나 카드 이용은 9가 붙는 날에 한해 유익하게 사용하자.

110 승리를 부르는 수. 갬블이나 투자는 9번, 9가 붙는 금액에 배팅하자.

111 비밀을 지키는 수. 대여금고나 통장의 비밀번호 끝자리는 9로 하자.

112 사교의 강운수. 9가 붙는 날에는 와야 할 사람이 등장한다.

113 상담건은 9가 붙는 날에 하자. 9살 연상인 사람이 좋은 이해자가 된다.

114 해외운을 강화시켜 주는 수. 해외직구는 9가 붙는 날이나 9시 대에 하자.

115 역전의 강운수. 불리한 교섭이라도 9가 붙는 날이라면 역전이 가능하다.

116 사람을 뽑는데 강운수. 9가 붙는 날에 업무 파트너를 고르자.

117 약속의 행운수. 중요한 계약이나 입회 수속 등은 9가 붙는 날에.

118 갬블의 강운수. 복권 9장을 사거나 9번 레이스에 행운이 있다.

119 증오 해결의 수. 돈의 상담은 9가 붙는 날에 태어난 사람에게 하자.

120 사교운을 높이는 수. 9가 붙는 날에는 부자와의 만남이 있다.

★「취향에 맞는 사람을 만나려면」쌀 한 톨을 준비해서 빨간 펜으로 칠한다.

이것을 손잡이 반대 쪽 손의 새끼손가락 손톱에 얹고 반창고로 감은 뒤 밖으로 나가자. 이 주술을 되풀이 하면 3회 이내로 만남이 이뤄질 것이다.

# 3
# Travel

## 제3하우스로 알 수 있는 – 여행

제3하우스의 별자리는 사람들과의 교류운을 나타냄과 동시에 여행운을 의미하는 하우스이다. 온처럼 여행을 떠난다면 미래를 열어 나가는 여행의 모습을 파악하여 여행지에서 행운의 열쇠를 많이 얻어 오도록 하자.

 **태양성좌가 물병자리 ▶ 제3하우스가 양자리**

*새로운 파워를 얻으려면 열정을 불태우는 경험이 제일이다. 드라이브도 운기를 높여준다.*

물병자리의 개운의 여행을 주관하는 제3하우스는 양자리이다. 개성적이고 항상 개혁을 바라는 물병자리는 사회의 상식을 차례로 타파하여 전진해 나가는 별자리이다. 문제의식을 갖고 세상을 변혁시키고 싶은 물병자리의 마음속에는 자신이 다른 사람과는 다르다는 우월감이 잠자고 있다.

그 때문에 물병자리에게는 다른 사람의 의견을 듣지 않거나 자신의 의견을 끌어다 넣지 못하는 특징도 있다. 자신의 생각이 받아들여지지 않게 되면 폭발하여 다른 사람들과 격하게 충돌해 버리는 경우도 있다. 이렇게 되니 주위에서 완고한 사람이라든지 비뚤어진 사람이라고 생각하는 경우도 적지 않을 것이다.

양자리는 물병자리와 마찬가지로 자기중심적인 부분은 있지만 개혁을 목표로 하는 것이 아니라 오히려 선두에 서서 새로운 것에 과감히 도전해 나가는 별자리이다. 따라서 그늘에 갇혀서 살지 않고 시원스럽고 밝다는 특징도 있다. 그러므로 물병자리의 개운을 돕는 여행의 키 워드는 뜨겁게 정열을 불태우는 것이라고 할 수 있다.

스포츠 일정을 담은 여행과 축제를 목적으로 한 여행이 권장된다. 골프에 심취해 있다면 골프 삼매를 즐길 수 있는 여행이나 골프경기 관전 투어를 가거나, 야구를 좋아한다면 과감히 미국에 가서 빅 리그를 관전하거나 하는 것도 좋다. 좋아하는 선수를 응원하러 영국의 프리미어 리그를 관전하는 것도 좋을 것이다. 지역의 축제를 구경삼아 간다면, 이왕이면 구경하기보다는 직접 참가해 보는 것도 좋을 것이다.

양자리답게 순식간에 뜨겁게 타오르는 정열 속에 뛰어 들어서 물병자리는 자신의 생각을 고집스럽게 만드는 강한 에너지를 단번에 발산시켜서 새로운 파워를 얻어 낼 수 있다.

자신의 주장이 통하지 않아 우울해지면 핸들을 잡고 드라이브를 떠나보자. 고속도로에서 가속기를 밟아 고속으로 주행하는 것만으로 기분이 상쾌해진다. 스피드를 나타내는 양자리의 에센스를 이용하여 물병자리는 간단히 기분전환을 할 수 있는 것이다. 그러나 안전에는 부디 주의를 당부한다.

여름은 불꽃놀이를 구경할 수 있는 여행도 추천한다. 구경하러 가려고 결심했는데 때마침 그 날이 길일이며 그리고 혼자서 떠나게 되면 그것이 가장 좋은 경우이다.

물병자리에게 있어서 개운의 여행은 자신을 되돌아보고 자신을 바꾸는 여행이다. 기본적으로는 혼자 여행하는 편이 좋다. 물병자리는 사람과의 연대를 나타내는 별자리이기 때문에 혼자서 떠나는 여행이라도 여행지에서 친구가 생기거나 연인이 생기거나 할 가능성도 크다.

 ## 태양성좌가 물고기자리 ▶ 제3하우스가 **황소자리**

*오감을 마음껏 사용하는 여행으로 우유부단한 자신과는 결별하자. 친한 사람과 함께 가자.*

물고기자리의 개운의 여행을 주관하는 제3하우스는 황소자리이다.

물고기자리는 불우 이웃을 보면 내버려 둘 수 없는 거룩한 마음을 가진 별자리이다. 상대에게 상처를 주지 않으려 하는 나머지 상대에게 No!라고 말하지 못한다. 때문에 매사에 우유부단하고 혼자서 결정하기가 여간해서 쉽지 않다는 특징도 있다. 또한 물고기자리는 남에게는 사랑을 아낌없이 주는 반면에 사랑을 자신에게로 끌어당기는 힘은 약하며 자기 자신의 고민과 고통에서는 일어서기가 서툰 면이 있다.

한편 황소자리는 오감이 뛰어나 인생을 길고도 꾸준히 걸어 나가는 별자리이다. 맛, 향기 감촉, 미적인 조형, 아름다운 소리...... 몸의 감각을 풀어헤치고 황소자리처럼 통째로 즐기는 여행에서 물고기자리는 자신이 바로 나임을 다시 확인하고 다시 태어날 수 있다. 여행의 키 워드는 "따뜻한 만남, 가까운 곳, 식도락'이다.

가까운 장소라도 내용이 충실한 여행을 추천한다. 물고기자리는 곳곳에 눈길을 주기 쉽지만 이벤트가 풍성한 여행에서는 너무 바빠서 황소자리처럼 여행할 수 없다. 식사라면 식사, 풍경이라면 풍경과 목적을 정확히 해야 한다. 친한 사람끼리만 가는 것이 여행의 기본이다. 마음이 맞는 동료, 가족, 연인과 여행을 떠나보자. 현지에서 그곳의 사람들과 접촉할 경우 더욱 운기가 상승된다.

현지 사람들과 자연스럽게 친해지기 위해서는 이벤트가 있는 장소를 선택하면 좋다. 도예와 염색에 도전하거나 바구니를 만드는 교실에 들어가거나 국수나 냉면을 만드는 수타체험, 향낭이나 나만의 향수를 만들기 등이 그것이다. 물고기자리는 스스로 기획을 하는 것에 서툴므로 정리사항 등을 여행의 동반자가 해주도록 부탁해야 한다.

열심히 반죽하여 모양을 만들어 내거나, 다양한 향기를 가슴 가득히 들이 마시거나 하는 등, 한 점으로 자신의 신경을 몰입시키는 황소자리다운 쾌락에 물고기자리는 신선한 기쁨을 느낄 것이다. 또한 따뜻한 교류를 나누면 다른 사람때문에 일희일비했던 피로도 치유되기 쉽다. 그리고 완성된 작품을 마음에 둔 사람에게 보내면 좋은 관계로 발전할 가능성도 있다.

산이나 시골의 목장에서 당일치기로 바비큐를 해 먹는 것도 좋다. 아이스박스에 질 좋은 고기나 생선을 담고 야채는 현지에서 조달하자. 숯불을 피우기에서 소스 만들기까지 본격적인 미각을 즐겨보자.

긴 여행을 나선다면 승합차에서 게임을 하면서 목적지로 향한다. 호화 이벤트 열차를 타는 등 여행 도중에도 재미있게 즐길 수 있도록 연구해 보자. 여행에서는 장미를 베이스로 만든 꽃향기를 접해 보면 여행이 한층 충실해 질 것이다.

 ## 태양성좌가 양자리 ▶ 제3하우스가 쌍둥이자리
*커뮤니케이션을 즐기는 여행을 염두에 두는 경우 진정한 리더로 성장한다.*

양자리는 원래 개인지향이 강하고 남의 눈에 띄기를 좋아한다. 스피디한 것을 좋아하기 때문에 속단속결 타입이다. 행동하려고 결정하면 단 한 명이라도 가장 앞서서 내달린다. 따라서 양자리의 여행은 일반적으로 돌연 혼자서 떠나거나 아니면 자신이 리더가 되어 그룹을 좌지우지해가면서 이끌고 나가는 스타일이 되기 십상이다.

그런 양자리의 여행운을 주관하는 제3하우스는 쌍둥이자리이다.

정보수집에 능하고 사람들과의 커뮤니케이션이 뛰어난 쌍둥이자리다운 요소를 더하는 것으로 양자리의 여행은 자기개혁의 기회로 바뀐다. 평소의 무리함을 의식적으로 피해서 다른 사람의 이야기에도 귀를 기울이고 다양한 것으로 눈을 돌리는 여행을 목표로 하자. 키 워드는 "배려, 멋, 트랜드"다.

떠들썩하고 많은 사람들이 왕래하는 곳, CF나 TV 드라마 등에서 화제가 된 명소는 바로 양자리에게 있어서 개운으로 이어지는 곳으로 그곳이 바로 쌍둥이자리다운 목적지이다. 그러나 다른 사람의 생각이나 입장을 고려하지 않고 '절대로 여기로 갈 수 밖에 없다"고 주장하는 식으로 자신의 의사를 억지로 관철시키지 않도록 조심해야 한다. 계획단계부터 여행은 시작된다. 함께 가는 상대의 기분을 해치지 않도록 배려하면서도 자연스럽게 자신이 생각하는 방향으로 의견을 몰고 가는 것이 중요하다. 왜냐하면 목적지에서 무엇을 볼 것인지는 그다지 중요하지 않고, 여행을 통해 동료와 이야기하고 소통을 즐기는 것이 쌍둥이자리답고 양자리에게 있어서는 행운을 부르는 여행이기 때문이다.

단, 양자리는 개인적으로 깊은 관계를 가지는 것에 약하다. 쌍둥이자리도 근거리를 나타내는 별자리이므로 길어야 겨우 3박 4일까지의 일정일 것이다. 인원수도 남녀를 불문하고 4~5명에 그쳐야 한다. 그 이상 더 많아지면 중간에 동료관계가 무너질 위험이 일거에 증대되기 때문이다.

서울에 간다면 제2 롯데월드처럼 새로운 구역이 좋은 장소이다. 오픈한지 얼마 안 되는 식당에서 입소문이 난 런치를 먹거나 이제 막 개업한 가게를 들여다보거나 하자. 동료와 함께 모여서 액세서리나 매니큐어를 사는 것도 좋다. 승합차로 시끌벅적 떠들며 가까운 곳으로 드라이브를 즐기는 것도 추천한다. 해외는 북동방향이 이상적이지만 베트남, 괌, 홍콩 등 가까우면서 짧은 기간의 여행도 행운을 불러 준다.

양자리는 쌍둥이자리다운 여행에서 사람에 대한 배려를 배우고 한편으로는 사람과의 관계의 폭을 넓히고 있다. 본래 지니고 있는 강한 강요심에 더해서 배려하는 일면을 새롭게 갖추어서 진정하고 믿음직한 사람으로 성장한다. 쌍둥이자리다운 여행은 양자리의 리더십을 최대한으로 살리는 토양을 낳게 되는 것이다

## 태양성좌가 황소자리 ▶ 제3하우스가 게자리
*유익한 여행을 함으로서 총명하고 생명력 넘치는 자신을 재확인*

황소자리의 여행운을 주관하는 것은 제3하우스인 게자리이다.

황소자리는 가정적인 분위기를 충분히 느끼기를 좋아한다. 황소자리는 경제적으로 제한된 범위 내에서 낭비하지 않는 가정생활을 즐기는 데에 매우 자신을 갖고 있는 타입이다. 황소자리나 게자리는 모두 가정적인 것을 매우 소중히 하는 별자리이지만 서로에게는 미묘한 차이가 있다. 황소자리의 행운을 부르는 게자리의 특성을 닮은 여행의 키 워드는 "경제적인 면의 고려, 제한된 사람들, 껍질이라는 틀 속"의 3가지이다. 중요한 것은 자신의 껍질 속에 가둔다는 게자리와 닮은 에센스인데 이 개념을 여행에 넣어 보도록 하자.

가족끼리, 속속들이 아는 사람들끼리, 거리낌 없는 사람들끼리의 여행이 가장 좋을 것이다. 연인과의 여행도 물론 좋다. 무덤덤해진 관계라면 함께 여행을 떠나 보자. 그것만으로도 두 사람의 관계는 더 생기가 넘치도록 변할 것이다. 목하 사귀고 있는 중인데도 관계가 답보상태인 경우에도 과감하게 여행을 제안해 보자. 여행에서 내용물이 충실한 인간관계가 구축되고 좋은 방향으로 진전될 것이다. 커다란 실연 등으로 그 아픔에 빠져있다면 사이가 원만하고 친한 동성 친구를 초대하여 여행을 떠나보면 생기가 돌아 올 수도 있다. 여행 후에는 자기 자신이 부활된 것과 같은 새로운 파워를 느낄 것이다. 황소자리의 애매한 상태를 게자리다운 여행이 해소해 주고 다음의 발전단계로 향하는 상태로 바꾸어주는 것이다.

게자리의 럭키넘버는 2이므로 인원은 2명, 4명의 방식으로 배수가 좋지만 6명 이상은 너무 많아서 친목적인 분위기가 흐려질 가능성이 있으므로 4명까지로 해 두자.

어디까지나 경제적인 점을 고려한 게자리다운 여행이므로 인터넷 정보를 활용하여 경제적이고 유익한 여행계획을 세우도록 하자. 그러나 경제적이라고 해서 궁상을 떨어야 한다는 것이 아니라는 점을 명심하도록 하자. 옹색하게 구는 것이 아니라 예산을 세워서 그 범위 내에서 즐거움을 느끼는 것이 중요하다. 실리적인 여행을 통해서 황소자리는 총명하고 생명력 넘치는 자신을 확인할 수 있을 것 같기 때문이다. 여행지는 물과 관련된 장소로서, 예를 들면 해변이나 호수 등이 좋다. 추천하는 숙소는 민박이나 펜션, 아담하고 예쁜 호텔 등이며 무엇이든 이것저것 스케줄에 넣지 말고 미식여행이라면 미식에만 여행의 목적을 구체화하여 여유롭게 보내도록 하자. 또한 회사의 단체 여행 등에는 내키지 않더라도 꼭 참가해 보자. 지금까지 거리감을 느끼고 있던 동료나 상사하고 친해질 기회라고 생각하자. 서먹서먹했던 사람과의 대화시간을 최대한 만들도록 노력하고 제대로 확실하고 유익한 대화를 나눔으로서 좋은 관계로 변화되어 나갈 것이다.

## 태양성좌가 쌍둥이자리 ▶ 제3하우스가 **사자자리**

*화려하고 화려하게…… 욕망에 충실한 여행이 자신감과 광채를 더해준다.*

쌍둥이자리의 여행운을 관장하는 제3하우스는 사자자리이다.

사자자리는 원래, 경쾌하고 멋스러워서 트랜디한 것을 매우 좋아한다. 한편 사자자리는 고급스러움을 추구한다.

다양한 것을 폭넓게 받아들이는 쌍둥이자리는 작은 사치에도 기뻐할 줄 아는 멋진 일면을 갖고 있으나 사자자리다운 개운의 여행에서라면 더욱 맘 내키는 대로 행동해도 좋을 것이다. 행운을 부르는 여행의 키 워드는 "고급스러움, 리치, 드레스 업"이다.

방문하는 장소, 묵는 장소 등은 업그레이드 한다. 모든 것을 최고급으로 이용하는 것이 이상적이지만 부분적이라도 호화스럽게, 타의 추종을 불허할 정도의 박력을 갖춘 요소를 여행에 끌어 들인다. 드레스 업을 하지 않으면 안 되는 파티가 열리는 선박이나 호화 레스토랑에서의 식사를 목적으로 하는 여행일 것이다. 편도라도 비행기는 비즈니스 클래스를 이용하고 샴페인이나 식전에서 디저트 와인까지 본격적으로 식사다운 식사를 즐긴다. 5성급 호텔에서 최상급의 서비스를 누리기도 한다. 파티나 디너 등 남의 눈에 띄는 자리에서는 주인공이 된 것 같은 생각으로 주변을 압도하는 수준의 패션으로 몸을 감싼다. 그 때문에 발생되는 지출은 투자라고 생각한다. 당연히 행동도 화려하고 호화스럽다. 모두가 자기를 쳐다보고 있다고 의식해서 스타처럼 분위기를 연출한다. 머리가 좋아서 수완도 대단히 뛰어나므로 사자자리다운 변신을 즐길 수 있을 것이다.

여행지에서의 쇼핑에서는 누구나가 갖고 있을 법한 브랜드에는 눈길조차 주지 않는다. 남이 갖고 있지 않은 것을 손에 넣는 것은 사자자리의 중요한 에센스 중의 한가지이다. 필요한 것을 무질서하게 구입하는 것을 지양하고 주역에게 걸 맞는 광채를 손에 넣기 위한 쇼핑을 염두에 둔다. 함께 여행갈 사람은 동경하고 있는 사람이나 연상의 인물 등 자신의 품격을 높이는 투어에 맞는 사람을 고른다.

지금 너무 활력이 떨어져 있다면 남쪽나라의 섬으로 혼자만의 여행을 추천한다. 해변에서 느긋하게 시간을 보내고 에스테와 마사지도 즐겨보자. 심신 모두가 치유될 것이다.

사자자리는 연애를 관장하는 하우스이기도 하므로 여행에서 연애사가 생길 가능성도 크다. 비록 하룻밤만의 모험에서라도 여행지에서의 연애는 쌍둥이자리에게 여성으로서의 커다란 확신을 가져다준다. 사자자리다운 여행을 통해서 쌍둥이자리는 여성으로서의 자신을 빛내며 일류의 아름다움과 강함까지도 손에 넣을 것이다.

## 태양성좌가 게자리 ▶ 제3하우스가 처녀자리

*침울해지기 쉬운 게자리의 치유에는 로맨틱한 여행이 최적이다.*

게자리의 개운의 여행을 관장하는 제3하우스는 처녀자리이다.

보수적이고 경계심이 강한 게자리는 스스로 자신의 한계를 구분하기 쉽다. 때문에 한번 침울해지면 기분전환이 어렵고 일어서기까지에는 많은 시간이 걸린다. 우울할 때야 말로 게자리는 처녀자리다운 여행에서, 이러지도 못하고 저러지도 못하던 상황을 바꿔보도록 하자. 처녀자리는 질서를 소중하게 생각하는 별자리이므로 동시에 꿈꾸는 순애의 처녀다운 마음을 갖고 있다. 껍질 속에 숨어 있기 쉬운 게자리의 마음을 처녀자리의 꾸밈 감성이 강한 기질이 해방시켜 주고 우울하고 답답했던 원인을 정리해 준다.

여행의 키 워드는 "처녀다움, 로맨틱, 질서잡기"이다. 해외여행은 서북서 방향이 이상적이지만 독일의 메르헨 가도, 프랑스 샤토 등의 순례를 추천한다. 네덜란드나 영국 등의 정원 투어도 추천한다. 숙박은 아름다운 고성이나 럭셔리한 회원제 클럽으로 하자. 국내라면 캐노피가 달린 침대나 천이 많이 늘어진 드레이프 커튼이 있는 산뜻한 호텔로 하자. 산과 호수에 안겨 있는 것 같은 경승지도 목표가 된다. 실내악의 연주가 흐르는 곳에서 창가에 퍼지는 로맨틱한 풍경, 그리고 보기에도 정갈한 서양식의 디너를 여행지에서 즐겨 보자.

여행 가방에는 레이스가 달린 언더 웨어나 귀여운 프릴이 달린 실내복을 살짝 넣어가자. 게자리는 절약의 달인이라고 할 정도로 절약가가 많지만 처녀자리다운 여행의 사치품은 자기에게 베푸는 보상이라고 생각하자.

꾸밈의 감성이 강한 처녀자리다운 여행을 통해서 게자리는 자신을 해방시키고 감성을 크게 확대시킬 수 있다. 그것을 계기로 게자리가 원래 지니고 있던 창의성과 연구심의 재능을 부활시키니 새로운 발상이나 아이디어를 만들어 낼 수 있을 것이다. 여행 전에 번뇌하고 있었던 것이 거짓말처럼 게자리의 눈앞에 시원스레 길이 열리게 된다.

또한 게자리는 여행이랑 친한 사람하고만 가는 것이라고 생각하기 쉽지만 그래도 패키지 투어에 참가해 보는 것이 좋을 것이다. 목적지와 방문 시간 등이 정확히 정해져 있는 패키지 투어는 매사에 질서를 세워서 생각한다는 점에서 또 다른 하나의 처녀자리적인 여행이 되는 것이다. 모르는 사람들 속에서 낯선 느낌이나 불안감을 느끼겠으나 투어가 끝날 때쯤이면 이 세상은 참으로 다양한 사람들이 살아가고 있다는 것을 실감할 것이다. 응축된 형태로 사회의 일면을 엿볼 수 있게 된다. 그 투어 중에 조력자가 되어 줄 새로운 친구를 만날 가능성도 있다. 그래도 혼자 패키지 투어에 참가하는 것이 불안하다면 오팔로 만든 액세서리를 지니고 가면 좋을 것이다.

태양성좌가 사자자리 ▶ 제3하우스가 **천칭자리**
*파트너와 함께 우아한 호텔에서 지내면 둘의 관계가 한층 발전된다.*

고급스러운 것을 매우 좋아하는 사자자리의 개운의 여행을 관장하는 제3하우스는 사교적이고 멋스러운 천칭자리이다.

사자자리는 여왕의 별자리라고 여겨지듯이 강인하고 지배적인 면을 갖고 있다. 자신감에 넘치고 어떤 장소에 놓여도 자기가 선두에 서서 결정권을 갖는 경향도 크다.

그러나 여행에 있어서는 귀부인의 별자리라고 하는 천칭자리의 중용 감각이 포인트가 된다. 위에서 내려다보는 것이 아니고 천칭자리적인 수평의 시선으로 사람과 접하는 것을 즐기는 여행을 한다. 여행의 키 워드는 '세련되고 우아함"이다.

천칭자리는 아름다움의 후원자라고 여겨지는 별자리이므로 아트나 미술관을 돌아보는 여행이 이상적이다. 음악제를 찾는 여행이나 유명한 재즈 바를 방문하는 여행, 작은 살롱에서 즐기는 음악회 등에 참가하는 여행, 고집스런 인테리어로 알려진 호텔에 체재하는 여행도 좋다. 묵었던 호텔의 룸에 장미나 라벤더 꽃을 장식하면 운기는 한층 더 상승된다.

패션도 세련됨을 고집한다. 사자자리의 패션은 화려하고 호화스러운 노선으로 흐르기 쉽지만 천칭자리답게 은근히 현재를 느끼게 하는 것을 추천한다. 스카프 종류나 구두, 액세서리를 능숙하게 사용하여 모습 전체의 인상을 바꿔서 즐겨 보자. 밤의 외출에는 진한 블루나 그린을 기조로 한 원 피스로 여성의 우아함을 강조하자.

사자자리는 원래 연애의 하우스이며 천칭자리는 파트너의 별자리이기도 하므로 동행자는 자신의 파트너가 베스트이다. 평소에는 파트너와의 관계도 자신이 선을 긋는 사자자리이지만 여행 중에는 상대의 생각을 존중하여 한발 물러서도록 하자. 우아하고 세련된 무드가 충만한 호텔이라면 드라마틱한 기운의 뜨거운 밤은 약속된 것과 마찬가지이다. 두 사람의 관계가 진전되는 것도 크게 기대할 수 있다.

그룹 여행도 좋다. 예를 들어 그룹 중에 소원한 사람이나 싫어하는 사람이 섞여있는 여행에서도 플러스로 작용하므로 쉽게 안이한 생각만으로 콜 신호를 거절하지 않도록 해야 한다. 여행 중에 사자자리는 자신의 평소 행동이나 사고를 객관적으로 볼 수 있으므로 평소에 원만하게 지내지 못하던 사람과도 친해질 계기를 얻기 쉽다. 더구나 까다롭게 생각되는 멤버와 여행을 함께 함으로써 다양한 국면에 눈을 돌릴 수 있어서 상황 판단의 스킬을 향상시킬 수도 있다. 원래부터 존재감이 화려하고 결단력이 충실한 사자자리가 여행을 통해서 견문을 넓히면 그것은 금상첨화가 된다. 진정한 리더십을 발휘할 수 있는 계기로 연결되는 것이다.

태양성좌가 처녀자리 ▶ 제3하우스가 **전갈자리**

*대인관계에서 지쳤을 때는 철저하게 자신의 취향에 집착하는 여행이 개운의 열쇠가 된다.*

처녀자리의 개운의 여행을 관장하는 제3하우스는 전갈자리이다.

순수성이나 결벽성을 갖고 있는 처녀자리는 계획을 확실하게 세워서 매사를 처리해나가는 것이 특기이다. 주위 사람의 기분을 맞춰 주기도 잘 하며 높은 사회성도 갖고 있다. 하지만 트러블을 만나면 단번에 지쳐버리는 것이 처녀자리이다. 남에게 베푸느라 마음이 피곤해지는 것이다. 한편 전갈자리는 사물의 본질이나 잠재적으로 내재되어 있는 것을 추구하는 별자리이다. 지식에 대한 탐구심이나 집착을 최우선으로 하는 자기중심적인 측면도 갖고 있다.

사람에게 신경을 써서 피곤해진 처녀자리에게는 무엇보다도 자신을 위해 보내는 시간이 필요하다. 여기서 철저히 자기에게 집착하는 전갈자리적인 여행이 정신적인 피로를 회복시키는데 반드시 필요해 진다. 여행의 키 워드는 「자신에게 집중, 스킬 업」이다.

음악 마니아라면 좋아하는 음악가의 출생지를 찾는 여행이나 공연 횟수가 적은 곡목의 연주를 즐기는 여행을 추천한다. 그림을 좋아한다면 특별전을 관람하는 여행이나 화가의 발자취를 방문하는 여행이 바로 그것이다. 진중한 걸음을 요하는 고도의 전통 찻집을 즐기는 여행, 아는 사람만 아는 온천에 몸을 담그는 온천 여행, 현지에서가 아니면 맛을 볼 수 없는 먹거리를 맛보는 여행도 좋을 것이다. 스킬을 연마하는 것이 목적으로 하는 여행도 반드시 좋은 결과를 낳는다. 업무 중에 난관에 봉착하여서 회사근무에 한계를 느낀다면 과감하게 해외로 단기유학을 가는 것도 바람직하다. 현실도피라고 주변에서 비난할 수 있지만 자기에게 있는 불결함을 털어버리고 새로운 장소에서 자극에 몸을 맡기고 어학 등을 배우는 것은 생애를 통해서 커다란 의미를 갖는다. 리스크가 있지만 희망을 버리지 않고, 지긋지긋한 날들을 보내기 보다는 훨씬 충실감과 자신감을 얻을 수 있을 것이다. 하지만 처녀자리는 원래 안정지향성이 있고 뿌리가 없는 풀포기 같은 라이프 스타일은 새로운 스트레스의 원인이 되므로 회사에는 휴가를 내어서 나가는 것이 이상적이다. 같은 직장에서도 유학전과 후에는 대하는 태도도 달라질 가능성이 크다고 하겠다. 소믈리에 공부를 하면서 와인 셀러를 돌아보는 여행이나 도예의 고장을 방문하는 등의 여행도 추천한다. 또 인도 등에서 요가를 추구하는 여행을 하는 것도 좋을지 모른다. 지금까지와는 다른 사고방식을 지니게 될 수 있을 것이다. 사랑의 번뇌나 진로 고민이 있다면 중국이나 홍콩, 대만 등에 가서 점을 쳐보는 투어도 좋을 것이다. 나갈 때는 미리 충분히 정보를 조사해 둘 것이다. 오닉스나 마노 등의 액세서리를 지니고 가면 운기가 향상될 것이다.

## 태양성좌가 천칭자리 ▶ 제3하우스가 **사수자리**

*문화의 차이를 즐기며 현지인들과 교류함으로써 새로운 세계가 열린다.*

밸런스를 소중히 하며 무엇이든지 솜씨가 좋고 세련되게 즐길 수 있는 천칭자리에게 있어서 개운의 여행을 주관하는 제3하우스는 자기 확대와 자기발전을 의미하는 사수자리이다. 천칭자리는 예술에다 음악, 그리고 패션에다 식도락까지 다양한 인생을 즐기는데 있어서의 달인이지만, 반면에 그 깊이가 결여되는 경향이 있다. 또한 모든 것에 대해 적당한 입장에서 대처하는 천칭자리는 자칫하면 시야가 좁아질 가능성도 있다.

한편 사수자리는 좁은 세계에 한하지 않고 바다 저 편까지 활약할 수 있도록 무대를 넓히는 것으로 운을 열어가는 별자리이다.

사수자리적인 여행에서는 천칭자리적인 중용의 껍질을 버리고 적극적으로 자신의 틀을 극복해 나가는 것이 중요하다. 여행의 키 워드는 "대담하게, 스피디하게, 인터내셔널하게" 등이 된다.

이동수단은 화살처럼 스피디한 것을 고르자. 바람직한 것은 비행기이다.

목적지는 아직 가 본적이 없는 장소로 한정한다. 특히 문화와 역사가 다른 외국의 소도시를 추천한다. 현지에서는 많은 사람들과 접하도록 하자. 사수자리적인 여행에서 말이나 표현의 방법이 서로 다른 곳에 가면 천칭자리는 새로운 인간관계를 발견해 낼 수 있을 것이다. 우선은 가이드나 통역 등 현지 사람과 친해져서 자신의 일상과는 동 떨어진 세계를 피부로 실감해 보자. 또 투어로 인해 함께 지내는 동안에 친해지는 사람도 나올 것이다. 이렇게 해서 새롭게 구축된 인간관계 속에 도전정신이 살아나는 것이다.

사수자리는 학문의 별자리이기도 하다. 휴가를 내서 공부하는 것도 또 다른 사수자리적인 여행이다. 다만 놀이를 겸해서 떠나는 유학이 아니라 영어라면 TOEFL이나 TOEIC으로 몇 점을 따겠다는 식의, 구체적인 목표를 품는 각오로서 임하도록 하자. 스텝 업을 목표로 전력으로 도전하자. 그리고 구체적인 성과를 손에 넣도록 하자.

사자자리는 배를 나타내는 별자리이므로 우아한 배여행도 추천한다. 갑판의 안락의자에 누워서 온종일 대해를 바라보며 평안한 기분으로 지내는 것도 좋다. 희비가 교차하는 분주한 일상을 떠나는 것으로 느긋하게 자신의 과거와 미래, 그리고 장래를 생각해 볼 수 있다.

천칭자리는 유행을 좋아하므로 여행지에서는 브랜드품의 쇼핑도 하고 싶어지는데 쇼핑만을 가장 중요한 목적으로 하는 쇼핑 투어는 운기를 떨어뜨리므로 지양하여야 한다. 어디까지나 자신을 고양시킨다는 목적을 잊지 않고 격조가 높은 여행을 즐기도록 해야 한다.

## 태양성좌가 전갈자리 ▶ 제3하우스가 염소자리
*자신의 조건이나 원점을 재인식하기 위해 전통이 숨 쉬는 곳으로.*

전갈자리의 개운의 여행을 주관하는 제3하우스는 염소자리이다. 염소자리는 고집이 강하고 한 곳으로만 집착하는 별자리이다. 자신의 본질을 소중히 하고 바로 이것이라고 생각되면 누가 뭐라고 하든지 무조건 철저하게 관철해 나간다. 한편 염소자리는 상승을 지향하므로 본격적인 것이나 전통적인 것에 끌리게 되는 별자리이다. 여행의 키 워드는 "전통, 별난 것, 본격적"이다. 전갈자리가 목표로 하고 싶은 것은 염소자리적인 전통이 숨 쉬는 장소이다. 예를 들면 돌담이 유명한 마을을 돌아보는 여행이나 유적지나 오래된 전통의 축제를 보러 가는 여행이 그것이다. 사찰을 방문하거나 역사상의 인물과 관련된 장소나 루트를 찾아가는 여행도 추천한다. 전통이나 역사와 관계가 있다면 가까운 곳이라도 관계없다. 전통연극이나 만담 같은 공연을 보러 가거나 세계문화유산인 궁궐을 방문하거나 한다.

전갈자리는 전통이나 역사를 목적으로 하는 염소자리다운 여행으로 자신의 집착이나 구애받기 쉬운 모습의 재인식 혹은 재평가를 한다. 한 치의 흐트러짐이 없이 줄곧 한 가지를 추구하는 것만이 중요한 것이 아니고 객관적으로 자신을 볼 수 있는 것도 중요함을 발견할 것이다. 그러한 경험을 거쳐서 전갈자리는 자기에게 자신감을 불어 넣을 수 있게 되는 것이다. 토산품을 고르는 것도 중요하다. 어디서나 구할 수 있는 브랜드품 등을 사들이는 것이 아니라 그 고장의 특산물을 찾는다. 목표는 전통공예품 종류가 될 것이다. 해외라면 레이스나 옷감, 은 세공품이다. 국내라면 민속 소품이나 포목, 칠기, 도자기 등이 된다. 그곳에 가지 않으면 구하지 못하는 앤티크 같은 그 한 가지를 찾아보자.

전갈자리나 염소자리나 모두 경계심이 강하므로 여행 동료는 적을수록 좋지만 여행의 목적이 확실하다면 패키지 투어도 좋을 것이다. 혼자서 참가해도 다른 참가자와 목적이나 취향에 공통분모가 있으므로 대화가 살아나서 여행을 즐길 수 있을 것이다. 어느새 동료 의식이 싹트고 그 중에 마음을 열고 진심을 나눌 수 있는 친구가 발견될 가능성도 있다.

또 전갈자리나 염소자리 모두 의외로 독특하고 별난 요리를 즐기기 좋아 한다. 남들이 얼굴을 찡그리는 먹거리를 여행의 목적으로 하는 것도 좋다. 동남아에서 볼 수 있는 병아리가 들은 삶은 계란, 벌의 유충 요리 등에 도전해 보는 것도 추천한다. 남과 다른 것을 하면 전갈자리는 건강해진다. 게다가 염소자리는 온천을 나타내는 별자리이므로 온천지의 힐링센터에서 장기체류하는 온천여행에도 꼭 참가해 보자. 단지 옆에 있는 호텔 등에는 눈길을 주지 말고 온천욕만 계속하는 온천적 금욕생활을 맛보도록 하자. 내일로 향하는 활력을 부활시킬 수 있을 것이다.

## 태양성좌가 사수자리 ▶ 제3하우스가 **물병자리**

*여행지에서 예기치 못한 사건이 행운으로 바뀐다. 과감하게 해외로 달려 가자.*

사수자리의 개운의 여행을 주관하는 제3하우스는 물병자리이다.

사수자리는 확대와 발전의 별상이고 모험을 계기로 운기가 커나가는 것이 특징이다. 과감하게 잘 판단해서 스피디하게 찬스를 잡는데 있어서는 누구에게도 지지 않는다.

한편 물병자리는 속박을 싫어하여 독창적인 발상력으로 개혁을 추구해나가는 별자리이다. 기성의 개념을 타파함으로 세계를 열어나가거나 우왕좌왕하는 해프닝에서 행운이 생기는 것이 물병자리이기 때문이다. 여행사의 안내책자에 나와 있는 것처럼 구태의연한 여행이 아니고 자신이 처음부터 끝까지 계획을 세우는 것이 중요하다. 여행의 키 워드는 "체험, 도전, 자기변혁"이다.

유럽에서는 인기가 있지만 국내에는 아직 그다지 알려지지 않은 그린 투어리즘을 목적으로 하는 투어는 꼭 참가할 만한 아이템이다. 농촌에서는 민박이나 잼 만들기, 낙농촌에서는 치즈 만들기 등에 도전해 보자. 잡초 베기를 거들거나 나무심기에 따라가거나 하는 것도 추천한다.

해외여행을 계획하고 있다면 과감히 워킹 홀리데이로 나가 본다면 좋을 것이다. 반년이든 일 년이든 시간을 나눠서 생활의 본거지를 해외로 옮겨서 일하면서 현지 사람들과 생활을 해보는 것이다.

문화나 관습의 차이에서 예측하지 못한 사건이나 돌발 상황이 일어날 것이다. 그것이 물병자리적인 여행의 운을 얻는 찬스이다. 아이디어를 짜내서 깔끔하게 나선다면 믿을 수 없을 정도로 성공이 찾아온다.

가까운 곳이라면 무엇이든 기다리지 말고 훌쩍 혼자서 떠나는 여행도 좋다. 예를 들면 자전거로 갈 수 있는 곳까지 가보자. 예산을 정하여 전철을 타고 가보기도 한다. 평소와는 다른 체험으로 발상의 전환을 도모하고 인생을 재발견할 수 있다. 사수자리는 물병자리적인 여행을 통해서 자신을 변혁시킬 수 있다.

물병자리는 인류의 한계를 초월하는 우주이므로 우주나 전파에 관계된 장소도 사수자리에게 영감을 불어 넣어 준다. 나로도에서 로켓을 발사하는 장면을 보러 가는 여행은 가장 추천할 만한 것이다. 그 외에도 천문대나 TV 방송국도 좋은 목적지가 된다.

물병자리답고 새로운 것을 이 세상에 발산시키고 세상을 바꿔나가는 힘을 가까이서 실감하면 실감할수록 사수자리는 잠재적인 힘을 향상시킬 수 있다.

## 태양성좌가 염소자리 ▶ 제3하우스가 물고기자리

*가족이나 파트너랑 애정이나 인연을 재확인하는 여행에서 자기 자신을 해방시켜 주자.*

염소자리의 개운의 여행을 주관하는 제3하우스는 물고기자리이다.

안정을 좋아하고 상식을 존중하는 염소자리는 절제의 경향이 강하여 평소에는 자신의 본질을 여간해서 남에게 보여주지 않는다. 책임감이 강한 면이 믿음직하지만 자기뿐만 아니라 남에게도 엄격한 면도 있다. 한편 물고기자리는 자신보다는 남의 일을 우선시해버리는 별자리이다. 감수성이 풍부하여 자기희생을 아끼지 않는 자선의 별자리이다. 늘 긴장을 풀지 않고 딱딱하게 살아가면 아무리 염소자리라고 해도 지치게 된다. 여성다운 귀여움이 풍부한 물고기자리적인 여행에서 염소자리는 자기가 만든 규제나 골똘함을 느끼게 된다. 그것이 계기가 되어 스스로를 묶어 두었던 틀에서 해방되어 자유를 느낄 수 있게 된다. 여행의 키 워드는 "효도, 은혜 갚기, 루트 탐색"이다. 물고기자리는 12성좌 중에서 마지막 별자리로 응석을 잘 부리는 막내다운 면도 갖고 있다. 그러나 염소자리는 그렇지 못하다. 유일하게 자기를 표현할 수 있는 것은 부모나 자기가 평소에 신세를 지고 있는 사람들에게 대해서만 그렇다. 그래서 물고기자리적인 여행에서는 진정한 자신을 있는 그대로 받아들일 수 있는 사람, 즉, 부모를 여행에 모시고 가야 한다. 그리고 사랑하는 사람을 위해 베풀었을 때 남는 기쁨을 느끼는 물고기자리의 에센스를 담아 놓은 여행을 연출한다. 부모와 자식이 옛날 자신들이 살던 지방을 방문하거나 모친이 살던 집을 방문하거나, 어릴 적 가족이 여행했던 곳에 다시 가 보는 목적지는 지금까지의 자신에게 연고가 있는 장소나 일찍이 방문했던 적이 있는 장소가 이상적이다. 그도 그럴 것이 물고기자리적인 여행에서는 무엇을 볼 것인가가 중요한 것이 아니고 여행을 통해서 사랑받으며 성장했던 자신을 재인식하고 동행자에게 다시 애정으로 쏟는 것이 중요한 것이다. 또 온천에 가는 것도 추천한다. 야무진 듯 보이는 염소자리지만 사실은 걱정이 많고 일단 활력이 떨어져 있으면 어두워지고 번뇌하게 되기 쉽다. 고민거리를 갖고 있으면 물고기자리적인 요소인 바다가 보이는 노천 온천에 가 보자. 수평선에 가라앉는 일몰을 바라보면서 매끄러운 온천수에 몸을 담그고 있으면 기분이 안정되어서 쓸데없는 걱정을 하고 있는 자신을 발견할 수 있다. 상처받은 마음을 치유하기 위해서라면 물고기자리적인 장소 즉, 수족관이나 해변 등으로 가자. 온천이나 물에 관한 여행에서는 혼자서 여행하는 편이 치유의 충실도가 상승된다. 단, 혼자만의 여행이라도 식사만큼은 호화스럽게 하자. 평소의 염소자리다운 질박함은 잊어버리고 물고기자리 바다의 진미와 염소자리 산의 진미 모두가 차려진 저녁을 마음껏 즐겨보도록 하자.

# Home Life

## 제4하우스로 알 수 있는 – 주거

일이나 연애 등에 있어서 비록 어떠한 고통이 있더라도
집에만 돌아가면 마음이 편해지는 것.
제4하우스는 당신에게 있어서 "나를 지켜주는 장소"는 어떤 스타일인지를 알려준다.

### 태양성좌가 염소자리 ▶ 제4하우스가 양자리
*인내하지 않아도 좋은 가족관계로 진정한 마음의 안정을 얻자.*

이성적이고 자립심이 강한 것이 장점인 염소자리이지만 남들에게 아쉬운 소리를 하거나
무드를 즐기는 것이 서툴다. 인간관계에서도 원만치 못한 곳이 있을 것이다.
그러한 염소자리의 가정운을 주관하는 제4하우스는 공격과 활력을 나타내는 양자리이
다. 가정에서는 염소자리도 너무 인내하지 않고 자기의 기분을 정직하게 표현해 나가야
할 것이다. 부모와 자식 간이나 부부가 서로 대화를 나눌 일이 있다면 양자리답게 스트레
이트하게 상대를 누르듯이 논의를 펼쳐나가도록 해야 할 것이다. 격렬한 대화를 함으로
써 지금까지의 응어리나 답답했던 생각이 깨끗하고 상쾌하게 해소될 것이다. 또, 가정에
서는 인내하지 않아도 된다는 것이 염소자리에게 마음의 안정을 가져 올 것이다.
행운을 부르는 양자리적인 인테리어의 키 워드는 "기능적이고 콤팩트"이다. 전체를 밝은
색조로 정리하면 양자리적인 파워를 얻을 수 있고 일이나 연애에서도 과감하게 행동해
나갈 수 있게 된다.

### 태양성좌가 물병자리 ▶ 제4하우스가 **황소자리**
*따뜻한 가정을 만드는데 필수적인 것은 파트너와의 스킨십이다.*

진보적이고 깔끔한 물병자리 여성은 남성에게 어리광을 부리거나 뒷바라지를 하는 면에서는 서투르다. 또한 자신과 의견이 다른 사람을 만나면 옹고집이 되어 의견에 귀를 기울이려고 하지 않음은 물론이고 그 사람을 피해버리는 경우도 있다.

그런 물병자리의 가정운을 주관하는 제4하우스는 황소자리이다. 황소자리는 쾌적함과 자연스러움을 사랑하며, 오감이 뛰어난 별자리이다. 연애에 있어서도 신중하게 이성을 대하고 진득하게 사랑을 키워 나간다. 물병자리는 가정에 들어가서도 자유를 추구하지만 황소자리다운 성실하고 따뜻한 가정을 의식적으로 만들려고 하면 운기는 급상승될 것이다.

황소자리적인 가정에서는 스킨십이 매우 중요한 요소이다. 스치는 것만으로 부드러운 기분이 되어 가족과의 신뢰관계가 깊어진다.

황소자리다운 인테리어의 키 워드는 "내츄럴"이다. 물병자리의 사교성에는 황소자리적인 따뜻함이 더해진 공간에서 인간관계를 지속시키는 힘이 내재되어 있다.

### 태양성좌가 물고기자리 ▶ 제4하우스가 **쌍둥이자리**
*양면성이 있는 하우스에서 No!하고 말할 수 있는 자기 자신이 된다.*

물고기자리는 고통을 받고 있는 사람을 보면 자기 것을 꺼내서라도 손을 내밀어 주기 때문에 주변으로부터 강하게 영향을 받는 별자리이다. 주위 사람들에게 끌려 다니거나 자신의 의지를 관철시키지 못하게 되는 경우가 많을 것이다.

그러한 물고기자리의 가정운을 주관하는 제4하우스는 쌍둥이자리이다. 쌍둥이자리는 자기 안에 또 다른 자신을 갖고 있는 별자리이다. 늘 "나 자신보다는 남을 위해서"라는 식으로 행동하는 물고기자리는 가정에서는 쌍둥이자리답게 두 사람의 자신을 갖고 있는 것으로 마음의 밸런스를 취하고 있다.

쌍둥이자리다운 인테리어의 키 워드는 "양면성이 있는 방"이다. 보여줄 수 있는 것과 보여 줄 수 없는 것을 확실하게 정리하여 불필요한 것은 냉정하게 처분하도록 하자.

물고기자리 여성은 모든 것을 받아들이는 성모의 이미지를 갖고 있으므로 사랑은 수동형이며 상대에 의해서 운명이 좌우되어 버리기도 한다. 쌍둥이자리적인 시점이 내재되어 있는 방에서 남성의 본성을 꿰뚫어 보는 안목을 키워 보자.

**태양성좌가 양자리 ▶ 제4하우스가 게자리**

*밖에서 싸우는 양자리에게 있어서 마음과 몸을 치유해 주는 장소를 생각하자.*

향상심이 있어서 비교적 젊은 시기에 사회적인 성공을 거둘 수 있는 양자리이다. 행동력은 뛰어나고 표리가 다르지 않은 성격이지만 성급한 면이 있으며 아군이 있는 반면에 적도 많은 특징을 갖고 있다.

그런 양자리의 가정운을 주관하는 제4하우스는 "지키고, 모으고, 가정"을 의미하는 게자리이다. 밖에서 도전해 오는 양자리에게 필요한 것은 게자리같이 바깥세상에 맞서서 단단하게 지켜질 수 있으며 심지에서부터 안식을 취할 수 있는 집이 된다.

인테리어의 키 워드는 "휴식, 안심, 보호"이다. 벽지나 커튼에는 게자리의 행운색인 화이트나 골드, 마린 블루 등의 산뜻한 색상을 사용하도록 하자.

 **태양성좌가 황소자리 ▶ 제4하우스가 사자자리**

*드라마틱한 연출로 가정생활이 보다 충실해진다.*

살아있는 환희를 추구하는 황소자리는 따뜻한 인품이면서 사실은 상당히 고집스런 면이 있다. 마음을 먹으면 융통성 없는 부분도 함께 지니고 있다. 좋든 나쁘든 자아의 에너지가 대단히 강력한 별자리이다.

그런 황소자리의 가정운을 주관하는 제4하우스는 사자자리이다. 화려함과 양기, 그리고 연출력을 갖고 있는 사자자리다운 요소를 덧붙여서 황소자리는 한층 즐거운 가정생활을 보낼 수 있을 것이다.

사랑에 둘려 쌓여서 살아가고 있는 것만을 강하게 원하는 황소자리는 "사랑만 있다면"아무 걱정도 없다면서 매너리즘에 빠진 일상에도 멀쩡하다. 하지만 파트너는 황소자리적인 가정생활에 무료함을 느껴서 마음이 떠나 버릴 수도 있는 점을 주의하자. 때로는 사자자리다운 드라마틱한 연출을 염두에 둔다면 사랑이 오랫동안 지속될 수 있을 것이다.

인테리어의 키 워드는 "화려함, 호화"이다. 소소한 잡동사니들을 치워버려서 여왕의 기분을 만끽할 수 있는 방을 목표로 하자.

**태양성좌가 쌍둥이자리 ▶ 제4하우스가 처녀자리**
*흔들리는 마음을 치유해 주는 로맨틱한 방.*

쌍둥이자리는 그 이름대로 현실에 움직이고 있는 자신과 그것을 깔끔하게 바라다보는 깨어 있는 자신이라는 양면성을 갖고 있다. 하지만 때로는 그 양면성은 귀찮은 존재로서 자신의 생각이나 판단에 확신을 가질 수가 없어서 고민에 빠져 버리는 장면도 많다.

그런 쌍둥이자리의 가정운을 지배하는 제4하우스는 질서와 로망을 상징하는 처녀자리이다. 가정에서는 자신의 양면성으로 고민하지 말고 한가지의 룰에 따라서 생활해 보도록 하라고 제4하우스는 말하고 있다.

쌍둥이자리에게 개운을 불러다 주는 처녀자리적인 인테리어의 키 워드는 "정리, 꿈"이다. 여기서 말하는 처녀자리적인 정리는 물건을 두는 방법과 정리해두는 방법에 그 사람 나름대로의 취향과 규칙성을 지녀야 한다는 의미이다. 또한 처녀자리적인 인테리어에는 꿈을 느끼도록 해주는 아이템도 필수적이다. 어린이 시절에 소중히 했던 인형, 파스텔 색조의 그림, 오랜 기간에 걸쳐서 모은 수집품 등이 당신을 치유해 줄 것이다.

 **태양성좌가 게자리 ▶ 제4하우스가 천칭자리**
*성숙하고 여인다운 방에서 사교성이 비약적으로 발전한다.*

현모양처의 별이라고 불리는 게자리이지만 처음 보는 사람이나 어려운 사람에게는 마음을 닫아버리는 면이 있다. 처음 만났을 때는 상처받는 것을 너무 두려워하는 나머지 여간해서 상대의 가슴에 다가서지 못하다.

그런 게자리의 가정운을 주관하는 제4하우스는 미의식과 밸런스 감각이 뛰어난 천칭자리이다. 연인보다 가정을 소중히 하는 경향이 강한 게자리에게 있어서 천칭자리적인 밸런스 감각은 필수적이다. 게자리의 감수성을 갈고 닦아서 시야를 넓힐 수 있는 힘찬 가정을 목표로 하자.

게자리에게 개운을 시켜주는 천칭자리적인 인테리어의 키 워드는 "우아, 기품, 예술적"이된다. 아름다운 풍경화나 고급스런 공예품, 뛰어난 수예품 등을 방안에 장식해 두기를 추천한다. 포근하게 쉴 수 있는 소파나 등받이 의자도 필수품이다. 우아한 기분으로 쉴 수 있는 공간을 목표로 하자. 여인의 우아함을 내 것으로 만들어서 멋있는 남성과 만날 기회도 비약적으로 많아지거나 대인 관계 운도 상승될 것이다.

## 태양성좌가 사자자리 ▶ 제4하우스가 **전갈자리**
*살아있는 기쁨을 되찾아 주는 것은 서구의 고풍스런 건물의 공간.*

화려한 것을 좋아하고 교우관계의 폭도 넓은 사자자리는 자기 자신을 가장 우선시하므로 부모나 형제자매와의 관계는 건조하면서 인연이 깊지 않은 경우가 대부분이다.

그런 사자자리의 가정운을 주관하는 제4하우스는 사물을 규명하고 탐구하는 전갈자리이다. 사자자리는 늘 남을 배려하며 사물에 전력투구하므로 대단한 에너지를 소모한다.

또한 사람들의 눈에도 잘 띄므로 질투를 받기 쉽고 경우에 따라서는 나쁜 소리를 듣는 경우도 있을 것이다. 그런 사자자리가 자신의 본질로 돌아가는 이상의 장소는 전갈자리적인 가정이다. 전갈자리적인 인테리어의 키 워드는 "어둡고, 수수하게"이다. 유럽의 오래된 건물처럼 낮에도 어두컴컴하게 가두는 느낌이 이상적이다. 그곳은 허식을 제거한 본래의 자신을 재인식하고 냉정해질 수 있는 장소인 것이다.

또한 전갈자리는 생명의 재생산이라는 의미도 갖고 있으므로 2세를 갖는 것으로 좋은 운을 잡을 수 있다.

## 태양성좌가 처녀자리 ▶ 제4하우스가 **사수자리**
*외국에 온 것 같은 느낌을 주는 방에서 과감하게 자신을 해방시켜 보자.*

규범적으로 배려심이 좋은 처녀자리는 늘 활달하게 살아가는 일면이 있다. 대인관계에서의 마음 씀씀이가 과한 결과, 그것이 스트레스가 되어 신경성 위염이나 자율신경 실조증 등을 일으키는 경우도 있다. 그런 처녀자리의 가정운을 주관하는 제4하우스는 자기해방, 발전의 별자리라고 하는 사수자리이다. 가정에서는 처녀자리의 완전주의를 잊고 사수자리답게 자신을 해방하여 자기발전을 도모해 나가자.

사수자리적인 인테리어의 키 워드는 "글로벌 & 스포티"로 외국의 분위기나 스피드 감을 느끼게 하는 것이다. 예를 들면 범선이나 비행기와 관련된 작품이나 말을 주제로 한 장식품 등이 좋을 것이다. 대충이라도 일종의 모험을 느끼게 하는 사수자리적인 하우스에서는 처녀자리에게 싱싱한 기분을 가져다준다. 질질거리고 끌었던 고민이 별 것 아니라는 느낌으로 다가오고 산뜻하게 기분전환도 된다. 목표를 정하여 운을 스스로 불러들이는 파워도 따라 올 것이다.

## 태양성좌가 천칭자리 ▶ 제4하우스가 염소자리
*가정은 인간적으로 성장하는 장소이다. 가족관계를 냉정하게 바라보자.*

타고난 사교성으로 인간관계의 조정능력이 뛰어난 천칭자리지만 누구에게나 붙임성이 좋게 사람들에게 이해를 표방하는 천칭자리는 속을 뒤집어 보면 모두에게 등거리 관계로 대하고 있는 것이다. 또 우유부단한 면이 있고 장기적이고 꾸준한 노력을 싫어하는 경향도 있다. 그런 천칭자리의 가정운을 주관하는 제4하우스는 염소자리이다. 책임감이 강하고 사물을 생각하는 폭 넓은 이성의 별자리이다. 스마트한 교제를 좋아하는 천칭자리이지만 가정에서의 인간관계를 귀찮게 생각하지 말고 정면에서 확실하게 받아들이자.
천칭자리에게 행운을 불러다 주는 염소자리적인 인테리어의 키 워드는 전통과 조화를 느끼게 하는 것들이다. 서양풍 방이라면 코너에 조화로움과 화합의 분위기를 연출해 보자. 염소자리적인 가정 관계와 인테리어는 천칭자리에게 필요한 결단력과 자신감을 불러다 준다. 천칭자리는 집에서 안정을 찾는 것이 아니라 엄격함을 배우고 인간적으로 크게 성장해 나가는 것이다.

## 태양성좌가 전갈자리 ▶ 제4하우스가 물병자리
*현실적인 시야를 배우는, 깔끔하고 근미래적인 방.*

사물을 철저하게 규명하고 생각하는 전갈자리는 흥미가 없는 것에는 둔감하기만 하다. 타인과 협조하는 것도 서툴므로 "융통성이 없는 사람"으로 보이기 쉽다. 또 대부분의 전갈자리는 젊었을 때 많은 연애를 경험해 볼 것이다. 보통의 결혼생활에는 지루함을 느껴 버리는 사람이 많은 것도 전갈자리의 특징이다.
그런 전갈자리의 가정운을 주관하는 제4하우스는 물병자리이다. 물병자리는 지적인 변혁을 꿈꾸고 늘 진보를 추구하는 별자리이다. 인간관계는 냉정하며 건조하다. 서로를 인정하면서도 속박하지 않고 너무 간섭하지도 않고, 시원스런 물병자리다운 프리한 가족관계가 전갈자리에게는 필요한 것이다. 그런 가정을 만들어 나가는 것으로 평안하고 현실적으로 살아가는 소중함도 배워 나가게 된다. 인테리어에는 금속적이고 근미래적이며 물병자리다운 에센스를 추가해 보자. 기능적인 인테리어 속에서 지내면 과거의 집착에서 자유로워지고 자신의 새로운 가능성을 이끌어 낼 수 있을 것이다.

## 태양성좌가 사수자리 ▶ 제4하우스가 물고기자리

*컬러풀하고 튀는 방이라면 소중한 사랑을 놓치지 않는다.*

자유와 로망을 추구하며 끝없는 이상을 줄기차게 추구하는 사수자리는 연인이 있어도 자유를 좋아하며, 시시한 간섭이나 속박을 싫어하여서 멋진 사랑을 손에서 놓아 버리는 경우가 있다. 때문에 모처럼의 찬스를 놓쳐버리는 사람도 있을 것이다.

그런 사수자리의 가정운을 주관하는 제4하우스는 물고기자리이다. 물고기자리는 다른 사람의 마음에 공명하는 힘을 갖고 있는 별자리이다. 사수자리에게 없는, 남이 힘들어 하거나 슬퍼하고 있다면 그냥 지나치지 못하는 물고기자리적인 에센스를 가정으로 끌어 들이는 것이 매우 중요하다.

타인을 전면적으로 받아들인다는 것은 자신을 상대에게 맡기는 것과 동일한 의미이다. 자신의 의사와 의욕으로 과감하게 행동하고 있는 사수자리는 가정에서라도 물고기자리처럼 무방비 상태가 되는 것에 두려움을 느끼고 있을지 모른다. 하지만 자유분방한 사수자리가 여유롭게 달콤한 시간을 갖는 것에는 그 정도의 각오와 과감성이 필요하다.

물고기자리적인 인테리어의 키 워드는 "컬러풀하고 튀는 듯한"이다. 당신의 귀여운 모습이 꽃 피듯이 살아날 것이다.

# Passion

## 제5하우스로 알 수 있는 - 사랑 & 정열

### 태양성좌가 사수자리 ▶ 제5하우스가 양자리
*마음의 심지까지 불타오르게 할 수 있는 활력적인 스포츠*

속박을 싫어하고 자유를 사랑하는 사수자리는 향상심이 왕성하다. 늘 꿈이나 이상을 향하여 나가는 강함이 있으므로 무엇이든지 생각이 들면 즉시 행동한다. 그 신속함에 주위 사람들의 눈이 휘둥그레 해질 정도이다.

그런 사수자리에게 있어서 자기표현을 나타내는 제5하우스는 양자리에 해당된다. 그리고 양자리를 지배하는 별은 에너지가 넘치는 화성이다. 이 화성이 나타내는 것 중에서 가장 대표적인 것이라고 한다면 두말할 필요도 없이 "스포츠"이다. 즉, 사수자리에게 있어서 가장 좋은 자기표현 방법은 운동으로 타인과 경쟁하거나 심신을 불태우는 것이라고 할 수 있다. 예를 들면 다이어트 복싱으로 전신을 격렬하게 움직이는 것도 좋을 것이다. 농구나 스쿼시도 좋다. 시합 상대가 있어서 에너지를 격렬하게 쏟아 내거나 육체를 혹사시키며 대결하는 것을 고르도록 해야 한다. 원래 사수자리는 인생이나 생활에 스릴과 모험을 추구하는 타입이다. 때문에 개인적으로도 이러한 뜨겁고 불타오를 수 있는 요소가 없으면 인생자체가 모험 투성이가 되어버릴 가능성이 높은 것이다. 예를 들면 일상이 재미없어서 안이하게 회사를 그만두거나 스릴을 맛보기 위해 갬블에 손을 대거나 한다.

쉬는 날에 모험적인 스포츠나 뜨겁게 타오를 수 있는 놀이나 취미를 찾아서 거기서 넘치는 에너지를 소비한다. 그렇게 함으로써 본래의 사수자리다운 발전적 인생을 보낼 수 있게 되는 것이다.

스포츠 이외에 예술을 즐기려면 "폭발" 계열이 딱 맞는다. 펑크 록 라이브에서 주먹을 흔들거나 액션 영화를 보고 흥분하는 등 단시간에 뜨거워져서 영혼이 해방되는 것도 골라보자. 연애에 있어서는 양자리의 "열정"이 키 워드가 된다. 첫눈에 정열적인 불꽃이 타오르는 것이 당신의 사랑이다. 반대로 뜨거워지지 못한다면 그것으로 The end가 된다. 그정도로 사랑은 단명으로 끝나기 쉽다고 할 수 있을지 모른다. 쉽게 뜨거워지고 쉽게 식어버리지만 덕분에 응축되어서 진해진 연애를 즐길 수 있을 것이다.

 ## 태양성좌가 염소자리 ▶ 제5하우스가 황소자리
*인생을 보다 풍부하게 하는 것은, 오감으로 느끼는 기쁨을 알게 되는 것*

보수적이고 성실한 염소자리는 다소 주저함이 있는 듯 보이지만 사실은 꽤 야심가이면서 지위나 재산을 얻기 위한 노력은 게을리 하지 않는다. 돈이나 시간도 헛되이 쓰는 것을 싫어하는 합리주의자이다.

그런 염소자리의 자기표현을 나타내는 제5하우스는 황소자리에 해당한다. 그리고 황소자리가 나타내는 것은 자신의 신체를 통하여 알게 되는 "快(쾌할 쾌)"의 감각이다. 즉 염소자리에게 있어서 가장 필요한 것은 오감으로 느끼는 기쁨인 것이다. 손익을 계산하지 않고 단순하게 즐기는 쾌락을 만끽한다. 예를 들면 자연 속에서 멍하게 있거나 책을 읽거나 그림을 그려보거나 한다. 거기서 "즐거웠다", "좋아졌다"라고 생각하는 것이 무엇보다 중요하다. 사신의 가치관과는 반대로 나가는 삶의 방식을 과감하게 펼쳐 본다. 그렇게 함으로써 인생이 보다 풍부하게 바뀐다.

원래 염소자리는 돈이나 지위 등 눈에 보이는 것에 가치를 두는 별자리이다. 그 때문에 그것들을 추구하기 위해 필사적이게 되고 인생이 어색해지기 쉬운 경향이 있다. 이 정도로 충분하다고 생각해도 언뜻 보면 마음이 가난하고 외롭다. 직위나 명예, 돈을 추구하는 것 외에도 인생을 즐기는 방법이 있다는 점을 자각하는 편이 좋을 것이다.

장르는 아무 것이라도 관계없다. 음악이라면 천천히 흐르며 기분 좋은 것을, 영화라면 따뜻하고 안정적인 것이 된다. 스포츠라면 다이빙으로 바다 속을 관찰하거나 한가하게 낚싯줄을 드리우거나. 황소자리적인 "여유롭고 우아"한 것을 즐기는 것이 포인트이다. 연애에서도 당신은 황소자리적인 요소를 추구하는 경향이 강하다. 예를 들면 성실하고 자신을 따뜻하게 감싸주는 믿음직한 남성이 이상형이지 않을까? 혹은 금전적으로 혜택을 받아 안정감이 있는 사람의 둘 중에서 어느 한 쪽일 것이다. 양쪽의 요소가 모두 있다면 더욱 좋을 것이다.

염소자리와 황소자리의 관계성이 나타내는 것은 "장기간 지속될 수 있는 연애"이다. 마음이 따뜻하거나 금전적으로 풍족하거나 해도 금방 없어져 버리면 의미가 없다. 안정된 관계를 구축하는 것이 당신에게 있어서는 가장 중요한 것이다.

 **태양성좌가 물병자리 ▶ 제5하우스가 쌍둥이자리**
*이유는 나중에 말하고, 피부로 느끼는 즐거움을 느껴야 한다.*

왕성한 개혁정신의 소유자로 현상에는 여간해서 만족하지 않는 물병자리다. 늘 남보다 한 발 앞서나가는 것을 염두에 두는 미래지향적인 사람으로 독립심도 왕성하다. 논리적인 사고의 소유자로 무슨 일이든지 중심을 잡고 생각한다.

그런 물병자리에게 있어서 자기표현을 나타내는 제5하우스는 쌍둥이자리에 있다. 그리고 쌍둥이자리가 나타내는 것은 「트랜드」다. 이것은 「어렵게 생각하지 말고 한창 인기가 있는 예술이나 창작활동을 즐겨라」라고 하는 별로부터의 메시지이다.

원래 논리적이므로 예술도 이론에서부터 시작하려고 한다. 실제로 피부로 느끼는 아름다움이나 즐거움보다 역사나 분류 등의 학식에 몰입하는 사람이 많은 것이다. 또 머리로만 생각하고는 예술이나 취미를 "자기답지 않은 것", "도움이 안 되는 것"으로 여기는 경우도 많은 것 같다. 그렇게 머리만 굴리지 말고 모두가 좋아한다는 단순한 이유 하나만 갖고서라도 체험해 보기를 바란다. 필시 가볍게 이것저것 시도해보다가 생각지도 않게 자기에게 맞는 것을 발견할 것이다. 이유만 대지 말고 우선은 시도해야 할 것이다.

쌍둥이자리가 관장하는 것은 문자, 여행, 커뮤니케이션 등이다. 에세이나 소설, 여행기를 써보는 것도 좋을 것이다. 인터넷 소설을 발표하여 의견을 얻거나 동호인 서클을 운영해 보는 것도 적극 권장한다. 왜냐하면 물병자리에게는 원래 「교류」라는 의미가 있기 때문이다.

게다가 쌍둥이자리는 전달의 성좌다. 즉, 남에게 의견이나 생각을 보내어 그 중에서 뭔가를 발견하거나 사람들과 커뮤니케이션을 취해 나가는 것이 베스트일 것이다.

연애에서는 쌍둥이자리 본래의 의미인 「지성」이 열쇠가 된다. 당신에게 있어서 이성을 좋아할 수 있는지의 여부는 상대가 지성적인가 그렇지 아니한가 하는 점에 의해서 좌우된다. 보이는 이미지가 좋아도 알맹이가 없는 사람은 안 된다. 사귐으로서 즐거울 수 있는 것이 제일 중요하다. 즐기기 위해서는 변화와 트랜드가 중요하다. 좋은 의미로 자극을 주는 사람이 아니면 오랜 기간 지속될 수 없다.

태양성좌가 물고기자리 ▶ 제5하우스가 게자리

*자신이 있는 곳을 정비하는 것이 가장 좋은 자기표현이다.*

수용적이고 애정이 깊은 물고기자리는 남에게 애정을 쏟는 것을 기뻐하는 별자리이다. 부드럽고 정이 많으므로 남에게 대해서는 "No!"라고 말하지 못하여 결과적으로 우유부단한 태도를 취하게 되는 것이 다반사이다.

그런 물고기자리에게 있어서 자기표현을 나타내는 제5하우스는 게자리에 해당된다. 그리고 게자리가 나타내는 가장 대표적인 것은 "가정"이다. 즉, 가정의 적성을 높이는 것이 물고기자리에게 있어서 최고의 자기표현이 된다. 예를 들면 방을 깨끗하게 청소하거나 맛있는 요리를 만들거나 하는 것이다. 그런 행동 모든 것이 자신의 기쁨으로 연결된다.

물고기자리는 원래 수용적인 성격으로 적극적으로 자기가 먼저 인생을 개척해 나가는 편이 아니다. 또한 매사에 있어서 한 편으로 흐르기 쉽고 알게 된 상대에 의해 인생이나 연애가 바뀌기 쉬운 경향이 있다. 그러한, 남에게 맡기는 것 같은 삶에 쐐기를 박기위해서라도 자신이 현재 있을 곳을 갖는 것이 중요하다. 기반이 되어야 할 장소를 확보하고 그곳을 아름답게 정리해 간다. 그것이 정신적인 의지가 되는 것이다.

또한 게자리가 나타내는 모습으로서 "손을 사용하여 만드는 것"도 들 수 있다. 예를 들면 패치워크나 레이스 같은 것을 만들어 보는 것도 추천한다. 그 행위 자체를 즐길 수 있고, 남들로부터 인정받거나 부업이 될 가능성도 있다. 집에서 혹은 가족적인 분위기의 자그마한 서클에서 하는 것이 좋을 것이다. 확고한 기반을 만들고 그곳에 정착함으로써 또 다른 재능이나 능력을 끄집어 낼 수 있는 것이다.

혹시 스포츠를 한다면 물과 관련된 것이 베스트이다. 이 경우 "무심"이 관건이 된다. 수영으로 무심의 경지로 가거나 무심의 상태가 되어 즐길 수 있는 마린 스포츠를 시도해 보자.

연애에 있어서는 상대가 가정적인 기질이 있는 사람이라면 당신의 사랑을 북돋을 수 있는 요인이 된다. 가족이 인정해주는 사람이어야 하는 점도 중요한 요소다. 당신에게는 사랑의 화려함보다 가족적인 끈이나 친근감이 필요하다. 이상적인 사람은 부친과 닮은 따뜻함이 있는 사람이나 응석을 부려도 받아주는 남성이다. 방에 둘만이 틀어박혀서 함께 붙어 있다면 다시금 애정도 한층 깊어질 것이다.

## 태양성좌가 양자리 ▶ 제5하우스가 사자자리
*인생을 북돋아서 풍요롭게 하려면 "드라마와 뜨거운 감동"이 필요하다.*

에너지가 충만하고 정열적인 양자리는 앞만 바라보며 믿음을 향해 나가는 파워풀한 별자리이다. 다소 단순하고 성급하므로 "단세포"라고 불릴지도 모른다.

그런 양자리에게 자기표현을 나타내는 제5하우스는 사자자리에 해당된다. 사자자리는 원래 제5하우스가 나타내는 사물 전반으로 곧 예술, 레저, 스포츠, 연애 등을 주관하거나 이들에 의한 "뜨거운 감동"을 나타낸다.

즉, 양자리에게 있어서 최고의 자기표현 방법은 이러한 것을 통하여 자신의 내면에서 넘쳐나는 무엇인가를 스트레이트하게 표현하여 가는 것이고 그것에 의해 드라마틱한 감동을 맛보는 것이다.

그 예를 든다면 스포츠도 좋을 것이다. 원래 지배의 별인 화성의 영향을 받아서 행동적인 양자리는 운동을 좋아하는 사람이 많을 것이다. 농구나 스쿼시 등의 격렬한 스포츠로 정열을 불태우고 쌓여있는 에너지를 발산하는 것도 하나의 방법이 된다.

또 음악이나 그림 그리기, 연극 등의 예술에 접해 보는 것도 좋다. 이 경우는 그냥 감상하는 것이 아니고 실제로 해 보는 것이 중요하다. 기타나 피아노 등의 악기를 연주하거나 오페라를 따라하거나 발레를 해보거나 유화를 그리거나 하는 것 등이다. 도전해 보면 생각지도 못하게 몰두할 수 있고 그 중에는 숨어있던 재능이 한꺼번에 폭발하는 사람도 나타날지 모른다.

단순하고 직접적인 양자리는 예술적인 감성과 환희라는 측면에는 인연이 없다고 생각되기 쉽지만 반드시 그렇지 않다. 오히려 이러한 아이템을 지님으로서 보다 파워풀해지고 정신적으로도 풍부해진다.

또 연애에 관해서도 양자리에게는 뜨거운 드라마가 중요하다. 사랑에 빠질 때도 상대의 의외의 일면을 보거나 "대단하다!"라고 생각했던 것을 직접 겪어 보는 것이 계기가 되기도 한다. 당신이 먼저 갑자기 고백을 하거나 키스를 하거나 하는 것 등이 상대의 연심에 불을 지르게 되어 연애가 스타트되는 경우도 있다. 교제하는 중에도 두 사람의 기분을 북돋아주기 위해서는 데이트할 때에는 대담하고도 화려한 연출을 계획하거나 이벤트를 만드는 것이 필요하다고 하겠다.

태양성좌가 황소자리 ▶ 제5하우스가 **처녀자리**

*마음이 세정된 순수한 체험이 깊은 환희와 감동을 준다.*

여유있고 우아한 분위기의 황소자리는 수호성인 금성의 영향으로 뛰어난 오감과 예술적인 센스를 갖고 있다. 물질욕이 강하고 "마음에 드는 것"을 주변에 갖추기를 매우 좋아한다.

그런 황소자리에게 있어서 인생의 기쁨을 나타내는 제5하우스는 처녀자리에 해당된다. 처녀자리는 "순수"를 나타내는 별자리이다. 즉, 황소자리의 인생을 풍요롭게 해주는 즐거움이나 기쁨은 마음을 씻어낼 수 있는 아름다운 것에서 얻을 수 있다.

예를 들면 아름다운 소설을 읽거나 감동적인 영화를 보거나 하여 마음을 씻어 내거나 혹은 로맨틱한 시나 노래에 흠뻑 취해보거나 하는 것 등이다.

원래 황소자리는 속으로 다양한 것을 담아두기 쉬운 타입이다. 그만큼 스트레스나 또는 누구에게도 말하지 못할 마음속에 맺혀진 부분이 많다. 그러한 응어리나 스트레스를 문자 그대로 "마음이 씻기는 체험"이 치유해 주는 것이다.

또 처녀자리는 "말"을 나타내는 별자리이기도 하므로 에세이나 시 등을 써보는 것도 좋을 것이다. 자신의 속 안에 담아 둔 생각이나 체험을 다시 한 번 드러내서 말로 다시 짜 보는 것이다. 그 행동이 당신에게 깊은 충만감을 줄 것이다.

연애에 있어서도 처녀자리가 나타내는 "순수"한 요소가 중요해진다. 예를 들면 연애의 시작은 상대의 아름다운 마음을 느끼고 감동을 공유하는 것이 계기가 된다. 애정을 두텁게 할 때도 어둠이나 의혹이 없는 순수한 기분을 바친다는 생각을 갖는 것이 열쇠가 된다.

처녀자리는 "일상성"도 나타내고 있는 별자리이다. 이것은 늘 옆에 있어주거나 변함없는 애정을 쏟아주는 사람이 연애의 상대가 된다는 것을 시사하고 있는 것이다.

인연의 끈을 더욱 확고하게 만들어가기 위해서는 일기를 써서 교환하거나 메일 등으로 서로의 마음을 전하거나 예술적인 감동을 공유하는 것이 제일 좋다.

황소자리와 처녀자리가 나타내는 관계는 "견고화"가 된다. 불타오르기보다는 신뢰와 정을 쌓고 흩어짐이 없는 끈을 만드는 것이 당신의 연애에 필요한 것이다.

태양성좌가 쌍둥이자리 ▶ 제5하우스가 **천칭자리**

*오래된 것이 좋은 것이라는 말이 해당되는 예술에 접해보는 것이 진정한*
*가치를 알 수 있는 계기가 된다.*

새로운 것을 좋아하며, 정보통에다 호기심이 왕성하고 트렌드에도 민감한 쌍둥이자리는
최첨단 유행을 받아들이거나 앞서서 즐기는 재능이 뛰어나다. 그런 쌍둥이자리의 자기표
현 방법이라면 어떤 의미에서는 쌍둥이자리적인 기호와는 대비를 이룬다. 그것은 클래식
하고 전통적인 예술을 즐기는 것이다. 이것은 쌍둥이자리에서 보아서 5번째의 하우스를
주관하는 천칭자리가 시사하고 있다. 천칭자리가 나타내는 것은 우아함이며 고급스럽고
또한 품격이 있는 것이다. 예술로 말하자면 클래식 음악이나 낭만주의 회화, 고전 명작 등
이다. 이것들을 감상하고 사랑하는 눈으로 만끽하는 것이 쌍둥이자리에 있어서 가장 의
미가 있는 자기표현의 방식이 되는 것이다.

전술했듯이 쌍둥이자리는 늘 시대를 앞서나가려고 하는 별자리이다. 그것은 그것대로 좋
겠으나 잘못하면 너무 안테나를 펼쳐서 자신 안에서부터 방향성을 발견해내기 어려워지
는 위험성이 있다. 그 때문에 오래된 만큼 사랑받는 대상에 접하여 "새로운 것"뿐만 아니
라 "오래 전부터 존재하던 진정한 것의 좋은 점"의 가치를 이해하는 것을 소중히 해야 한
다. 그로 인해 쌍둥이자리의 확산성이나 흥미나 행동이 자연스럽게 응축되어 거기에서
무엇인가 완전히 다른 것이 태어나는 것이다.

연애에 대해서 살펴보면 천칭자리적인 멋있고 스마트함이 쌍둥이자리의 사랑에서는 빠
뜨릴 수 없는 요소가 된다.

원래 쌍둥이자리는 사람을 가리며 사귀고 상대 스타일이나 연애 스타일에도 멋진 것만을
추구하는 별자리이다. 그뿐만 아니라 "상처받고 싶지 않은 마음", "싫어하는 것은 보고 싶
지도 않음"처럼 마이너스적인 희망을 충족시키기 위해서도 천칭자리적인 밸런스나 조화
가 필요한 것이다.

오랫동안 연인과 함께 있으면 저절로 다투게 되거나 거추장스럽기만 한 감정이 생겨난
다. 쌍둥이자리의 경우는 차라리 그 부분을 추구하지 않는 것이 사랑을 지속시키는 열쇠
가 된다. 서로 이해하지 못하는 부분이나 스쳐지나간 의견도 상호간에 담아두지 말고 식
사나 영화, 가벼운 대화를 나누어 기분을 풀어줌으로써 그러한 문제들은 자연스럽게 사
라지게 될 것이다. 이렇게 남들이 보면 위선처럼 보이는 관계라도 당신에게는 진실이 되
는 것이다.

## 태양성좌가 게자리 ▶ 제5하우스가 **전갈자리**

*몰두할 수 있는 무언가를 찾아내어 수동적인 자신으로부터 새롭게 태어난다.*

모성적이고 정과 사랑이 풍부한 게자리는 온화하고 감수성이 풍부한 별자리이다. 대단히 예민하고 주위에 대한 세심한 배려를 할 줄 알고 남의 기분을 챙겨주는 부드러움과 동정심이 넘치는 사람이다.

단지, 그만큼 사람이나 주변의 분위기에 따라 흐르기 쉽고 인생이 자기의 의사와는 다른 방향으로 향하기 쉬운 경향이 있는 타입이다. 그런 게자리는 인생에 있어서 확실한 길을 가기위해서라도 마음의 저변에서부터 전념할 수 있는 무엇인가를 지녀야 한다. 게자리의 자기표현, 기쁨, 창조성을 나타내는 제5하우스에는 전갈자리가 위치하고 있지만 전갈자리는 극단의 철저성을 몸으로 표현하는 별자리이다. 즉, 무한대로 빠져들 수 있는 무엇인가를 찾아내지 않으면 안 된다고 별자리도 독촉하고 있는 것이다.

그것은 당신이 마음의 심연에서 "해보고 싶다"고 생각하는 것이라면 무엇이든 OK이다. 단지, 누구라도 쉽게 할 수 있는, 가라오케나 유흥으로서의 스포츠 등, 손쉬운 것으로서는 의미가 없다. 깊이가 있고 실제로 하면 할수록 빠져드는 것으로 예를 들면 고전무용이나 가야금 등이 그것이다. 철저하게 빠져들지 않으면 진가를 알 수 없는 것을 선택하는 것이 중요하다. 또, 누구나 알지 못하는 색다른 취미로서 보통 사람들이 쉽게 손대지 못하는 강습 등도 추천한다.

어쨌든, 자신이 바라는 것에 집중하고 노력의 끝, 끝의 끝 쪽까지 탐구한다. 그 행동이 수동적인 게자리의 삶을 적극적으로 만들고 인생의 열매를 맺게 해줄 것이다.

또 게자리의 사랑은 전갈자리적인 집중력과 집착을 충분하게 발휘하면서 모든 것을 함께하고 마음의 교류를 꾀하면 더욱 깊어져 간다는 암시이다. 질투심이나 거추장스런 애정도 필수적이다. 차라리 이러한 애정을 공유함으로써 끊으려고 해도 끊을 수 없는 끈이 형성되는 것이다.

상대와 다툰 경우에도 대충 넘어가버리지 말고 모든 것을 다 이야기하자. "비 온 뒤에 땅이 굳는다"는 속담대로 다시금 애정이나 신뢰가 두터워 질 것이다. 정과 정의 얽힘이야말로 당신의 사랑을 북돋아 주고 오랜 기간 지속시키기 위한 열쇠가 되는 것이다.

# 태양성좌가 사자자리 ▶ 제5하우스가 **사수자리**
*스피드와 모험심이 인생에 기쁨과 감동을 준다.*

사자자리는 명랑하고 쾌활하여 그 존재감이 독보적이다. 강력한 의지와 정열에 넘치는 호쾌한 별자리이다. 에너지가 충만하고 사람을 끄는 매력도 충분하다. 그리고 인기와 화제를 휩쓰는 스타적인 기질의 소유자이다.

그런 사자자리에게 있어서 자기표현을 나타내는 5번째의 하우스는 사수자리에 해당된다. 그리고 사수자리가 상징하는 것은 스피드와 모험심이다. 즉 사자자리에게 있어서 인생에 기쁨과 감동을 주는 것은 스릴감이 있는 그 무엇이 된다.

예를 들면 스키나 스노우보드, 서핑이나 승마 등이다. 스릴과 스피드가 일체화된, 위험성이 있는 스포츠를 즐겨보도록 하자. 그것이 사자자리의 남아도는 에너지를 연소시켜주고 동시에 적극적인 의미로 발산시켜 주는 것이다.

또, 체스나 카지노 등 레벨이 높은 게임을 우아하게 즐기는 것도 유리한 자기표현의 한 방법이 된다. 돈과 머리를 쓰는 럭셔리한 놀이는 당신에게 지금까지 없던 한 차원 다른 감동과 흥분을 느끼게 해주며, 또한 사교장에서는 고급스런 인연이 생길 가능성을 높여 준다. 그리고 그런 곳에서의 인연은 인생을 발전시키는데 있어서 큰 도움이 되어 줄 것이다.

연애의 의미는 사수자리가 나타내는 "일류"가 키 워드다. 이것은 멋진 재능을 가진 인물이나 상류사회 생활을 하고 있는 남성이 아니면 연애의 상대가 되지 않는다는 의미이다. 인생을 단계적으로 발전시켜 나가고 싶고 보다 더 발전시키고 싶은, 그런 희망을 항상 갖고 있는 사자자리에게 있어서 자신을 높은 곳으로 끌어 줄 상대를 연인으로 선택하는 것은 어느 의미에서는 당연한 일이다.

그렇지 않으면 특출한 재능을 가진 예술가를 키우거나 혹은 예비 스타를 양성하는 식으로 훌륭한 연인이 되도록 키워나가는 것도 좋을 것이다. 사람을 가르쳐 이끌고 성장시키는 것에 환희를 느끼고 또한 그런 재주가 뛰어난 것도 당신의 특징이라고 말 할 수 있을 것이다.

어느 쪽이든지 그 자리에 머물고 있는 듯, 발전성이 없는 사랑은 당신이 바라는 모습이 아니다. 서로 경쟁하고 절차탁마하여 서로 치켜 올려 주는 건설적인 관계가 이상적일 것이다.

## 태양성좌가 처녀자리 ▶ 제5하우스가 염소자리
*고통과 환희가 따르는 체험으로 정신을 단련해 나가는 것이 자기표현이다.*

처녀자리는 지적이고 사려가 깊으며 사람의 마음과 분위기에 민감한 별자리이다. 또 예민하여서 순수한 것을 즐기는 경향도 있다.

그런 처녀자리에게 있어서 살아가는 기쁨을 나타내는 제5하우스는 금욕적이고 엄격한 염소자리에 해당된다. 즉 처녀자리에게 최선의 자기표현 방법은 자신을 꾸준하게 단련해 나가는 정신성의 향상을 체험하는 것이다.

예를 들어, 좌선을 해보거나 검도, 유도, 다도, 꽃꽂이 등으로 "도"를 연구하는 것 등이다. 정신 통일을 하여 평온한 상태에서 자기 자신과 진지하게 대치한다. 괴로움, 어려움 속에 기쁨과 아름다움을 찾아낸다. 단련하면서 깨달음을 열어 나간다. 그런 경험이 순수한 처녀자리의 감성을 높여주고 인생을 보다 빛나게 해 준다.

또 처녀자리는 자신이나 타인에게도 엄격하므로 신경질적이거나 까다로운 성격으로 빠지기 쉬운 별자리이다. 때문에 스트레스를 쌓아두기 쉬운 경향이 있을 것이다. 하지만 이들을 스포츠나 놀이로 해소하려고 해도 여간해서 잘 되지 못한다. 그보다도 자기단련에 연관된 무엇인가를 탐구하는 편이 적합하다. 고통을 지긋이 누르고 있는 동안에 응어리졌던 기분이 해소되어 간다. 이것이 처녀자리만의 스트레스 해소법인 것이다.

연애에 있어서는 염소자리가 나타내는 "현실감"이 키 워드가 된다. 성실하고 결벽성이 있는 당신은 한번 좋아하게 된 사람은 진지하게 사랑을 다 하는 순수한 마음을 지니는 사람이다. 또 상처받기 쉬운 섬세한 마음도 있다. 그러한 순수한 애정을 지니기 위해서는 사실 현실적인 보증이 필요해진다.

돈이 없으면 아무리 서로 사랑해도 결국은 파탄이 난다. 혹은 부모의 반대가 있어도 진정한 행복을 얻을 수 없다. 그런 것을 당신은 무의식 속에 알고 있는 것이다. 그런 연유로 부모나 친척에게 인정을 받을 수 있는 신원이 확실한 사람, 수입이 안정적인 엘리트, 듬직하고 성실한 남성 등 그런 상대를 연인으로 고르도록 하자.

**태양성좌가 천칭자리 ▶ 제5하우스가 물병자리**
*자신의 껍질을 타파하고 싶으면 자기개혁과 연관되는 취미를 갖자.*

천칭자리는 조화와 밸런스를 존중하는 별자리이다. 무슨 일이든 "적당히"를 좋아하고 너무 심하거나 지나친 행위를 싫어한다. 또한 사교적이고 붙임성이 좋으며, 주위의 의견이나 상황에 잘 맞추는 유연성도 충분하다.

그런 천칭자리에게 있어서 예술과 삶의 기쁨을 나타내는 제5하우스는 물병자리에 해당된다. 물병자리가 나타내는 것은 개혁이나 선진성이다. 즉, 천칭자리에게 있어서 자기표현의 주가 되는 것은 진보적인 요소가 있는 예술이나 취미가 된다.

예를 들면 그림을 그리거나 악기를 연주하거나 할 때에도 지금까지 없는 새로운 수법을 사용해 본다. 혹은 그 방향으로 "이단"이라고 불리는 스승을 찾아가 배운다. 또한 일반적인 사람이 선호하지 않는 취미를 가져 본다. 최신형 머신을 들여 놓은 스포츠 센터에서 운동을 하는 것도 좋다.

천칭자리는 원래 사람과 경쟁하는 것을 싫어하는 별자리이다. 그만큼 너무 주위의 상황에 맞추다보니 본래의 능력을 발휘하지 못하거나 한다. 물병자리적인 어느 의미에서는 자기개혁에 관련된 취미나 흥미를 갖는 것으로 스스로 껍질을 깰 수 있을 것이다. 또 물병자리에는 우애심이나 연대감이라는 의미도 있다. 자신이 만든 작품을 인터넷에서 발표하거나 서클활동을 하는 것도 좋을 것이다. 많은 사람과 의견을 교환하거나 다른 세계를 들여다보는 것으로 작게 정리되기 쉬운 천칭자리에게도 그러한 확산이 나올 것이다. 연애에서는 물병자리적인 자신의 가치관을 감춰줄 수 있는 다른 세계의 사람에게 끌리기 쉬운 경향이 있다. 조화를 중시하는 당신인 만큼 자신과 닮은 타입의 연인을 고르는 일도 있지만 진정한 의미에서 큰 연애로 발전하는 것은 별도의 이야기이다. 자신과는 정반대인 타입, 혹은 살고 있는 세계가 다른 사람이 된다.

당신에게 있어서 이상적인 것은 밸런스를 취하면서 서서히 자신의 세계가 넓어지는 것이다. 자신에게 없는 가치관이나 경험을 갖고 있는 상대야 말로 자신을 성장시켜주는 사람이라고 무의식 속에서 알고 있을 것이다.

## 태양성좌가 전갈자리 ▶ 제5하우스가 물고기자리

*남들의 제안에 응해 본다. 흐름에 의해서 자기를 발견한다.*

가슴 속 깊은 곳에 격정적인 정열과 강인한 의미를 감추고 있는 전갈자리는 하고 싶은 것, 하고 싶지 않은 것이 확실한 별자리이다. 당신은 흥미로운 것에는 끝까지 파고드는 한편, 좋아하지 않는 것에는 무관심을 나타내는 사람이다.

그런 전갈자리의 제5하우스를 나타내는 것은 물고기자리이다. 물고기자리는 "수용"이나 "종속성"을 나타내는 별자리이다. 즉 전갈자리에 있어서 가장 좋은 자기표현 방법은 남으로부터 콜이나 제안을 받거나 권유를 받은 것은 우선 무엇이든지 해보자는 것이다.

어느 의미에서 생각이 격하고 자신의 눈에 보이는 것이나 들리는 것만 믿는 전갈자리이다. "나는 이것이 좋다"라고 생각하면 설령 그것이 틀리거나 하더라도 관계없다. 철저하게 그 세계에 빠져든다.

그것을 차라리 물고기자리답게 "흐름에 따라서" 살아가는 길을 선택해 보는 것이다. 그에 의해 스스로 알지 못했던 자신의 재능이나 능력을 알아차리게 될지도 모른다. 남에게 콜을 받으면 흥미롭지 않은 일이라도 어쨌든 시작해 보면 어떨까? 필시 그 행위가 새로운 자신의 발견으로 귀착될 것이다.

또 한 가지로서는 물고기자리가 나타내는 "자기도취"도 전갈자리에게 있어서는 자기표현을 위한 중요한 요소이다. 도취될 수 있는 예술, 예를 들면 발레, 연극, 시 낭독 등에 도전해 보자. 심신 모두를 몰입시키면 마음의 깊은 곳에 잠자고 있던 "무엇인가"가 잠을 깰 것 같다. 에너지도 끓어오를 것이다. 키 워드는 "소울 풀"이다. 영혼이 자극받는 듯한 체험을 하는 것이 중요하다.

연애에 있어서 물고기자리는 "비극의 히로인"을 동경하는 별자리이다. 그만큼 당신도 고생길이 보이는 상대에게 끌리기 쉬운 경향이 있을 것이다. 예를 들면 부모의 강력한 반대가 있거나 구조조정을 당해서 돈이 없거나 등이다.

상대에 대한 동정에서 시작된 패턴도 많고 또, 자기 자신이 그런 연애가 아니면 끓어오르지 못하는 경우도 있다. 고생도 당연히 많겠지만 거기에서 세상이나 인생에 대한 깨달음이 열린다는 암시이다.

# Health

## 제6하우스로 알 수 있는 - 건강

무엇을 하는데 있어서도 신체가 제일 큰 자본이 된다.
당신에게 필요한 건강법이나 신체의 위크 포인트는 제6하우스가 알려 준다.
평소에 주의를 기울이면 건강하게 그리고 동시에 스트레스 없는 일상을 보낼 수 있게 된다.

### 태양성좌가 전갈자리 ▶ 제6하우스가 양자리
*공격적인 스포츠로 울적해지기 쉬운 심신을 발산시키자.*

전갈자리의 육체는 파워풀하고 스태미나가 있다. 성 호르몬 분비도 왕성하고 정력도 뛰어나다. 질병에 대한 면역력이 강하며, 저항력도 남들보다 우수하다. 단지 호르몬 분비가 너무 활발하여 그 밸런스가 무너지기 쉬워서 생리전이나 생리 중에는 무리하지 않고 확실하게 건강을 챙겨야 하는 것이 중요하다. 전갈자리는 참을성이 강하므로 방광염에 걸리기 쉽다는 사실에도 유념하도록 하자.

그러한 전갈자리의 건강을 주관하는 제6하우스는 순발력과 투쟁심을 특징으로 하는 양자리이다. 건강을 유지하기 위해서는 식사나 그 어떤 것보다도 스포츠가 가장 좋은 방법이라고 할 수 있다. 다이어트 복싱이나 스쿼시 등, 빨리 달리면서 상대를 거침없이 공격하는 종목이 적합하다. 구심적으로 자신의 세계를 깊이 파헤치는 전갈자리에게 있어서 양자리 타입의 과격한 스포츠는 우울해지기 쉬운 심신을 발산시키는데 최적의 스포츠다.

## 태양성좌가 사수자리 ▶ 제6하우스가 **황소자리**
*왕도의 건강법이나 다이어트는 끈기있게 지속적으로 하는 것이 최고다.*

에너지가 넘치고 활동적인 신체를 갖고 있는 사수자리이지만 잘 먹고, 잘 마셔서 살이 찌기 쉬운 체질이니 비만에는 모쪼록 주의를 기울여야 한다. 상반신보다 종아리나 허벅지 등 하반신에 살이 찌기 쉬워서 젊었을 때 날씬했어도 중장년이 되면 뚱뚱해지는 케이스가 많다. 비만으로 인한 당뇨병으로 발전될 우려나 폭주때문에 간장병이 생길 위험성도 있다.

그런 사수자리 타입의 건강법으로는 자연식을 중심으로 섭취하고 운동을 꾸준히 해야 한다는, 기본 중의 기본사항이 제일 중요하다. 사수자리는 신속하게 결과를 얻으려고 하기 쉬운데, 건강유지에 있어서만큼은 황소자리처럼 천천히 그리고 끈기있게 지속해야 한다. 다이어트는 운동과 식사제한이라는 두 가지 방법을 사용한다. 젊었을 때에 다이어트의 왕도를 걷는 것이 성공의 비결이 된다고 할 수 있다.

## 태양성좌가 염소자리 ▶ 제6하우스가 **쌍둥이자리**
*새로운 것에 대해 도전하면 마음에 여유를 가져다 준다.*

인내력과 저항력을 겸비한 염소자리는 병약함을 모르는 강건체이다. 군살이 적은 체형이 많고 성인병의 염려도 거의 없다. 수면부족이나 더위를 타는 증세에 대한 내성도 갖고 있다.

하지만 신체의 유연성은 떨어져서 넘어졌을 때의 충격으로 인해 골절상을 입는 경우가 있다. 어깨가 결리거나 관절병으로 고통을 받는 사람도 많을 것이다. 또한 금욕적이고 참을성이 강하므로 끝내 무리하기 쉽고 아픈 것을 참아서 만성병으로 몰고 가기 때문에 몸으로부터의 신호에는 주의 깊게 귀를 기울여야 한다.

그러한 염소자리의 건강을 주관하는 제6하우스는 12성좌 중에서 가장 즐기기 좋아하고 또한 잘 즐기는 쌍둥이자리이다. 항상 복수의 선택조항을 지니면서 경쾌하게 살아가는 쌍둥이자리 타입의 요소를 응용함으로써 염소자리는 건강을 유지할 수가 있는 것이다. 건강법은 한 가지에 집착하지 말고 새로운 정보를 응용하여 도전해 보는 것이 유리할 것이다. 로열젤리나 프로폴리스 등 꿀벌에 관련된 식품은 쌍둥이자리의 럭키 푸드가 된다.

태양성좌가 물병자리 ▶ 제6하우스가 게자리

*스태미나가 약은 편이므로 하드한 운동은 절제하도록 한다.*

진보적이고 남과 다른 것을 지향하는 물병자리이지만 그다지 체력은 좋지 않으며 어려운 운동이나 일을 하면 이내 지치게 된다. 그렇지만, 건강에 주의하고 무리하지 않기 때문에 중병에 걸릴 염려는 거의 없다.

그런 물병자리의 건강을 담당하는 제6하우스는 모성적이고 서민다운 게자리이다. 일상 생활에 세심하게 배려하는 것으로 물병자리의 건강을 지킬 수 있다. 물병자리는 위가 약간 약하므로 폭음과 폭식은 엄금해야 한다. 게자리의 먹거리인 우유나 치즈, 요구르트 등의 유제품을 넉넉하게 섭취하여 컨디션을 조절하자. 신진대사가 막히기 쉬운 편이므로 피를 맑게하는 음식인 녹황색 야채를 섭취하자. 허브를 사용한 요리도 몸에 활력을 주어 건강을 유지시킬 수 있다. 덧붙여 정기적으로 수영을 한다면 체질관리는 이상적으로 할 수 있다.

 태양성좌가 물고기자리 ▶ 제6하우스가 **사자자리**

*불섭생을 개선하여 예민한 신체를 보듬어 주자.*

심신 모두가 민감한 물고기자리는 사소한 일에 충격을 크게 받아서 컨디션을 망치는 경향이 있다. 기분파적인 요소도 있으므로 생활이 불규칙하게 바뀌는 경향도 있으며 이로 인해 몸을 망치는 경우도 있다. 원래 물고기자리에는 만병의 근원인 냉증을 갖고 있는 사람이 많아서 그것도 걱정거리의 하나가 된다.

그런 물고기자리의 건강을 주관하는 제6하우스는 포부가 크고 파워풀한 사자자리가 된다.

물고기자리의 건강을 유지하기 위해서 우선 필요한 것은 불섭생을 고치는 것이다. 그리고 냉증 대책에는 혈액순환을 좋게 하는 것이 가장 효과적이라는 점을 인식하자. 미지근한 욕탕에 장시간 허리까지 담구거나 에어로빅이나 아쿠아 픽스 수영 등으로 혈류를 촉진시키는 것을 목표로 하자. 또한 물고기자리는 신발로 인해 발을 다치기 쉬우므로 외반 무지증 등이 되지 않도록 신발의 선택을 신중하게 하자.

태양성좌가 양자리 ▶ 제6하우스가 **처녀자리**
*야채중심의 식사로 스트레스를 쌓지 않고 건강을 관리한다.*

양자리는 에너지가 넘쳐서 남들보다 체력도 좋고 건강 또한 타고난 별자리이다. 그렇지만 자신이 흥미없는 것에는 둔하여 건강관리도 무관심하다. 신체의 이상이 계속되어도 "이 정도쯤이야 ~"라고 생각하여 무리를 계속하여 상태를 악화시켜 버리는 경우도 있을 것이다. 특히 양자리는 고혈압이나 뇌졸증에 걸리기 쉬우므로 두통이나 현기증이 심한 경우에는 즉시 진찰을 받도록 하자. 양자리의 건강운을 주관하는 제6하우스는 검소한 생활을 모토로 하는 처녀자리이다. 부드럽고 정연하게 생활하는 처녀자리의 건강관리법이 양자리에게는 필요한 것이다. 나중에 스스로 화가 나는 것을 막기 위해서는 일기나 가계부를 써보자. 하루를 되돌아보고 정리하는 것으로 자신을 객관적으로 볼 수 있게 되고 냉정함도 되찾을 수 있다.
식사는 다소 거칠고 질소한 것을 기본으로 하자. 야채를 중심으로 하는 처녀자리다운 검소한 식사가 스트레스를 해소하는데 좋은 효과를 가져다준다.

태양성좌가 황소자리 ▶ 제6하우스가 **천칭자리**
*우아한 기분전환의 시간이 에너지 보급의 시기가 된다.*

끈질긴 생명력을 타고 났으며 질병에도 강한 저항력을 지닌 터프한 황소자리. 그런 당신의 약점은 목구멍과 턱, 그리고 목 부분이다. 만성 피로에 의한 폴립이나 갑상선 등 호르몬 밸런스의 붕괴에는 주의를 요한다. 또한 목을 차갑게 하면 병이 나기 쉽기 때문에 조심해야 한다. 황소자리의 건강을 주관하는 제6하우스는 모든 것에 균형을 잡고 부드럽게 배려를 하는 천칭자리이다. 원래 먹는 것을 매우 좋아하는 황소자리는 살이 찌기 쉬우므로 천칭자리처럼 영양과 양을 고려하여 균형있게 먹는 태도를 갖도록 늘 명심해야 한다.
또한 치유의 시간을 갖는 것도 중요하다. 천칭자리의 꽃인 장미와 라벤더 향기를 목욕에 이용하는 것도 효과적이다. 또한 댄스나 스트레칭 등, 천칭자리적인 우아하고도 가벼운 운동도 추천한다.

## 태양성좌가 쌍둥이자리 ▶ 제6하우스가 **전갈자리**

*신경질이 되지 않도록, 때로는 과감히 행동하는 것도 중요하다.*

쌍둥이자리는 긴장을 잘하는 편이므로 그것이 알레르기로서 외부로 나오는 경우도 있다. 또한 코, 인후, 기관지 부분이 약하므로 특히 알레르기성 비염이나 천식에 주의해야 한다. 팔꿈치나 무릎 등의 관절 부분도 트러블을 일으키기 쉽다. 쌍둥이자리의 건강을 주관하는 제6하우스는 전갈자리이다. 사건의 진실을 규명해내는 전갈자리의 에센스를 생활에 적용시킴으로서 건강을 유지할 수 있다. 불안해지거나 초조한 마음이 생길 때는 증상이 몸에 나타나기 전에 무엇이 문제의 본질인지를 밝혀 낼 수 있도록 동요나 분노, 초조 등의 감정을 일단 접어두고 다시 주의 깊게 살펴보도록 하자. 전갈자리 식의 대처법을 몸에 익힌다면 보다 건강하게 살아갈 수 있다. 컨디션이 나쁠 때는 전갈자리에게 도움이 되는 럭키 푸드인 부추, 파, 마늘을 의식적으로 먹도록 하자.

 ## 태양성좌가 게자리 ▶ 제6하우스가 **사수자리**

*스포츠로 에너지를 연소시키면 심신이 모두 깨끗해질 정도로 스마트해진다.*

전갈자리는 감수성이 예민하므로 정열적으로 불안정해지기 십상이다. 또한 피로와 질병에서 회복되는 시간이 긴 타입이다. 단, 위가 비교적 튼튼하고 기능이 잘 되고 있으며 소화흡수 능력이 뛰어 나기 때문에 오랫동안 잠에 빠지는 일은 거의 없을 것이다.
한편, 먹은 것은 확실하게 몸으로 흡수하기 때문에 게자리에는 통통한 체형이 많다. 과식에 따른 비만이나 콜레스테롤 수치의 상승을 조심해야 한다. 그런 게자리의 건강을 주관하는 제6하우스는 바깥을 지향하는 사수자리이다. 건강을 유지하기 위해서는 먹은 만큼의 에너지를 연소시켜 체외로 방출시켜야 한다. 에너지를 강하게 연소시키는 사수자리 타입의 스포츠를 일상적으로 실시하자. 수영, 달리기, 테니스 등 운동량이 많은 것이라면 OK이다. 주 1~2회 땀을 흘리면 언제나 상쾌한 기분을 유지할 수 있을 것이다.

### 태양성좌가 사자자리 ▶ 제6하우스가 **염소자리**

*구도적인 스포츠로 신체를 단련하고 마음을 안정시킨다.*

왕과 여왕의 별자리인 사자자리는 생명력의 강력함에서는 12성좌 중에서 넘버원이다. 튼튼한 육체의 소유자로 심장이나 순환기관의 기능도 뛰어나다. 그러나 그 우수한 기능을 과신한 나머지 무리하면 동맥경화, 고혈압, 순환계통 장애 등을 일으킬 수 있을 것이다.

그런 사자자리의 건강을 주관하는 제6하우스는 염소자리이다. 진짜를 찾아서 꾸준히 노력하는 염소자리의 에센스를 일상생활에 적용시켜 보자. 식사는 영양과잉을 피하고 염분을 적게 한 음식을 취하자. 물은 생수를 마시고 몸을 정돈시키는 작용을 하는 미량 영양소가 부족해지지 않도록 신경을 쓰는 것도 중요하다. 운동은 염소자리 타입같이 전통이 있는 것으로서 태권도, 검도, 궁도 등의 무술이 추천된다. 평소 화려하게 행동하는 사자자리의 마음을 진정시키고 심신 모두를 연마하기에는 최적의 운동이 된다.

### 태양성좌가 처녀자리 ▶ 제6하우스가 **물병자리**

*과감한 변화를 시도하여 스트레스를 해소시키자.*

처녀자리는 건강에 많은 관심을 갖고 있으며 지식도 풍부하다. 몸에 좋다는 것은 바로 시도해보며 먹거리에도 신경을 쓰는 타입이다. 그런데도 처녀자리는 늘 감기에 걸리거나 신경성 위염에 시달리거나 하는 등, 왠지 모르게 병에 잘 걸리는 경향이 있다.

그런 처녀자리의 건강을 주관하는 제6하우스는 자기개혁과 개선을 의미하는 물병자리이다. 자기관리는 물론 중요하지만 처녀자리는 너무 노력을 경주하는 나머지 오히려 불안이 스트레스가 되어 버리기 때문에 무슨 일이든 적당히 하는 것이 중요하다. 정해진 일상에 지치면, 물병자리 성질의 한 가지인 변화를 대담하게 취해보도록 하자. 밤의 문화생활이나 원행 등, 평소와는 다른 경험을 해보는 것으로 그 동안 쌓여 있던 스트레스를 능숙하게 발산시킬 수 있다. 자율신경이 약해져서 생기는 어지럼증과 현기증 등의 병같지 않은 증세도 개선될 수 있을 것이다.

# 태양성좌가 천칭자리 ▶ 제6하우스가 **물고기자리**
*치유의 시간을 가진다면 컨디션이 안정화되고 면역력도 상승된다.*

천칭자리는 몸 자체가 튼튼하지는 않지만 무리를 하지 않으므로 컨디션은 안정적이다. 신경과 면역력이 다소 약하고 피곤하면 신장 기능도 저하되는 경향이 있다. 또한 요통으로 고생하기도 한다. 한편 천칭자리는 항상 주위에 눈을 돌리면서 남에게 약한 면을 보이지 않는 타입이므로 기력의 피로가 스트레스로 변하여 자율신경이 무너지는 경우도 있을 것이다.

그런 천칭자리의 건강을 주관하는 제6하우스는 치유의 별자리인 물고기자리이다. 천칭자리에게 있어서 치유의 시간을 갖는 것은 건강으로 직결되는 것이다. 휴일에는 산이나 바다로 나가서 대자연의 에너지를 몸소 받도록 하자. 또한 바다와 물에 관한 것은 물고기자리 같은 성질이 있어서 건강을 유지하는데 최적이다. 수분을 충분히 섭취하고 배출하여 신장을 보호하는 것도 중요하다. 해초를 사용한 먹거리는 물고기자리와 긴밀하므로 매우 추천하는 바이다.

★[아침에 눈꺼풀이 푸석거린다]

남성으로부터 주목을 받게 될 암시이다. 여성의 눈꺼풀은 남성에게 성적 흥분을 일으키는 부분이다. 그 부위가 부풀어 있다는 것은 남성을 끌어당기는 힘이 강해졌다는 증거이다.

# Marriage

제7하우스로 알 수 있는 – 결혼 & 파트너

제7하우스에서는 자신의 약점을 알 수 있으며 그것을 보충해 줄 사람이 떠오른다.
그 중에서 자신의 반쪽이라고 할 수 있는 파트너의 모습이나
당신에게 맞는 결혼의 이미지를 떠올려 보자.

 **태양성좌가 천칭자리 ▶ 제7하우스가 양자리**
*스마트하기 때문에 유약해진 것을 저돌적인 공격력으로 보완하자.*

### ▶▶ 자신의 약점을 보완해 주는 상대

천칭자리 사람은 뛰어난 균형감각의 소유자이다. 트러블을 좋아하지 않으며 또한 그것을 일으키지 않는 테크닉을 몸으로 배워서 알고 있다. 큰 문제나 장애가 발생해도 맞서거나 싸우지 않고 분위기를 바꾸는 타입이다.

그것이 사교성이 좋다고 여겨지는 이유이기도 할 것이다. 하지만 그런 스마트한 대응에는 그야말로 천칭자리이기 때문의 약점이 숨겨져 있는 것이다. 뭔가 귀찮은 일이 일어났을 때 깨끗하게 물러날 수 있다는 것은 집착이나 성취욕이 낮다는 의미이다. 천칭자리에게 부족한 것은 특정지은 확실한 목표나 뭐든지 다 좋다는 기개이다. 자칫하면 인생의 핵심을 잃기 십상인 부분이 약점이라고 할 수 있다.

한편 천칭자리의 제7하우스에 해당하는 양자리는 저돌적으로 돌진하는 타입이다. 한번 목표를 정하면 일사불란하게 나가고 그 과정에서의 충돌이나 장애는 두려워하지 않는다.

원래, 천칭자리는 공동 작업을 나타내는 별자리이다. 양자리처럼 단숨에 매사를 이룩하는 원동력을 지닌 사람이나, 앞장서서 리드해 주는 사람과 파트너를 이뤄야 그 힘을 유감없이 발휘시킬 수 있다. 특별히 사업을 하는 경우가 아니라도 업무에서의 콤비나 사적인 장면의 역할분담에서도 OK다. 다소 태만한 경향도 있어서 실행력이 부족한 천칭자리의

무거운 엉덩이를 두드려 주는 상대가 좋다는 것이다. 천칭자리의 넓은 시야, 편중되지 않은 사고방식과 양자리의 뜨거운 마음이나 행동력이 하나가 된다면 리스크를 최소한으로 줄여서 훌륭한 성과를 거둘 수 있을 것이라는 점이 크게 기대된다.

### ▶▶ 결혼의 모습
행동력이 넘치는 사람은 결혼상대로서도 바람직하다. 연애 중에는 우아하게 교제를 즐기는 천칭자리이지만 결혼은 그것뿐만 아니라 강력한 파워로 생활을 영위하는 노력이 필수적이다. 서로 부대끼며 상대의 모든 것을 꺼냄으로써 두 사람의 관계도 깊어질 것이다. 잠들어 있는 정열을 자극해주는 뜨거운 양자리형 남성이라면 좋은 의미에서의 긴장감이 태어나 인생 그 자체의 긴장감도 상승된다. 곧바로 마음속에 닫아두기 십상인 진심을 유감없이 꺼낼 수 있는 상대가 당신에게 있어서 필요한 파트너인 것이다.

★ [턱에 성인형 여드름이 난다]

턱에 여드름이 한 개만 생기면 그것은 좋아하는 사람에게 고백할 찬스를 알려주는 것이다. 발견하고서 1주일 이내 좋아하는 사람에게 데이트 신청을 해보자.

★ [속옷을 뒤집어 입어버린다]

컨디션을 망가뜨릴 예감이다. 심리학적으로 속옷을 뒤집어 입는 것은 인간관계가 원만하게 흐르지 않아서 스트레스가 쌓여있다는 상태이다. 무리하지 않고 휴양을 하면서 기분전환을 시도해보자.

태양성좌가 전갈자리 ▶ 제7하우스가 **황소자리**
*심성이 온화한 남성과 슬로우 라이프를 즐기자.*

## ▶▶ 자신의 약점을 보완해 주는 상대

전갈자리는 한가지에만 집중하는 타입의 에너지를 갖고 있는 사람이다. 역경에 강하여서 스스로도 결정적인 순간에는 성취를 이룩해 내고야 만다. 때문에 이렇게 막판에 강하다는 면을 은근히 자부하고 있을 것이다. 끈기가 있으며 하고자 할 때는 과감한 전갈자리이지만 사실은 노력을 하지 않는 일면도 있다. 결정적인 순간에도 자신감이 있고 버티기도 잘 되므로 착실하게 쌓아나가는 노력을 경주하지 않는 사람도 의외로 많다. 그런 전갈자리의 제7하우스에 해당하는 황소자리는 견실함을 나타낸다. 자신을 몰아넣어 비로소 에너지를 발휘하는 전갈자리와는 대조적으로 황소자리는 차곡차곡 실적을 쌓아 빈틈없는 실력을 키워나가는 별자리이다.

당신도 황소자리처럼 실무성을 얻는 것으로 원래 갖고 있던 힘을 보다 안정적으로 발휘하여 갈 수 있을 것이다. 자신을 몰아넣거나 몰아붙이는 것은 곁에서 보기에는 매우 괴로운 것이다. 긴장감이 주변에도 만연하고 뭔가 어색한 사람이라는 이미지가 고착될 우려도 있다. 그러한 점에서 황소자리 타입은 늘 여유를 갖고 휴식을 취하고 있다. 이러한 타입과 교류하면 부드러움이나 주변을 감싸는 듯한 온화함을 배울 수 있을 것이다.

황소자리가 나타내는 "슬로우 라이프" 실천도 효과적인 방법이다. 여유로운 시간의 흐름을 느끼고 자연을 사랑하며 일상생활을 즐기는 방법이다. 그런 생활이 온화한 감정을 키워서 필요이상으로 자신을 몰아세우지 않아도 좋다는 여유로운 태도가 생기는 것이다.

## ▶▶ 결혼의 모습

외골수적인 전갈자리의 애정은 매우 깊은 반면에 툭하면 상대를 몰아세우는 위험성이 팽배되어 있다. 그 결과, 결혼생활에 파란이 끊이지 않고 원하지도 않은 격동의 사건이 일어날 듯하다. 이 점에서 당신이 황소자리처럼 온화한 파트너를 고른다면 의식주를 한가롭게 만끽할 수 있고 깊은 인연의 끈도 만들 수 있다.

또한 황소자리는 재산을 암시한다. 저축 등의 재정적인 안정성을 구축하는 것도 정신면의 충족을 크게 도와 줄 것이다. 황소자리 같은 견실한 남성, 혹은 경제적인 배경을 갖고 있는 상대라면 안심하고 애정을 나눠가질 수 있을 것이다.

태양성좌가 사수자리 ▶ 제7하우스가 **쌍둥이자리**
*자유로운 정신의 발전을 위해서라면 이혼도 불사하는 각오가 필요하다.*

## ▶▶ 자신의 약점을 보완해 주는 상대

자유로운 기풍과 뛰어난 행동력을 지닌 사수자리는 자기향상이야말로 인생의 중요한 테마이며 일생에 걸쳐서 커다란 목표를 추구해 나가는 타입이다. 단 너무 장대한 목표나 이상론을 펴는 나머지 실천 면에서 약해지는 점이 눈에 띈다 . 너무 꿈이나 이상이 커서 결국은 거기까지 도달하지 못하고 끝나버리기 십상인 점이 사수자리의 약점이라고 말할 수 있다.

한편 제7하우스에 해당하는 쌍둥이자리는 유행이나 지식을 상징한다. 무엇이 트랜드인가 빨리 살피고, 기회를 보는데 있어서도 영민하여 야무지게 시류를 잘 타고 나가게 된다. 일상생활에 있어서도 "지금 무엇을 하면 가장 점수가 높을까?", "어떻게 하면 잘 될까?"하고 생각하며 임기응변으로 잘 대응해 나간다. 그 처세술은 반드시 참고해야 할 부분이다. 사수자리는 전문성이나 브랜드적인 측면을 존중하는 경향이 있고 잡학 정보나 세속적인 가치관을 경시하기 십상이다. 하지만 기지개를 켜면서 커다란 성취를 이루려 하기 보다는 가까운 곳의 문제를 해결하면서 단계를 밟아나가는 편이 성공으로의 계단을 오르기에는 훨씬 빠른 것이다. 우선은 올 마이티를 목표로 가능한 것부터 시작해 보면 어떨까? 취미가 많고 박학다식한 쌍둥이자리의 사람이라면 다양한 자극을 주어서 인생이 활기에 차게 될 것이다.

## ▶▶ 결혼의 모습

사수자리는 결혼생활에도 커다란 이상을 내세운다. 그러한 결과 생각대로 되지 않고 번뇌를 겪는 일도 많다.

하지만 별거생활 등은 사수자리에게 있어서 유익한 선택 사항이다. 또한 낙관적이고 재기도 빠른 별자리이므로 이혼을 하더라도 마이너스가 되지는 않는다. 본래의 자유분방한 생각이 결혼이라는 속박에 의해 닫히는 편이 무엇보다도 고통일 것이다. 무리해서 기성 개념에 맞추지 않고 자신의 이상을 추구하도록 하자.

그런 사수자리의 기풍을 존중해주는 사람이 베스트 파트너라고 할 수 있다.

쌍둥이자리답고 그리고 늘 변화를 추구하는 타입이며 모든 일을 재미있어 하며 그것을 함께 즐겨 줄 수 있는 사람과 함께라면 형식이야 여하튼 행복한 생활의 실현이 가능해진다.

태양성좌가 **염소자리** ▶ 제7하우스가 **게자리**

*가족적인 교제를 넓혀 풍부한 인간성을 키워나가자.*

## ▶▶ 자신의 약점을 보완해 주는 상대

사회성을 나타내는 염소자리 태생은 책임감과 참을성이 강하다. 그리고 꾸준하게 노력을 경주하여 서서히 인생에서 두각을 나타낸다. 사려깊고 견실하고 현모양처형이지만 그 반면에 자기를 규제 속으로 넣기 쉽고 몰아부치기 십상이기도 하다. 성과나 실적 등 확실한 것을 너무나 추구하는 나머지 감정적인 것을 커트시키니 여성다움이 결여되기 쉬운 부분이 약점이라고 할 수 있을 것이다. 그런 염소자리의 제7하우스에 해당되는 게자리는 모성을 상징하고 직감력, 감수성 등의 모든 의미에서 여성적인 것을 나타낸다.

또한 염소자리는 연애에 한하지 않고 일에 있어서도 여성이 갖고 있는 그들만의 소중한 요소를 무의식적으로 부정하고 배제해 버리는 측면이 있을 것이다. 미소로 대처하거나 귀엽게 사과하면 끝날 일을 반발심때문에 사태를 크게 만들어 버리는 경우도 자주있다. 왠지 모르게 느껴지는 직감을 부정하고 이전의 사례를 따르면 실패하는 그런 케이스도 있을 듯하다. 염소자리는 여자의 무기를 사용하는 것을 좋게 보지 않는 사고를 지니기 쉽다. 하지만 그것에 너무 매달리는 것도 트러블의 원인이 된다. 내면에 봉인된 여성으로서의 부분이 결리게 되어 도리어 성가신 것으로 바뀔 우려도 있다.

당신에게 필요한 것은 게자리처럼 감정을 솔직하게 드러내는 타입이다. 애교있는 사람과 교제함으로 솔직한 감정표현이 가능하고 마음에서는 여유로움이 묻어나오게 될 것이다. 그것이 풍요로운 인간성으로서 주위에 전해져서 매사가 매끄럽게 움직일 것이다.

## ▶▶ 결혼의 모습

결혼에 있어서도 염소자리는 세상에 굴복하지 않으려고 생각하는 의식이 강하고 그것이 생각대로 진행되지 않는 경우에는 가정 그 자체가 무거운 짐으로 변해버릴 위험성을 갖고 있다.

한편 게자리는 대중적인 가치를 나타낸다. 대가족 가정에서 생활하거나 부모나 친척의 곁에서 사는 등 가족적인 교류를 확대하는 것으로 인해 본인이 짊어지게 될 부담의 경감화도 도모할 수 있을 것이다. 또한 자녀 양육에 있어서는 너무 교육에 치중하기 쉽다는 점이 우려된다. 무슨 일이든 자기 혼자 끌어안지 말고 때로는 남에게 의지해보는 것도 염소자리에게는 필요한 방법이다. 게자리처럼 가정적 타입의 남성이라면 결혼생활에서 진정한 편안을 얻을 수 있을 것이다.

태양성좌가 물병자리 ▶ 제7하우스가 **사자자리**
*밝고 믿음직스러운 파트너와 새로운 결혼의 모습을 쌓아 올리자.*

## ▶▶ 자신의 약점을 보완해 주는 상대

물병자리는 틀에 구애받지 않는 독창적인 발상력을 갖고 있다는 점이 본 모습이다. "연인"이라고 불리워져도 오히려 그것을 칭찬으로 생각하고 기뻐하는 개성파이다. 수직적인 사회보다 횡적인 연대를 중시하고 인류 모두는 형제라는 사고방식을 지지하는 진보적인 별자리이지만 한편으로 그 풍부한 박애정신이 오히려 원수가 되는 경우도 있다. 누구에게나 공평하게 대하고 싶은 우애의 마음과 자기답게 살고 싶은 개인주의적인 측면이 대치하여 갈등을 끌어안기 쉬운 면도 있다. 그 결과 품고 있는 커다란 이상은 실행되지 못하고 탁상공론으로 끝나버리는 경우도 있다.

인터넷 사이버 공간에서의 칭찬이 현실사회에서 응용이 안되는 경우가 많듯이 모처럼의 개성적인 아이디어나 발상력이라도 그 구슬을 꿰어서 보배로 만들기가 쉽지 않다. 그것들을 실질적으로 사용하기 위해서는 때로는 적극적으로 자신을 주장하고 상황을 움직이는 파워와 존재감이 필요해진다.

제7하우스에 해당하는 사자자리는 자기실현의 별자리이다. 물병자리인 당신은 사자자리처럼 강력하게 주변을 움직이는 에너지를 지닌 사람이나 밝고 즐겁게 매사를 진행시키는 사람과 교제함으로써 결여되기 쉬운 실현력을 양성할 수 있다. 자기 자신으로부터 끓어오르는 힘을 발견했을 때, 그냥 남들과 다른 것을 하는 것만으로 만족하지 않는 진정한 의미에서의 물병자리다운 개성을 얻을 수 있을 것이다.

## ▶▶ 결혼의 모습

물병자리는 결혼에 대한 사고방식도 진보적이며 기존의 틀에 구애받지 않는 사람이다. 결혼이란 형식에 속박당하지 않는다고 생각하는 사람도 많을 것이다. 그것 자체는 문제 없겠지만 그렇다면 자유라는 이름 아래 귀찮은 일로부터 도피하고 있을 뿐이라는 증거이다. 하지만 사자자리다운 관대한 파트너라면 새로운 가능성을 함께 찾아 줄 것이다. 압도적인 존재감으로 방향성을 지시해주거나 힘으로 당신의 자잘한 이론을 바로 잡아 줄 것이다.

이러한 절차탁마 속에서 진정한 의미에서의 흔들림이 없는 신뢰감이 육성되어 기존의 가치관에 묶이지 않는 새로운 결혼의 모습을 구축해 나갈 수 있을 것이다.

태양성좌가 물고기자리 ▶ 제7하우스가 **처녀자리**

*정주적이며 안정된 생활이 가능하고 실속적인 타입이 베스트.*

## ▶▶ 자신의 약점을 보완해 주는 상대

감수성이 풍부한 물고기자리는 직감력이 날카롭고 감각적 발상으로 상황에 대처하는 타입이다. 동정심이 넘치는 별자리이므로 주위의 영향을 받기 쉽고 감정에 흐르기 쉬운 면이 있는데 그것이 함정이 된다. "No!"라고 말하지 못하므로 자신의 의사와는 다른 방향으로 일이 진행되는 경우가 많은 편이다. 뜻하지 않게 말려드는 재난을 만나는 케이스가 자주 있지는 않은지?

그런 물고기자리의 제7 하우스에 해당하는 처녀자리는 공부의 별자리이다. 역할이나 룰을 중요시하여 규율을 지키면서 행동한다. 그렇다면 느슨한 방향으로 흐르기 쉬운 물고기자리는 처녀자리적인 요소를 취함으로서 자신을 규제하는 정신을 기를 수 있을 것이다. 처녀자리다운 자기관리 능력이 우수한 실천적 타입과 교제하는 것은 매우 유익하다. 단지 상대에 의존하는 것만으로는 자기 자신이 단련되지는 않는다. 일정을 확실히 세우거나 약속이나 시간을 준수하는 등 자신에게 대한 속박을 부여하는 것이 좋을 것이다. 그렇게 하면 견실함이 증가되어 일이 엉뚱한 방향으로 흐르지 않고 본래부터 갖고 있는 감성을 원활하게 발휘할 수 있게 될 것이다.

## ▶▶ 결혼의 모습

로맨틱하고 몽상적인 물고기자리는 결혼에 대해서도 큰 꿈을 품기 쉽다. 하지만 현실은 생활의 축적만으로 달콤한 일상만 있을 수는 없다. 처녀자리가 나타내는 직업처럼 자격이나 혹은 기술을 지니거나 아니면 강습을 받거나 해야 한다. 예를 들어 일을 하지 않아도 어떤 형태로든 사회와 접점을 갖는 편이 좋을 듯하다. 현실적인 감각을 지니는 것이 자기 자신의 의지가 되어 결혼생활에만 의존하지 않고서도 해결된다.

물고기자리에게 있어서는 확실하게 자신을 컨트롤할 수 있는 규칙적인 파트너가 이상적이다. 부침이 심한 인생을 보내는 타입이나 도박사 기질의 경우 그 파도에 함께 휩쓸려서 당신 자신의 인생이 불안정하게 바뀔 우려가 있으니 주의해야 한다.

처녀자리처럼 의리가 깊어서 사람을 배신하지 않는 타입의 남성이라면 안심하고 마음을 맡길 수 있을 것이다. 맞선이나 소개에서 결혼까지도 생활의 안정도가 높아져서 안정을 찾을 수 있으니 물고기자리에게는 적합하다고 할 수 있다.

양성좌가 **양자리** ▶ 제7하우스가 **천칭자리**
*파트너로 적합한 것은 밸런스와 조화를 갖춘 사람이다.*

## ▶▶ 자신의 약점을 보완해 주는 상대

저돌적이고 마음을 먹으면 일직선으로 향하는 양자리의 무모한 돌격력이 대단하지만 그 반면에 너무 뜨거워져서 주변이 온통 보이지 않는 폐단이 생긴다. 즉 무슨 일이든 한 가지에 꽂혀서 집착하다보니 밸런스가 무너지기 쉬운 면이 당신의 약점이라고 할 수 있다.

그런 양자리에게 있어서 제7 하우스는 천칭자리에 해당한다. 당신에게 부족한 요소는 밸런스 감각이 넘치는 천칭자리적인 요소이다. 사람이나 상황과 조화를 이루는 것을 중요시하며 행동하는 천칭자리처럼 늘 객관성을 갖고 자기 자신을 직시하여 넓은 시야로 주위를 살펴보아야 할 것이다. 그것이 당신에게 가장 필요한 점이다. 그렇게 만사를 조망함으로 놓치기 쉬운 점이나 고집스러워지기 쉬운 생각을 간파하게 되고 가치관이 좁아지는 것을 막을 수 있을 것이다. 혹시 무언가에 열중하고 있는 자신을 느낀다면 살짝 어깨 힘을 빼고 주변을 돌아보면 어떨까?

또한, 많은 취미로 다재다능한 인물, 많은 경험을 한 사람, 넓은 인맥을 갖고 있는 지인과 교제하는 것도 당신이 범하기 쉬운 실수를 미연에 방지하는 길이 된다. 풍부한 경험측을 기반으로 하는 지인으로부터의 어드바이스는 단락적인 당신에게 도움이 될 것이다.

## ▶▶ 결혼의 모습

결혼 상대도 마찬가지로 천칭자리같이 밸런스가 갖춰진 안정감이 있는 사람을 고르는 것이 베스트이다. 여유있고 우아한 품행을 보이는 상대는 참을성없이 덜렁대는 당신을 잘 컨트롤 해 줄 것이다.

연애에서는 뜨거운 드라마를 추구하는 경향의 당신이지만 결혼에서는 그런 점만으로는 잘 되어가기 어렵다. 또한 생활을 즐기거나 서로를 따뜻하게 해주면서 살아가는 것 같은 밸런스가 갖춰진 정신적 여유가 불가결한 것이다.

파트너와는 둘이서 예술을 사랑으로, 회화에 감동하고 센스가 넘치는 가구나 식기에 둘려 쌓인 것 같은 아름답고 우아한 생활을 만끽하도록 하자. 그것이 둘의 관계를 지속시키고 더 나아가서는 관계를 보다 발전시키는 열쇠가 될 것이다.

태양성좌가 황소자리 ▶ 제7하우스가 **전갈자리**

*장해나 리스크를 두려워하지 않고 승부를 걸어 나감으로 운이 열린다.*

## ▶▶ 자신의 약점을 보완해 주는 상대

온화하고 마이 페이스를 유지하며 무슨 일이나 착실하게 임하는 황소자리 당신은 끈기가 있고 착실하게 실적을 쌓아 올라가는 대기만성형 타입이지만 한 곳에 집착하려는 강렬한 파워에는 한가지 부족함이 있다. 일이나 취미에서 무엇이든지 극복하려는 정신력이나 분발심이 계기가 되어 한층 노력하려는 열정이 결여된 성격이 약점이라고 할 수 있다.

한편 제7 하우스인 전갈자리는 "도 아니면 모"의 성향을 나타낸다. 장해나 리스크를 두려워하지 않고 승부해 나가는 근원적인 에너지가 당신에게 있어서의 중요한 과제가 될 것이다. 아직 희망 수준의 장대한 목표를 공언하거나 성취가 불투명할 정도의 일이나 업무를 맡거나 하여서 굳이 스스로를 궁지에 몰아넣어 볼 필요가 있다. 그러면 안전한 곳에 머물러 종내는 찬스를 놓쳐버리기 일상인 당신도 승부 타임을 기민하게 잡을 수 있게 되고 보다 빨리 성취의 줄기를 잡을 수 있게 될 것이다. 또, 전갈자리처럼 남의 약점을 그대로 지적하거나 다소 엄중하게 의견을 피력하는 성향의 사람과 교제하는 것도 당신에게 있어서 좋은 자극제가 될 수 있다.

## ▶▶ 결혼의 모습

결혼은 오랫동안 안정된 생활을 갈구할 것이다. 전갈자리는 강한 일체감을 상징한다. 그 전형으로서 들 수 있는 것이 SEX이다. 사랑에는 순수한 감정이 중요하지만 결혼은 더욱 현실적이고 끈끈한 감정이 따르는 것이다. 감수성이나 오감이 풍부하게 발달된 황소자리는 이치적이 아닌, 성적인 일체감을 얻음으로서 상대와의 일체감이 생겼다는 구체적인 증거를 얻을 수 있다. 또 결혼을 계기로 도취라는 감정에 눈을 뜨게 되는 암시도 있어서, 상대가 만족한 SEX를 만들어주지 않는 경우는 불만이나 스트레스가 쌓일 것이다. 더불어 결혼생활에도 미묘한 그림자가 드리워질 우려가 있다. SEX 외에는 항상 둘이서 활동하거나 정신적인 유대를 실감하는 것이 원만하게 지내는 비결이다. 전갈자리처럼 한 사람에게 외골수로 애정을 쏟는 타입과 함께 한다면 이상적인 파트너 쉽을 만들 수 있을 것이다.'

# 태양성좌가 쌍둥이자리 ▶ 제7하우스가 **사수자리**
*상승지향의 성격이 강한 사람과 서로 존중해주는 관계를 만들자.*

## ▶▶ 자신의 약점을 보완해 주는 상대

호기심이 왕성하고 두뇌회전이 빠른 쌍둥이자리는 무슨 일이든지 영민하게 이해하는 총명함과 평균 이상으로 일을 성취해내는 능력을 겸비하고 있다. 하지만 한편으로는 그것이 함정이 된다는 점은 그저 아쉬울 따름이다. 무슨 일이든지 그저 적당한 수준에서 마치게 되는 만큼 한가지의 일을 본격적으로 성취시키는 에너지가 부족하기 쉽다. 그러한 재능부족이 쌍둥이자리의 최대 약점이라고 할 수 있다.

반대의 제7 하우스에 위치하는 사수자리는 상승지향의 성향이 왕성한 타입이다. 큰 뜻을 품고 장대한 목표를 향해 발전해가는 것이 이미지이다. 즉, 눈 앞의 작은 만족으로 끝내지 않고 보다 스케일을 향상시킨 비전을 보여주는 사수자리적인 타입이 당신에게 있어서 필요한 파트너이다. 함께 있으면 어느새 상대의 페이스에 이끌려 고조된 목표에 대해 뜨겁게 이상을 피력한다. 허들같은 장애물이 높아짐에 따라 자기 자신의 성장을 촉진시키고 의미있는 방향성을 이끌어 낼 수 있을 것이다.

## ▶▶ 결혼의 모습

쌍둥이자리는 결혼상대에 대해서도 진보적인 관계를 원한다. 그렇다고 자칫하면 일상의 자극이나 그 때마다의 자유를 추구하여 아내의 역할을 포기하기 쉽다. 싫증을 잘 내는 쌍둥이자리는 결혼이 일상의 반복이 되어 버리면 신속하게도 흥미가 떨어져 버린다. 현실적인 생활을 지속해 나가는 동안에 시시하게 느껴져서 남편과의 관계를 구축해 나가는 노력을 게을리 할 것이다. 하지만 정말로 중요한 것은 서로 존중해 나간다는 높은 목표일 것이다. 두 사람의 미래 예상도를 만들어 서로가 응답할 수 있는 부부가 되도록 노력해 나가자.

구체적으로 말하자면, 5년쯤 후에는 어떤 것을 같이 하자고 다짐하는 식의 장기적인 플랜을 함께 짜보는 것이다. 내집 마련 같은 현실적인 목표보다는 세계일주 여행이나 둘이서 카페를 열거나 하는 타입의, 꿈이 있는 목표가 좋다. 그리고 최종적으로는 두 사람을 축으로 사람이나 사물의 범주가 넓어지는 것이 이상적이다. 부부이며 비즈니스 파트너이기도 하며 취미생활의 동료이기도 한, 그런 복합적인 관계가 충실한 결혼생활을 만드는 것이다.

태양성좌가 게자리 ▶ 제7하우스가 **염소자리**

*현실적인 관점에서의 결혼으로 인생의 사명에 눈을 뜨는 암시.*

## ▶▶ 자신의 약점을 보완해 주는 상대

풍부한 모성을 주관하는 게자리는 넘치는 인간미와 포용력이 매력이다. 무슨 일에도 감정을 우선시키기 쉬운 매우 여성적인 별자리이다. 그러한 결과로 이성이나 논리성 등이 결여되는 면이 약점이 된다.

그러한 감정의 모험적 측면을 보충하는 것이 제7 하우스에 해당하는 염소자리이다. 개인적인 관점에서 보다 큰 전체적인 시선을 가져야 한다. 어떤 의미로는 남성사회를 나타내는 염소자리의 견해를 갖는 것으로 좁은 범위에 연연해하기 쉬운 게자리의 가치관에 넓은 시선을 갖게 해준다.

예를 들면 감정의 불통에서 생긴 이해하기 힘든 사람이 있어도 게자리는 "싫어서 교제하고 싶지 않다"는 방향성으로 흐르기 쉽다. 하지만 염소자리는 업무상으로는 필요하다는 회사형 인간적인 발상으로 상황을 냉정하게 판단한다. 그런 타입의 사람과 교제하는 것으로 사회적 의미에서의 책임감이나 타협 방법을 알아가게 될 것이다. 문제가 생겼을 때 자신이 너무 주관적인 입장에 서 있지는 않는지 어드바이스를 받아 보는 것도 하나의 방법이다.

## ▶▶ 결혼의 모습

염소자리는 권위나 상황을 나타내는 별자리이다. 즉, 어른스런 관점을 갖고 있는 사람, 혹은 사회적 지위가 있는 사람 등이 게자리의 베스트 파트너가 될 수 있다. 현실적인 관점에선 결혼이야말로 당신에게 있어서 이상적인 것이다.

가정이 중요한 요소를 나타내는 별자리이므로 빨리 내 집을 마련할 것을 권한다. 또, 어느 쪽인가의 가업을 이어 받기를 하는 등으로 "집"이나 "승계"를 두 사람의 공통인식으로 한다면 보다 안정적인 관계가 된다.

정을 소중히 여기는 게자리이지만 결혼생활을 영위하는데 있어서는 그것이 마이너스가 되는 경우도 있다. 긴 안목으로 풍부한 관계를 키우려면 더욱 강한 힘을 지니는 것도 필요하다. 상대에게 너무 의존하지 않고 자신이 이끌어 간다는 기개를 지니도록 하자.

게자리는 결혼에 의해서 인생의 사명에 눈을 뜨게되고 또한 늠름하게 살아가는 힘이 싹튼다는 암시이다. 염소자리의 아버지같은 역할을 가미하는 것으로 가정인으로서 보다 높은 적성을 발휘할 수 있을 것이다.

## 태양성좌가 사자자리 ▶ 제7하우스가 **물병자리**
*결혼이라는 기존관념을 뒤집는 진취적 발상의 상대가 베스트.*

### ▶▶ 자신의 약점을 보완해 주는 상대

백수의 제왕인 사자를 태양성좌로 지니고 태어난 사람은 일반적으로 자아가 강하고 자신감이 충만한 사람으로 여겨지고 있다. 실제는 너무 화려하거나 여왕다운 경향을 드러내지 않는 사람도 많지 않겠지만 마음속에는 자신에게 대한 절대적 의식을 내포하고 있는 것은 확실하다. 그런 사자자리 사람의 약점은 자기본위적인 가치관으로 편견이나 집착의 껍데기를 둘러 치고 있다는 점이다. 남들로부터 어울린다는 말을 들어도 어울리지 않는다거나 안 되겠다는 방향으로 결정하면 스스로 룰에 자신을 묶어서 주변의 의견에는 귀를 기울이지 않는 경향이 있다.  제7하우스에 있는 물병자리는 여러 가지 가치관을 취하여 늘 자신의 가능성이나 세계를 넓혀나가는 별자리이다. 즉, 사자자리에게 있어서는 늘 칭찬해주는 사람이나 예스맨들뿐만이 아니라 오히려 다른 의견을 제시하거나 자신과는 다른 개성을 지닌 사람과 파트너를 맺는 것이 필요하다. 예를 들면 개인의 이해를 떠나서 사회에 공헌하고 이익을 환원함으로서 몇 배의 성장을 기대할 수 있는 별자리이다.

### ▶▶ 결혼의 모습

결혼생활에 있어서도 이질적인 것을 취하는 자세가 중요해질 것이다. 물병자리는 고착화된 고정관념을 타파하는 의미를 지닌 별자리이다. 즉, 인생이 싹 바뀔 것 같은 새로운 세계로 이끌어주는 사람, "결혼"이라는 개념을 뒤집을 듯한 진취적인 사고방식의 소유자야말로 최강의 파트너인 것이다. 또한 호적 신고를 하지 않은 사실혼이나 역할이동 또한 좋을 것이다.

고정관념에서 스스로 빠져나와 자신의 가치관을 확대시켜야 한다. 그것이야말로 본래의 사자자리의 매력을 빛나게 하고 인생을 보다 발전시키는 결과로 인도해 준다. 다른 삶이나 방향성을 스마트하게 알려주고 가르쳐 주는 물병자리 남성과 함께라면 생명력이 넘치는 결혼생활을 보낼 수 있을 것이다.

태양성좌가 **처녀자리** ▶ 제7하우스가 **물고기자리**
*응석을 받아주는 남성과의 생활이 안식을 준다.*

## ▶▶ 자신의 약점을 보완해 주는 상대

현실적인 가치관을 소중히 하는 처녀자리는 실리를 존중하고 자신의 역할을 책임으로서 이뤄내는 타입이다. 당신은 주변으로부터의 신뢰도 대단할 것이다. 다만 관리능력이 높은 만큼 메리트, 디메리트에 대하여 까다로워지기 쉬운 경향이 있다. 그 결과로 자기만을 생각한 행동을 하게되어 거꾸로 커다란 의미에서 손해를 보기 쉬운 것이 약점이라고 할 수 있다.

처녀자리의 반대에 자리하고 있는 물고기자리는 자기희생이나 봉사정신을 나타낸다. 이것은 주기만 하고 얻지 못하는 그런 이타적인 사랑이 처녀자리에게 있어서는 중요한 테마라는 것이다. 자신에게 유리한가 불리한가를 제일 먼저 생각하고 그에 따라 행동하면 그것이 주변에 알려지게 되면 최종적으로는 주위로부터의 도움을 받기 어려워지는 것이다. 눈앞의 메리트를 누린다고 해도 더욱 중요한 것을 잃지 않도록 주변사람들도 소중하게 생각하자. 물고기자리같이 남에 대해 수용하고 믿음을 주는 마음이 강한 타입과 교제함으로서 자신이 좁은 범위에서 사물을 보고 있음을 자각할 수 있을지도 모른다. 그 본질에 있는 인간애를 자각하기 바란다. 봉사활동 등으로의 종사도 유효한 방법이다. 긴 안목으로 보아서 커다란 성장을 얻을 것이다.

## ▶▶ 결혼의 모습

결혼에 대해서 처녀자리는 경제사정 등 생활면의 안정을 중시하기 쉬운 경향이 있을 것이다. 물론 당신에게 있어서 그러한 "현실면의 보장"은 매우 중요하지만 한편으로는 원래의 자신을 자유롭게 만들고 감정을 해방시키는 것도 필요하다. 사실 처녀자리는 매우 로맨틱하다. 단지 자신이 상처받을 것을 두려워하여 그러한 감정을 겉으로 드러내지 않는 경향이 강하다. 하지만 결혼은 계약과 보장을 의미한다. 결혼한 상대이므로 안심하고 몸을 맡길 수 있는, 원래 갈구하고 있는 로맨틱한 생활을 보낼 수 있다. 사랑하고 사랑받으며 어리광을 부리고 또한 받아주는 달콤한 감정을 맘껏 낼 수 있는 부드러운 남성과 함께라면 결혼생활에 안식을 가져올 수 있을 것이다.

또 물고기자리는 어미와 새끼 두 마리가 연결되어있는 상징을 나타내므로 "자식은 이음고리"라는 암시도 있다. 아이를 사랑하고 양육하는 과정에 있어서 여자로서의 자연스러운 모성애가 흘러나올 것이다.

# Love Action

## 제8하우스로 알 수 있는 – 연애의 역전운

제8하우스는 당신이 잠재적으로 지닌 요소를 나타낸다. 어떤 종류에서 위화감마저도 느껴지는 요소는 사실은 당신의 매력을 한층 빛나게 하는 것이다. 사랑함에 있어서 가장 중요한 장면에서 많은 활약을 해준다.

### 태양성좌가 처녀자리 ▶ 제8하우스가 양자리

*사랑의 국면에서는 숙명적으로 "여전사"다. 타이밍이라고 생각될 때는 정면으로 승부할 것.*

### ▶▶ 당신에게 숨겨져 있는 연애경향

처녀자리는 순애를 지향하는 별자리이다. 누구보다 순수한 사랑으로의 동경을 감추고 그 이상을 이루어 주는 남성이 나타나기까지는 절대로 쉽게 연애에 물들지 않는다. 그 때문에 당신이 포로로 만들고 싶은 상대에게는 라이벌의 그림자가 끼어 있게 마련이다. 그렇다. 의외로 처녀자리의 연애에는 숙명적으로 전투가 따라다니는 것이다. 처녀자리로부터 세어서 여덟 번째인 양자리는 투쟁의 별자리이다.

싸움의 와중에 몸을 던져서라도 남자를 포로로 만들 수 있다고 여겨진다. 둘이 있을 때는 평소의 분개심을 버리고 노골적일 정도로 다른 여성에게 향하는 적대감을 표출하며 라이벌을 통렬하게 비판하는 거친 솜씨도, 사랑하는 처녀자리에게는 허락이 된다. 그 불꽃이 꺼질 때까지의 외골수적인 모습에 남성은 거역할 생각조차도 들지 않을 것이다. 한편 양자리는 단기결전에 강한 별자리이다. 단번에 공격하는 것이야말로 투쟁본능이 격하게 타오르고 그를 포로로 만들 수 있는 것이다.

## ▶▶ 포로로 만들기 쉬운 남성의 타입

특별히 수완가라는 느낌이 들지 않는데도 사회적인 상황이나 직장에서의 지위가 높은 남성이다. 그들은 협조성이 높고 조직 안에서 자신을 제어하는 것이 힘들지 않다. 어떤 의미에서 피학적인 성질의 소유자이므로 당신에게 강제로 마음을 뺏길 수도 있다. 그리고 강렬한 쾌감을 익힐 것이다. 별자리로 말한다면 황소자리, 염소자리가 그렇다. 단지 사자자리, 사수자리와는 인연이 적지만 지겨운 인연이 되기도 쉽다. 한편으로는 SEX의 포로가 되지 않도록 주의해야 한다.

## ▶▶ 사랑의 함정을 세팅하는 방법

화요일이나 9의 숫자가 붙는 날에 오픈한지 얼마 되지 않는 카페에서 아침까지 밤새도록 술을 마신다면 승리는 거의 당신의 수중에 떨어진 것이나 다름없다. 마무리 멘트로 "나만의 당신이 되어 주세요"라고 재촉한다면 그는 단번에 항복하게 된다. 수영장이나 스포츠센터에서 보디라인을 보여주는 것도 유효타가 된다. 진분홍색의 루주, 비키니, 머스크 향기가 당신에게 행운을 약속해 줄 것이다.

썸TIP

★ 「멋있는 사람이 기분 좋게 말을 걸어 왔다」

첫 대면의 상대가 입고 있는 옷 색깔을 체크해서 같은 색을 당신의 옷이나 신변가까이의 물건에서 찾는다. 그것을 오른쪽 집게손가락으로 만지고서 「일생일대의 만남이어라!」하면서 주문을 외우고 가까이 다가가면 이야기가 부드럽게 풀려나갈 것이다.

태양성좌가 천칭자리 ▶ 제8하우스가 **황소자리**

*질투나 독점욕을 이용하여 수동적인 연애에서 탈피.*

## ▶▶ 당신에게 숨겨져 있는 연애경향

미와 사랑의 여신인 비너스가 수호해 주는 천칭자리는 근본부터가 연애의 달인이다. 상대로 하여금 자기가 생각나도록 만드는 재주는 천하일품이다. 반면에 늘 수동적이고 자기가 먼저 사랑을 추구하기는 어렵다. 상처를 받거나 질투나 독점욕을 보이거나 하는 것이 천칭자리의 미학에는 맞지 않기 때문이다.

하지만 사실은 이것이야말로 남성을 포로로 만드는 열쇠가 된다. 천칭자리처럼 비너스에게 수호를 받으면서 여덟번째에 위치한 황소자리는 날카롭게 당신의 본질을 파헤친다. 그런 그의 반응이 마음에 들지 않으면 떼를 쓰거나 크게 질투를 하거나 해서 정직하게 자신의 감정을 부딪쳐야 한다.

항상 자신만만한 인상의 당신이 사랑 때문에 흐트러지는 모습은 반드시 그의 마음을 확실히 붙들어 맬 것이다. 또, 황소자리는 생활감정이 풍부하다. 인테리어나 잡화 등 그의 취향에 맞춰서 센스를 발휘하면 일상의 생활이 두 사람이 사랑하는 것만으로 채워져 간다. 그리고 당신 자신도 그에게 있어서 빼놓을 수 없는 존재가 될 것이다.

## ▶▶ 포로로 만들기 쉬운 남성의 타입

쌍둥이자리와 물병자리 남성은 포로로 만들기 쉬운 타입이다. 비교적 경청을 잘하며 주위에 세세하게 배려할 수 있는 타입이 유망하다. 그들은 공략에 약하므로 질투나 독점욕으로 공략해도 반발하지 않고 오히려 유연하게 받아들여 준다. 애완동물을 기르고 있는 상대, 물건을 소중히 다루는 남성도 주요 타깃이 된다.

또한 황소자리, 염소자리를 포로로 만드는 것은 간단하지만 얌전하면서 놀줄도 잘 모른다는 점에서는 격이 떨어진다. 지배욕도 강하므로 귀찮아질 수도 있다.

## ▶▶ 사랑의 함정을 세팅하는 방법

상대가 다른 여성에게 흥미를 나타내거나 할 때는 가볍게 팔을 꼬집어 주자. 당신의 매력과 질투가 그를 포로로 만든다. 꼼꼼하게 선물을 보내는 것도 유효하다. 넥타이, 속옷, 침구가 행운의 아이템이다. 또한 장미 향기는 사랑의 적극성을 향상시켜 준다.

태양성좌가 전갈자리 ▶ 제8하우스가 **쌍둥이자리**
*정열을 컨트롤하고 숨겨진 냉철함을 발휘한다.*

### ▶▶ 당신에게 숨겨져 있는 연애경향

격정의 별인 명왕성을 지배의 별로 갖고 있는 전갈자리에게 있어서 연애는 인생의 전부
이다. 한번 심장에 불이 당겨지면 상대에게 연인이 있건 없건, 형세가 불리하건 말건 집념
에 찬 외골수 성향으로 사랑에 몰입하고 남성을 붙들고서는 놓지 않는다. 단지 실제적으
로는 그런 당신에게 홀딱 빠져들 것을 두려워하여 포로가 되지 않으려고 거리를 두는 남
성이 많은 것도 사실이다. 거기에서 무기로 사용할 것은 전갈자리에서 여덟 번째에 위치
한 쌍둥이자리의 깔끔한 매력이다. 좋은 무드가 되기 시작하면 과감하게 감정을 억제하
고 이지적인 여성의 이미지로 꾸며야 한다. 연애보다 일에 불타오르고 있는 척하거나 자
잘한 에피소드나 농담을 건네서 미소를 짓게 만들거나 하는 것이다. 의외로 자신도 모
르게 접근하여 스스로 함정에 빠져 줄 것이다. 쌍둥이자리는 정보를 주관하는 별자리이
기도 하므로 상대의 취향이나 데이터를 전부 조사하여 그에 대하여 알아 두는 것도 명안
이 된다.

### ▶▶ 포로로 만들기 쉬운 남성

평소에는 말이 없어도 정작 말을 시작하면 멈추지 않는 타입이다. 천진난만한 얼굴로 뚫
어지게 쳐다보는 시선의 남성 정도라면 후보가 될 것이다. 어느 쪽이든 외견과 달리 격정
직이고 사랑의 심연 끝까지 자신을 위치시켜 놓기를 마음 한 구석에서 원하고 있는 경우
가 많다. 별자리로 말하자면 게자리, 물고기자리가 되고, 파일럿이나 드라이버를 직업으
로 갖고 있는 사람, 그리고 어학에 통달한 남성에게도 주목해 보자. 하룻밤 만에 포로로
만들려면 천칭자리가 타깃이 된다. 단, 상대가 싫증을 내는 것도 빠르다는 것도 약점이다.

### ▶▶ 사랑의 함정을 세팅하는 방법

수요일이나 5가 붙는 날에 역이나 직장에서 기다려 본다. 처음에는 인사만 하고, 세 번째
가 되면 커피를 마시자고 요청해 보는 것이 가장 좋을 것이다. 우연도 세 번이나 겹친다면
필연일지도 모른다는 식으로 미소를 지어 보이면 바로 결정타가 될 것이다. 공단 소재의
수트, 스트레이트로 뻗은 검은 머리, 외국의 시집이 사랑의 아이템이 된다.

## 태양성좌가 사수자리 ▶ 제8하우스가 게자리
*대담한 공세로 접근하고 상대의 응석은 내면의 포용력으로.*

### ▶▶ 당신에게 숨겨져 있는 연애경향
심벌마크의 화살이 나타내는 것처럼 사수자리의 연애심리에서 근간을 이루는 것은 수렵 본능이다. 공략의 보람과 노획의 보람이 있는, 그리고 강하고 커다란 노획물을 추구하여 대담하게 사랑의 필드를 휘젓는다. 그런 사수자리에서 세어서 여덟 번째에 해당하는 것은 모성을 주관하는 게자리이다. 빼앗는 마음이 특기인 당신 속에는 상대를 허락하고 감싸는 의외의 매력이 잠자고 있는 것이다. 그도 그럴 것이 남성은 모두 당신이 생각하는 정도로 강하지 않아서 여성으로부터 심한 공략이 들어오면 지쳐버리는 것이 사실이다. 때문에 대담한 공세로 접근해도 두 사람만의 장면이 되면 일전해서 게자리 본연의 포용력을 발휘하여 응석을 받아 주어야 할 것이다. 그러면, 그는 기꺼이 멀어지려는 것을 그만두고 당신의 포로가 될 것이다. 게다가 요리나 가사 등, 가정적인 일면을 나타내면 완벽하다.
또, 모성의 상징인 유방도 그를 포로로 만드는 요인이 되는 것은 물론이고 강력한 무기도 된다. 다운되어 있는 상대를 끌어안아 주거나 베드에서는 바스트로 애무를 구사하거나 하는 것은 심신 모두를 치유해 주는 데에 효과적이다.

### ▶▶ 포로로 만들기 쉬운 남성의 타입
부드럽게 대해주면 곧바로 응석을 부리고 싶어하는 전갈자리, 물고기자리라면 포로로 만들기에 상당히 쉬운 편이다. 그러나 민감한 상대이므로 피곤한 타입임을 각오하고 임해야 한다. 오히려 타깃으로 한다면 주위의 반대나 몰이해에 구애받지 말고 역경과 싸우고 있는 남성이 효과적일 것이다. 당신도 상대처럼 강한 성격인 만큼 그 저변에 깔린 마음의 상처를 누구보다도 이해하고 치유해 주는 것이다. 별자리로는 양자리, 사자자리일 것이다. 해외경험이 풍부한 남성이나 자원봉사 등의 지역 활동에 열심인 상대도 유망하다.

### ▶▶ 사랑의 함정을 세팅하는 방법
어느 쪽인가의 생일날에 혹은 보름날이나 월요일 밤에 당신의 방에서 두 사람만의 파티를 열자. 진주 목걸이, 파도 소리, 백합꽃이 상대를 꿈꾸는 듯한 분위기로 몰고 가는 아이템이다.

## 태양성좌가 염소자리 ▶ 제8하우스가 **사자자리**
*아양을 떨지 않는 성숙한 여성이므로 승부를 걸 때는 화려하게 나가자.*

### ▶▶ 당신에게 숨겨져 있는 연애경향

늘 당신은 연애에 대해서 절제심이 강하다. 결코 남성에게 아양을 떨지 않는 깔끔한 인상이나 잘 제어된 성숙한 여성의 모습으로 틈을 보이지 않고 결과적으로 남성의 수렵본능을 자극하고 있을 것이다.

그러한 베이스가 있음으로서 염소자리부터 세어서 여덟 번째의 별자리인 사자자리가 나타내는 호화스러움이나 자기 표현력이 결정적인 순간에 적중되는 것이다. 예를 들면 데이트라면 과감하게 화사한 치장을 하고 그레이드가 높은 곳으로 가보자. 과하다 싶을 정도의 연출쯤이야 괜찮을 것이다. 본래, 화려한 무대에 오를수 있는 것은 진정한 성인만이 그러하다. 염소자리인 당신이므로 그것을 당당하게 연출하여 매력의 심연을 느끼도록 할 수 있을 것이다. 또, 은밀한 야심이나 섹세스에 대한 생각도 상대에게 만큼은 뜨겁게 피력하도록 하자. 당신의 반짝이는 눈빛에 상대는 자신도 모르게 매료될 것임에 틀림없다.

### ▶▶ 포로로 만들기 쉬운 남성의 타입

온화하고 순수한 감성의 타입으로 별자리로 말하면 황소자리, 처녀자리가 가장 좋다. 그들은 잠재적인 심리 상태가 다소 불안정하기 때문에 하룻밤의 "쇼"에 심히 마음이 흔들리고 도취감이 남기 쉬운 것이다. 사물을 다루는 것이 진중한 남성, 숫자나 계산에 강한 남성도 타깃이다. 또한 양자리, 사자자리도 마찬가지 방법으로 손쉽게 포로로 만들 수 있다. 단지, 그 후는 사랑의 주도권 쟁탈이 심화될 것이다. 지는 것이 이기는 것이라고 명심하지 않으면 늪에 빠질 위험성이 크다.

### ▶▶ 사랑의 함정을 세팅하는 방법

일요일이나 1의 숫자가 붙는 날이 함정을 세팅해 두는 날이다. 예를 들면 오페라나 발레 등 일류 무대를 S석으로 즐긴 뒤에 유명한 셰프가 있는 레스토랑에서 잔을 기울이는 것이다. 세 번째의 건배로 "두 사람의 미래를 위해서...." 식으로 속삭인다면 상대의 마음은 당신의 것이 된다. 그리고 장미 향기, 루비, 업 헤어가 사랑의 미약이 되어 준다. 골프 데이트를 하는 계획도 추천될 만하다.

# 태양성좌가 물병자리 ▶ 제8하우스가 **처녀자리**
*개성적인 언행의 의표를 찌르는 청초하고 예의바른 이미지로.*

## ▶▶ 당신에게 숨겨져 있는 연애경향

깔끔하고 개성적인 물병자리는 의외성이 매력이다. 언행이나 치장 등이 늘 다른 사람들과의 차별을 강조하고 연애에서도 독창적인 센스로 남성의 주목을 끈다.

그런 당신인 만큼 물병자리에서 세어서 여덟 번째에 해당하는 처녀자리의 청초하고 예의 바른 이미지가 남과 비교가 되지 않을 정도의 무기가 된다. 둘 만의 시간에 이러한 모습을 본 상대는 의표의 의표를 찔린 듯한 기분이 되어 의외성의 함정에 떨어져가는 운명이 된다. 예를 들면 올바른 테이블 매너를 보이거나 아무리 고조되는 분위기라도 주위에 대한 배려나 조심성은 잊지 않도록 하는 것 등을 유념해야 할 것이다. 그와 약속을 주고받고 그것을 지켜나가는 것도 추천하는 방법이다. 그러한 근본적인 부분에서의 올바름이나 안정감을 계속해서 보이면 그는 당신을 자기만의 여신으로 삼고 싶어질 것이다.

또, 처녀자리는 플라토닉 러브를 상징하며, 본래의 별자리인 물병자리도 성적으로는 담백한 편이다. 차라리 SEX를 두려워하거나 거부하거나 하는 것으로 상대를 포로로 만들 수 있는 것도 당신에게만 갖춰진 사랑의 마력이다.

## ▶▶ 포로로 만들기 쉬운 남성의 타입

크리에이티브적인 직업의 남성이 타깃이다. 그는 개성의 진위를 간파하는데 있어서의 프로이다. 오리지널일수록 기본적인 상식이나 사회성도 갖추고 있음을 알고 있다. 별자리로는 쌍둥이자리, 물병자리가 된다. 첫사랑의 남성과 닮은 그, 취미교실에서 만난 남성도 유망하다. 또한 황소자리, 처녀자리는 포로로 만들고 나서 부터가 문제이다. 그의 간섭이나 속박을 애정의 뒷모습이라고 깨달을 수 있으면 좋으련만……

## ▶▶ 사랑의 함정을 세팅하는 방법

5가 붙는 날, 장소는 갤러리 풍의 커피숍이 이상적이다. 핑크색 립스틱, 팬츠 슈트로 우아한 분위기의 재원임을 연출하도록 하자. 양자리 친구에게 들러리를 부탁하면 파워는 더욱 상승된다.

태양성좌가 물고기자리 ▶ 제8하우스가 **천칭자리**
*주는 것만으로 끝나지 않는, 밀고 당기기의 재능을 활용하자.*

### ▶▶ 당신에게 숨겨져 있는 연애경향

물고기자리의 가장 큰 무기는 "헌신적인 사랑"이다. 상대의 컬러에 물들어 최선을 다하는 당신에게 남성이 얽매이는 것이 전형적인 패턴이다. 다만 그 시점에서 힘의 관계가 거의 정해져버리기 때문에 그 이후도 같은 상황을 강요당하기 쉬운 것이 괴로운 점이다.

그런 점에서 활용해야 하는 것이 물고기자리에서 세어서 여덟 번째에 해당하는 천칭자리의 흥정력이다. 그에게 최선을 다한 후에 감사의 인사나 선물 등의 대가를 요구하거나 다른 남성의 유혹에 살짝 응해 본다거나 하는 것이다. 원래, "댓가 없는 사랑을 바치는 여자"라고 상대에게 안심을 주기 쉬운 만큼, 상대는 의외로 만만치 않은 당신에게 굴복하게 된다. 손바닥 안에서 놀고 있는 것이 자신일지도 모른다는 그러한 기분이 들게 하는 양면적인 사랑에 자신을 잊어버리고 몰입하게 될 것이다. 또 천칭자리는 아름다움을 주관하는 별이다. 메이크나 패션을 연구해서 그의 시선을 고정시켜버리는 것도 유효하다.

### ▶▶ 포로로 만들기 쉬운 남성의 타입

사랑이나 결혼이 깨져서 상처를 받은 남성, 적토마처럼 삶을 살면서도 장래에 불안감을 품고 있는 남성이 타깃이다. 그들은 믿고 싶은 것을 믿지 못하는 자기모순을 갖고 있어서 흔들리는 불안정에 마음이 공명되기 쉽다. 별자리로는 게자리, 전갈자리가 후보가 된다. 양다리를 걸치고 있는 남성, 이사를 빈번하게 하는 남성도 좋은 타깃이 된다. 덧붙이자면 천칭자리, 물병자리는 포로인 것처럼 가장하여 당신의 사랑을 갖고 놀 수도 있을 듯하다. 덫은 신중하게 세팅해두자.

### ▶▶ 사랑의 함정을 세팅하는 방법

금요일이나 숫자 6이 있는 날에 재즈나 클래식 콘서트에 함께 할 것을 권해 보자. 향수를 뿌린 봉투에 티켓을 넣어 보내서 홀의 좌석에서 직접 만나는 스타일이 베스트다. 드레스업을 한 당신의 모습에 그는 일순간에 녹아 버릴 것이다. 레이스가 달린 옷, 흔들리는 피어스, 과실주가 행운의 열쇠가 된다.

# 태양성좌가 양자리 ▶ 제8하우스가 **전갈자리**
*앞으로만 내달리는 모습의 정열을 누르고 신비스런 부분을 연출하자.*

## ▶▶ 당신에게 숨겨져 있는 연애경향
투쟁의 별인 화성을 지배의 별로 삼고 있는 양자리에게 있어서는 연애조차도 승부거리가 된다. 상대에게 아무 말도 못하게 할 정도의 기세로 공략하여 힘으로라도 사랑을 쟁취하는 것이 일상적인 방법이다. 단, 먼저 정열을 다 쏟기 때문에 사랑이 본격적으로 진행될 때에는 이미 뒷심이 부족해진 상태가 된다. 한 순간에 포로로 만들었다고 생각했는데 제대로 지속되지 않는 점은 괴로울 따름이다.

거기서 활용해야 하는 방법이 양자리부터 세어나가서 여덟 번째에 해당하는 전갈자리의 신비스런 매력이다. 그와 단 둘이 있게 되면 분위기를 일전시켜서 음기가 넘치는 여자를 연출해 보자. 돌연 침묵하거나 무의미한 고백을 해보거나 하자. 그리고 갑자기 생각난 듯한 표정으로 사랑을 고백하자. 평소에 "승부욕이 있고 노골적인 여자"로 여겨지기 쉬운 당신이었던 만큼 상대는 당신의 본성을 보는 듯한 기분이 들 것이다. 두번 다시 되돌릴 수 없는 그런 마성의 운명에 이끌려 갈 것이다. 전갈자리는 SEX를 주관하는 별자리이기도 하므로 자신있는 몸매나 베드 매너를 익혀서 문자 그대로 몸으로써 포로를 낚는 만드는 것도 훌륭한 비기일 것이다.

## ▶▶ 포로로 만들기 쉬운 남성의 타입
별자리로는 사자자리, 사수자리의 남성이다. 특히 특출난 자기주장을 하지 않아도 이상하게 존재감이 있는 남성을 포로로 만든다. 그들은 내면에 강렬한 감정 에너지를 내장하고 있는 경우가 많아서 심각한 무드나 격한 정서에 동조하기 쉽다. 술이 강한 사람이나 큰 사고, 큰 병의 경험이 있는 남성도 타겟이 된다. 한편 나이를 떠나서 포로로 만들고자 한다면 게자리, 전갈자리가 타깃이 된다. 그러나 질투심이나 독점욕이 강하므로 그 점은 각오해야 할 듯하다.

## ▶▶ 사랑의 함정을 세팅하는 방법
0이 숫자가 붙는 날의 심야 0시 이후에 지하 바에 가자고 제안한다. 아무렇지 않게 재촉하면 그는 단번에 함락된다. 오리엔탈 계열의 향수, 검은 드레스, 토파즈 반지에 사랑의 미약이 담겨있다.

## 태양성좌가 황소자리 ▶ 제8하우스가 **사수자리**
*과거의 노력이나 실적을 무기로, 스트레이트하게 한 번에 공략한다.*

### ▶▶ 당신에게 숨겨져 있는 연애경향

안정지향성이 강한 황소자리의 연애는 온화하고 풍요롭다. 스트레이트하게 말로 생각을 전하기보다 정성을 다한 요리나 선물, 세세한 배려 등을 쌓아나가고 시간을 들여서 상대와의 끈을 확고히 만들어 나간다.

그러한 황소자리에서 세어나가서 여덟 번째에 해당하는 별자리에 해당하는 것은 "수렵"을 주관하는 사수자리이다. 쌓아 올린 선행 투자를 사수자리다운 솔직함으로 총결산하면 남성은 더 이상 빠져나가지 못하게 된다. 물심양면에 걸친 과거의 노력이나 실적을 피력하고 그것을 방패로 하면서 단번에 공격적으로 나가보자. 황소자리의 사랑은 정주성이 좋은 만큼 여차하면 남성이 현실적인 자세를 취해서 진정한 사랑의 성취까지는 장난으로 시간을 소모시키기 쉽다.

또한 사수자리는 여행을 주관하는 별자리이기도 하다. 갑자기 여행을 떠나서 행방을 감추는 것도 효과적이다. 그는 불안한 나머지 당신 생각때문에 머리속이 복잡한 생각으로 꽉 찰것이다.

### ▶▶ 포로로 만들기 쉬운 남성의 타입

당신의 도발이 가장 효과적으로 잘 먹히는 것은, 독재적인 성향이 강한만큼 반대로 생활면에서는 여성에게 의존도가 높은 사자자리, 사수자리이다. 그러나 이런 타입은 포로로 만들기 쉬운 면은 있지만 그 뒤에 점점 폭군의 성향을 나타내는 것을 기억해 두도록 하자. 오히려 무슨 일이든 묵묵히 처리해 나가는 깔끔한 처녀자리, 염소자리가 유망하다. 또한 어깨 폭이 넓은 남성, 품격이 감도는 엘리트한 남성도 타깃으로 할 만하다.

### ▶▶ 사랑의 함정을 세팅하는 방법

목요일이나 숫자 3이 붙는 날에 전망대에서 만나기로하고 반드시 먼저 도착하여 그를 맞도록 하자. 눈이 부실 정도의 경치를 뒤로 하고, " 당신에게 있어서 나의 존재는 무엇인지?"하고 공략하면 효과는 대단히 높다. 진하고 붉은 립스틱에 스파이시 향이 강한 향수, 라피스 라즐리(lapis lazuli) 석의 귀걸이를 착용하자. 드라이브 중에 갑자기 핵심을 찔러보는 것도 추천하는 방법이다.

### 태양성좌가 쌍둥이자리 ▶ 제8하우스가 **염소자리**

*연애 게임은 이제 졸업하고, 이성을 가미시킨 진실한 사랑을 추구하자.*

#### ▶▶ 당신에게 숨겨져 있는 연애경향

쌍둥이자리는 원래 악녀의 자질을 갖고 있는 별자리라고 말할 수 있다. 풍부한 화제와 달통한 화술로 남성의 마음을 사로잡고서는 그 다음에는 변덕스러운 표정을 지어서 그를 혼란스럽게 만든다. 이렇게 자기의 남성을 페이스로 끌어들이는 절묘한 테크닉의 소유자이다.

그러나 연애 게임에 머물지 않고 진정한 의미에서 상대의 마음을 완전히 사로잡으려면 진지한 일면을 보여야 한다. 쌍둥이자리에게 있어서 여덟 번째의 별자리는 이성을 주관하는 염소자리이다. 즐거운 대화를 나누다가 갑자기 진지한 표정으로 사회문제나 인생관 등의 무거운 테마도 과감하게 피력해 보는 것도 좋을 것이다. 진지한 태도와 깊은 눈빛으로 "가벼운만큼 즐기기 좋은 여성"이라는 인상을 불식시킨다면 남성은 만만하지만은 않은 사랑의 파트너라고 인식하여 진지하게 나올 것이다.

염소자리는 시간을 주관하는 별자리이다. 조용히 흘러가는 시간 속에서 그저 묵묵히 바라보거나 예술에 빠지거나 하는 등 진지함을 지향하는 듯한 모습을 보이자.

#### ▶▶ 포로로 만들기 쉬운 남성의 타입

연령에 비해서 침착하고 안정적인 남성이나 냉정한 얼굴로 신랄하게 의견을 피력하는 타입이 사실은 노려볼 만한 대상이다. 한번 공감하면 의외로 변신이 빠른 타입이라 좋은 의미에서는 염두에 둘만한 가치가 있을 것이다. 별자리로는 천칭자리, 물병자리가 해당된다. 장남, 마른 타입의 상대도 유망하다. 또 황소자리, 염소자리에게도 그런 타입이 많지만 이들은 근성부터가 성실하다. 교제를 하더라도 얼마간은 당신 쪽이 먼저 지루함을 느낄지 모른다.

#### ▶▶ 사랑의 함정을 세팅하는 방법

토요일의 점심시간이 지날 쯤에 고풍의 서양식 건물이나 전통식 정원 등의 유서가 풍기는 장소로 그를 불러내서 느긋한 한 때를 즐겨 본다. 그리고서는 툭하고 "다른 사람에게는 이런 말 하지 못하는데…"라고 진지한 이야기를 꺼내면 상대는 운명의 그물로 들어오게 되는 것이다. 차색의 수트, 오닉스 보석, 삼나무 향의 향수도 효과가 크다.

## 태양성좌가 게자리 ▶ 제8하우스가 물병자리
*풍부한 포용력에 지성을 가미하여 유일무이한 "성모"가 된다*

### ▶▶ 당신에게 숨겨져 있는 연애경향

게자리는 모성애를 주관하는 별자리로 남성에게의 사랑도 모성애가 베이스가 된다. 그 풍부한 포용력과 치유력이 상대에게 안정감이나 편안한 정주감을 주어서 헤어지기 싫게 만든다.

하지만 진정한 의미에서 남성을 포로로 만들려면 게자리에서 세어나가 여덟 번째인 물병자리에 잠들어있는 무기를 잘 활용하지 않으면 안 된다.

그것은 물병자리가 나타내는 섹스리스의 무드이다. 게자리는 본래 성적인 성숙도가 높고 자기가 생각하는 것 이상으로 여자로서의 색기를 흩뿌리기 일쑤이다. 그러면서도 어머니의 이미지를 풍기므로 남성이 무의식적으로 모성을 느껴버리므로 그만큼 인연의 끈을 튼튼하게 만들어 나가기가 어려운 것이다.

그러한 점에서 두 사람만의 시간에는 과감하게 청결감이나 지성미를 강조하고 지적인 화제를 메인으로 해야 한다. 그러한 당신에게라면 그도 저항감이 없이 사랑을 쏟을 수 있고 더불어 "성모"의 이미지마저도 느껴서 기꺼이 포로가 되고 싶어 할 것이다.

또 물병자리는 동지애도 나타낸다. 그의 꿈이나 목표 전부를 사랑하고 취지를 같이 함으로써 두 사람의 끈은 숙명적인 것으로 발전될 것이다.

### ▶▶ 포로로 만들기 쉬운 남성의 타입

간단히 맘대로 할 수 있을 것 같은 상대는 성적으로 미숙한 남성이다. 별자리로는 쌍둥이자리, 물병자리이다. 당신에게 모성애를 느껴도 여자로 의식하지 않으므로 안심하고 마음 편하게 기대어 올 것이다. 단, 응석만 부릴 뿐으로 사랑 자체는 담백할지도 모른다. 그러한 점을 고려하여 정이 많은 전갈자리, 물고기자리를 고르면 농밀한 인연의 끈을 엮어나갈 수 있다. 그들은 정열적인 성충동을 억누르고 있는 만큼 당신 속의 모성에게 구제를 받게 되는 것이다. 위험한 무드의 남성도 의외로 유력한 상대가 될 수 있다.

### ▶▶ 사랑의 함정을 세팅하는 방법

포인트는 물병자리가 나타내는 "우연"을 가장하는 것이다. 4의 숫자가 붙는 날이나 토요일에 그를 기다렸다가, 맞닥뜨리고 그 여세를 몰아서 데이트로 몰고 나가자. 시트러스 계열의 향수, 영문 서적, 오전 10시대의 전화가 행운의 아이템이다.

## 태양성좌가 사자자리 ▶ 제8하우스가 물고기자리
*강한 여성의 갑옷을 벗어던지고 자신의 약한 모습을 보여준다.*

### ▶▶ 당신에게 숨겨져 있는 연애경향
사자자리는 여왕을 나타내는 별자리이다. 기품있고 자신감이 넘치며 모든 것을 자신의 의지대로 지배하려고 한다. 사랑도 마찬가지다. 그 강함과 화려함 앞에 남성이 무릎을 꿇는 것이 사자자리이다. 단지, 상대로 지내다보면 남자로서의 존재가치에 불안감을 품게되는 경우도 있다. 거기서 활용해야 하는 것이 사자자리에서 세어나가서 여덟 번째에 해당하는 물고기자리의 연약하고 가련한 무드이다. 나약함을 보이거나 솔직하게 응석을 부리거나, 슬픈 드라마에 감정이 복받쳐서 울거나 하면서 상대 앞에서는 강한 여자의 이미지를 느끼게 하는 갑옷을 벗어 던지도록 하자. 사자자리는 소위 "강자의 고독"을 품고 몰래 치유를 갈망하므로 자신의 나약한 모습을 털어놓는 것에 대해서 의외의 쾌감을 느낄 수 있다. 그의 보호본능을 흔들어서 남자의 마음을 자극하는 것이 효과만점이다.
또한 물고기자리는 헌신을 나타내는 별자리이다. 포로로 만들고 싶은 남성에게는 희생을 감수해서라도 헌신하고 싶을 따름이다. 평소에 남성과 대등하게 지내는 당신이므로 자기만큼은 특별히 대해주기를 원하는 그도 기뻐서 어찌할 줄 모르게 된다.

### ▶▶ 포로로 만들기 쉬운 남성의 타입
당신이 간과하기 쉬운 것은 늠름한 스포츠 맨 타입이나 눈동자에 야심이 번득이는 수완가형의 남성이다. 남성다움에 연연하는 그들은 여성의 연약함이나 가련한 면을 보면, 싫더라도 자신 안의 남성성을 실감하게 되어 분발할 수밖에 없게 된다. 별자리로는 양자리, 사수자리, 모친의 혈액형이 O형이나 B형인 남성이 후보가 된다. 게자리나 전갈자리도 손쉽게 포로로 만들 수 있지만 어느 쪽이던 자신감이 없으므로 여성을 밖으로 내보내고 싶어 하지 않는 편이다. 때문에 그러한 상대와의 관계에서는 자유가 없을 것이라는 점은 각오해야 한다.

### ▶▶ 사랑의 함정을 세팅하는 방법
가장 좋은 무대로는 해변에 있는 호텔의 바를 선택한다. 진 베이스의 칵테일을 바라보며 잠시동안 침묵을 지키다가 살포시 눈물을 흘려 보자. 재스민 향수, 시거 케이스, 니트로 된 원 피스가 무기가 될 것이다.

# Challenge

## 제9하우스로 알 수 있는 - 새로운 모습의 자신

현재의 상황을 바꾸고 싶고 가능성을 시험해 보고 싶어질 때
당신에게 최적의 도전 방법을 알려 주는 것이 제9하우스이다.
게다가 도전한 결과 얻을 수 있는 인생의 충실함이나 사회적 명예도 여기서 찾아본다.

 태양성좌가 사자자리 ▶ 제9하우스가 **양자리**

key word ▷ 저돌적인 맹진

사자자리에게 있어서 확대와 발전으로 스스로 이끄는 모험은 제9하우스의 양자리가 나타낸다. 양자리의 키 워드는 스피드나 적극성, 강한 기운, 그리고 저돌적인 맹진이다. 즉, 사자자리에게 있어서의 자기 확대와 결부되는 모험이란 한마디로, 확신이 서는 것에는 다소 무리한 방법이라도 재빨리 행동으로 옮기는 것 외에는 없다.

예술적인 창조성을 주관하는 사자자리이므로 원래 예술적 감성은 높다. 그러한 방향성으로 나가고 싶다고 생각하는 사람도 많을 것이다. 하지만 체면이나 품위를 중시하기 쉬우므로 생각을 내면에 감추면서 사회적 성공이라는 가치관에 얽매여 행동으로 이행하지 못하고 있는 경우가 자주 있을 것이다. 그곳에 오히려 근소한 가능성이라도 있다면 그 가능성을 갖고서 모험을 걸어 본다. 세상의 가치관이 아니고 자신이 판단하여 행동을 정한다. 그 결과 얻을 수 있는 것은 거의 돈과 안정된 생활이다. 자신의 욕구에 솔직해지는 것으로서 만족할 수 있는 생활이 약속되는 것이다.

## 태양성좌가 처녀자리 ▶ 제9하우스가 황소자리
key word ▷ 쾌감이나 환희

처녀자리의 발전과 연결되는 도전은 제9하우스인 황소자리가 나타낸다. 황소자리가 상징하는 것은 금전적인 가치관이거나 혹은 돈을 통해서 얻을 수 있는 쾌감이나 환희이다. 즉, 도리를 소중히 하는 처녀자리에게 자기 자신이 이익이라고 생각하는 것을 꺼리지 말고 시도해 보라고 별자리가 알려주고 있다. 괜찮은 여자처럼 무심코 가장하기 쉬운 처녀자리이지만 남들이 어떻게 보고 있나 염두에 두면서 스스로 삼가거나 양보하거나 하는 것은 이제는 그만 두도록 하자.

또, 자신의 쾌감이나 환희를 추구하는 것도 처녀자리에게 있어서는 필요한 것이다. 이것은 힘든 생활 방식을 그만두라는 의미이다. 다시 말하자면 장애물인 장벽을 우회해 나가라는 의미이기도 하다. 그 결과 얻을 수 있는 것을 말로 표현하면 "독립"이다. 이것은 취미와 실익의 양립일지도 모르며 가정과 일과의 양립일지도 모른다. 어느 것이든 자신에게 있어서의 쾌감이나 이익만을 중요시하여 비로소 행복을 실감할 수 있는 것이다.

## 태양성좌가 천칭자리 ▶ 제9하우스가 쌍둥이자리
key word ▷ 양립과 병존

천칭자리에게 있어서의 자기 확대와 연결되는 모험과 도전을 나타내는 것은 제9하우스에 위치한 쌍둥이자리이다. 쌍둥이자리가 상징하는 것은 말하자면 "양립"이다. 두뇌 회전이 빠르고 능력이 있는 쌍둥이자리는 두 가지를 동시에 할 수 있는 특기를 지니고 있다. 즉, 그러한 삶의 방식으로 살아나가는 것이야말로 천칭자리에게 있어서는 모험인 것이다.

밸런스를 중시하는 천칭자리는 두 가지 사안에서 선택하지 못하고 방황할 때는 어느 쪽인가에 비중이 쏠리는 것을 싫어한다. 그 때문에 방황하던 결과 어느 쪽도 손에 넣지 않거나 혹은 저울에 달아서 무거운 쪽을 택하는 행동을 하기가 쉽다. 하지만 그곳에서 오히려 두 가지를 양립시키게 된다. 양다리를 걸쳐서 두 쪽 다 도전해 볼 것을 별자리가 권하고 있는 것이다.

그러한 결과 얻을 수 있는 것은 애정이 넘치는 가정이나 가족의 신뢰인 것이다. 자신에게 있어서 소중한 사람으로부터 사랑이 다시 돌아온다는 메시지가 담겨 있다.

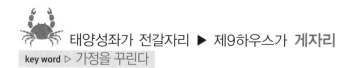

### 태양성좌가 전갈자리 ▶ 제9하우스가 **게자리**

전갈자리에게 있어서 자기의 확대와 발전을 촉진시키는 도전심은 제9하우스의 게자리에서 나타낸다. 게자리가 상징하는 것은 "가정"이나 "결혼", "가족애"이다. 즉, 전갈자리에게 있어서 가장 큰 모험은 바깥을 향하여 넓혀 나가는 것이 아니라 결혼을 하여서 가정을 꾸리는 것이 된다.

전갈자리는 원래 사물을 궁구하고 생각하는 성향이 강하다. 무엇이든 할 때는 끝까지 해내므로 모험을 해보려고 진지하게 생각할 때는 안심할 수 있는 자신의 근거지가 있어야 된다. 즉, 전갈자리의 인생을 열어나가는 열쇠는 두말할 필요도 없이 게자리 같은 보호의 울타리로 들어가는 것에 있다. 또, 결혼만이 아니라 2세를 갖는 것으로도 비약적인 가능성을 열어 나간다. 지켜야 할 소중한 대상을 갖는 것으로 큰 파워가 끓어오른다고 말할 수 있고 2세를 갖는 것으로 자기 자신의 눈이 열린다는 의미도 있다.

그 결과, 자기 자신의 재능이 꽃을 피우는 것 등과 같이 화려한 인생이 열리게 되는 것이다.

### 태양성좌가 사수자리 ▶ 제9하우스가 **사자자리**

사수자리의 도전, 모험을 나타내는 것은 제9 하우스인 사자자리이다. 사자자리의 키 워드는 화려, 호화, 사치이다. 즉, 사수자리의 가능성을 열어주는 것은 보다 화려하게 자신을 채색시키는 것이다. 구체적으로는 명품을 지니거나 언행을 화려하게 치장하는 등 이미지를 바꾸는 것이다. 또 백수의 제왕인 사자자리처럼 성주가 되어 사람들을 부리는 왕이 된다는 의미도 있다. 예를 들면 회사를 설립하는 것도 좋을 것이고 점포의 오너가 되어 사람을 부리는 것도 방법이다. 또한, 성을 지어서 종을 부리고 왕이 되는 것이기도 하다. 그렇게 함으로써 자기 자신에게도 좀 더 확실하고 야무지게 해야 한다는 자각이 생겨서 인생 그 자체가 당당해지는 것이다.

그 결과 돌아오는 것은 사회적 평가나 안정된 생활이다. 단순히 확대되어 가기만 할 뿐인 사수자리에게 사자자리다운 화려함이나 지배적인 행동이 가미되어 질서가 잡힌 인생이 얻어지는 것이다.

## 태양성좌가 염소자리 ▶ 제9하우스가 처녀자리

key word ▷ 축적

염소자리의 자기 확대와 연결되는 도전이나 모험을 주관하는 것은 제9하우스인 처녀자리이다. 처녀자리는 질서가 잡힌 사물이나 자격, 도덕적인 삶을 나타낸다. 즉, 염소자리에게 있어서 사회적 성공을 거두기 위한 것은 규칙적인 생활과 기초부터 확실하게 모든 것을 쌓아올리는 삶의 방식인 것이다.

출세나 약진은 짧은 기간에 이룩하기 어렵다. 노력을 거듭하여 조금씩 쌓아올려 가는 것으로 흔들림이 없는 실적과 확고한 자신이 생긴다.

자격 등을 취득하는 것도 의미가 있는 도전이다. 사회적으로 평가되는 것이 염소자리에게 있어서는 매우 중요한 것이다.

그 결과 얻어지는 것은 우아함과 화려함이다. 염소자리와 처녀자리의 관계는 오로지 본업에 충실하게 임하고 있는 점잖은 이미지이지만 날을 거듭하여 노력을 계속해 나가면 즐거움을 누릴 수 있는 환경이나 기쁨이 자기 것이 된다.

## 태양성좌가 물병자리 ▶ 제9하우스가 천칭자리

key word ▷ 무엇이든 포용하는 넓은 도량

물병자리의 발전과 자기 확대를 촉진하는 "도전"은 제9하우스의 천칭자리가 나타낸다. 천칭자리는 밸런스와 사교성을 의미하는 별자리이다. 즉, 물병자리에게 필요한 모험의 의미는 개별적인 것에 대한 집착을 버리고 사람들과 소통하는 사교를 즐기는 것이다.

타인과의 교류를 갖는 것이 싫지 않은 물병자리이지만 그것은 특정한 취지를 갖고 있는 사람들이 모이는 서클 따위의 활동인 경우가 대부분이다. 목적을 위해서 모이는 것이 아니라 사람들과의 사교적인 활동을 하기 위한 모임을 갖는 것 자체를 기뻐하라고 별자리가 충고하고 있는 것이다.

그리고 그곳에서 얻어지는 것을 말로 표현하면 선이든 악이든 구분하지 않고 포용하는 넓은 도량을 의미한다. 즉, 많은 사람들과 사귀고 의견이나 사상에 접근하므로 좋든 싫든 무엇이든지 수용할 수 있게 된다. 인간적인 깊이와 원숙함이 태어나는 것이다.

또한, 천칭자리가 나타내는 결혼도 물병자리에게는 중요하고 또한 필요한 것이다. 밸런스가 잡힌 삶과 한층 풍부한 인생이 찾아오게 될 것이다.

태양성좌가 물고기자리 ▶ 제9하우스가 **전갈자리**

key word ▷ 그 방면에서 최고가 된다

물고기자리의 자기확대와 발전을 촉진하는 도전은 제9하우스의 전갈자리가 나타낸다. 전갈자리는 "도 아니면 모" 식의 극단적인 별자리이다. 즉 물고기자리에게 있어서의 도전은 "그 방면의 최고"를 뜻한다. 삶의 방식을 한가지로 좁히고 재능으로나 취미로서나 좋은 무엇인가를 철저하게 이뤄내라고 별자리가 충고하고 있는 것이다.

물고기자리는 직감력이 뛰어난 별자리이므로 논리적인 사고가 아니라 직감적으로 살아가는 타입이다. 하지만 그만큼 꿈을 다 실현시키지 못하거나 일상을 막연히 보내기 쉽다. 그러한 점은 차라리 전갈자리처럼 철저한 탐구심과 깊이, 그리고 갈망으로 채운다면 물고기자리의 인생 그 자체는 보다 더 충실해질 것이다.

도전의 결과로 얻을 수 있는 것은 발전적인 인생이다. 그리고 향상심과 이상을 얻기 위한 행동을 거듭하는 모험적인 삶인 것이다. 취미로서나 일로서나 진심으로 해쳐나가는 기개를 잃지 않도록 하자.

 태양성좌가 양자리 ▶ 제9하우스가 **사수자리**

key word ▷ 이상의 실현

양자리를 비약시키는 도전은 제9하우스인 사수자리가 나타낸다.

사수자리의 키 워드는 확대와 발전, 이상의 실현이다. 즉, 양자리의 도전은 두려워하지 않고 자신의 이상을 향해 나가는 것과 인생을 확대시켜 나가기 위해 열심히 일하는 것이다. 좁은 일상생활의 우리에서 벗어나 더 넓은 범위로 눈을 돌려 지금까지 자신의 인생에 없었던 것에 도전하자.

그 모험의 끝에서 얻을 수 있는 것은 한마디로 사회적인 지위나 천직의 발견일 것이라고 별자리가 알려주고 있다. 사수자리 방식으로 실패를 두려워하지 말고 미지의 분야에 도전한다면 좋은 결과는 따라오게 되어 있다. 그것이 양자리와 사수자리가 갖고 있는 대표적인 발전의 운이다.

그러나 그것은 결과론이다. 명성 추구를 주축으로 해서 행동해도 뜻대로는 되지 않을 것이다. 어디까지나 순수하게 무언가에 도전하는 자신의 가능성을 시험해보는 행동을 취함으로서 얻을 수 있는 부산물이라는 것을 잊지 않도록 하자.

## 태양성좌가 황소자리 ▶ 제9하우스가 염소자리

황소자리를 비약시키는 도전은 제9하우스의 염소자리가 나타낸다. 염소자리의 키 워드는 사회생활이다. 즉, 자신이 쌓아온 경험과 실력을 개인 수준이 아니라 사회생활에 활용하는 것이 자기 확대로 연결된다고 별자리가 알려주고 있다.

황소자리는 자신이 좋아하는 것이나 기분이 좋게 느껴지는 것에 중점을 두고 사생활을 소중히 지켜나가는 경향이 있다. 그렇지만, 좀 더 자신을 발전시키고 싶다면 개인적인 이유가 아니라 사회를 위한다는 보다 넓은 시야를 갖고 행동해야 한다. 지금까지의 경험을 살려서 사회에 공헌하는 것이야말로 황소자리의 자기 발전을 가져다주는 열쇠인 것이다. 그렇게 해서 도전한 결과 얻어지는 것을 말로 표현한다면 박애정신이다. 즉, 황소자리가 도전함으로써 사회 전체에 큰 기쁨이 오게 되고 그것이 결국에는 자신에게 돌아오는 것이다. 그런 운을 황소자리는 가지고 있다.

## 태양성좌가 쌍둥이자리 ▶ 제9하우스가 물병자리

쌍둥이자리에게 있어서 자기 확대로 이어질 도전을 나타내는 것은 제9하우스인 물병자리이다. 물병자리는 교류와 연대, 동지 등을 의미하는 별자리이다. 즉, 쌍둥이자리에게 있어서 자기 발전으로 이어지는 도전은 사람과 제휴를 맺고 어떤 활동을 해 나가는 것이다. 예를 들어 봉사활동에 참가하거나 서클이나 단체를 만들어 자신의 생각과 사상을 세상에 전해 나가자.

원래 쌍둥이자리는 가치관의 베이스가 개인 레벨이므로 여간해서는 "세상을 위해, 사람을 위해"라는 발상의 단계까지는 이르지 못한다. 그렇지만 그곳을 도리어 "보이지는 않지만, 사회가 기뻐하고 있다"고 의식하고 행동을 일으킨다. 그것이 자신이나 입장을 바꾸는 계기가 되는 것이다.

이 도전을 통해 얻을 수 있는 것은, 사람에게 헌신하는 기쁨이나 정신적인 감동 등이다. 자원 봉사 등 물병자리 타입의 도전을 함으로써 삶의 기쁨을 실감할 수 있을 것이다.

## 태양성좌가 게자리 ▶ 제9하우스가 물고기자리

key word ▷ 무조건의 사랑

게자리의 자기 확대로 이어지는 도전을 나타내는 것은 제9하우스에 있는 물고기자리이다. 헌신과 깊은 치유, 무조건적인 사랑을 나타내는 별자리이다.

즉, 게자리에게 있어서 새로운 자신을 발견하기 위한 도전은 자신이나 가족, 주변 사람뿐만 아니라 더 많은 사람들에게 헌신적으로 봉사하거나 혹은 무조건적인 사랑을 주는 행동이나 운동을 한다는 것을 의미하고 있는 것이다.

원래 부드럽고 헌신적이라고 여겨지는 게자리이지만 그 마음속에는 "사랑받기 때문에 되돌려준다"는 이해득실적인 가치관이 숨어 있다. 그러한 생각을 불식하고 무심으로 사람들에게 헌신하는 것을 생각해보라고 별자리가 말하고 있는 것이다.

이러한 도전을 통해 얻을 수 있는 것은 "완전히 새로운 자신"이다. 즉, 시야를 넓혀서 많은 사람들을 위한 헌신적 도전을 다 함으로서 아무리해도 깨뜨릴 수 없었던 껍질을 뚫고 새로운 세계로 날개를 펼쳐나갈 수 있을 것이다.

### ★ 「아침에 허밍을 부른다」

저녁에 슬픈 일이 일어난다는 암시다. 옛날부터 아침은 "기쁨의 시간", 저녁은 "슬픔의 시간"으로 여겨져 왔다. 하물며 아침의 허밍은 저녁에 있을 슬픔의 눈물을 불러온다는 이야기도 있다. 때문에 데이트 하는 날, 아침의 허밍은 엄금해야 한다.

# Life Mission

## 제10하우스로 알 수 있는 - 천직

 **태양성좌가 게자리 ▶ 제10하우스가 양자리**

*개척정신으로 신규 사업에 도전. 소극적인 의식을 극복하여 진정한 자립을.*

게자리는 모성을 주관하는 별자리로 쾌적하고 휴식을 취할 수 있는 거주공간이나 가족관계를 쌓아나가는 데 있어서의 프로이다. 그러나 친근함을 느끼고 있는 부문 이외의 것에 대서는 대단히 보수적이고 경계심이 강하여 쉽게 마음을 주지 않는 경향이 있다. 실패를 두려워하는 마음도 강하고 새로운 것에 대해서는 매우 겁을 내고 있다. 단단한 껍질을 이용하여 자기가 좋아하는 세계를 바깥의 거친 파도로 부터 지키고 있는 것이 좋든 싫든 게자리인 것이다.

하지만 게자리는 결코 능력이 없는 것이 아니다. 모델만 있으면 능숙하게 모방해서 모델 이상의 가치로 만들어내는 능력을 지니고 있다. 바깥에서 일을 하는 능력도 원래부터 타고 난 별자리이다.

그런 게자리의 천직을 주관하는 제10 하우스는 양자리이다.

양자리는 남의 선두에 서서 개척정신으로 새로운 필드에 도전하는 별자리이다. 과제가 어려우면 어려울수록 경쟁심을 자극받아서 활력적으로 승리를 쟁취하는 양자리는 사물에 대하는 방식이 게자리와는 정반대이다.

즉, 게자리가 진정으로 자립하여서 자기에게 자신감이 확실하게 서도록 하기 위해서는 양자리다운 파워로 자신의 껍질을 깨는 것이 중요하다고 할 수 있다. 자신이 소중히 생각하고 있는 것을 진정한 의미로 지켜내기 위해서는 게자리도 선두에 서서 투쟁하지 않으면 안 되는 것이다.

양자리 타입의 일이면서 게자리의 천직 중의 하나는 새로운 가치나 혹은 수요를 낳는 일이다. 게자리인 사람은 이왕이면 실력가에게 의지하려는 나약한 생각은 버리고, 누구나 인정하는 대기업이 아닌 이제 막 설립된 회사를 고르도록 하자. 양자리의 개척정신과 게자리의 양육하는 모성의 에센스가 작은 회사를 보기 좋게 크게 키워나간다. 게자리가 입사함과 동시에 업적이 신장되기 시작하고 우량기업으로 급성장하는 것도 꿈만은 아니다. 회사를 키워나가는 깊은 충족감 속에서 게자리는 남성이나 금전적인 운도 끌어 올 수 있다.

구체적인 직업으로서는 신상품이나 새로운 시스템의 개발, 각종 크리에이터, 영업직 등이다. 게자리는 영업직 따위는 절대 무리라고 기피하기 쉽지만 우선은 시도해 보도록 하자. 남 앞에 나서서 신상품이든 새로운 시스템이든 팔아나갈 때 자기가 판매하고 있는 것에 대해서 애착이 샘솟아서 자기도 모르게 상품 설명에도 힘이 들어갈 것이다. 그 열의가 상대에게 전해져서 기대이상의 성적을 올릴 수 있는 것이다.

또 하나의 양자리 타입 천직은 남과 경쟁하는 일이다. 경쟁이 심한 업계나 경쟁률이 치열한 입사시험에서도 두려워 할 필요가 없다. 평소의 기분을 일전시켜 파워를 전개시키면 된다. 상대에게 당신같은 사람은 처음 본다는 소리를 들을 정도로 노력한다면 어떠한 찬스라도 당신의 소유가 될 것이다.

★ [멋진 남자를 만나게 된다]

작은 손거울을 준비한다. 입술을 빨간 립스틱으로 바르고 거울의 네 귀퉁이에 가볍게 키스를 한다. 그리고 거울에 자기의 얼굴을 비추고 「나르키소스여, 다시 한 번 물에서 나와 주세요」라고 속삭이면 잘 생긴 남성과 만날 수 있는 가능성이 높아진다.

## 태양성좌가 사자자리 ▶ 제10하우스가 **황소자리**
*오랜 기간, 착실하게 재능을 꽃 피우자. 그리고 허세나 집착은 버릴 것.*

왕의 별자리인 사자자리는 일에 관해서도 특별하게 운을 지니고 있다. 사물의 본질을 파악하는 능력이 있고, 천부적으로 갖춰진 리더로서의 풍격과 관록이 사자자리의 운을 북돋워 주고 있는 것이다.

또한 사자자리는 별자리 중에서 가장 자기실현의 욕구가 강하기도 하다. 사자자리는 매우 튀고 싶어하는 것처럼 보이지만, 무엇이든지 세상으로 부터 인정을 받고 싶어 하는 것은 아니다. 자신의 개성이나 재능을 발휘하여 성과를 인정받고서 비로소 만족하는 별자리이다. 따라서 자신의 내면을 마음껏 개화시키는 천직의 혜택이 있는지 아닌지의 여부가 사자자리에 있어서는 대단히 큰 의미를 갖고 있다.

그런 사자자리의 천직을 주관하는 제10 하우스는 황소자리이다.

황소자리는 오감의 별자리로 여겨지고 있다. 소리, 향기, 맛, 시각, 촉각을 맛보는 별자리이다. 한번 결정하면 끄떡도 않고 인생을 긴 안목으로 착실하게 걸어 나가는 특성도 황소자리이기 때문이다. 황소자리 타입의 일이면서 사자자리의 천직 중에서, 한 가지 일에 예리한 오감을 더해서 활용해 나가는 방법이 있다. 예를 들면 요리연구가, 소믈리에, 플라워 코디네이터, 컬러리스트, 조향사(perfumer) 등이다. 사자자리는 사랑과 아름다움과 예술의 별자리이기도 하므로 이 방면의 직업으로 크게 성공을 거둘 수 있을 것이다.

황소자리의 천직에는 자신의 판단으로 큰돈을 굴리는 직업도 있다. 그것은 황소자리가 소유욕이 강해서 경제관념이 대단히 발달된 별자리이므로 일의 스타일이 화려하고 돈의 씀씀이도 두드러지지만 사자자리는 커다란 돈을 취급하는 일에는 자존심을 자극받으면서도 약간 불안을 느낄지도 모른다.

천직에는 자신을 컨트롤한다는 의미도 담겨있다. 지갑은 비어있어도 일류 취향만큼은 그만두지 못하는 사자자리다운 생활은 어느새 파탄이 날 것이다. 수입에 맞는 지출을 염두에 두는 것은 사자자리에게 있어서 배워야 할 항목이다. 허세로 인생을 치장하는 것이 아니라 자기실현의 수단이 되는 천직을 생활의 중심에 두고 살아감으로써 비로소 진정한 의미에서 사자자리는 충족감을 얻을 수 있다.

구체적인 일로서는 예를 들면 바이어, 귀금속 관계 등이다. 돈을 취급하는 분야는 여러가지 있지만 은행이나 증권회사 등은 비추천이다. 역시 사자자리의 미의식을 살리는 일을 선택하도록 하자. 사자자리는 결혼이나 동거 등으로 마음이 안정적으로 휴식을 취할 수 있는 환경에 들었을 때 천직을 만날 수 있을 것이다.

## 태양성좌가 처녀자리 ▶ 제10하우스가 쌍둥이자리

*천직을 알면서 처녀자리의 정신이 해방되기 시작한다. 정보나 사람들의 니즈에는 민감하게.*

처녀자리는 지적이고 결벽하며 무슨 일이든지 차곡차곡 규칙적으로 쌓아나가는 것이 특기이다. 그러나 처녀자리는 순종적이고 솔직한 별자리가 아니다.

처녀자리는 사회나 대인관계의 적응이 능숙한 것처럼 보여도 마음속 깊은 곳에는 남에게 맞추거나 조직의 톱니바퀴처럼 자신을 억누르는 것은 대단히 싫어하는 면도 있다. 외길로만 가지 않는다는 모순을 안고 있는 우등생 타입이 처녀자리인 것이다.

때문에 10대, 20대는 처녀자리에게 있어서 안정적인 시기가 아닐 것이다. 내면의 모순과 사회와의 절충을 모색하는 노하우가 갖춰져 있지 않기 때문이다. 하지만 실망할 필요가 없다. 처녀자리의 인생에서 꽃피는 시기는 30대 후반부터이다. 사회적인 신용이 쌓이고 일로 인한 비약적인 발전을 이루는 때가 이 시기인 것이다. 때문에 처녀자리는 천직에 있어서 20대 전반부터 준비할 필요가 있다.

처녀자리의 천직을 주관하는 제10 하우스는 쌍둥이자리이다. 쌍둥이자리는 스마트하고 사교적인 별자리이다. 소통능력이 뛰어나고 사람의 마음을 돌아서지 않게 하는데 천하일품이다. 상업적인 수완도 있으며 실무능력도 하이레벨이다. 처녀자리의 천직이면서 쌍둥이자리 타입의 일로서는 그 달변의 재능을 살려 많은 사람에게 정보를 전하는 일을 들 수 있다. 구체적으로는 아나운서, 보도나 프레스 등의 홍보관련직, 통역, 잡지 편집자 등이다. 어느 것이나 양기가 흐르는 쌍둥이자리에 잘 어울리며 엄격한 상황에서도 즐겁게 일할 수 있는 것들뿐이다. 처녀자리는 쌍둥이자리 형의 일을 천직으로 함으로써 일 그 자체를 하나의 자기표현의 장으로서 즐기는 것을 발견한다. 어느 것이든 지식이나 기술을 습득할 필요가 있으며 대인관계의 노하우 축적도 요구되므로 스킬 연마에 자신있는 처녀자리의 파워도 살려나갈 수 있다. 쌍둥이자리 타입의 일에는 또 한 가지가 있다. 그것은 사람들의 니즈를 기업에 전달하는 일이다. 구체적으로는 마케팅 리서치, 증권 애널리스트, 파이낸셜 플래너 등이다. 이들은 소위 데이터를 분석하는 일이다. 이 분야에서는 처녀자리이기 때문에 치밀한 두뇌의 풀가동도 가능하다. 한 가지 사물이나 일을 다른 각도에서 본다면 전혀 다른 측면이 보이게 된다. 같은 것이라도 다양한 접근과 이해방식이 있음을 발견해 내는 쌍둥이자리 타입의 일에 처녀자리는 자유와 재미를 느끼는 것이다. 처녀자리는 쌍둥이자리 타입의 일을 천직으로 함으로써 정신적으로 해방이 되고 이제까지의 고집스러움을 버리고 인생의 달인으로서 스텝 업이 되어 나간다.

**태양성좌가 천칭자리 ▶ 제10하우스가 게자리**

*사랑이 테마인 직업으로 인간으로서의 한 껍질을 벗겨서, 자신있는 성숙한 여성으로 성장.*

천칭자리는 인간의 심적 기미에 깊게 통하는 별자리이다. 사람의 마음의 표리를 감각적으로 파악하는 힘을 지니며 어떤 사람에게도 각각의 생각이 있음을 천성의 감으로 알고 있다. 그 때문에 천칭자리는 누구하고도 사이좋게 지낼 수 있으며 사람간의 조정이나 교섭에 뛰어나다. 천칭자리는 인간관계를 처리함에 있어서 천재적인 별자리라고 말할 수 있다.

그러한 천칭자리의 천직을 주관하는 제10 하우스는 게자리이다. 게자리는 어머니와 자식의 끈을 의미하는 모성의 별자리이다. 게자리는 친구나 가족을 지키는 것을 제일 중요한 가치로 하며 지켜야 할 것이 늘어날 때마다 강해져가는 특징이 있다.

게자리 형의 일로는 모성적인 사랑이 테마이다. 구체적으로는 베이비용품 업무, 보육사, 카운셀러, 자원봉사 관련직, 플라워 기프트 관련업, 인테리어 디자이너, 푸드 코디네이터 등이다. 또, 교사, 스포츠 인스트럭터, 에스테티션 등도 게자리적인 일이다.

귀부인의 별자리인 천칭자리에게는 게자리 타입의 일이 약간 서민적이라고 느낄 수도 있다. 그러나 천칭자리는 게자리 타입의 일에 의해 본래의 사람 상대가 좋은 점에 덧붙여서 사람들이 한 숨 놓고 안식할 수 있는 것처럼 친근해지기 쉬운 점을 얻을 수 있다.

또, 천칭자리는 팔방미인이라고 여겨질 정도로 모두에게 평등하게 대하지만 게자리는 거꾸로 호불호의 감각을 확실하게 행동으로 나타낸다. 좋아하는 것과 싫어하는 것, 좋고 나쁨을 강하게 느낀다는 자체에는 장점과 단점의 양면이 있지만 천칭자리에게 있어서는 반드시 익혀야 할 점이다. 인간을 있는 그대로 받아들여 버리는 천칭자리는 상대의 나약함이나 자신의 나약함도 당연한 것으로 인정해 버린다. 때문에 자신을 진심으로 시험하거나 끈기있게 노력하거나 다른 사람과 경쟁하거나 하는 것을 하지 못한다. 하지만 그러면 언제까지나 인간으로서의 성장을 기대할 수 없다. 애정을 갖고 게자리적인 일을 할 때, 천칭자리 중에서 반드시 갈등이 일어난다. 그 갈등이야말로 천칭자리의 한 껍질 또는 두 껍질을 벗겨내 주어서 그곳에 진보가 태어나게 된다. 게자리 타입의 일이면서 천직을 통하여 천칭자리는 우아하고 자신감과 결단력을 갖으며 씩씩한 여성으로 변신한다. 전기는 결혼의 시기이다.

단지 한 가지 주의해야 할 것은 게자리는 달의 차고 기울기에 영향을 받는 별자리이기 때문에 천칭자리의 천직에도 좋을 때와 나쁠 때가 파형이 되어 밀려들 가능성이 있다. 나쁠 때에는 우물쭈물하지 말고 절제하며 지내서 운기가 돌아오기를 기다린다.

## 태양성좌가 전갈자리 ▶ 제10하우스가 **사자자리**

*밝고 화려한 자기표현에다 천직으로 인생의 즐거움을 깨닫는다.*

전갈자리는 계획한 것은 반드시 실행하는 별자리이다. 뛰어난 집중력과 탐구심을 갖고 있어서 사물을 궁구하지 않고서는 지나칠 수가 없다. 회사에서는 장래의 커리어 우먼 후보가 될 수 있는 힘을 발휘한다.

전갈자리는 전반적으로 신중하고 주의가 깊으며 한 발짝 한 발짝 견실하게 걸어가는 타입이지만 사실 전갈자리는 12성좌를 통털어 성애의 도취를 강렬하게 갈구하는 별자리이다. 인생의 전반은 사랑의 폭풍에 빠져버릴 가능성이 높다. 사랑으로 살아가는 전갈자리에게 있어서 직업 등은 당연하지만 그것은 부차적이고 삼차적이다. 연애시대가 끝난 30대 이후가 되어서야 이윽고 천직을 생각하기 시작하는 케이스가 적지 않다.

그러한 전갈자리의 천직을 주관하는 제10 하우스는 사자자리이다. 사자자리는 주변 사람들이 전부 관객일 정도로 화려한 스타성이 넘치는 별자리이다. 자신의 개성을 최대한으로 살리고 인생을 드라마틱하게 살아가는 것이야말로 사자자리의 사자자리가 되는 근거이다.

사자자리적인 직업의 한가지로서 자신의 능력을 100%로 개화시켜서 주위로부터 인정받는 것이 있다. 예를 들면 탤런트나 모델 등 예능 관계 일, 아티스트, 큐레이터, 플래너, 기획 프로듀스 관계, 이벤트와 관련된 일 등이다.

또, 사람 위에 군림하는 기업의 톱이나 경영자도 사자자리다운 일이라고 할 수 있다. 전갈자리는 마음속에 특별한 파워와 에너지가 감춰져 있다. 그 힘을 밖으로 드러내는 것이 사자자리적인 일, 그러니까 전갈자리의 천직이다. 오직 한마음으로 차곡차곡 노력을 쌓아가는 전갈자리이지만 사자자리다운 일은 그런 식으로 실현시킬 수 없다. 주변 사람에게 동기를 부여하고 사람을 움직이는 것이 사자자리답고, 전갈자리의 천직에서 요구되기 때문이다. 천직을 다 영위하기 위해서는 전갈자리는 사자자리적인 분위기도 자기 것으로 해야 할 필요가 있다. 일에서 극적인 요소를 찾아내어 자신에게 서광이 비추도록 커다란 연출을 하자. 그렇게 하면 당신의 능력을 인정해서 큰일을 맡겨 줄 상대를 찾을 수 있다.

천직에 임하게 되면, 사람의 비밀을 파헤치거나 자신의 비밀의 단서를 흘리거나 하는 전갈자리의 행동은 절대로 신중히 해야 한다. 사자자리의 밝음 속에서는 전갈자리의 비밀주의가 한 점의 얼룩처럼 어둡게 잠겨 보인다. 그런 것으로 발목을 잡히지 않도록 주의해야 한다. 밝고 화려함으로 살기 시작하면 사람은 자연히 다가오게 된다. 천직을 영위하며 살아감으로써 전갈자리는 에너지의 분출을 찾아내어 인생이 즐거운 것으로 재인식할 수 있을 것이다.

## 태양성좌가 사수자리 ▶ 제10하우스가 **처녀자리**
*일상의 착실한 노력이 천직을 얻어 스페셜리스트로 꽃피게 된다.*

다이내믹한 행동력으로 외부로 뻗어나가는 사수자리는 폭 넓은 시야와 판단력을 동시에 갖추고 있다. 새로운 목표를 찾아내어 사람들을 이끌어 낸다면 사수자리를 능가할 사람은 아무도 없다. 또, 사수자리는 수입 면이나 사회적 지위 등의 차원이 아니라 자신에게 있어서의 보람으로 일을 선택하는 경향이 있다. 금전보다 삶의 보람을 소중히 생각하고 좋아하는 것에 열중하면 행복해 하는 별자리이다. 그런 사수자리의 천직을 주관하는 제10하우스는 처녀자리이다.

처녀자리는 인생의 설계도를 은밀하게 그리고 견실하게, 목표실현을 위해 착착 진행시켜 나가는 별자리이다. 디테일하게 그리고 정확하게 일을 하므로 스페셜리스트로서의 적성도 갖고 있다. 처녀자리에게 맞는 일은 세밀한 실무라고 여겨지는 것이다. 구체적으로는 설계, 비서, 정보분석가, 경리, 회계사, 세무사, 시스템 엔지니어, 컴퓨터 관련, 노무관리사, 연구원 등이다. 치밀한 두뇌를 사용하여 차곡차곡 실적을 쌓아올려서 활약하는 일이다. 사수자리의 천직이 극히 질서적인 처녀자리 업무라면 의외일지도 모른다. 외부로 뛰쳐나가고 싶은 의식이 강한 사수자리이지만 마음속 깊은 곳에서는 자신의 기반을 확고히 하고 착실하게 살아가고 싶다고 강렬하게 생각하고 있다. 일상 속에서 자신의 좋은 점을 발견하는 것에 사수자리는 커다란 기쁨을 느끼는 것이다.

작가나 수필가, 시나리오 작가, 번역가 등 문장능력을 살리는 일도 처녀자리적인 일이다. 외면의 무언가를 추구하는 것이 아니라 자신의 내면으로 배를 띄워서 소우주를 여행하는 이들 업무는 사수자리의 모험가적 심리를 충분히 만족시켜 천직으로서의 충족감을 가져다 줄 것이다.

그러나 사수자리에게 있어서 천직이란 기다려서 만날 수 있는 것이 아니다. 그 나름의 노력이 필요하다. 조직 내에 있다면 일상에서의 업무를 확실하게 처리하는 것이 천직운을 불러오기 위해 가장 중요한 요소다. 선배로부터 PC 작업을 부탁받으면 싫은 표정없이 빨리 그리고 깔끔하게 완성시킨다. 대충해도 되는 일이라도 정확하게 처리하고 아무도 보는 사람이 없더라도 해야 할 일은 완벽하게 처리해야 한다. 그러한 노력들을 결코 소홀히 하는 일이 없도록 하자. 사수자리는 부주의로 인한 실수를 저지르거나 섣부른 판단으로 인한 실수를 거듭하는 경우도 많지만 처녀자리적인 일을 자기의 천직으로 느끼고 일하는 것에 기쁨을 느끼게 되면 실패는 저절로 줄어든다. 그리고 주위의 큰 신뢰와 평가를 한 몸에 받게 된다.

태양성좌가 염소자리 ▶ 제10하우스가 **천칭자리**

*완고함을 벗어버리고 여유를 가지면 천직을 얻고 행복을 쥐는 열쇠가 된다.*

염소자리는 한 걸음 한 걸음 단계를 밟아 올라가서 최종적으로는 정상의 자리에 닿게 되는 운을 갖고 있다. 그러나 그것에는 문자 그대로 불굴의 인내가 필요하다. 또한, 염소자리의 인생에는 고생과 좌절이 많으면 많을수록 그 열매도 커지는 인과응보적인 측면도 있다. 그리고 염소자리는 고지식하며 낭비를 싫어하고 여유로움과 유흥을 즐기는 것도 서툴다. 모처럼 능력은 타고났지만 꼼꼼하고 너무 방어하려는 심성이 강하므로 주위 사람에게 "재미없고 건조해서 시시하다"고 따돌림 당하는 경우도 있다.

그러한 염소자리에게는 자신이 어쩌다 맡게 된 일이라도 천직이라고 생각하는 경향이 있고 일단 자신의 목표를 정하면 그에 대해서 매진하기 시작하는 면이 있다. 그러한 면에서 염소자리에게 있어서의 직업 고르기란 천직 고르기가 되는 것이다. 염소자리의 천직을 주관하는 제10 하우스는 천칭자리이다. 천칭자리는 미의 여신인 비너스를 상징하고 감각적인 미와 지적인 아름다움, 그리고 뛰어난 조정능력을 나타내는 별자리이다. 천칭자리적인 일에는 아름다움과의 조화를 만드는 직업이 있다. 구체적으로 말하자면 미용사, 메이크 업 아티스트, 스타일리스트, 패션 디자이너, 인테리어 코디네이터, 배우, 모델, 작가, 작곡가 등이다. 미와 연관된 천칭자리적인 일은 염소자리에게 여유로움을 즐기면서 자신의 개성을 표현하는 기쁨을 가르쳐준다. 완고했던 염소자리의 마음은 자연스럽게 해방되어 인생을 여유롭게 생각할 수있게 될 것이다. 천칭자리적인 일을 통해서 염소자리는 어느덧 밝고 대범하게 행동할 수 있는 사람으로 바뀐다. 당연히 동료나 상사가 당신에 대해서 내리는 평가도 급상승한다. 그러므로 서포트를 해주는 사람이 많이 나타나게 된다.

염소자리는 천칭자리적인 천직을 통하여 인간으로서의 그릇을 크게 할 수 있게 된다. 천칭자리적인 일로서는 사람과 사람과의 가교를 맺어주는 일도 있다. 구체적으로는 코디네이터, 알선업, 결혼식 관계, 접객업, 도우미업 등이다. 이러한 일에서는 염소자리는 천칭자리적인 인간관계의 아름다운 하모니를 연주하는 것을 소중히 여겨야 한다. 장기불황 상태인 현재, 천직을 계속 영위하려고 해도 상황이 그것을 허락하지 않을지도 모른다. 하지만 염소자리는 직업을 전전해서는 안 된다. 염소자리는 본래 오랜 시간에 걸쳐서 자신을 키워 나가는 별자리이다. 지속성이 없는 염소자리의 성공이란 이미 없는 것과 다름 없다. 같은 직종의 연장선상에 있지 않는 한, 운명을 스스로 짓밟는 것이라 생각하기 바란다.

태양성좌가 물병자리 ▶ 제10하우스가 **전갈자리**

*위기야 말로 찬스다. 스킬을 기를 수 있는 직업에 재능을 꽃피울 수 있는
운기가 서려있다.*

물병자리는 지적인 변혁을 나타내는 별자리이다. 일은 인생의 중요한 일부라고 강하게
의식하는 별자리이므로 여성이 일을 한다는 것 자체는 당연한 것으로 여긴다. 자립심이
나 일에 임하는 의욕도 남들보다 강하지만 물병자리는 속박을 대단히 싫어한다. 그 때문
에 툭하면 전직을 되풀이하거나 아르바이트 생활이 길어지거나 할 가능성도 있다. 모처
럼 샤프한 지성과 많은 동료들의 혜택이 있는데도 결정적인 때에 좌절하여 사회적인 성
공을 여간해서 이룩하기 어려운 물병자리 사람도 적지 않다.

그런 물병자리의 천직을 주관하는 제10 하우스는 전갈자리이다. 전갈자리는 집착심이 있
는 별자리이다. 재주가 출중하거나 이해가 빠른 것도 아니지만 전갈자리는 뛰어난 집중
력으로 매사에 임하여 프로가 될 파워를 갖고 있다. 전갈자리적인 일로는 사물의 본질을
파악하는 일이 있다. 구체적으로는 심리 카운셀러, 바이오 테크놀로지 의학관계, 점술가,
보석감정사, 탐정, 경찰관 등이다. 어느 것이든 스킬을 연마함으로써 활약할 수 있는 일이
다. 물병자리는 인도적인 측면을 갖고, 많은 사람의 행복을 생각하며 행동하는 경향이 강
하지만 뚜렷한 기술이 없으면 현실적으로 사람을 도울 수가 없다. 전갈자리적인 일로는
물병자리에게 사람을 돕는 기술과 찬스를 주는 천직이라고 할 수 있다. 전갈자리적인 일
에는 오래된 것을 재생하는 일도 있다. 구체적으로는 리사이클 관계, 리폼 수선업, 앤티크
숍, 고미술상 등이다. 이들 일은 대부분이 자격이나 특수기능을 갖추면 자택에서 혼자서
도 할 수 있는 일이다. 또한 자신을 틀에 맞추기가 서툴기만 한 물병자리에게 있어서 매력
적인 독립이 가능한 천직이기도 하다.

천직으로서 물병자리에게 다가오는 것은 불리한 형세나 궁지 등의 벼랑 끝에 몰렸을 때
이다. 그도 그럴 것이 전갈자리는 역전의 별자리라고 불리며 주변사람들이 포기하거나
흘려버리거나 하는 듯한 상황이 되었을 때, 행운이 모습을 나타내는 운을 갖고 있어서 전
갈자리적인 직업도 이것에 크게 영향을 받기 때문이다. 신상에 불행이 닥치거나 사고가
생겼을 때야 말로 천직을 이끌어 당기는 찬스라고 생각하자. 지인이나 친구에게 트러블
이나 재난이 닥쳤을 때에도 손을 내밀어 줘야 한다. 그것이 운기를 불러들여 성공의 계기
가 되는 경우도 있다. 단, 운기를 살리기 위해서는 숨겨진 노력이야말로 정말로 중요하다.
햇볕이 들지 않아도 수면 아래에서 은근한 노력을 계속해야 하는 것이다.

태양성좌가 물고기자리 ▶ 제10하우스가 **사수자리**

*자신을 소중히 하는 것을 배우고 넓은 세계에서 가능성을 확인한다면 내면에 감춰진 재능을 실감할 수 있다.*

물고기자리는 사람의 마음을 치유하고 구제하는 힘을 갖고 있는 별자리이다. 사람을 편안하게 만들어 자신도 행복을 느끼는 천사다운 마음씨를 갖고 있다. 또한 물고기자리는 일에 도움이 될 수 있는 특출한 자질을 많이 갖고 있다. 풍부한 감수성은 천성의 예술가 소양으로 연결되고 사람의 모방을 꿰뚫는 날카로운 감도 천부적이다. 어떠한 환경에도 무리하지 않고 조화를 이루는 순응성도 있으며 사람을 위해서 헌신하고 싶다는 강력한 마음은 12성좌 중에서 가장 앞서 나가고 있다.

그러한 물고기자리의 천직을 주관하는 제10하우스는 사수자리이다. 사수자리는 국경이나 세대간의 벽도 뛰어넘어 외부로 비상하여 활약하는 별자리이다. 지적인 탐구심도 특별해서 고등적인 학문을 궁구하는 별자리이기도 하다. 사수자리적인 일의 한 가지로는 지식을 확대하는 일이 있다. 구체적으로는 저널리스트, 매스컴 광고관계, 변호사, 연구원, 종교관계 등이다. 외국과 관련된 일도 사수자리적인 일이다. 예들 들면 여행업, 객실 승무원, 외교관, 무역관련 등이다. 물고기자리는 자기 자신을 컨트롤하거나 자신을 우선으로 하는 힘이 강하므로 주변사람에게 끌려 다니기 쉽고 자신이 선택한 길을 도중에 포기해 버리는 경우도 있다. 원하지 않는 부서로 이동되거나 주변 형편상 전직을 당하거나 하는 물고기자리의 사람도 적지 않다. 싫지만 어쩔 수 없다고 되뇌기만 한다면 그 가능성은 높다. 또, 남을 위해 살아가려는 물고기자리는 주변의 인간관계를 중심으로 매사를 생각하므로 큰 세계에 시야가 닿지 않고 좁은 세계로 자신을 몰아넣기가 쉽다.

사수자리적인 일은 물고기자리의 시야를 넓은 세계로 향하게 해준다. 상대와 자신의 세계만이 모든 것이 아니라 도출해내야 할 넓은 세계가 있음을 가르쳐 주는 것이다. 인간관계만으로 인생을 채우는 것이 아니라 자신의 지식을 넓히고 자신의 가능성을 추구해나가는 기쁨을 알아야 한다. 20대 후반에 현재의 직업에 만족하지 않고 이대로 참으면서 계속할 것인가 아니면 자신을 믿고 과감히 전직할 것인가에 대해 고민하고 있다면 해외여행이나 대학의 단기강좌에 참가해보자. 사수자리적인 일이면서 물고기자리의 천직을 맞이하는 것은 그러한 비일상에서 생겨난다. 천직을 찾는 해외여행지로는 남남서 방향이나 동남동이 베스트이다. 스페인이나 호주를 특히 추천한다. 당신을 믿고 고민을 털어놓는 친구로부터 전화도 오지 않는 여행지에서 고풍스러운 대학의 캠퍼스 등을 천천히 걸어보자. 틀림없이 새로운 세계의 문이 열릴 것이다.

## 태양성좌가 양자리 ▶ 제10하우스가 **염소자리**

*전통에 뿌리를 둔 직업에 종사하고, 깊은 성취감과 충실감을 충분히 누리자.*

자신이 원하는 것을 빨리 손에 넣지 않으면 내키지 않는 양자리는 단거리 선수와 비교될 정도로 뛰어난 추진력을 갖고 있다. 눈앞에 정복해야 할 과제가 있으면 효율적인 정복방법을 생각하고 즉시 실행에 옮긴다. 양자리는 그 성취감 속에 살아있다는 환희를 느낀다. 때문에 젊었을 때 성공을 거두는 사람이 많지만 문제는 이때부터 생긴다. 문제는 이러한 요소에서 시작된다. 즉 양자리는 성격이 급해서 지구력이 약하므로 용두사미적인 운세로 빠져들 경향이 있다. 이례적으로 스피드 출세를 했다면 그 뒤에는 아무 것도 안 된다. 회사 내에서 최초로, 그리고 여사원 중에서도 최초라는 타이틀이 붙는 분야에서 이름을 날렸어도 그 뒤에는 구조조정 대상자 리스트에 오르는 것과 같은 운명에 빠져서 울고 있는 사람도 있다. 그런 양자리의 천직을 관장하는 것은 제10하우스인 염소자리이다.

양자리가 인생의 충족감을 가장 잘 느끼는 천직은 의외일 수 있겠으나 염소자리답고도, 예를 들면 예능, 기예의 세계인 전통 예능 등에 근간을 두고 있는 것으로서 전통을 느끼게 해주는 세계의 직업이 된다. 구체적으로 그 직업을 나열하자면, 도예가, 직물작가, 무용강사, 국악이나 판소리 강사, 가야금 주자나 장구 고수 등이다. 오랜 전통에 뒷받침을 받은 염소자리적인 일에는 항상 극복해야 할 과제가 많다. 새로운 과제가 늘 준비되어 있는 것이다. 양자리의 개척자 정신은 늘 만족되어져서 단거리 육상처럼 달리기 시작해도 차차로 다른 과제를 발견한다. 염소자리적인 일에 있어서는 양자리도 장거리 달리기를 보기 좋게 완주하여 성취감과 칭찬이라는 커다란 과실을 손에 넣을 수가 있는 셈이다. 양자리는 자아도취가 되기 쉽고 자신이 모두 정답이라고 생각하기 쉬운 면이 있다. 그것이 원인이 되어 발생하는 인간관계에서의 알력이 양자리의 쇠운의 원흉이 되기도 하는데 옛날부터 어떤 세계에서는 양자리의 자만심은 애초부터 통용되지 않는다. 양자리도 겸허한 마음으로 매사에 임할 수가 있어서 멋지고 풍족한 생을 영위할 수 있을 것이다.

양자리의 천직인 염소자리적 일로는 또 다른 한 가지, 사회적인 영향을 사람들에게 주는 것이 있다. 이쪽은 다소 딱딱한 직업으로 예를 들면 관공서의 상급직이나 대기업의 총무직, 정치가, NGO직원 등이다. 남녀구별이 없고 능력과 의욕으로 평가가 결정되는 직업이다. 생명이 길고 커리어를 쌓아 나갈 수 있다는 점도 공통적인 요소이다. 양자리는 목표를 계속해서 유지할 수 있는 염소자리적인 천직을 갖게 되면 인생을 두 배나 세배로 풍족하게 살아갈 수 있다.

## 태양성좌가 황소자리 ▶ 제10하우스가 **물병자리**

*인도적인 일이나 동료와 함께 시작하는 일. 이른 스타트가 행운의 열쇠가 된다.*

풍부한 오감을 나타내는 황소자리는 냄새나 소리, 미묘한 미각을 즐기고 사람들과 피부로 접촉하는 것으로 살아있다는 실감을 얻는 별자리이다. 삶을 아끼고 매일을 소중하게 살아가는 별자리라고 해도 좋을 것이다. 소는 말처럼 가볍게 달리거나 하지 않고 늘 천천히, 천천히 걷는다. 황소자리의 걸음도 비슷하다. 때문에 스타트야말로 늦기 쉽지만 따뜻한 인품과 성실한 근무태도로 결국에는 착실하게 신뢰를 얻어 커리어를 쌓아 나간다.

그런 황소자리의 천직을 관장하는 제10하우스는 물병자리이다. 황소자리가 마음에서부터 충실감을 느낄 수 있는 물병자리적인 천직에 휴먼의 가치를 추구하는 일이 있다. 물병자리는 지적변혁을 추구하는 별자리이다. 그 바닥에는 지금의 사회를 보다 인간적이고 사람들의 창조성을 자극하는 것으로 하고 싶다는 생각이 있다. 물병자리가 박애의 별자리라고 불리는 것도 그 때문이다. 황소자리는 물병자리적인 사회복지관계의 직업으로 사람에게 봉사하고 사회를 지탱하며 게다가 사회를 좋은 방향으로 바꿔간다는 기쁨을 찾아낸다.

그러나 모처럼 황소자리가 물병자리 천직에 종사할 수 있게 되었다고 해도 순조롭게만 진행되지는 않는다. 그도 그럴 것이 물병자리는 변화를 의미하는 성좌이며 물병자리적 일은 아무래도 그 영향을 받아버리기 때문인 것이다. 구조조정이나 근무처의 도산 등이 일어날지도 모른다. 어디에 있어도 계속 일할 수 있도록 사회복지사, 간호요양사, 케어매니저, 사회보험 노무사 등의 자격을 취득해 두면 좋을 것이다. 12성좌 중에서 물병자리는 연대감이 가장 강하고 동료복도 많다. 때문에 사람들과 손을 함께 잡고 하는 일도 물병자리적인 일이면서 황소자리의 천직이다. 오피스나 숍을 공동으로 경영하는 것이나 네트워크 관련 사업을 일으키는 것 등도 추천한다. 루팅 작업을 해내어 정확하게 일을 진행하는 황소자리는 원래 뛰어난 실업가로서의 재능을 갖고 있다. 공동경영에서는 리더적인 존재로서 활약할 수 있을 것이다.

컴퓨터, 바이오 테크놀로지, 인터넷 관련 등과 같이 지식의 필드를 개척해 나가는 분야도 물병자리적인 일, 그러니까 황소자리적인 천직이기도 하다. 연구 분야에 지긋이 임하여 황소자리는 충실감과 성취감을 만끽하고 있을 것이다. 천직을 얻은 황소자리는 연령이 더해감에 따라서 운기를 높여 간다. 한 가지 우려되는 것은 젊었을 때의 두각이 늦다는 점이다. 늦게 나타나게 되더라도 고집을 부리지 말고 마이페이스로 매사를 진행해 나가기를 바란다.

## 태양성좌가 쌍둥이자리 ▶ 제10하우스가 **물고기자리**
*인생의 다양한 시련을 거쳐서 비로소 봉사의 기쁨에 눈을 뜨는 운명.*

매우 영리한 두뇌 회전 능력을 지닌 쌍둥이자리는 요령이 좋고 즉응성도 뛰어나다. 어떠한 일이라도 신속히 마스터하고 간단히 해치운다. 자기에게 있어서 메리트가 있는 것이나 찬스를 재빨리 판단하여 빨리 캐치하는 힘도 탁월하여 점잖게 노력하는 사람을 곁눈질로 바라보며 자기가 필요로 하는 것을 차차로 손에 넣어가는 것이 쌍둥이자리다. 사람과의 커뮤니케이션 능력도 매우 발달되어 있으므로 서비스업이나 탤런트 직업에서도 일찍 싹을 틔운다. 대부분의 일에서 두각을 나타낼 것이다. 쌍둥이자리의 유일한 결점은 끈기 있게 노력하는 것이 약하다는 점이다. 때문에 재주가 무르거나 시기가 여물지도 않았는데 운기를 잡아버려 작은 꽃밖에 피우지 못한다는 단점도 있다. 그런 쌍둥이자리의 천직을 관장하는 제10하우스는 물고기자리이다. 물고기자리는 사람들에게 봉사하고 남들이 싫어하는 일이나 역할을 받아들이는 별자리이다.

물고기자리적인 일로는 접객업, 각종 서비스업, 각종 컨설턴트 등 고객에게 봉사하는 일이 있다. 이들 일은 원래 사람들의 기분을 살피는데 뛰어난 쌍둥이자리의 장점을 풀로 살려나갈 수 있는 천직이라고 말할 수 있을 것이다. 물고기자리적인 일로서는 또 한 가지, 사람들에게 헌신하는 일이 있다. 구체적인 직업으로서는 카운셀러, 보육사, 간호사, 테라피스트, 자원봉사 등과 관련된 직업이다. 천직이라고는 해도 사람들에게 헌신하는 일에서는 쌍둥이자리가 젊었을 때 바로 이것이 천직이라고 여간해서 실감하지 못하는 경우도 있다. 그것은 진정한 의미에서 그 쌍둥이자리가 괴로운 경험이나 슬픈 경험을 해보지 못했기 때문이다.

바꿔 말하자면 시련을 거쳐서야 비로소 쌍둥이자리는 자신보다 남을 먼저 생각하는 물고기자리적인 기쁨을 느끼는 토양을 얻어야 할 것이다.

인생의 죽음의 드라마를 겪어보거나 실패하고서 끝을 모를 나락으로 처박히거나 해서 비로소 쌍둥이자리는 천직의 기쁨을 맛볼 수 있는 것이다. 천직의 기쁨을 지금 느낄 수 없어도 초조하지 않기를 바란다. 예를 들면 간호사가 되고서 몇년 후에 자신의 도움으로 사람의 목숨을 구하는 일을 겪고 나서 「이것이 나의 천직」이라고 갑자기 자각하게 되는 경우도 있다. 때문에 비록 도중에 싫어지더라도 그만두지 않고 지속해야 한다. 또, 해보고 싶어졌다면 지금 다른 일을 하고 있더라도 과감하게 도전해보기를 권한다. 스타트는 늦어도 천직은 추구할 가치가 있는 것이다.

# Soul mate

## 제11하우스로 알 수 있는 – 인생을 풍요롭게 만들어 주는 친구와 동지

11하우스가 지시해 주는 것은, 당신의 인생을 풍부하게 해주는 친구의 존재.
단순하게 그저 사이만 좋은 것이 아니라
때로는 멘토로서 이끌어 줄 수 있는 동지와 조우하는 방법을 알려준다.

### 태양성좌가 쌍둥이자리 ▶ 제11하우스가 **양자리**
*경쟁의 자리에서 생긴 인연에서 뜨거운 우정을 키워보자.*

태어난 별자리에서 셈하여 열한 번째 자리의 하우스가 양자리에 해당되는 사람은 진취적이고 행동적인 친구를 많이 갖고 있다. 동료와의 활동이나 활발한 교류에 자극을 받아서 발상력과 인생 자체도 업그레이드가 된다. 뜨거운 투지가 부딪칠 때에는 의외의 상대와 우정이 생기는 경우가 있다. 콘테스트, 레이스 등과 같이 실력이나 파워를 겨루는 장면이 인연의 무대가 된다.

### 태양성좌가 게자리 ▶ 제11하우스가 **황소자리**
*한정된 소수의 친구와 깊은 마음의 교류를 즐긴다.*

이 배치의 사람은 친구 교제에 별로 자신이 없으며 제한된 소수의 신뢰하는 동료에게만 마음을 열지 모른다. 그만큼 깊은 맛이 있는 우정을 굵고 길게 키워나간다. 그 중에서도 풍부한 감각의 소유자는 가장 친한 친구이다. 함께 제철의 미각을 즐기거나 아름다운 자연과 음악을 감상하거나 하는 것으로서 마음이 충족되어 당신의 생활에도 멋진 장식이 되어 줄 것이다.

### 태양성좌가 사자자리 ▶제11하우스가 **쌍둥이자리**
*손재주가 좋고 다재다능한 사람이 당신을 활성화시켜 줄 것이다.*

제11하우스가 쌍둥이자리인 당신은 다양성이 풍부한네트워크를 갖고 있는 것이 특징이다. 다재다능한 활약을 보이는 친구들에게 둘러 싸여 설렘이 가득한 하루하루를 보낼 것이다. 특히 재주가 좋고 다재다능한 타입은 인생을 활성화시켜 주는 바이 플레이어이다. 그냥 마음대로 골라서 교류하는 동료는 있어도 친구라고 부를 정도의 깊은 교제는 하지 않는 성향일지도 모른다.

### 태양성좌가 처녀자리 ▶제11하우스가 **게자리**
*세심한 배려를 가진 사람이 평생의 친구가 된다.*

이 배치는 좋아하는 타입이나 기질을 잘 아는 상대와는 친밀하게 교제하는 반면에 한번 잘못한다는 의식을 가지면 혐오하는 경향이 있음을 나타낸다. 정이 풍부하고 섬세하게 마음을 써주는 존재야말로 둘도 없는 친구 후보가 된다. 감수성이 예민한 사람, 가족에 대한 생각이 깊은 동료도 당신의 섬세한 심정에 공감을 표시하고 따뜻하게 감싸 주는 치유자가 되어 준다.

### 태양성좌가 천칭자리 ▶제11하우스가 **사자자리**
*자신보다 뛰어난 자질에 눈을 돌리는 것이 중요하다.*

사자자리가 제11하우스에 해당하는 사람은 타고난 리더십과 절대자의 풍격을 갖춘 타입에 이끌려 인생의 계단을 올라간다는 운명이다. 동일한 수준에서 무리를 짓고 분위기에 들떠서 만족하지 않고 자신보다 뛰어난 자질을 가진 사람들과 기꺼이 교류한다. 뛰어난 재능은 물론 미모와 센스 면에서도 반짝이는 무언가를 갖고 있는 사람도 행운의 전령이다.

### 태양성좌가 전갈자리 ▶ 제11하우스가 **처녀자리**
*따끔한 조언을 해주는 존재야말로 소중히 해야 할 존재.*

이 배치의 태생에게 있어서 필요한 것은 상처를 보듬어 주는 동류감이 아니라 늘 객관적이면서 때로는 매우 까다로운 멘토이다. 그러한 멘토에게서 엄격한 지적이나 따끔한 조언이 밀려들어도 그 덕분에 실패하지 않고 모든 일이 잘 해결되거나, 잠자고 있던 잠재능력을 불러일으키거나 해서 당신의 인생은 보다 더 충실하고 풍부해지는 것이다. 정의감이나 도덕심이 강한 타입이라도 방향을 바로 잡아주는 좋은 지남철이 되어 주는 셈이 된다.

### 태양성좌가 사수자리 ▶제11하우스가 **천칭자리**
*다방면에 교우 관계를 넓혀 성공으로 이어간다.*

제11하우스가 천칭자리인 당신은 누구와도 균형감각을 갖고 잘 교제함으로서 비로소 인재와 조력자의 인복을 누리게 된다. 그것이 나아가서는 자신의 성공, 인생의 스텝 업으로 이어짐은 자명한 이치이다. 특정한 관계에 얽매이지 않고 널리 여러모로 교제 상대를 대해야 한다. 또한 같은 수준의 라이벌적 존재는 좋은 의미에서 반면교사가 된다. 절차탁마하면서 고민도 공유가 가능할 것이다.

### 태양성좌가 염소자리 ▶제11하우스가 **전갈자리**
*고락을 나눌 수있는 존재가 성공의 지렛대가 된다.*

이 배치의 사람은 소울 메이트라고 부를만한 존재를 찾아낼 수 있는지의 여부에 의해 인생이 완전히 달라질 것 같다. 진심으로 공감과 번뇌를 나눌 친구가 고독과 간난 그리고 신고함을 버티게 하고 정점으로 오르기 위한 지팡이가 되어 준다. 그런 상대는 마니악적인 신념이나 취미를 가진 타입에 많고 독특한 가치관, 독불 장군적인 행동이 특징이다. 비밀을 공유함으로써 유대 강화에 힘쓰자.

### 태양성좌가 물병자리 ▶ 제11하우스가 **사수자리**

*편견없이 자신의 감각으로 교류를 넓혀 가면 길하다.*

이 조합의 사람은 친구나 지인을 통한 활약의 무대가 종횡무진으로 넓어지고 스케일이 확대되어 나가는 태생이다. 편견이나 세상사에 얽매이지 않고 자신에게 매력을 느끼는 상대와 적극적으로 교류를 갖도록 하자. 그 중에서도 글로벌한 시야를 갖춘 타입은 베스트 네비게이션이 되어 준다. 외국인은 물론이고 해외 체재기간이 긴 사람과도 인연을 만들어볼 가치가 있다.

### 태양성좌가 물고기자리 ▶ 제11하우스가 **염소자리**

*지위나 권력을 갖고 있는 사람의 백업으로 꽃 피게된다.*

당신의 삶을 풍요롭게 해주는 것은 한마디로 지위와 권력을 가진 사람이다. 그들의 백업으로 당신은 확실히 성공할 수가 있으며, 동경하고 있는 일이나 원하는 만큼의 수익 등에 있어서 이상에 가까운 생활을 손에 넣을 수 있게 된다. 또래나 연하보다는 연상인 사람과 우정이 싹트기 쉬운 것도 특징이다. 경험을 바탕으로 한 조언에 놀라워하는 경우도 많을 것 같다.

### 태양성좌가 양자리 ▶제11하우스가 **물병자리**

*물병자리가 이 위치에 있는 당신은 어떤 상대에 대해서도 편견을 갖지 않고, 수평의 자세로 마주 하는 것이 강점이다.*

자신에게 없는 개성과 재능을 가진 사람과의 교류에서 감각이나 가치관이 영감을 불러주어 인생도 크게 열려 나갈 것이다. 1대 1의 교제보다는 그룹 활동을 통해 많은 촉발을 얻게 되고 새로운 사명에 눈이 뜨게 될 것이다.

### 태양성좌가 황소자리 ▶제11하우스가 물고기자리

*영감이 강한 타입이 인생에 윤택함을 이끌어 낸다.*

친구에 의해 정신적인 감성과 직관력이 연마되는 것이 이 배치의 특징이라고 할 수 있다. 특히 영감이 강한 타입, 감이 빠른 사람은 평범한 쪽으로 기울기 쉬운 인생에 윤택함을 제공하는 안내인의 역할을 해준다. 해괴한 조언도 마음에 담아두고서 행동의 지침으로 삼아 보자. 같은 물건에 손을 내밀었다거나, 취미와 생일이 같다는 등의 싱크로율이 이끄는 인연도 소중히 하자.

### ★ 「나선형 계단에서 남성과 스쳐 지나간다」

멋진 남성과 재회할 암시다. 나선형 계단에서 스쳐지나가는 남녀를 보면 몇 번이나 스쳐 지나면서 오르락내리락하는 것처럼 보인다. 그런 점에서, 나선형 계단에서 스쳐지나가는 남녀는 재회의 전조로 여겨지듯이 멋진 재회를 기대할 수 있다!

# 12
# Trouble

## 제12하우스로 알 수 있는 – 숨은 적과 예기치 않은 트러블

제12하우스가 나타내는 것은 「숨겨진 적」과 「예기치 않은 트러블」이라고 하면 어쩐지 무서울 것 같지만 지금까지 눈치 지 못하고 있었던 위험을 사전에 알려주는 하우스라고도 할 수 있다. 유비무환의 도구로 꼭 활용해보자.

### 태양성좌가 황소자리 ▶ 제12하우스가 **양자리**

*무의식적인 경쟁심이 트러블의 씨앗이 된다. 화가 나려고 한다면 심호흡을 하자.*

**적과 트러블**　당신에게 숨겨진 적은 자신의 내면에 숨어 있는 것이다. 표면적으로는 점잖게 보여도 사실은 내면에 거세게 공격적인 일면을 감추고 그것이 어떠한 경우에는 자신의 의사와 관계없이 폭주하는 경향이 있다. 특히, 이해관계의 대립이나 무의식적인 경쟁심은 당신을 독선적인 행동으로 달리게끔 하므로 주의해야 할 진실이다. 생리적인 혐오감도 자신을 망각시키게 하는 방아쇠가 된다.

**대처법과 구세주**　분노의 컨트롤을 배워보자. 화가 나면 심호흡을 하거나 한 번 밖으로 나가는 등 진정할 시간을 갖는 것이 포인트다. 빨리 머리를 식히기 위해서 자신에게 맞는 상황 설정을 먼저 터득하자. 균형 감각이 뛰어난 사람과 같이 행동하는 것도 추천한다. 트러블이 생겼을 때 수습해주며 행동적으로도 본받아야 할 점이 많이 있을 것이다.

## 태양성좌가 쌍둥이자리 ▶ 제12하우스가 **황소자리**

*금전의 트러블이 걱정된다. 경제관념을 단련하여 위기관리를 확실히 하자.*

**적과 트러블**　제12하우스가 황소자리에 해당하는 사람에게 예기치 못한 불운을 가져 오는 것은 한마디로 돈이다. 재정난에서 꿈을 실현시킬 수 있는 기회를 그냥 보내버려야만 하거나 금전 문제로 인해 우정과 사랑을 잃거나 하는 등 고통에 빠지는 경우가 자주 있다. 또한 흔히 말하는 "○○덕후"처럼 탐욕적인 분야로 빠져서 패가망신하기 쉬운 것도 이 태생이다. 의식주와 취미생활에 돈을 쏟지 않도록 주의해야 한다.

**대처법과 구세주**　재정 형편이 원인이 되어 인생이 나락으로 빠지기 쉬운 당신은 경제관념을 연마하는 것이 가장 중요하다. 매월 저축이나 저금을 하거나 무료 금융운용 강좌나 스터디 그룹에 참가하는 등 경제 감각을 익히고 가계부를 적어나가는 것을 습관화하는 것만으로도 위기관리의 센서가 강화되어 서서히 변통이 능숙해져 간다. 구세주는 절약을 좋아하는 친구다. 유익한 정보와 재테크 방법을 알려 줄 것이다.

## 태양성좌가 게자리 ▶ 제12하우스가 **쌍둥이자리**

*사소한 오해가 분쟁의 씨앗이 된다. 언행에는 정확한 의사가 중요하다.*

**적과 트러블**　제12하우스에 있는 쌍둥이자리는 커뮤니케이션이 뜻밖의 문제를 초래한다는 것을 나타낸다. 특히 말하지 않아도 이해해 줄 것이라는 과신이나 응석은 오해를 낳는 원흉이 된다. 어설픈 기억의 지식이나 애매한 정보도 절대로 엄금해야한다는 것을 명심하자. 지성이나 품격을 의심받거나 신용이 급락당하거나 유언비어나 근거도 없는 뜬소문을 믿고 쓰라린 경험을 하기도 한다.

**대처법과 구세주**　설명이나 연락을 취하는 것에 많은 노력을 하고 그리고 정중하게 해야 한다. 조금은 설득한다는 느낌이 들 정도로 상세히 전하는 편이 멋대로 해석되는 것을 미연에 방지할 수 있고, 불필요한 재앙을 피할 수도 있을 것이다. 캐치한 정보도 자신의 눈과 귀에서 확실하게 진위를 파악하고 조금이라도 불안하면 입에 담지 않는다는 조심성을 지녀야 한다. 번득이는 감의 소유자나 자수성가를 이룬 친구는 구세주가 된다. 의외의 도움으로 곤란한 상황에서 구해줄 가능성이 있다.

## 🦀 태양성좌가 사자자리 ▶ 제12하우스가 게자리

*불필요한 참견에 당할 것 같으니 끼어 들 수 있는 틈을 없애버리자.*

적과 트러블 　 이 위치에 게자리가 오는 사람의 숨겨진 적은 싹싹한 타입이다. 이것 저것 참견을 하여서 답답하기만 할 뿐이다. 또한 원래는 마음을 지탱해주는 장소인 가정도 당신에게는 성공의 걸림돌이거나 트러블의 씨앗이 되는 경향이 있다. 희망하고 있던 진로를 부모가 반대하거나 변경을 강요당하거나 하는 일이 자주 있다. 결혼에 즈음해서는 일과 가정을 두고 그 선택에 고민하는 사람도 많을 것이다.

대처법과 구세주 　 쓸데없는 참견을 하는 사람을 다가오지 못하게 하는 비결은 약점이나 빈틈을 보이지 않는 것으로 요약할 수 있다. 특히 남들 앞에서는 강한 모습의 당신으로 있어야 한다. 가정과 가족에게 행동을 방해받지 않기 위해서는 먼저 상대의 신뢰를 얻어야 하는 것이 절대적인 조건이다. 통금시간이나 규칙을 지키는 것은 물론, 서비스도 부지런히 베풀고 방의 정리정돈 및 청소에 힘을 쓰는 것도 평화를 가져오고 동시에 불필요한 간섭을 방지하는 비법이다.

## 🦁 태양성좌가 처녀자리 ▶ 제12하우스가 사자자리

*적극적인 친구가 스트레스의 원흉이다. 창작활동으로 타개하자.*

적과 트러블 　 제12하우스가 사자자리에 해당하는 당신은 자기의 주장을 억제당하는 것이 고민의 씨앗이다. 자신의 희망과 본심을 말할 수 없기 때문에 스트레스를 담아두거나 본의가 아닌 상황으로 몰리거나 할 것이다. 자신에게 숨겨진 적이 되기 쉬운 것은 적극적이고 눈에 띄는 동성의 그녀다. 그녀의 옆에 있으면 왠지 당신의 그림자가 희미해지고 그녀를 돋보이게 만드는 역할로 바뀌기만 하는 등 매일 불리한 역할만 하는 그물에 걸릴 것이다.

대처법과 구세주 　 표현력을 높이는 것이 제12하우스의 재앙을 봉쇄하는 최선책이다. 그림을 그리거나 수필과 소설쓰기에 도전하는 등 창작 활동을 꼭 해보자. 뭔가를 만들어내는 것으로 카타르시스를 얻을 수 있을 뿐만 아니라, 그 과정 자체가 마음의 좋은 재활방법이 되어서 서서히 자기주장을 할 수 있는 당신이 될 것이다. 곤란한 문제는 시원하고 후련한 사람에게 상담하면 돌파구가 생길 수 있다.

태양성좌가 천칭자리 ▶ 제12하우스가 **처녀자리**

*중요한 순간에 건강문제가 대두된다. 건강관리가 가장 중요하다.*

적과 트러블   이 조합의 사람은 꼭 중요한 순간에 컨디션을 망쳐서 중병을 앓게되어 일이나 공부를 그르치게 되는 등, 건강문제에 고민하기 쉬운 경향이 있다. 또, 표면상으로는 밝게 행동해도 내면은 누구보다도 섬세해서 상처받기 쉬운 심성을 갖고 있는 당신은 사소한 일에 번민을 갖고 답답하고 우울한 상태에 빠지는 경우도 자주 있다.

대처법과 구세주   평소에 컨디션 관리에 주의하는 것이 최선의 대처법이다. 그것도 단지 주의하는 것만이 아니라 체질 그 자체를 강인하게 단련하는 것이 포인트이다. 잡곡이나 뿌리있는 야채 등으로 면역력을 향상시키는 효과가 있는 음식을 의식적으로 섭취하여 신체적인 파워를 키우도록 하자. 명상이나 스트레치도 심신을 정화시켜 준다. 컨디션이 저조할 때는 아름다운 목소리를 갖고 있는 사람이 건강에 도움을 줄 것이다.

 태양성좌가 전갈자리 ▶ 제12하우스가 **천칭자리**

*연애 상대 고르기는 곤경에 빠질 염려가 있으니 어드바이스는 필수적이다.*

적과 트러블   자기로부터 세어서 12번째 하우스에 머물고 있는 천칭자리가 나타내는 것은 비밀의 파트너십이다. 당신은 남에게 말 못할 상대와 사랑에 빠질 위험성이 있으며 그것이 때로는 인생의 곤경에 빠지는 방아쇠가 될 가능성이 있다. 또 이 위치는 결혼에 있어서의 장애물이나 트러블도 암시하고 있다. 모처럼 혼사가 이뤄졌어도 상대에게 문제가 있었다거나 해서 머리가 아플 수가 있다.

대처법과 구세주   누군가가 좋아질 것 같은 마음을 억누르는 것은 어려운 일이다. 하지만 자기에게 어울리는 상대인지 아닌지를 제3자에게 판단을 맡겨보는 정도는 가능할 것이다. 특히 쌍둥이자리, 물병자리인 사람으로부터는 정확한 판단을 들을 수 있다. 사랑에 빠지기 전에 꼭 체크를 부탁하도록 하자. 결혼을 성공시키는 비결은 진심어린 대화이다. 문제가 생겼을 때는 가능하면 빨리 진지하게 대화를 나눠보도록 하자.

태양성좌가 사수자리 ▶ 제12하우스가 **전갈자리**

*과거의 비밀이 폭로될 것 같은 두려움에서도 항상 입을 굳건히 다물자.*

**적과 트러블**   당신의 적은 콤플렉스나 트라우마이다. 그것도 지금부터 슬슬 승부수를 띄우려고 하는 순간에 한해서 갑자기 마음이 약해지거나 실패했던 경험이 떠올라서 몸이 움츠러들기 일쑤이다. 또 이 위치의 전갈자리는 비밀이 예기치 못한 트러블을 불러온다는 암시가 있다. 감추어 두었던 과거나 오점이 폭로되거나 행복한 순간에 갑자기 그림자가 드리워지지 않는다고 할 수 없다.

**대처법과 구세주**   평소에는 남들보다 밝고 건강한 당신이지만 중요한 사실은 스스로 네거티브 스위치를 누르지 않도록 하는 것이다. 큰 무대에 오르기 전에는 좋아하는 향수를 걸치거나 맛있는 것을 먹던가 해서 편안한 마음을 갖도록 한다. 그것이 기분을 긍정적으로 유지시켜주어서 트러블을 부르지 않는 비책이 된다. 비밀의 폭로를 방지하기 위해서는 당신 자신이 입을 굳게 다물고 있을 필요가 있다. 말없이 행동하는 무언의 행동파를 배워둘 필요가 있다.

태양성좌가 염소자리 ▶ 제12하우스가 **사수자리**

*자만심이 실패를 부른다. 늘 높은 목표를 지니도록 의식하자.*

**적과 트러블**   성공이야말로 당신에게 있어서 숨겨진 적이다. 왜냐면 누구나 얻지 못했던 성공을 손에 넣음으로서 긴장감이 송두리째 약해져서 방만해져버릴 우려가 있기 때문이다. 그 후에는 노력도 게을리하여 가난한 인생을 걷게 되지 않는다고 할 수 없다. 또한 이 패턴의 사람은 해외로 가면 기분이 충만하여서 대담한 행동을 할 소지가 충분하므로 외국인과의 트러블에도 주의를 기울여야 한다.

**대처법과 구세주**   성공을 얻고서 자아도취되거나 추락해버리는 것은 인간이라면 자주 있는 일이다. 당신의 경우는 그것이 인생에 악영향을 미칠 가능성이 크다. 늘 큰 목표를 지니고 멈추지 않는 것이 적정한 긴장감과 모티베이션을 유지하는 요령이라고 명심하기 바란다. 해외와 연관된 여행은 어학력을 연마하는 수준에서 가능할 것이다.

태양성좌가 물병자리 ▶ 제12하우스가 **염소자리**

*너무 일에 중독되어서 생각지도 못한 트러블이 생긴다. 공과 사는 정확히 구분하자.*

**적과 트러블**  염소자리는 사회적인 경륜이나 부권을 의미한다. 즉 당신에게 있어서의 일이나 지위는 그야말로 숨겨진 적이다.  너무 직무에 몰두해서 가정이나 애정사, 건강, 기타 자신이 중요하다고 생각되는 것을 잃기 쉬운 경향이다. 또 부친과의 관계도 흔들림이 많을 것이다. 그런 것이 원인이 되어서 젊은 시절에 집을 나오게 되거나 생각지도 못한 재난을 겪게 되는 케이스도 있다.

**대처법과 구세주**  일 중독자가 되지 않기 위해서라도 공과 사를 정확히 구분하도록 하자. 일감을 집에까지 들고 가거나 하는 것은 언어도단이다. 재택근무도 당신의 경우는 피하는 것이 좋을 듯하다. 집을 쾌적한 공간으로 정리해두는 것이 심신의 밸런스를 취하는 고단수 테크닉이 된다. 좋아하는 가구나 집기로 자신의 성을 만들어 나가보자. 부친과의 소원함은 중간에 모친을 매개체로 둠으로써 감소시킬 수 있을 것이다.

 태양성좌가 물고기자리 ▶ 제12하우스가 **물병자리**

*속박이나 억압으로 밸런스를 무너뜨릴 수도 있다. 자신감을 갖고 한 길만을 관철해 가는 강한 모습을 보이자.*

**적과 트러블**  제12하우스가 물병자리에 해당되는 사람은 표면적으로는 어찌되었든 내부로부터의 박애정신이 생각지도 못하게 저절로 부담을 갖고 오게 된다. 누구에게나 공평해지려고 하다가 소중한 친구를 잃거나, 편견을 타파하려고 대항하다가 역으로 억압당하거나 해서 세상의 잡일에 발목을 잡히기 일쑤이기도 하다. 또 물병자리는 전파를 상징한다. 인터넷이나 가상의 공간에서도 예기치 못한 트러블이 생길 수 있다.

**대처법과 구세주**  스스로의 방침이나 견해에 의외로 집착하는 당신이라면 세상을 염두에 두지 않고 자기의 길을 걸어간다면 어떨까? 다소 흔들림이 있겠지만 흔들리지 않는 스스로의 모습을 견지한다면 반드시 주위에서도 이해해 줄 것이다. 인터넷에 강한 친구는 결정적인 순간에 구세주가 되어 줄 것이다. 트러블이 일어났을 때는 즉시 상담해보도록 하자. 단, SNS나 블로그 등의 이용은 신중하게 하자.

## 태양성좌가 양자리 ▶ 제12하우스가 물고기자리

*여린 마음때문에 함정에 빠질 듯. 둥근 얼굴의 친구는 수호신이 된다.*

**적과 트러블**　물고기자리가 제12하우스에 해당하는 당신의 숨은 적은 다름 아니라 당신 내부에 있는 느슨함이다. 처음에는 열심히 노력할 수 있어도 어느새 노력하기를 귀찮아하거나 최후까지 마무리하기를 게을리 하거나 해서 예기치 않은 트러블을 초래하기 일쑤이다. 인정에 호소하면서 다가오는 타입도 천적이다. 상대의 불행한 이야기나 인생 상담에 엮인 결과 소중한 심성이나 돈을 잃는 경우도 있다.

**대처법과 구세주**　편하게 처리하고 싶다는 악마의 유혹에 귀를 기울이거나 해서는 안 된다. 유혹에 흔들려서 그렇게 흐를 조짐이 보인다면 심지를 굳건히 하여 그것들을 물리쳐야 한다. 헬스나 체육관에서 신체를 단련하는 것도 강인한 정신을 배양하는데 도움이 된다. 질병을 물리치려면 복을 불러다주는 신과 함께 행동하는 것이 중요하다. 특히 둥그런 얼굴로 건강한 미소를 짓는 사람은 양기가 강해서 불행을 물리치는 파워의 소유주이다.

# 3장

# 사랑, 일, 결혼.... 장르별로 운을 끌어 올리는 법칙

# Fortune
## 개운 테크

당신에게는 당신의 개운이!
성좌에 의해 이렇게 다른 운을 잡는 방법, 살리는 방법.

누구나 자기의 운을 개척해 나가기를 원하고 있다. 그러기 위해서는 먼저 자신의 운이 갖고 있는 특유의 패턴을 모르면 안 된다. 운을 좋게 작용시키는 방법이나 약점, 심지어는 행운의 활용방법까지 확실히 파악하면 운과 함께 살 수 있는 보다 좋은 관계를 쌓아 올릴 수 있다. 또한 운을 잡는 방법에는 12성좌 각자가 갖고 있는 성격이나 특징이 반영된다. 그리고 운에는 그 운을 잡기 쉬운 시기도 있다. 자신의 특징을 알고, 인생을 열어가는 계기로 삼기 바란다.

### 3월 21일 ~ 4월 20일 양자리
*운을 잡는 신속함이 놀라울 정도이다. 마음에 여유를 가지면 운에 광채가 깃든다.*

**당신의 개운 방법과 약점**　　양자리는 12성좌의 첫 번째에 위치하여 늘 선두를 달리고 싶어 하는 심성의 소유자이다. 운을 잡는 방법도 스피디하고 강인하다. 필요하다고 생각하면 주저함이나 사양하는 마음도 없이 결단을 내려서 즉시 행동으로 옮긴다. 그 좋은 저돌성으로 인해 누구보다도 빨리 운을 손에 넣는다. 또 본능적으로 경쟁을 좋아한다. 남과 경쟁하여 비로소 얻을 수 있는 운을, 타인을 배제시켜서 쟁취하는 것도 양자리의 패턴으로 이뤄진다.
반면에 그러한 공격적인 태도는 많은 적을 만들기 쉽다. 특히 연장자로부터는 건방지게 여겨지기 쉬워서 도움을 얻기 어렵고 찬스를 박탈당해서 운을 놓치는 케이스도 있다. 그밖에도 여세를 몰아서 쟁취는 했지만 정작 손에 넣어보니 필요하지도 않은 운이라는 경우도 자주 있는 이야기이다.

**잡은 운을 살리는 방법**　　운을 손에 넣은 뒤에도 계속해서 운을 좇아 달려 나가면 자신도 피곤해지고 운도 불씨가 꺼져버린다. 일, 애정 모두가 성공의 단계에서는 한 템포 늦추고 수동형으로 모드를 바꾸는 것이 포인트이다.

당신의 실력, 존재감은 이미 충분히 주변에 전해졌기 때문에 이후로는 관성의 법칙대로 운이 자연스럽게 흘러서 가속되어 나가는 것을 지켜보는 것으로 충분하다. 그 여유가 다른 추구심을 허락하지 않는 박력을 낳아서 운에도 한층 강력함과 광채가 깃들여지게 된다.

또 잡은 운을 일단 구체화시키는 것도 운의 여세를 유지시켜주는 것이 된다. 기념으로 가구나 보석을 사거나 사람들을 불러서 파티를 열거나 하면 운의 소중함이 몸에 깃들여져서 끈기가 있고 강력하게 그 운을 지켜나갈 수 있다. 이것은 운을 강화시키기 위해서도 필요한 행동이기도 하다.

**운을 잡기 쉬운 것은?**　　양자리의 운은 청년기에 개화되는 것이 특징이다. 빠르면 10대, 늦어도 20대 후반에는 뭔가의 계기로 표창 등의 수상에 의해 유명해지거나 하는 등 한 귀퉁이의 운을 얻게 된다.　입사시기나 신입의 시기 바로 직후 등 어떤 일의 시작 지점에서 운이 열리는 경향도 있다. 또한 매년 4월, 8월, 12월에서 숫자 9가 붙는 날짜, 그리고 화요일에 운이 강해진다

## 4월 21일 ~ 5월 21일 **황소자리**

*강력한 끈기로 불러 들인 운은 기민한 행동으로 더욱 키워나가자.*

**당신의 개운 방법과 약점**　　황소자리는 차분한 기질의 소유주이다. 어느 쪽인가 하면 수동형으로서 적극적으로 운을 잡으러 나가는 타입이 아니다. 오히려 남에게 선두를 내주거나 끈기있게 기다리다보니 커다란 운이 찾아오는, 그것이 황소자리가 운을 손에 넣는 패턴이다. 또 예리한 오감을 살려서 남들이 알지도 못했던, 마치 진흙 속의 진주를 캐내는 듯이 운을 얻는 것도 당신의 뛰어난 재능의 하나이다. 단, 운을 잡기까지는 시간이 걸리는 것이 난점이다. 손에 들어 왔을 때에는 흥미를 잃거나 또는 그다지 도움이 되지 않는 케이스가 있을 것이다. 오는 것은 막지 않는 당신의 자세에도 다소 문제가 있다. 자신에게 관계없는 운이나 아무도 손대지 않는 운까지 받아들여서 곤경에 빠질 우려도 있다.

**잡은 운을 살리는 방법**　　집착심이 강하고 일단 잡은 운은 결코 놓지 않고 소중하게 지켜나가는 것이 황소자리이다. 단, 갖고 있기만 할뿐으로 활용하는 것은 서툴기만 하다. 좋은 정보를 얻으면 이용해 보거나 가욋돈이 들어오면 재테크를 시도해 보는 등, 한 가지

행운에 만족하지 말고 곧바로 다음의 수확을 노려보자. 될수록 틈을 두지 말고 행동으로 옮기면 운의 여파도 있으니 스므스하게 리듬에 올라 탈 수 있을 것이다. 거기서의 성공이 다음의 찬스를 불러오는 양상으로 운이 눈사람처럼 커져만 갈 것이다. 또 협상이 가능한 운을 활용해 보는 것도 유효할 것이다. 자기가 운을 양보하는 대신에 상대가 갖고 있는 운을 공유하거나 해서 요령있게 활용해 보도록 하자.

운을 잡기 쉬운 것은?　황소자리의 운이 열리는 것은 남보다는 약간 늦어진다. 대체로 30대 이후에 이뤄질 것이다. 그 대신에 오랜 기간에 지속되는 에너지가 뛰어나서 운을 잡으면 그것이 처음이자 마지막의 제대로 된 운이 된다. 이후의 인생은 순풍에 돛을 단 만선의 형국이 된다. 한편 생활에 매너리즘을 느끼기 시작했다면 운이 다가오는 징조이다. 1월, 5월, 9월이 운이 강해지며 금요일 또한 운이 강해진다

 ## 5월 22일 ~ 6월 21일 쌍둥이자리
*요령이 좋은 만큼 운도 잘 잡는다. 욕심이 과하면 운이 도망가므로 요주의.*

당신의 개운 방법과 약점　쌍둥이자리는 기민하고 처세의 변화에 능하다. 요령이 좋고 협상에 능해서 누구에게도 지지 않는다. 운을 잡는데 있어서도 그 두뇌를 충분히 발휘한다. 남이 고생해서 손에 넣은 운을 야무지게 얻어내거나 정보를 선취하여 그 칼자루를 자기 것으로 만들기도 한다. 주위 사람이 그러한 점을 알아차렸을 때는 이미 늦은 뒤로서 언제 그렇게 되었나하고 탄식을 내뱉게 하고, 아연실색하게끔 만드는데 명인일 것이다. 또 두 가지의 운을 동시에 손에 넣는 것도 쌍둥이자리의 특기가 된다. 어떻게 해야 할지 주저하는 경쟁상대를 곁눈질하면서 깔끔하게도 두 가지 모두를 자신의 것으로 만드는 재주는 그저 부러울 따름이다. 다만 이것이든 저것이든 모두 욕심을 내다가는 결국 방향을 결정하지 못해서 들어온 복을 썩히거나 새로운 행운에 눈이 어두워져서 일단 잡은 운을 놓아버리기 쉬운 점에는 주의해야 한다.

잡은 운을 살리는 방법　재빨리 달라 들어서 보다 유리한 이야기, 이익이 되는 이야기 쪽으로 운을 갈아타는 당신. 얼핏 이 세상을 능숙하게 살아가지만 전직이나 연애 편력을 거듭한 결과 인생의 기반이 불안정해지거나 운을 지탱시키지 못할 우려가 있다. 쌍둥이자리에 부여된 운의 이점이란 공존함에 있음을 잊어서는 안 된다. 한번 손에 넣은 것은 다 써버린 물건같이 생각되어도 버리지 말고 마음속의 보물로서 계속 보존하여야 한다. 그렇게 하면 운에 중후함과 심오함이 증가하여 반석처럼 안정감이 있는 운이 될 것이다.그

밖에도 자신의 거주나 활동 거점을 많이 확보하는 것도 운의 다양화에 도움이 된다. 가정, 사무실은 물론 취미 서클이나 지역 활동, 인터넷 등으로 활약의 무대를 넓히도록 하자.

**운을 잡기 쉬운 것은?**　　쌍둥이자리의 개운기는 태풍의 뒤에 찾아온다. 환경의 변화, 커다란 트러블의 직후 등이 바로 그 시기이다. 인생에 있어서의 중대한 사건은 반드시 찬스가 될 것이다. 연령적으로는 20대 전반, 계절로서는 봄과 가을에, 커다란 운을 잡을 수 있는 가능성이 있다. 또 매월 5일, 15일, 25일이 운이 강해지는 날이며 연휴가 끝나는 날도 강운이 있다.

# 6월 22일 ~ 7월 22일 **게자리**
*남으로부터 호감을 받아서 잡은 운은 주변의 협력으로 스케일이 커진다.*

**당신의 개운 방법과 약점**　　게자리는 사랑을 주관하는 별자리이다. 실력이나 재능을 어필하기보다는 우선 사람에게 호감을 얻고 사랑을 받는 것으로 운을 잡는 것이 당신만의 방식이다. 감수성이 예민하고 눈에 띄는 않지만 중요한 부분에서의 배려심이 두드러진다. 그 때문에 화려한 활약이나 실적이 그다지 없더라도 후원이나 발탁을 얻어서 주위를 놀라게 하는 경우가 많을 것이다. 또, 게자리는 모방의 달인이다. 운이 좋은 사람과 행동을 함께하는 동안에 센스나 사고방식이 닮고 같은 모양의 운을 잡을 수 있는 가능성이 있다.

하지만 정보다는 이성이 우선되는 실력본위의 환경에서는 주특기로 하는 패턴이 통하지 않는다. 호감을 받으려고 노력만큼 그 반대로 능력이 부족한 반증이라고 여겨져 운을 놓치기 일쑤이다. 그밖에 눈앞의 운에 조건반사적으로 달려들어서 결국 대국을 잘못 판단하게 될 우려도 있다.

**잡은 운을 살리는 방법**　　행동력이 결여되는 게자리에게 있어서 손에 넣은 운을 살려서 현실에 고착되게 하는 것은 운을 잡기보다 더 어려울지 모른다. 그러한 점에서 찬스가 다가오면 주변사람에게 잘 설명하여서 지원을 얻어 내는 것이 방법이 된다. 평소에 인기가 좋으며 사람을 보는 눈이 예리한 당신이므로 적재적소로부터 협력을 얻어내는 시스템을 만들어서 운을 확실하게 자신의 실적으로 만들어 낼 것이다. 그 결과로 리더로서의 자질에도 후광이 깃들여서 운은 한층 더 스케일 업이 될 것이다. 또 자신에게 부여하는 칭찬이나 보상도 운을 키워나가는 영양제가 된다. 일이나 사랑에서 노력한 것이 이뤄지기 시작하면 이전부터 갖고 싶었던 것을 사거나 하는 등 약간의 사치도 필요하다. 그렇게 하면 의욕이나 자신감이 향상될 것이다.

**운을 잡기 쉬운 것은?**　게자리의 수호성은 변화를 주관하는 달이다. 생활환경, 직장, 인간관계, 체질…… 뭔가가 변화가 있다면 그것은 운이 찾아오는 전조이다. 결혼을 계기로 인생이 일변하여 유명해지고 외국에서 활약하는 등의 운을 잡는 사람도 있다. 일년으로 말한다면 계절이나 연도의 변환점, 경축일이나 축제일에 좋은 운기가 집중된다.

 ## 7월 23일 ~ 8월 22일 **사자자리**

*강하게 대처하면 운은 원하는 대로 성취된다.*
*파트너가 되는 사람이 당신의 운을 강하게 만들어 준다.*

**당신의 개운 방법과 약점**　사자자리는 여왕을 나타내는 별자리다. 자신에 대한 자긍심과 최고의 자리에 오르려는 의지는 보통이 아니다. 남의 위에 설 수 있는 운을 잡지 못하면 견딜 수 없을 정도이다. 오만하다고도 보일 정도의 강인함을 보이면서 주위를 압도하며 운과 파워를 원하는 대로 주무른다. 또, 남으로부터 주목을 받는 것이 최고의 기쁨이기도 하다. 남들이 생각해내지도 못하는 대담한 플랜이나 클라이맥스에서 화려한 연출로 분위기를 석권해버리거나 해서 드라마틱하게 운을 내 것으로 만드는 것도 사자자리만의 특징이다. 한편, 그 강인함이나 화려함이 이번에는 재앙으로 바뀌어 그에 발목을 잡히는 경우도 확실히 생기게 된다. 상사나 선배로부터는 지위를 위협하는 사람으로 여겨져 따돌림을 당하고 동성들로부터는 질투의 표적이 되기 쉽다. 또, 볼썽사나운 짓은 흉내조차도 못내는 여왕같은 기품과 체면 때문에 찬스와 호운을 기분좋게 남에게 넘겨버리는 약점도 지니고 있다.

**잡은 운을 살리는 방법**　보기좋게 커다란 호운을 잡았는데도 주변에 적군이나 떡고물을 노리는 사람들이 모여 있는 게 아닌지 의심이 갈 정도로 운신의 폭이 하나도 없다. 사자자리의 경우는 좋은 운을 맞이하고 부터는 세심한 현실주의자로 탈바꿈할 필요가 있다. 자세하게 앞날을 살펴서 실행 타이밍을 재는 것은 물론이고 때로는 주위사람들을 압도하면서 의리와 인정의 뒷면으로 공략해 나가는 계략으로 운은 순조롭게 풀려 나간다. 한편 좋은 파트너로서의 도움을 주는 사람이 있을지의 여부도 운의 행방을 좌우하게 된다. 노력을 구석구석까지 침투시켜 나가고 싶다면 연하의 유능한 친구를 반드시 파트너로 맞을 일이다.

**운을 잡기 쉬운 것은?**　사자자리의 생애는 많건 적건 간에 빛과 그림자의 드라마로 칠해져 있다. 나이를 묻지도 않고 각광을 받는 때가 운의 절정기가 된다. 수험, 취직, 전직,

결혼, 그 외에도 무엇인가로 표창을 받거나 TV에 출연하거나 하는 그런 때를 전후해서 일을 추진하면 커다란 행운이 들어오게 된다. 계절로는 여름, 숫자 1이 붙는 날, 일요일, 맑은 날씨를 보이는 날에도 좋은 운이 깃들여 있다.

## 8월 23일 ~ 9월 23일 처녀자리

*성실함과 실적으로 견고한 운을 획득한다.*
*좋은 파트너가 나타나서 순환성이 좋은 리듬에 올라타게 된다.*

**당신의 개운 방법과 약점**　　처녀자리는 그 이름대로 순수하며 건전한 정신의 소유자이다. 뜬구름과 같은 행운 따위는 쳐다보지도 않고 매일 성실히 노력을 거듭해 나간다. 그 결과 멀리 돌아갈지언정 실적이 뒷받침되는 견고한 운을 획득하는 것이 특징이다. 또한 섬세한 관찰력과 배려를 겸비한 당신은 매우 잘 가르치고 잘 지도해서 키워 낸 후배 등이 은혜를 갚는 패턴으로 좋은 운을 가져오는 경우도 많을 것이다.

반면에 소심하므로 돌발적인 운으로 갈아타는 능력은 결여되어 있어서 모처럼의 스카우트 제안이나 발탁의 찬스를 지레 포기해버리는 경우도 자주 있을 것이다. 신경질적이고 긴장을 잘하는 것도 처녀자리의 커다란 약점이다. 결정적인 순간에 컨디션을 망치거나 실력을 미처 다 발휘하지도 못하여 최대의 좋은 운을 잘 잡지 못하는 경우가 있다.

**잡은 운을 살리는 방법**　　어느 정도 운이 궤도에 오르고 지위나 상응하는 입장을 획득했으면 파트너와 함께 이인삼각으로 달려 나가는 것 같은 모드로 바꿀 것을 추천한다. 처녀자리는 역할의식이 강해서 누군가를 위해서 헌신한다는 사실을 실감하지 못하면 의욕이 떨어져버리기 쉽다. 상대의 기대에 부응하도록 노력하고 격려나 협력을 얻게 되면 재차 파워를 상승시키는, 그러한 좋은 순환이 생기면 운이 확대일로로 걷게 될 것이다.

외모를 치장하거나 단장하는데 투자하는 것도 중요한 포인트가 된다. 퀼리티가 좋은 소재의 의상이나 장신구 보석 등, 오리지널 제품을 몸에 두르면 일류 여성으로서의 광채를 갖추게 되고 당신이 서툴렀던 자기 어필이나 교섭 행위도 유리하게 전개된다. 즉, 잡은 운에 부가가치가 더 붙게 되는 셈이다.

**운을 잡기 쉬운 것은?**　　견실파인 처녀자리의 운이 열리는 시기는 결코 빠르지 않다. 아마도 30대 중반부터 실적을 인정받아 요직에 앉거나 해서 크게 비약하게 된다. 일, 생활 모두가 단조로운 패턴으로 지속되어 슬슬 매너리즘이 생기기 시작할 때 찬스가 찾아오게 된다. 일 년 중에서는 초가을, 숫자 5가 붙는 날, 수요일에 행운이 있다.

## 9월 24일 ~ 10월 23일 천칭자리

*남으로부터 운을 받아들이는 수동형이다.*
*여성의 매력과 함께 꽃피는 것이 특징이다.*

**당신의 개운 방법과 약점**　　천칭자리는 원래 수동적인 별자리다. 사람들에게 사랑받고 응원을 받아서 성공의 길로 이끌려진다. 운은 스스로 캐치하기 보다는 받아들여지는 것이 압도적으로 많을 것이다. 그렇지만 그 이전에 당신은 천성의 사교가이고 뛰어난 천부적 대인관계 능력과 자질이 있기 때문이다. 남의 장점을 이끌어내어 약점을 보완하고 또 조정역할을 담당하거나 하여서 남들로부터 감사인사를 받거나, 또는 좋은 조건에서 운을 선물받거나, 혹은 좋은 평판이 확대되어 어느 틈엔가 운이 저만치서 가까이 다가오게 되는 경우 등은 자주 있는 이야기가 된다. 다투지 않고서도 경쟁률이 높은 운을 손에 넣는 테크닉은 대서특필감일 것이다.

반면에 운은 남들이 부여해 주는 것이 당연하다고 의존적으로 생각하기 일쑤이기도 하다. 고지가 바로 눈앞이라서 좀 더 힘을 내면 손에 넣을 수 있는 찬스인데도 그런 곳에는 눈길을 주지도 않는다. 우유부단한 성격이 발목을 잡아서 마지막 순간에 결단력을 내리지 못하고 도망쳐버리는 케이스도 있다.

**잡은 운을 살리는 방법**　　모처럼 운이 좋아졌어도 대충 맞이했던 것은 아니었는지? 사실 그 진정한 가치는 태어나지 않는 것이다. 바로 이것이라고 생각되는 일이나 사랑을 손에 넣었다면 나머지는 버리고 임하는 각오가 필요하다. 집착심이 없는 천칭자리도 이것이 마지막이라고 생각되면 애착심이 끓어올라서 무슨 일이 있어도 끝까지 지키려는 진지함이 나오게 된다.

또 캐치한 운은 주위에 비밀로 해두는 것도 중요한 포인트가 된다. 남에게 영향을 받기가 쉽고 뭔가에 대한 이야기를 들으면 혼란을 갖기 쉬운 당신이지만 홀로 컸다면 운은 무럭무럭 커져나간다. 단, 결혼하고부터는 이야기는 달라진다. 가장 사랑하는 파트너야 말로 천칭자리의 운을 강화시키고 향상시켜주는 둘도 없는 존재이다. 어떤 것이든 서로 나누고 살아가도록 하자.

**운을 잡기 쉬운 것은?**　　천칭자리의 운은 여자로서의 매력과 병행하여 개화하는 것이 특징이다. 20대 중반부터 후반에 걸쳐서 스카우트나 신데렐라가 될 수 있는 운이 집중된다. 진학이나 독립, 결혼 등 인생의 전환기에서 크게 운이 열리는 경우가 많을 것이다. 1년에서는 2월, 6월, 10월, 주말과 월말에 럭키 찬스가 집중될 것이다.

# 10월 24일 ~ 11월 22일 전갈자리

*불굴의 정열이야말로 역경에서 럭키 찬스를 불러내는 동력이 된다.*
*잠자고 있는 능력이 활짝 꽃피게 된다.*

**당신의 개운 방법과 약점** 　전갈자리는 역경의 별자리라고 불리는데, 핀치나 위기에 직면했을 때야말로 본령을 발휘하는 것이 특징이다. 압도적으로 형세가 불리해도, 주변사람들이 온통 단념해도 결코 포기하지 않는다. 그런 집념과도 같은 정열로 기사회생을 도모하거나 극적으로 운을 돌려세우거나 하는 것이 전갈자리의 패턴인 것이다. 또, 남으로부터 물려받는 식으로 행운을 캐치하는 것도 전갈자리에게는 자주 있는 일이다. 지인으로부터의 부탁이나 선배의 후임업무를 기꺼이 받아들이도록 하자.

다만 고집이 강하고 기민하지 못해서 소위 말하는 세상살이에서 손해를 보기 일쑤이다. 주변에 맞장구를 치지 못해서 찬스를 놓치거나 하는 약점이 있는 것이다. 단순한 욕심으로 하나의 사랑이나 목표에 계속해서 집착하고 다른 곳에 있을 행복을 포기해버리는 실패수가 전혀 없지는 않다.

**잡은 운을 살리는 방법** 　전갈자리의 집중력, 집착심의 모든 것을 보여주는 것은 운을 쟁취하기 까지다. 그 이후는 오히려 자기 자신을 풀어주어 모험을 걸어보는 자세로 전환하는 것이 유리하다. 한가지의 성공을 얻으면 그 기세를 몰아서 두 팔을 펼치거나, 혹은 완전히 다른 분야로 옮겨서 변신을 도모하거나, 사랑이 결실을 맺는다면 일에서도 모험을 즐겨보거나 한다. 그 대담하고도 용감스러움이 무언가가 끼어 들 틈을 주지 않으며, 뿐만 아니라 다른 가능성을 불러들여서 운은 보다 더 한층 광범위하게 변화되어 간다.

동시에 행동 면에서도 자신을 자유스럽게 스스로 풀어주는 것도 중요하다. 해외여행을 하거나 야외에서 자연과 친해지거나 하는 것이다. 일상이나 속박에서 빠져나오거나 함으로서 심기일전되고 시야도 넓어지며 잠자고 있던 파워나 능력이 차차 눈을 뜰 것이다.

**운을 잡기 쉬운 것은?** 　인생의 개운기는 비교적 느려서 정신적으로도 경제적으로도 본격적으로 혜택을 받기 시작되는 것은 30대 후반일 것이다. 또, 신상에 불행이나 사고가 일어난 뒤에 이상하게도 찬스가 찾아오는 경향이 많은 것도 특징이다. 일년중 3월, 7월, 11월, 0이 붙는 날, 월초와 월말에도 운이 강해진다.

# 11월 23일 ~ 12월 21일 **사수자리**

*원하는 것은 직공법으로 노려라.*
*손에 넣은 운은 장기적으로 수비를 강화하면 안심할 수 있다.*

**당신의 개운 방법과 약점**　사수자리는 발전과 확대를 나타내는 별자리로 늘 전진을 목표로 하는 긍정적 사고의 소유자이다. 운을 캐치하는 방법도 당당하고 파워풀하다. 자기가 필요로 하는 것은 「탐난다」고 정면으로 말하고 곧바로 손대는 편이다. 하지만 결코 강제적으로 강탈하거나 하지는 않는다. 대담하게 공략해서 계기를 만들면 그 효과나 반동으로 운이 움직이게 되는데 거기에서 메리트가 확대된 곳을 확실하게 캐치한다. 이것이 정통파 사수자리 패턴이다. 또한, 외국과 관련해서 운을 캐치하는 것도 특징이다. 일, 금전, 연애, 외국여행이나 해외정보가 행운을 부르는 실마리가 된다. 사실은 그 좋은 결단력이 약점이다. 초면이거나 첫인상의 감촉이 나쁘면 사실은 상성이 좋은 이야기인데도 그것을 잘라 버려서 나중에 후회하는 경우도 있다. 너무 손을 잘 떼는 성향이어서 운의 원천을 잃어버릴 우려도 있다.

**잡은 운을 살리는 방법**　운에 가속도가 붙어서 커져나가고 세력의 범위도 점점 확대되는 것이 사수자리인 당신에게 주어진 최대의 장점이다. 때문에 어느 정도 성공을 손에 넣으면 의식적으로 속도를 늦추고 장기전으로 돌입한다는 생각으로 수비력 강화에 전력을 쏟도록 하자. 이미 충분히 남들을 리드하고 있으므로 전문적인 지식이나 기능, 매력을 늘려가기 위한 시간과 돈을 사용하면 좋을 것이다. 그 여유로움이 다시금 실력을 북돋아서 운에도 진정한 파워와 깊이가 더해질 것이다. 또한 캐치한 운을 일단은 연장자에게 맡겨보는 것도 행운의 포석이 된다. 공과가 생기면 그것을 선배의 이름으로 보고하도록 하고, 연장자를 사이에 두고 정식으로 교제를 신청하는 등 시도해 보면 좋을 것이다.

**운을 잡기 쉬운 것은?**　사수자리의 운은 환경의 변화와 함께 열려나가는 경향이 있다. 유학, 전직, 전출 등, 인생의 기로가 찾아올 때마다 처해지는 입장이나 수입이 상승한다. 선천적으로 명예운도 좋다. 또 해외로 나감으로서 콤플렉스가 개성으로 바뀌고 인생이 열려나가는 사람도 있다. 찬스 연령은 23세, 33세고 계절로는 가을이 강운이다.

## 12월 22일 ~ 1월 20일 염소자리

*정신적으로는 터프하며 목표가 정해지면 운을 확실히 캐치한다.*

**당신의 개운 방법과 약점**　염소자리는 12성좌 중에서 제일가는 노력가로서 목적의식이 강하고 정신적으로 터프하다. 운을 캐치하는 방법도 견실한 타입이다. 목표를 정하면 놀거나 쉬지 않고 차곡차곡 그 기반을 다져나가기 시작한다. 그 금욕적인 노력의 결과, 남보다 완성도 높은 운을 손에 넣는다. 지구력도 뛰어나다. 주위가 팽개친 운도 끌어 당겨서 크게 키워나가는 것도 염소자리의 특기라고 할 수 있다. 한편, 목표달성을 위해서는 수단과 방법을 가리지 않는 가혹한 면도 있어서 사람들을 멀어지게 만드는 하나의 요인이 된다. 필요한 때에 협력을 얻지 못하거나 시야나 사고가 독선적으로 바뀌어 운에 브레이크를 걸어 버릴 우려가 있다. 또한, 매우 큰 찬스를 노리다가 커다란 행운의 씨앗이 되는 운을 소홀히 하게 되는 경향이 있다.

**잡은 운을 살리는 방법**　운을 손에 넣었어도 그 운을 독차지하고 있는 것이 아닌지, 비난이 거세지고 운도 점점 약해진다. 자격취득, 합격, 수입의 증가 등과 같은 구체적인 성과를 얻으면 주위에 그 테크닉을 전수시켜 주는 것이 중요하다. 그렇게 하면 운이 달아날지도 모른다고 생각하겠지만 당신의 명성이나 실력은 반대로 넓게 확산되어 갈 것이며, 다른 인연이나 찬스가 다가오게 될 것이다. 이렇게 해서 순수한 자세가 주위의 공감을 얻게 되고 다양함과 확장성이 풍부한 운이 다가오게 될 것이다. 또한, 운을 캐치한 뒤에는 타협하지 않는 것이 가장 중요한 조건이다. 그 성공을 발판으로 보다 더 이상적인 환경을 다지고 다시금 향상을 목표로 노력한다. 그런 흔들림이 없는 향상심이 당신 자신의 그릇과 운을 키워준다.

**운을 잡기 쉬운 것은?**　염소자리의 운은 소위 대기만성 타입이다. 20대까지는 급격한 발전은 없지만 30세 소리가 나올 때 즈음해서 여성 최초의 임원으로 발탁되거나 또는 재벌가로 시집가는 신데렐라가 되거나 하는 등 큰 행운을 얻게 된다. 실연이나 좌절 같은 역경의 뒤에는 운이 피어나는 것도 특징이다. 매월 8일, 17일, 26일과 비오는 날의 밤은 운이 강해진다.

# 1월 21일 ~ 2월 18일 **물병자리**

*냉정한 판단으로 운을 손에 넣는 별자리.*
*팀플레이로 실력이상의 힘을 발휘한다.*

**당신의 개운 방법과 약점** 　물병자리는 머리 회전이 빠르고 유연성도 뛰어나다. 급한 예정변경이나 트러블 등 돌발적인 사건에도 뛰어난 임기응변으로 잘 대처해 나간다. 갈 팡질팡하고 있는 주위에 눈길도 주지 않고 냉정한 판단으로 정확하게 행동하여 운을 손에 넣는 경우가 많을 것이다. 말하자면 해프닝을 역으로 이용하여 운을 캐치하는 타입이다. 연대의식이 강하고 팀플레이로 실력 이상의 능력을 발휘할 수 있는 것도 특징이다. 동료와 힘을 합쳐서 운을 캐치해 내는 경우 또한 많을 것이다. 반면에 너무 깔끔한 성격을 견지해도 이것이 약점으로 작용할 수 있다는 것을 유의해야 한다. 사람들과 논쟁을 하거나 억척스럽게 노력하기 싫어하므로 일부러 운을 양보해버리거나 고지 바로 앞에서 운을 날려 보내버리거나 하기 일쑤다. 너무 개성을 중시한 나머지 남과는 다른 운만을 추구하여 평범한 운을 경시하기 쉬운 점도 마이너스로 작용한다.

**잡은 운을 살리는 방법** 　해프닝을 역으로 이용하여 그것을 운으로 낚아채 나가는 물병자리의 그 선명한 솜씨는 센세이션을 불러일으키고, 주위로부터는 선망의 눈길을 받는 경우도 자주 있다. 단, 그것만으로는 자잘한 만족밖에 얻지 못한다. 주위에 환원하여야 비로소 운이 움직여서 커다란 행운의 울타리를 그려나가게 되는 것이다. 일이나 레저에서 주역이 되었다면 다른 사람에게도 꽃다발이 들려지게끔 하는 등 소위 운빨의 공유도 잊지 않도록 하자. 그런 행동에 대해 보답하고자 또 다른 좋은 운이 찾아와 주거나 아니면 무엇보다도 당신의 진가가 인정되는 단초가 될 것이다. 또 운을 캐치하기까지 냉정한 판단력이 모든 것을 말해주지만 일단 손에 넣으면 그 뒤는 감이 작동될 것이다. 이치보다는 직감을 중시하는 패턴으로 운용해 나가기를 도모해 보기 바란다.

**운을 잡기 쉬운 것은?** 　물병자리의 행운기는 4년 주기로 찾아온다. 특히 24세, 28세, 32세쯤에는 심신의 에너지가 높아지고 동경하던 직업이 결정되어 독립을 하는 등 빅 찬스를 맞이하기가 쉬워진다. 그 밖에 우연하게도 그리운 사람과 재회한 뒤거나 윤년이거나, 계절이 바뀌는 시기 등에도 운이 강해지는 경향이 있다.

## 2월 19일 ~ 3월 20일 물고기자리

*남을 위한 행동을 하면 운이 되돌아온다.*
*찬스를 살리려면 직감을 믿어라.*

**당신의 개운 방법과 약점**　헌신적이고 남에게 잘하는 배려심 많은 물고기자리는 자기보다 상대를 생각하고 움직이므로 운은 주위에서 되돌아오는 형태로 손에 들어오는 경향이 많을 것이다. 남을 치켜세워 주려던 것이 거꾸로 자신이 치켜세워 지거나 보답을 바라지 않고 한 행동에 그 이상의 보답으로서 물품이나 찬스를 얻는 것이 당신의 행운 패턴이다. 또, 잠재의식에 이끌려 운을 획득하는 등 특수한 케이스도 있다. 꿈이나 직감이 잘 들어 맞는다는 점도 기대할 만하다. 하지만 너무 사람이 착해서 속거나 이용당하기 쉬운 것은 약점이다. 요령꾼 선배에게 성과를 뺏기거나 근거도 없는 소문이나 누명 등의 태클로 찬스를 놓치게 되는 경우도 있을 법한 이야기이다. 또 운을 캐치는 했으나 현실에 어두워서 그 뒤는 어떻게 해야 좋을지 몰라 하는 경우도 있으므로 주의가 필요하다.

**잡은 운을 살리는 방법**　커다란 행운을 손에 넣으면, 남에게 갖다 바치기만 해서는 물고기자리는 조금이라도 행복해질 수 없다. 자기에게 절대적으로 필요한 것, 이것만큼은 꼭 필요하다고 생각되는 것은 무슨 일이 있더라도 그 자리에서 곧바로 움직여서 손에 넣었던 사실을 주위에 공표해 두어야 한다. 그렇게 하면 본능적으로 남에게 뺏기지 않을 것이라는 신념이 생겨서 운을 캐치하고서도 놓지 않는 강한 당신이 될 것이다. 공격은 최대의 방어라는 말은 외워두어야 할 덕목 중의 한가지이다. 특기인 직감에 의해 찬스가 다가오려고 반짝이고 있음을 느끼면 털고 일어나 나가보는 것도 하나의 방법이 된다. 또한 운이 좋은 사람, 추진력이 좋은 사람과 행동을 공유하면 운의 퀄리티, 그레이드가 함께 상승된다.

**운을 잡기 쉬운 것은?**　물고기자리의 운은 꿈과 손을 맞잡고 찾아온다. 어린 시절부터의 꿈의 실현에 나서거나 "그 나이에 무슨……?" 이라는 소리를 들으면서 새로운 취미생활을 시작하거나 한 것이 계기가 되어 행운도가 급상승하게 된다. 봉사활동이나 지인을 도와주던 것이 인연이 되어 운이 열려지는 경우도 있다. 매년 3월과 장마시기, 7이 붙는 날, 석양이 물드는 시간에도 행운이 깃들어 있다.

# LOVE
## 연애운

*역시 필요한 연애 개운력
자기다운 매력을 개발승여 행복한 사랑을 손에 넣자.*

연애에서 유사한 실패를 되풀이하는 것은 당신의 천부적인 캐릭터나 매력을 충분히 활용하지 못했기 때문이다. 때문에 수호성이 알려주는 매력 상승의 아이템이나 럭키 포인트를 잘 활용하도록 하자. 연애운을 끌어당겨 와서 놓치지 않는 테크닉을 터득하면 지금보다도 더 행복한 연애가 당신 것이 된다.

### 3월 21일 ~ 4월 20일 양자리
*뒤를 쫓기만 하는 연애는 졸업하고 인연의 끈을 확고히 하는 것이 지속적인 사랑의 비결이다.*

정열적이고 공격적인 것이 양자리의 사랑이다. 격정적인 정열이야말로, 당신의 매력을 빛나게 하고 남성의 마음을 잡을 수 있게 된다. 뱅글 팔찌같은 투박한 액세서리나 스포티한 모자를 지니면 사랑의 에너지가 샘솟게 된다.

또한 양자리의 투쟁본능은 사랑에 장애가 많을수록 강하게 발휘된다. 그 결과 진흙탕 상황까지 불사하는 국면으로 치닫는 경우도 있다. 결전을 눈앞에 두고 있다면 9가 붙는 날짜가 가장 좋다. 메이크 업이나 치장할 때는 레드 컬러를 조합하면 효율이 급상승된다. 밀리터리 계열의 패션도 권장할만하다.

나비 모티브 목걸이,
나비 모티브 브로치, 뱅글, 캡

쉽게 달아오르지만 식기도 쉬운 것이 양자리의 사랑에 있어서의 약점이다. 커플이라면 나비 모티브의 액세서리를 그에게 선물한다면 인연이 더욱 두터워져 사랑이 지속되는 효과를 얻을 수 있다.

 ## 4월 21일 ~ 5월 21일 황소자리
*풍부한 오감이 최대의 무기이다. 온화하고 성실한 사랑을 키워나가자.*

황소자리의 풍부한 오감은 다른 말로서는 "여성으로서의 매력, 풍부한 능력"으로 표현된다. 맛있는 요리나 쾌적한 환경으로 꾸미는 재능 등으로 여성의 멋진 면을 남성에게 향유시키는 것이 바로 당신인 것이다. 황소자리다운, 플로랄 계통의 향수를 걸치도록 하자.

사랑에 신중한 황소자리의 경우 안심감이 사랑으로 직결되는 경향이 있다. 집이 가깝거나 출신지역이 같은 남성과의 인연은 소중히 여기자. 6이 붙는 날, 꽃 모티브의 피어스나 귀걸이가 사랑을 진전시켜줄 것이다.

단, 황소자리는 독점욕이 강하여 사소한 것에도 질투를 부려서 둘의 관계에 흠집을 내기 일쑤이기도 하다. 그럴 때는 황수정 목걸이나 반지로 치장하도록 하자. 마음이 가라앉으면서 불필요한 트러블에서 소중한 사랑을 지켜내 줄 것이다.

시트린 목걸이, 시트린 링, 피어스,
오데 토왈렛 오프레시아

## 5월 22일 ~ 6월 21일 **쌍둥이자리**

*냉정함과 정열을 잘 컨트롤 해가면서 연하남과 교제함으로 더욱 더 매력이 상승한다.*

깔끔하고 지적인 쌍둥이자리는 연애를 게임처럼 즐기는 경향이 있다. 또한 겉과 속의 표정을 달리하여 불륜같은 어른들의 연애도 즐기는 타입이다. 그런 연애를 즐기고 있을 때의 마성과 같은 매력이야말로 쌍둥이자리를 가장 빛내주는 것이다. 대칭적인 디자인으로 만들어진 물건이나 장갑같은 것을 지니면 남성의 마음을 흔들어 놓게 되고 연애의 게임을 유리하게 전개시키는 파워가 깃들게 된다.

또 쌍둥이자리의 수호신인 수성은 "젊음"을 관장하는 별이다. 연하인 남자와의 연애는 새로운 매력이 발휘되게 해 줄것이다. 쌍둥이자리의 럭키 포인트인 손목을 강조하는 팔찌나 실버 링을 몸에 걸치면 사랑의 승자가 될 수 있다.

사랑이 싹트기 쉬운 환경은 5가 붙는 날짜, 전철이나 버스 등 대중교통을 매개로 하는 상황에서의 만남에 기대할만 하다. 사랑의 파워가 조금이라도 가라앉게 된다면 방안에 수선화를 장식해 두면 의욕이 넘쳐나게 될 것이다.

링, 두 줄의 팔찌, 글러브

### ★「백합꽃을 찾아내자」

들이나 해변에서 언뜻 백합꽃을 보았다면 그것은 옛날의 사랑이 재연된다는 암시이다. 잊을 수 없는 첫 연인이나, 한번은 고백을 했지만 성사되지 못했던 남성으로부터 연락이 있을지도 모른다. 물론, 당신이 먼저 연락해도 잘 되어갈 것이다.

6월 22일 ~ 7월 22일 게자리

*모성애가 게자리에게 있어서 사랑의 기본이 된다. 연인은 남편이라고 생각하고 남성을 간파하도록 하자.*

게자리의 사랑은 모성애가 기본이 된다. 모성의 사랑으로 남성을 감싸 안아주고 의지처가 되어 주어서 상대가 성장해 가는 것 자체야 말로 당신에게 있어서 이 세상에 둘도 없는 가장 큰 기쁨이 될 것이다.

게자리의 수호신인 달은 당신에게 예리한 영감을 부여했다. 직감적으로 무엇인가 필이 꼽히는 느낌의 남성과는 운명적인 인연으로 연결되어 급속히 사랑으로 발전하게 되는 경우가 많을 것이다.

초승달 모티브의 목걸이나 문스톤 링을 몸에 걸치면 원래부터 갖고 있던 감각이 보다 더 아름답게 연마되어 당신에게 어울리는 남성을 찾아낼 수 있는 힘이 증가된다. 조우하기 쉬운 환경은 2가 붙는 날이나 바다가 가까운 장소다.

또 게자리에게 있어서 모성의 상징인 풍만한 가슴은 차밍 포인트가 된다. 캐미솔 등으로 가슴을 강조하여 눈부심을 연출해야 함을 늘 염두에 두도록 하자. 조개를 상징화한 아이템을 방안에 장식품으로 두면 상처를 입기 쉬운 당신의 마음을 지켜줄 것이다.

모성애가 게자리에게는 사랑의 기본이 된다. 연인은 남편이라고 생각하고 남성을 간파하도록 하자.

초승달 모티브 펜던트, 목걸이 체인, 문스톤 링, 뿔고동 타입의 소품, 캐미솔

# 7월 23일 ~ 8월 22일 **사자자리**
*드라마틱한 연애를 만끽하려면, 위로부터의 시선으로 당당하게 어프로치를*

드라마같이 스케일이 큰 연애를 경험할 운명을 지닌 사자자리는 화려한 매력과 풍부한 애정표현으로 말 그대로의 드라마틱한 연애를 몇 번이나 경험하게 될 운명이다.

장식이 달린 모자나 좀 크다 싶은 액세서리를 지니면 사랑의 전개가 보다 극적으로 진행되어 당신의 인생을 화려한 사랑의 에피소드로 물들여 줄 것이다.

수호성인 태양은 지위나 외모 등에서 일류인 남성과의 만남을 약속해준다. 만남이 쉽게 이뤄지려면 일요일에 참가한 클럽이나 파티석이. 반짝이나 구슬 등이 달려서 반짝반짝 빛나는 소재를 몸에 지니면 사랑의 획득 성공률이 상승된다.

사자자리는 여성의 별자리다. 접근 단계에서도 결코 낮추지 말고 당당하게 사랑을 요구해보자. 대쉬할 때는 재스민 향기가 풍기게 하면 자신감과 매력을 높여서 보기 좋게 상대방을 함락시킬 수 있을 것이다

팔찌, 백, 모자

★ 「그에게 나의 생각이 통한다」

작은 핑크색의 하트 모양 스티커나 스탬프 등을 왼쪽 집게손가락의 배 부분에 붙이고 반창고로 감는다. 그와 가까운 곳에 서서 왼쪽 집게손가락을 이마의 중앙에 대고 눈을 감은 뒤에 그의 생각을 마음속으로 외치면 OK! 그리고 그를 지그시 바라보고 있으면 생각이 통하게 된다.

## 8월 23일 ~ 9월 23일 **처녀자리**

*결혼을 전제로 한 연애가 행복의 열쇠가 된다. 청초한 아름다움을 유지하도록 늘 유념하자.*

마음속에 영원한 처녀성을 감추고 있는 처녀자리는 섬세한 특성상 사랑에 겁을 내는 내는 편이지만 한번 마음을 허락한 남성에게는 성심성의로써 한꺼번에 애정을 바치게 된다.
은방울꽃 향기가 나는 향수에는 당신의 청순한 아름다움이 빛을 내고, 순애의 에너지를 불러 오는 효과가 있다.
경계심이 강한 처녀자리는 우연한 만남을 사랑으로 이끌어가는 소질은 약한 편이다. 우연한 만남이 없다면 회사 동료나 어릴 적의 친구들로 표적을 좁혀 보자. 눈에 확 들어오는 대상이 있다면 레이스가 달린 손수건이나 왠지 지적인 느낌이 들어 주변의 이목을 끌 수 있는 문방구나 사무용품을 손이 닿는 가까운 곳에 두고서 사랑의 찬스를 불러보도록 하자. 사랑이 잉태되기 쉬운 시기는 1월과 숫자 5가 붙는 날이다. 유리 액세서리는 수호신의 에너지가 깃들어 있어서 부적으로 삼으면 최고로 좋다.
청초하고 예의바른 처녀자리는 소개를 받는 운이 강해서 연장자로부터 맞선이나 혼담이 많이 들어 올 것이다. 특히 3월, 10살 위의 연상의 남성과 만남은 행운이 들어 있다.
결혼을 전제로 한 연애가 행복의 열쇠가 된다. 청초한 아름다움을 유지하도록 늘 유념하자.

유리 액세서리, 손수건, 레더 다이어리,
펜, 릴리 오브 더 발레

## 9월 24일 ~ 10월 23일 천칭자리

*사랑받음으로서 더욱 빛나는 성좌. 우유부단함을 극복하면 보다 멋진 행운이 온다.*

사랑과 아름다움의 별인 금성을 수호성으로 갖고 있는 천칭자리는 누구에게라도 사랑받을 수 있는 은총이 가득한 연애운의 소유자다. 당신의 연애 패턴은 동지같은 연대감에서 사랑으로 발전되어 나가기 쉬운 운명이다. 남성과 업무상 서로 협력하거나 서클에서 합숙 MT를 가거나 했을 때가 찬스가 된다. 장미 계열의 향수를 흩뿌려서 남성을 끌어당기는 파워를 상승시켜 보자.

단, 사랑의 기본은 수동태다. 우유부단하고 상대의 대쉬에는 약한 면도 있다. 또한 남성의 사랑을 시험해보려다가 모처럼 얻은 좋은 인연을 놓쳐버릴 가능성도 있다. 오페라 펌푸스나 코르사주는 고급스럽고 안정된 사랑을 키워나가는 힘을 불러 줄 것이다.

천칭자리의 정위치는 결혼을 나타내는 위치이기 때문에 사랑이 결혼으로 맺어지기 쉬운 행운에 충만되어 있다. 또한 그와 결혼을 원한다면 에메랄드 반지를 끼고 데이트를 하면 그로부터의 구애를 이끌어 낼 수 있을 것이다.

사랑받음으로서 더욱 빛나는 성좌. 우유부단함을 극복하면 보다 멋진 행운이 온다.

에메랄드 링, 코르사주, 오페라 펌푸스,
오데 토왈렛 오로즈

# 10월 24일 ~ 11월 22일 전갈자리
*사랑의 장애물이 방해를 하더라도 천부적인 역전운을 발휘해 보자.*

전갈자리 여성은 뛰어난 섹스어필의 파워를 갖추고 있다. 일단 당신과 베드를 함께 했던 남성은 당신과 떨어지기 어려워질 정도가 된다. 사랑의 성취를 노린다면 베드로의 유혹을 매끄럽게 하는 것이 가장 중요할 것이다. 데이트 전에 머스크 계열의 향기가 나도록 장착하고 상대의 섹스 본능을 자극시켜 보자. 또한 조명이 어두운 장소, 다크 레드의 루주는 당신의 신비스런 매력을 높여주고 만남의 운을 상승시키는 효과가 있다. 심야의 바는 특히 유망한 장소가 된다.

너무 사랑에 빠져드는 나머지 남성이 숨이 막힐 정도의 느낌이 들도록 만들기 쉬운 것이 전갈자리의 결점이다. 그것이 원인이 되어서 이별을 통고받게 될 위험성도 있다. 또, 결혼 운은 그럭저럭 좋은 편이라고 하더라도 골인 직전에서 번잡스런 일이 생기는 운명이다. 단, 역전의 타임에서는 뛰어난 힘과 행운을 갖고 있는 것이 전갈자리의 강점이다. 사랑의 승부를 결정짓게 되는 중요한 타임에는 오팔 링이나 목걸이를 걸치고 자신의 강점을 최대한 발휘해 보자.

오팔 목걸이, 오팔 링, 립, 캔들 머스크

### ★ 「잃어버렸던 반지를 찾았다」

옛사랑과의 관계가 부활된다는 암시다. 옛날부터 반지에는 "사랑이 담겨 밀봉되어 있다"고 여겨져 왔다. 잃어버린 반지가 발견되었다는 것은 반지를 잃어버렸을 시기에 사귀던 남성과의 사랑이 부활한다는 의미가 될 것이다.

# 11월 23일 ~ 12월 21일 **사수자리**

*첫눈에 반했다면 그것에 행운이 들어 있다.*
*여성스런 귀염성을 잊지 않도록.*

직선적인 정열로 사랑을 획득하는 사수자리는 마치 사냥감을 향해 날아가는 화살처럼 사랑의 행동은 직선적이다. 첫눈에 반하는 것에 행운적인 요소가 깃들어 있고 빼앗는 사랑이나 경쟁률이 높은 사랑에도 좋은 결과를 얻는다. 라이벌한테 이기고 싶다면 말굽스타일 목걸이나 터키석을 수호신의 부적으로 삼아보도록 하자. 또한 외국과 인연이 두터워서, 출장이 빈번한 남성과의 교제나 국제결혼은 운명을 좋은 방향으로 개운시킬 수 있는 계기가 된다.

하지만 사수자리는 발전성이 없는 남성과 교제하면 갑자기 좋은 운을 놓쳐버리기 쉬운 경향도 있다. 때문에 사랑이 식으면 깨끗하게 결별하는 것이 좋다. 또한 너무 다이내믹하여서 다소 귀염성이 떨어지는 것도 문제다. "일랑일랑" 향수를 몸에 풍기도록 하고 자기 속에 있는 "여자"를 깨우도록 하자.

속박을 싫어하는 사수자리는 결혼한 뒤에 자유가 없으면 이혼으로 달릴 위험성이 매우 높은 타입이다. 방 안에 카네이션을 꾸며놓으면 서로의 독립성을 중시하면서 서로 존중해주는 관계를 구축할 수 있다.

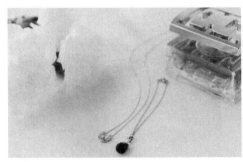

에스페셜리 에스까다 오드파르팽,
터콰이즈 펜던트, 팔찌 체인,
말굽 모티브 목걸이

# 12월 22일 ~ 1월 20일 **염소자리**

*이성에 대한 경계심을 없애면 연애운과 결혼운이 자연스럽게 상승된다.*

염소자리는 금욕적인 매력을 장점으로 하여 사랑의 행운을 거머쥐는 별자리다. 차분하고 어른스러운 인상을 어필한다면 부유한 연상 남성이 쉽게 빠져들게 될 것이다. 전통양식의 소품은 당신의 그러한 매력을 이끌어내는 최강의 아이템이 되어준다. 꽃꽂이, 다도, 고전무용 등의 전통적인 취미를 갖는다면 연애운은 물론이고 결혼운도 자연스럽게 상승된다.

업무상의 교제나 결혼으로 골인되는 교제가 일어나기 쉬운 것이 염소자리의 특징이다. 토요일 밤, 일류 레스토랑이나 호텔의 바에서 만남도 성공의 확률이 높은 사랑으로 발전한다는 암시가 있다. 오닉스 펜던트를 걸치고 있으면 남성을 고르는 눈이 한층 예리해질 것이다.

염소자리의 연애에서 약점은 붙임성이 없고 애정표현이 서툴다는 점이다. 남성에 대한 경계심이 그렇게 만드는 것이다. 데이트 직전에는 라벤더 향기를 맡아서 기분을 이완시킨 뒤에 그 기분을 유지하고 나간다면 남성에게 솔직한 심정을 열어 놓을 수 있게 될 것이다.

오닉스 펜던트, 목걸이 체인,
파우치 타입 동전지갑,
오벌 퓨드 라벤더,
레이 퓨드 라벤더

# 1월 21일 ~ 2월 18일 **물병자리**

*우정과 연애가 일체화되는 경향이 있다.*
*사랑이 이뤄지려면 연대감이 필요하다*

우정을 관장하는 물병자리는 연애감정과 우정이 공존하고 있을 때가 많아서 뭔가 질질 끌려가는 듯한 남녀관계를 싫어하는 경향이 있다. 그런 의미로 본다면, 어쨌든 남성과는 우정을 쌓아나가는 것이 사랑을 성공시킬 수 있는 비결이 된다. 은제의 모던한 소품이나 형광색 액세서리는 중성적이며 특정적이지 못한 당신의 매력을 향상시켜 주는 아이템이 된다.

물병자리는 우연한 해프닝이 행운으로 이어지는 운명이다. 만남이 이뤄지지 않는다면 보이쉬한 향수나 감귤 계열의 향수를 뿌리고 남성과의 만남이 이뤄지게 만드는 운기를 높여보자. 또, 메일이나 휴대폰 등 통신기기를 활용하는 것도 물병자리다운 사랑다지기 테크닉이다. 고백은 4가 붙는 날, 토요일 밤이 베스트다. 속박을 싫어하는 물병자리는 자연 소멸의 위험성이 높은 타입이다. 공통의 목표를 갖거나 같은 서클에 가입하는 등 연대감을 잃지 않도록 하자. 기성세대에 휘둘리지 말고 독자의 관계성을 구축해 나가자.

그라스, 목걸이, 휴대폰,
오데 트왈렛 시실리안 라임

# 2월 19일 ~ 3월 20일 물고기자리
*정에 이끌리지 말아야 상대를 고르는데 실수가 없다.*

정열적이고 감수성이 풍부한 물고기자리는 귀염성과 섹시함을 겸비하였기 때문에 남성들이 쉽게 반해버리기 쉬운 타입이다. 하지만 사랑의 모습은 기본적으로 수동태가 된다. 그가 날 유혹해 주기를 바란다면 오랑캐꽃 향기가 몸에서 풍기도록 고안해보자. 사랑에 빠지면 끝장을 보려는 듯이 상대에게 모든 것을 다 바쳐버리고, 인생 그 자체를 망칠 수 있는 우려도 있다. 타이거 아이의 액세서리를 장신구로 지니면 이성을 간파해내는 힘을 기를 수 있으며 행복한 사랑만을 골라 낼 수 있게 된다. 또 물고기자리는 비밀을 주관하는 별자리이다. 비밀스런 사랑이나 불륜이 의외로 행복감을 가져다주고 남들이 눈치 채지 못하게 사랑받고 있다는 환희를 만끽할 수 있다. 비밀스런 사랑을 즐기고 싶다면 속이 비치는 속옷을 애용하기를 추천한다. 단, 정에 이끌리기 쉬운 것이 물고기자리의 단점으로서, 본의가 아닌 관계로 빠지기 쉬운 경향이 있다. 수정으로 만든 핑키 링을 오른 손에 끼면 확실하게 거절할 수 있는 힘이 솟아날 것이다.

타이거 아이 체인, 팬던트 톱,
수정 핑키링, 립밤

### ★「잃어버렸던 반지를 찾았다」

옛사랑과의 관계가 부활된다는 암시다. 옛날부터 반지에는 "사랑이 담겨 밀봉되어 있다"고 여겨져 왔다. 잃어버린 반지가 발견되었다는 것은 반지를 잃어버렸을 시기에 사귀던 남성과의 사랑이 부활한다는 의미가 될 것이다.

# Money
## 재운

사람에 따라서 돈과의 인연은 각양각색이다. 돈과 원만하게 사귀기 위해서는 자신이 갖고 있는 재운을 알아 둘 필요가 있다. 여기서 12성좌별로 재운이 강한 순서로 랭킹을 매겨본다. 자신의 별자리 랭킹이 낮더라도 걱정할 필요는 없다. 누구나 지니고 태어난 천부적인 운을 활용하거나 또는 그 운을 강화하는 방법을 실행해서 당신의 재운을 불러내 보자.

## 1위

### 95점

### 4월 21일 ~ 5월 21일 **황소자리**

*착실하게 노력하여 확실하게 벌고, 모으는 방법도 현명하며 잘 모으기도 한다.*

**기본적인 재운**　　황소자리는 본래, 재운의 성좌라고 불릴 정도로 금전 면에서의 운은 뛰어난 호운을 지니고 있다. 그렇다고는 하지만 결코 화려하거나 하지도 않으며 착실하게 노력하여 남보다 더 벌고, 그것을 즐기면서 쓸 줄도 알고, 적절하게 잘 남겨서 현명하게 불려나가는 타입이다. 즉, 금전에 관한 천부적으로 이상적이고 좋은 사이클을 지니고 태어났다고 할 수 있다. 무리하지 않고 자연체로 있으면 95점 이상의 재운을 지니게 된다. 26세 이후 갑자기 생활이 윤택해지다가 그 후로는 상승일로를 걷게 된다.

**재운을 향상시키는 열쇠**　　금전이나 귀금속 등, 부(富) 그 자체에 관한 직업이나 직장에 몸을 담게 되면 금전 수입의 운기가 비약적으로 좋아지는 경향이 있다. 금융관계, 보석가공이나 장식 등의 직업이 유망하다. 또, 모은 돈은 물건으로 바꿈으로서 행운이 상승된다. 골드 코인, 부동산 등을 계획적으로 구입해 두면 좋을 것이다. 주식을 사려면 식품, 외식 관련 등의 기업을 마크해 보자. E, N, W의 이니셜이 붙는 브랜드도 좋은 인연이 있다.

**풍수로 보는, 강력한 운의 방위**　　황소자리에게 있어서 북동쪽은 재운을 주관하는 방위이다. 현재 거주하는 곳의 북동쪽에 해당하는 금융기관이 예금기관으로서 매우 좋은 에너지를 갖고 있다. 정보를 나타내는 방위의 북쪽에 통신이나 AV기기를 설치하면 유익한 재테크나 부업같은 제의가 들어 올 것이다.

### 강운을 불러오는 숫자와 그 사용법

0…… 강력한 강운수다. 로또나 복권은 0이 붙는 날에 구입한다.

1…… 저축의 강운수다. 구좌개설, 투자의 스타트 등은 1이 붙는 날에 하자.

2…… 계약, 교섭이나 상담 등은 2가 붙는 날에 하자.

3…… 선물의 행운수다. 3이 붙는 날의 현상공모나 제비뽑기는 매우 좋다.

4…… 부모님에게 군자금을 부탁할 때다. 4가 붙는 날, 4시 대는 좋은 답이 돌아 올 것이다.

5…… 갬블에서는 5가 붙는 좌석이나 마권 등이 유리하다.

6…… 모험하기에 강운수다. 투자 등은 6이 붙는 날, 6시 대에 하자.

7…… 집단교섭에 강운수다. 월급 인상 등은 7명이 팀을 짜서 행동하자.

8…… 공부의 강운수다. 8층이나 8호실에서의 재테크 강좌는 유익하니 적극 참가해 보자.

9…… 비밀을 지키는 숫자다. 통장의 비밀번호는 끝자리를 9로 하자.

#### ★「아침에 엎드린 상태에서 잠이 깬다」

멋있는 연인이 나타날 예감이다. 그리스에서는 사랑의 신인 에로스가 등에 사랑의 화살을 쏠 때는 사람은 엎드려서 자야 한다고 한다. 당신이 엎드린 상태에서 잠이 깬 것은 가까운 시일에 연인이 생길 것이라는 징조이다.

#### ★「오른 쪽 귀걸이가 벗겨졌다」

좋아하는 남성에 대한 좋지 않은 소문이 들릴 암시다. 옛날 사람들은 귀걸이나 피어스 등 귀에 장식하는 액세서리는 근거없는 소문을 만들지 않는 부적으로 믿고 있었다. 그러한 부적과도 같은 것이 벗겨졌다면 좋지 않은 소문이 당신의 귀에 들어온다는 암시이다. 때로는 오른 쪽 귀는 좋아하는 남성을 나타내기도 한다.

## 7월 23일 ~ 8월 22일 **사자자리**

*크게 벌어서 쓰는 사람이다.*
*재운을 강화하려면 자기 어필력이 필수적이다.*

■ **기본적인 재운**　　사자자리는 에너지가 충만하며 화려한 성격이다. 리더십도 강해서 남의 위에 서도록 숙명적으로 결정되어 있다. 금방 두각을 나타내고 관리직으로 승진되는 것도 빠르며 수입 또한 톱 클래스이다. 또한 기업경영에는 천성적인 재능이 있다. 비교적 어릴 때부터 뒷받침해 주는 스폰서가 생겨서 독립하기도 한다. 크게 벌어서 크게 쓰는 운으로 지출이 하려하면 화려한 만큼 수입도 늘어난다. 종합적으로 본다면 득점이 높아서 90점 정도의 재운을 보인다.

■ **재운을 향상시키는 열쇠**　　재운은 자기 자신을 돋보이게 함으로서 열려나가게 된다. 남 앞에서의 스피치 등, 자기를 어필할 수 있는 기회는 놓치지 말고 잡아야 한다. 실력자의 눈에 띄게 되거나 조력을 받게 되거나 또는 큰 프로젝트나 재테크와 관련된 이야기가 들어오는 경우가 많을 것이다. 고급스런 숍이나 회원제 스포츠 클럽에 출입하는 것도 행운을 불러다 준다.

■ **풍수로 보는, 강력한 운의 방위**　　화려한 생활을 좋아하고 교제관계도 넓은 사자자리는 지출도 화려하다. 통장이나 귀중품 보관은 재운을 관할하는 서북서쪽이 좋다. 저절로 검약정신이 높아져 돈이 쌓이게 될 것이다.

■ **강운을 불러오는 숫자와 그 사용법**

0 …… 부동산에 관련되어서는 강운수다. 번지의 끝자리가 0인 물건은 구입을 권하는 바이다.

1 …… 자기투자의 강운수다. 1이 붙는 날을 고르자.

2 …… 도움을 구하려면 2가 붙는 날에 하자.

3 …… 갬블의 강운수다. 인원수나 숫자의 끝이 3이면 매우 좋다.

4 …… 파트너 선택에 강운수다. 출자는 4살 많거나 적은 사람과 상성이 좋다.

5 …… 부수입의 강운수다. 아르바이트는 5가 붙는 날에 시작한다.

6 …… 정보수집의 행운수다. 6이 붙는 날, 여섯 명이 하는 잡담에서 투자이야기가 나올 듯하다.

7 …… 선물의 강운수다. 7이 붙는 날의 한 턱이나 선물을 기대하라.

8 …… 약속의 강운수다. 8이 붙는 날, 8시 대에 약속하라.

9 …… 해외운을 강화시켜 준다. 외화저축 등을 고려해 보고, 9가 붙는 날이나 9시 대를 노려라.

## 2위 90점

### 9월 24일 ~ 10월 23일 천칭자리

*주위에서의 원조로 금전에는 어려움을 겪지 않는 별이다. 남성의 원조가 가장 크다.*

**기본적인 재운**　　미적 의식이 풍부하고 아름다움에 대한 투자를 아끼지 않으며 지출도 늘어날 것이다. 수동적이고 생기가 부족하여 자력으로 수입운을 열어나가기 어려운 경향도 있다. 단, 천칭자리의 수호성은 부귀를 주관하는 금성이다. 원조를 받는 운이 강해서 지출이 많은데도 의외로 돈에는 어려움을 겪지 않을 운명이다. 30살 전후로 백마를 탄 왕자에게 시집간다는 암시도 있다. 원조운도 강하여 90점을 매길 수 있는 후한 재운이다.

**재운을 향상시키는 열쇠**　　남성의 원조에 의하여 재운이 크게 열린다. 아름다워지기 위한 비용은 필요경비라고 생각하자. 또한 본래의 밸런스 감각이 풍부하여 수입과 지출의 균형을 맞출 수 있다. 오히려 너무 아끼다가는 마음에 여유가 없어져 원조운도 멀어지므로 주의할 것. 재테크는 그림이나 미술공예품에 투자하는 것이 유망하다.

**풍수로 보는, 강력한 운의 방위**　　우아하고 고귀한 이미지가 매력인 천칭자리는 경제적인 여유로움이 필요하다. 서남서 방향에 선인장을 두면 투자나 호봉인상 등에 좋은 에너지가 생겨남과 동시에 한번 들어온 돈은 나가기 힘들어진다.

**강운을 불러오는 숫자와 그 사용법**

0······ 재테크의 강운수다. 저금의 개시일에 좋고, 구좌번호 끝자리가 0이면 럭키 데이가 된다.

1······ 이상실현의 숫자다. 1일 붙는 날에 재테크 플랜을 세우자.

2······ 곤란함을 뿌리칠 수 있는 강운수다. 장기 론이나 적금은 2가 붙는 날에 하자.

3······ 복수하기에 강운수. 돈 때문에 옥신각신한다면 3시 대에, 3이 붙는 날에 화해하자.

4······ 갬블의 강운수다. 갬블을 하는 달이나 날짜, 이용 창구 등은 4를 택하자.

5······ 큰 계획을 세우는데 강운수다. 장래에 대한 머니 플랜은 5가 붙는 날에 하자.

6······ 액운을 피하는데 좋은 숫자다. 위험한 투자의 결정은 6이 붙는 날에 하자.

7······ 전표나 가계부의 정리는 7일 붙는 날, 7시 대에 하자.

8······ 아군을 만드는데 강운수다. 끝자리 8이 생일인 사람은 의지할 수 있는 아군이다.

9······ 사람을 선택하는데 강운수다. 9가 붙는 날, 아홉 명의 후보 중에서 파트너를 고르자.

## 8월 23일 ~ 9월 23일 처녀자리

*꼼꼼한 계획성으로 안전하고 확실하게 운용한다. 때로는 모험도 해보자.*

**기본적인 재운**　계획적으로 꼼꼼한 처녀자리는 저축의 달인이다. 정보에도 민감하므로 연구 또한 열심이다. 각종 할인이나 특전과 관련한 정보, 바겐세일 정보 등을 현명하게 사용한다. 가계부를 쓰다보면 절약효과가 높아지는 것도 특징이다. 천부적인 재운이 강하지는 않아서 30대까지는 여유는 없지만 40대 이후부터는 일정한 재산만 생기면 비약적으로 늘려 나갈 수 있다. 85점 정도의 재운을 갖고 있다.

**재운을 향상시키는 열쇠**　작은 손익에 연연하여 커다란 이익을 놓치기 일쑤다. 판단력은 뛰어나므로 찬스라고 판단되면 크게 모험을 할 수 있어야 한다. 소량의 주식 거래로 배짱을 키워보면 어떨까? 또 전문적인 기술이나 자격을 살리면서 독립하면 수입이 급증될 운기를 갖고 있다. 의료, 건강산업과 연관을 지으면 큰돈을 벌 수 있는 가능성이 크다.

**풍수로 보는, 강력한 운의 방위**　재운을 높이는 방위는 서쪽이다. 통장이나 인감을 서쪽에 보관하면 수익성이 있는 부업이나 아르바이트 제안이 들어 올 것이다. 게다가 서쪽에 창문이 나있는 방이라면 월급도 빨리 오를 것이다.

**강운을 불러오는 숫자와 그 사용법**

0⋯⋯ 정보의 행운수다. 0이 붙는 날의 구인정보나 끝자리가 0인 전화번호는 길하다.

1⋯⋯ 자신을 지켜주는 숫자다. 돈을 빌리거나 상담을 하려면 1이 붙는 날짜를 선택하자.

2⋯⋯ 우연성이 있는 숫자다. 2가 붙는 날짜, 2시 대의 이벤트는 임시 수입을 불러 온다.

3⋯⋯ 재운을 불러주는 숫자다. 3이 붙는 날짜, 3이 붙는 금액부터 저축을 시작하자.

4⋯⋯ 취직에 강운이 붙는 숫자다. 수험번호, 면접일의 끝자리가 4라면 결과도 좋을 것이다.

5 ⋯⋯ 인생을 지배하는 행운수다. 새로운 계획은 5가 붙는 날에 세우자.

6⋯⋯ 여행은 6이 붙는 날에 출발하자. 횡재나 금맥도 캘 수 있는 여행이 될 것이다.

7⋯⋯ 소개에 있어서 강운의 날짜다. 7일 붙는 날에 소개팅은 행복을 보증한다.

8⋯⋯ 결단, 승부에 있어서의 강운수다. 투자에 유용하게 활용할 수 있다.

9⋯⋯ 역전의 강운수다. 불리한 교섭은 9가 붙는 날에 행하자.

## 5위

**80점**

### 3월 21일 ~ 4월 20일 양자리

*금전 수입운은 하이레벨이다. 충동구매를 자제하고 확실한 재산을 만들어 가자*

**기본적인 재운**　양자리는 행동적으로 다이내믹한 성격이다. 스스로 운명을 개척해 나가는 강인함이 있고 수입운은 하이레벨이다. 단, 충동적이어서 갖고 싶은 것 때문에 자제하지 못하고 지출해버리는 경향이 있다. 냉정하게 자기제어를 할 수 있다면 상당한 재산을 만들 것이다. 수입은 30대 이후에 내리막길이 된다. 20대 안에 저축을 해두자. 또 동업은 실패율이 높다. 돈을 벌려면 혼자서 벌어야 한다. 금전의 지출과 수입이 심한 운기지만 수입 쪽의 운기가 강하므로 점수로서는 80점이다.

**재운을 향상시키는 열쇠**　양자리는 자잘한 스트레스를 받으면 충동구매로 빠지기 쉽다. 하지만 일에서 능력을 인정받으면 스트레스가 줄어들어서 충동구매 또한 적어진다. 30대 이후의 재운 향상에는 독립이나 프리랜서 직업을 찾도록 하자. 재테크 면에서는 외화예금, 소규모 주식거래 등에 행운이 깃들어 있다. 이니셜이 A, C, J인 브랜드나 그러한 은행 이름이 좋다. 갬블도 용돈벌이 정도는 가능하지만 깊게 빠지면 안 된다.

**풍수로 보는, 강력한 운의 방위**　북쪽은 저축운을 향상시키는 방위가 된다. 화장실 북쪽에 함선이나 범선 등의 배 조형물을 두면 돈이 모이기 시작할 것이다. 연장자의 조력을 의미하는 남쪽의 창문은 가능하면 열어두도록 하자. 그러면 승진이나 연봉 인상 등의 행운이 들어오게 된다.

**강운을 불러오는 숫자와 그 사용법**

0 …… 감추고자 하는 것이 있을 때 적합한 숫자다. 비밀번호는 끝자리가 0인 것으로 하자.

1 …… 레저를 즐기기에 강운이 깃든 숫자다. 1일 붙는 날이면 돈 되는 일이 일어날 것이다

2 …… 부동산은 2가 붙는 날에 구입하자. 2번지, 2층 등의 물건이 행운을 불러준다.

3 …… 해외운을 강화시키는 숫자다. 3이 붙는 날, 3시 대에 외화예금이나 해외구매도 길하다

4 …… 전직하기에 강운수다. 응모나 면접은 이 날에 하자. 수입 상승도 가능하다

5 …… 채무 변제나 정산은 5가 붙는 날에 하자.

6 …… 계약하는 날짜에 적합한 숫자다. 론의 액수도 6이 붙는 금액으로 하자.

7 …… 창작하는데 길한 숫자다. 7일 붙는 날에 발표하면 실질적인 이익이 동반된다.

8 …… 업무를 보는데 강운수다. 8일 붙는 날짜에 상담은 유리하게 전개될 것이다.

9 …… 승리를 부르는 숫자다. 투자는 9번, 9가 붙는 금액에 행운이 들어 있다.

# 5위

# 80점

## 10월 24일 ～ 11월 22일 **전갈자리**
*낭비하지 않아서 수지 밸런스가 안정적이며 복권운도 좋다.*

**기본적인 재운**　　도가 아니면 모와 같은 극단적인 재운을 갖고 있으며 증여나 보험 등과 같이 예상외의 수입에 선천적인 행운이 깃들어 있다. 복권이나 현상공모에 강하기도 한 것이 전갈자리다. 원래 신중하고 경계심이 많은 성격이므로 충동구매나 낭비 따위는 하지 않고 위험한 투기 등에도 가담하지 않는다. 재운 자체는 안정적이지만 수입을 효율적으로 늘려가기에는 서툰 면이 있다. 또한 40~50대에 유산처럼 커다란 재산이 들어오는 운기를 갖고 있으며, 30대 이후에는 실력을 인정받아 수입도 급상승할 것이다.

**재운을 향상시키는 열쇠**　　운세적으로는 남의 돈을 이용하여 행운을 부르는 것이 전갈자리의 특징이다. 자기 자신의 돈을 이용하기보다는 론을 이용하는 등의 금융기관 활용 테크닉을 구사해야 할 것이다. 또한 역경에 빠질수록 파워를 발휘하므로 차라리 돈을 빌려서라도 재테크하는 것도 권장할만하다. 갬블도 돈을 잃은 뒤에 한 번 더 지르는 마지막 근성에 행운이 깃들어 있다. 「잃지 않겠다」는 근성이 지렛대가 되어서 대박을 치게 되는 것이다. 본격적으로 컬렉션을 해보는 것도 나쁘지 않다. 프리미엄이 붙어서 커다란 재산으로 바뀔 것이다.

**풍수로 보는, 강력한 운의 방위**　　남으로부터 물려받은 재운을 강화시키려면 북북동으로 큰 거울을 설치하자. 복권같은 것도 이 위치에 보관하면 생각지도 못한 수입의 혜택이 발생할 것이다.

**강운을 불러오는 숫자와 그 사용법**

0 …… 부탁하고 싶은 일이 있을 때는 0이 붙는 날을 고르자.

1 …… 수상을 기대한다면 이 날이 강운수다. 작품발표는 1이 붙는 날에 하자.

2 …… 갬블하기에 좋은 숫자다. 복권의 끝자리는 2로 하자.

3 …… 저축의 행운수다. 3이 붙는 날에 시작하자.

4 …… 부동산의 강운수다. 4가 붙는 날에 부동산 물건을 고르면 좋고 4층의 룸도 매우 좋다.

5 …… 공동 프로젝트의 유망수다. 5가 붙는 날이 생일인 사람과는 강운이며 5명도 행운이다.

6 …… 전직은 구인지의 6페이지를 주목하자. 응모도 6이 붙는 날에 하자.

7 …… 소개팅의 강운수다. 7이 붙는 날에 알게 된 남성은 부자일 가능성이 크다.

8 …… 패널 아르바이트하기에 행운수다. 8일, 8인 좌담회 등은 좋은 용돈벌이가 된다.

9 …… 약속하는데 있어서의 강운수다. 중요한 계약 등은 9가 붙는 날이 안전하다.

## 6월 22일 ~ 7월 22일 게자리

*꾸준히 저축하는 능력은 12성좌 중에서 가장 뛰어나며 부동산에도 행운이 있다.*

**기본적인 재운**　뭐든지 모아두는 성격인 게자리는 아무 저금이나 좋아한다. 절약정신이 왕성하고 리사이클이나 바겐세일의 활용 등, 현명하게 지출을 줄이고 저축으로 돌려서 꼼꼼하게 재물을 모아 간다. 수입에 비해서는 그래도 소규모 부자인 것이 특징이다. 정에 이끌리기 쉬운 면이 독이 되어 모아 둔 돈을 지인이나 연인에게 지출해버리는 경향도 있다. 수입은 상사나 경영자로부터 인정받으면 상승되어 나간다. 그렇지 않으면 평범하되 기복은 있지만 30대 이후부터는 안정적으로 바뀐다.

**재운을 향상시키는 열쇠**　게자리의 재운은 지켜야 할 것을 설정함으로써 급상승되어 나간다. 때문에 빨리 결혼하여 가정을 갖는 것이 매우 좋다. 생활을 지키려고 노동의식을 늘려서 저축에도 박차를 가할 것이다. 직업은 요식업에 발군의 적성을 보인다. 음식점에서 일하면서 스스로 경영하면 어느 쪽이던 생활이 윤택해진다. 또 부동산에도 행운이 있다. 재형저축이나 적금 등으로 늘려가며 원 룸에서도 자신만의 성벽을 구축해 나간다.

**풍수로 보는, 강력한 운의 방위**　서쪽은 부동산운을 관장한다. 서쪽에 현관이 있는 집에 살면 그 다음에는 자기 집에서 살게 될 가능성도 높다. 구입은 북쪽이 좋은 방위가 된다. 예를 들면 구입한 주택을 임대놓아서 월세의 수입을 노려보는 것도 명안이다.

**강운을 불러오는 숫자와 그 사용법**

0 …… 갬블의 강운수다. 0이 붙는 날에 승부를 걸자

1 …… 귀금속의 구입은 1이 붙는 날에 혼자 가서 구입하자.

2 …… 결단의 행운수. 큰 투자는 2가 붙는 날에 하자.

3 …… 경리업무의 행운수다. 전표나 장부정리는 3이 붙는 날에 하자.

4 …… 득템을 부르는데 행운수다. 4가 붙는 날에 누군가 한턱을 내거나 4층에서 무엇인가를 줍기도 한다.

5 …… 무엇인가를 실현하기에 좋은 강운수다. 5가 붙는 날이 생일인 사람이나 다섯 명에게 부탁하면 순조롭게 풀려 나갈 것이다.

6 …… 부동산의 강운수다. 이사나 구입은 6이 붙는 번지수를 고르자.

7 …… 모험해 보고 싶은 때에 적합한 숫자다. 위험한 투자는 7이 붙는 날에 하자.

8 …… 인맥만들기에 강운수다. 8월이나 8이 붙는 인원수가 참가하는 회의에 금맥이 있다.

9 …… 상담은 9가 붙는 날에 하면 좋은 결과가 있다.

## 7위 70점 · 12월 22일 ~ 1월 20일 염소자리

*장기 플랜으로 꾸준히 저축을 늘려간다. 돈을 버는 파워를 단련하자.*

**기본적인 재운** 끈기있게 노력을 쌓아나가서 만년에는 많은 재산이나 지위를 구축하는 타입이다. 근성이 구두쇠이므로 대인관계가 늘어나지 않기 때문에 투자 등의 좋은 제안이 들어오기가 어렵다. 수입과 지출이 모두 스케일이 적어지기 쉬우므로 돈이 모이는 속도는 늦다. 단순히 조금씩 모으는 것이 아니라 좀 더 크게 벌 수 있는 방법을 생각하자. 재운은 40세 이후에 급상승한다. 잘 모으지만 큰 찬스 또한 놓치기 쉬우므로 점수로서는 70점이다.

**재운을 향상시키는 열쇠** 현실적이고 낭비를 싫어하는 염소자리는 적은 지출을 아끼다가 찬스를 놓치기 쉽다. 특히 인맥은 금맥이라는 점을 명심하고 교제비는 작심하고 잘 쓰도록 해야 한다. 숫자에 강하므로 재테크에는 열심히 임하도록 하고 금리계산도 치밀하게 하자. 항상 유리한 금융상품으로 갈아타면 두 배나 세 배의 재산 축적도 가능하다. 토지나 가옥의 증식에도 인연이 있어서 아파트나 별장을 사는 것도 유망한 재테크가 된다. 또한 엔틱 제품을 구입하는 것도 멋진 재산 증식 수단이 된다.

**풍수로 보는, 강력한 운의 방위** 염소자리에게 있어서 동쪽은 부동산이나 이사를 관장하는 위치다. 현주소의 동쪽에 있으며 가까운 곳에 강이 흐르는 아파트는 강운을 불러오는 이사방위가 된다.

**강운을 불러오는 숫자와 그 사용법**

0 ······ 재테크 강좌, 연구회에 가려면 0이 붙는 날이다.

1 ······ 어떤 일을 백지상태로 되돌리는 날이다. 계약해지는 1이 붙는 날에 하자.

2 ······ 백마를 탄 남자가 나타나는 날이다. 2가 붙는 날의 소개팅이나 이름에 "이"가 붙는 사람이 유력하다.

3 ······ 원조를 부르는 숫자다. 3인조나 생일에 3이 들어간 사람을 소중히 하자.

4 ······ 저축의 강운수다. 통장이나 비밀번호에는 4를 넣자.

5 ······ 강습받기에 최적의 날이다. 비약적인 제일보가 가능하다.

6 ······ 투자하기에 강운수의 날이다. 6이 붙는 날 구입한 보석, 그림에는 가치가 들어 있다.

7 ······ 설득, 교섭의 강운수다. 7시 대, 7일이 길하다.

8 ······ 경쟁에 있어서 강운수의 날이다. 논쟁을 벌이기에는 8이 붙는 날이 유리하다.

9 ······ 고민해결에 강운수다. 생일의 끝자리가 9인 사람, 9시 대에 상담을 해보자.

**9위**

**60점**

## 5월 22일 ~ 6월 21일 **쌍둥이자리**

*아무리 재물을 잘 운용해도 낭비가 심하다. 허세를 억눌러서 재*
*운을 안정시키자.*

**기본적인 재운** 쌍둥이자리의 재물운은 변동적이다. 요령이 좋으므로 유리한 쪽으로 예금을 재빨리 갈아타거나 유리한 부업을 잘 영위하기도 한다. 재주를 발휘하여 돈을 벌면서 그것을 운용하는 능력도 뛰어나지만 유망한 투자건에 대한 접근방법이 서툴러서 큰 손해를 보거나 해서 의외로 돈이 남아 있지 못한다. 하지만 30세 이후는 지식이나 정보, 인맥을 활용한 직업으로 성공을 거둘 수 있는 운명이기도 하다.

**재운을 향상시키는 열쇠** 재운을 상승시키려면 변화의 리듬에 올라타서 행동해 나가야 한다. 재테크 면에서는 상황에 따라서 투자처를 바꾸는 패턴이나 환금성이 좋은 아이템과 상성이 매우 좋다. 게임 감각으로 주식을 즐기거나 글을 투고하거나 하는 것은 좋은 용돈벌이가 된다. 또한 두 가지의 수입원을 갖는 것도 유망하므로 부업이나 취미를 살리는 아르바이트가 수입을 증대시켜 준다. 신중하고 노력가인 친구(예를 들면 게자리, 전갈자리)를 두면 허세부리기 좋아하는 성격이 제어되어서 재운이 안정적으로 바뀔 것이다.

**풍수로 보는, 강력한 운의 방위** 북쪽은 재운을 향상시키는 방위가 된다. 방의 북쪽에 책상을 놓고 통장이나 인감을 넣어두면 수입이 증대된다.

**강운을 불러오는 숫자와 그 사용법**

0······ 노력의 성과를 보증하는 숫자다. 강습을 받으려면 0이 붙는 날에 결정하자.

1······ 정보의 강운수다. 1이 붙는 날의 전화나 소식은 매우 유익하다.

2······ 쇼핑에 강운수로서 2시 대에 두 명이 나가면 의외의 보물을 득템할 수 있다.

3······ 횡재와 인연이 있는 강운수다. 3이 붙는 날에 대신 일하거나 부탁을 받은 일에는 보답이 기대된다.

4······ 해외운을 강화한다. 외화예금, 해외주식투자는 4가 붙는 날에 하자.

5······ 승부에 강운수다. 갬블은 5명이나 5번이 길하다.

6······ 남자 인연에 강운수다. 6이 붙는 날에 만나거나 데이트를 하면 행복하게 된다.

7······ 직업적인 강운수다. 상담은 7이 붙는 날, 7시 대에 실행하자.

8······ 다른 사람에 대한 조사를 하려면 8이 붙는 날에 하자.

9······ 사교에 있어서 강운수다. 9가 붙는 날의 모임에는 필요한 인맥이나 스폰서가 있다.

# 9위 60점 2월 19일 ~ 3월 20일 물고기자리

*저축에 흥미가 낮다. 자신에게 하는 투자로 재운이 열려나가는 타입이다.*

**기본적인 재운** 물고기자리의 수호성은 직감을 관장하는 해왕성이다. 고수익이 나는 직무나 원조자를 구분하는 감각이 날카롭고 확실하게 수입을 얻는 득템의 운세다. 기본적으로 낭비벽이 있어서 저축에는 흥미가 없는 편이다. 동정심이 깊고 남을 위해서 많은 돈을 쓰거나 놀기 좋아하므로 레저나 음식비도 쌓여갈 것이다. 반면에 남성으로부터의 커다란 조공이 있는 운세여서 부잣집으로 시집갈 운명이기도 하다.

**재운을 향상시키는 열쇠** 남을 위해서 너무 돈을 쓴다는 점이 결점이다. 자신을 위해서 벌어 자신을 위해서 돈을 써야 한다는 점에 유념한다면 재운은 보다 더 열려나갈 것이다. 사회공헌형의 금융 상품이 자기희생심이 강한 물고기자리의 저축욕구를 상승시켜 준다. 주변에 휩쓸리기 쉬우므로 적절히 통제해 줄 수 있는 친구를 두는 것도 유익하다. 또한 물장사로 대성공을 거둘 수 있을 것이다.

**풍수로 보는, 강력한 운의 방위** 동쪽은 재운을 높여주는 방위다. 방의 동쪽에 금속 프레임으로 만들어진 시계를 두자. 시간이 돈으로 바뀌어 수입운이 급상승된다. 복권은 높은 장소에 보관해 두자.

**강운을 불러오는 숫자와 그 사용법**

0 ······ 해외관련의 강운수다. 개인수입이나 브랜드 품 구입은 0이 붙는 날에 하자.

1 ······ 직무운을 높이는 수다. 1이 붙는 날에는 일을 우선으로 하자. 면접도 매우 길하다.

2 ······ 여왕의 수다. 2가 붙는 날의 만남이나 「이」가 붙는 이름을 갖고 있는 남성으로부터의 조공이 있다.

3 ······ 표창을 받는 수. 3이 붙는 날의 공모나 콘테스트에서는 상금을 획득하기 쉽다.

4 ······ 액운을 비켜가는 숫자다. 위험을 수반하는 투자, 거래는 4가 붙는 날에 하자.

5 ······ 변경의 행운수다. 예약변경은 5가 붙는 날에 하자.

6 ······ 물질운이 팽배해지는 숫자다. 6일 붙는 날에는 누군가가 한턱을 낸다.

7 ······ 모험적인 행동에 적합한 숫자다. 7일 붙는 날이나 년도에 결단을 내리자.

8 ······ 제안하기에 최적인 수. 8이 붙는 날에 제출하는 기획이나 아이디어는 반드시 통과될 것이다.

9 ······ 재운의 수호신과 같은 숫자다. 론이나 카드 이용은 9가 붙는 날에 한해서 유익하다.

## 11위

**50점**

### 11월 23일 ~ 12월 21일 사수자리

*있는 만큼 쓰더라도 큰돈을 손에 넣게 될 운이므로 돈에 집중 하자.*

**기본적인 재운** 사수자리는 흥미의 범위가 넓어서 늘 변화를 갈구하며 움직이게 된다. 게다가 대충 마무리 짓는 성격이므로 취미, 여행 등에 있는 만큼 돈을 써대어서 늘 적자가 나는 경향이 강하다. 단, 해외로 나가서 성공하고 큰돈을 만질 수 있는 운이 있다. 갬블에도 강해서 일확천금을 거두는 운을 지녔지만 돈에 대한 집착이 없다는 점을 생각한다면 현재의 점수로서는 50점 정도다.

**재운을 향상시키는 열쇠** 돈에 대한 집착을 강화시키는 것이 열쇠다. 결혼이나 주택 구입 등 구체적인 인생의 토대를 갖지 않는다면 늘 꿈만 꾸는 것에 그치며 돈 또한 소중히 여기지 않게 된다. 사수자리의 수호성인 목성은 주식을 지배한다. 주식을 열심히 연구하면 좋은 용돈벌이가 된다. C, L, U를 지닌 브랜드나 목요일에 이뤄진 거래에는 행운이 있다. 외국에 인연이 있으므로 외화예금이나 해외복권의 구매, 개인수입에도 행운이 들어 있다. 일은 어학이나 스포츠 관련 사이드 비즈니스에서 정신적인 만족이 실현되면서 수입이 늘어날 수 있다.

**풍수로 보는, 강력한 운의 방위** 북쪽은 인수한다는 행동에 있어서의 강운을 불러다 준다. 북쪽의 장식장에 크리스털 컵을 장식해두면 마음속에 이상으로 삼은 집무실이나 업무상의 직위를 물려받을 수 있을 것이다.

**강운을 불러오는 숫자와 그 사용법**

0······ 원조를 필요로 할 때, 끝자리가 0이 되는 날이나 시간이라면 좋은 결과가 나온다.

1······ 커다란 발전을 불러오는 수. 1이 붙는 날의 전직이나 끝자리가 1인 연도에 실행한 해외로의 탈출은 길하다.

2······ 비밀을 지키는 강운수다. 비밀번호는 2를 섞어서 만들자.

3······ 일을 시작하는데 있어서의 강운수다. 저금이나 재테크 개시는 3이 붙는 날에 하자.

4······ 정보가 필요할 때 4가 붙는 날, 4가 붙는 전화번호를 쓰는 사람에게 연락해보자.

5······ 장기전에 강한 수다. 보험가입은 5가 붙는 날이라면 오랫동안 지속될 것이다.

6······ 그룹 활동의 강운수다. 6명이 함께하는 일은 성공을 거둘 수 있다.

7······ 집에 관한 강운수다. 이사나 주택구입도 7이 붙는 날이 매우 길하다.

8······ 쇼핑하기에 강운수다. 8이 붙는 가격의 물건에 가치를 품은 것이 많을 것이다.

9······ 갬블의 강운수다. 9가 붙는 숫자에 집착해보자.

## 12위 **40점** 1월 21일 ~ 2월 18일 **물병자리**

*취미생활에 돈을 다 써버리는 자기만족 중시형이다. 발상력이 수입의 증대를 가져다 준다.*

**기본적인 재운**　불안정한 재운을 갖고 있다. 속박을 싫어하므로 전직이 많거나 프리터 생활이 길어지거나 하여서 수입이나 저축 능력은 그저 그런 운세다. 물병자리는 정신적인 것에 가치를 추구하는 별자리여서 그다지 돈을 소중히 여기지 않는다. 경제관념도 부족하고 비싼 취미 용품이나 필요없는 장식 등을 충동적으로 구매하는 경향이 있다. 발상력을 살린다면 수입이 급증하고 꽤 나아지겠지만, 유감스럽게도 재운은 40점에 그친다.

**재운을 향상시키는 열쇠**　독창적인 발상력에 천부적인 소질을 갖고 있는 물병자리는 발명이나 발견이 수익으로 직결될 가능성이 남들보다 큰 장점이 있다. 때문에 아이디어를 특허와 실용신안 쪽으로 관련을 지으면 대박을 칠 수도 있다. 직무 면에서는 기획, 홍보, 제품개발 분야에서 수입이 크게 신장될 것이다. 가계 관리나 재테크에는 컴퓨터를 활용하면 좋은 운이 작동될 것이다. 주식 거래나 외화 예금 등에는 PC의 활용을 꼭 시도해 보도록 하자. 또한 가장 큰 문제점은 돈을 벌고자 하는 의욕이 없다는 점이다. 지적 호기심이 강하기 때문에 수중의 푼돈이라도 증식시키는 실험 등, 게임 감각으로 돈을 증식시켜 보자.

**풍수로 보는, 강력한 운의 방위**　물병자리에게 있어서 동쪽은 정보 수집을 나타내는 방위다. 컴퓨터나 전화를 방의 동쪽에 두면 유리한 정보를 놓치지 않고 캐치할 수 있을 것이다.

**강운을 불러오는 숫자와 그 사용법**

0……합격을 부르는 수. 0이 붙는 날의 면접이나 0이 붙는 수험번호는 행운을 불러온다.

1……설득이나 교섭은 1이 붙는 날이나 시간에 하자.

2……부탁할 일은 2가 붙는 날에 하고, 오후 2시 대를 노리자.

3……우정을 드높이는 숫자다. 공동으로 출자하려면 3명의 그룹으로 하자.

4……인생을 지배하는 강운수다. 중요한 결단, 방침의 변경은 4가 붙는 날에 하면 길하다.

5……만회하고자 할 때의 강운수다. 이전에 실패했던 일은 5가 붙는 날에 해보자.

6……여행의 강운수다. 6이 붙는 날을 찾으면 저렴하게 여행을 다녀올 수 있다.

7……재운을 높일 수 있는 수. 복권은 숫자 7을 섞어서 구입하자.

8……우연의 강운수다. 8이 붙는 시간에 이뤄진 만남에는 행운이 있다.

9……사교에 있어서의 강운수다. 9가 붙는 날의 파티에 부자 남성과 인연이 생길 것 같다.

# Marriage
## 결혼운

베스트 상대, 베스트 타이밍은?
금성성좌가 알려주는 당신의 행복한 결혼 요습

태양성좌가 인간의 기본을 나타낸다면 금성성좌는 여성의 사랑의 힘을 상징한다. 때문에 금성성좌를 이해하면 연애경향을 알 수 있게 된다. 또한 사랑의 금성성좌와 태양성좌 조합에서 당신의 결혼운도 명백해진다.

## 금성성좌를 찾는 법

금성성좌는 태양성좌와 달리 태어난 날이 같아도 나이가 다르면 별자리도 달라진다.
아래 도표에서 당신이 태어난 날의 금성성좌를 확인해보자.
예를 들면 1982년 3월 3일~4월 6일에 태어난 금성성좌는 물병자리가 된다.

### 태양성좌의 엘레멘트(요소) 대응표

| 火 엘레멘트 | 風 엘레멘트 |
|---|---|
| 양자리 · 사자자리 · 사수자리 | 쌍둥이자리 · 천칭자리 · 물병자리 |
| 地 엘레멘트 | 水 엘레멘트 |
| 황소자리 · 처녀자리 · 염소자리 | 게자리 · 전갈자리 · 물고기자리 |

태양성좌를 네 개의 엘레멘트(요소)로 나누면 위와 같다. 기본인 태양성좌(자기의 성좌)가 어느 엘레멘트에 속하는지 조사해서 자신의 금성성좌와 조합되는 칸을 보면 결혼운을 알 수 있다.

| | | | | | | |
|---|---|---|---|---|---|---|
| 1962 | 4/5~ 쌍둥이자리 | 7/22~ 게자리 | 9/3~ 천칭자리 | 3/4~ 물병자리 | 4/18~ 황소자리 | 6/7~ 사자자리 |
| 1/22~ 물병자리 | 5/10~ 게자리 | 8/16~ 사자자리 | 9/27~ 전갈자리 | 3/30~ 물고기자리 | 5/13~ 쌍둥이자리 | 7/10~ 처녀자리 |
| 2/15~ 물고기자리 | 6/18~ 쌍둥이자리 | 9/9~ 처녀자리 | 10/22~사수자리 | 4/24~ 양자리 | 6/6~ 게자리 | 9/3~ 사자자리 |
| 3/11~ 양자리 | 8/6~ 게자리 | 10/4~ 천칭자리 | 11/15~염소자리 | 5/19~ 황소자리 | 7/1~ 사자자리 | 10/5~ 처녀자리 |
| 4/4~ 황소자리 | 9/9~ 사자자리 | 10/28~전갈자리 | 12/10~물병자리 | 6/13~ 쌍둥이자리 | 7/25~ 처녀자리 | 11/10~천칭자리 |
| 4/29~ 쌍둥이자리 | 10/6~ 처녀자리 | 11/20~사수자리 | 1969 | 7/7~ 게자리 | 8/19~ 천칭자리 | 12/7~ 전갈자리 |
| 5/23~ 게자리 | 11/1~ 천칭자리 | 12/14~염소자리 | 1/5~ 물고기자리 | 8/1~ 사자자리 | 9/14~ 전갈자리 | 1976 |
| 6/18~ 사자자리 | 11/25~전갈자리 | 1967 | 2/3~ 양자리 | 8/25~ 처녀자리 | 10/10~사수자리 | 1/2~ 사수자리 |
| 7/13~ 처녀자리 | 12/20~사수자리 | 1/7~ 물병자리 | 6/6~ 황소자리 | 9/18~ 천칭자리 | 11/6~ 염소자리 | 1/27~ 염소자리 |
| 8/9~ 천칭자리 | 1965 | 1/31~ 물고기자리 | 7/7~ 쌍둥이자리 | 10/12~전갈자리 | 12/8~ 물병자리 | 2/20~ 물병자리 |
| 9/7~ 전갈자리 | 1/13~ 염소자리 | 2/24~ 양자리 | 8/4~ 게자리 | 11/5~ 사수자리 | 1974 | 3/15~ 물고기자리 |
| 1963 | 2/6~ 물병자리 | 3/21~ 황소자리 | 8/29~ 사자자리 | 11/29~염소자리 | 1/30~ 염소자리 | 4/9~ 양자리 |
| 1/7~ 사수자리 | 3/2~ 물고기자리 | 4/15~ 쌍둥이자리 | 9/24~ 처녀자리 | 12/24~물병자리 | 3/1~ 물병자리 | 5/3~ 황소자리 |
| 2/6~ 염소자리 | 3/26~ 양자리 | 5/11~ 게자리 | 10/18~천칭자리 | 1972 | 4/7~ 물고기자리 | 5/28~ 쌍둥이자리 |
| 3/5~ 물병자리 | 4/19~ 황소자리 | 6/7~ 사자자리 | 11/11~전갈자리 | 1/17~ 물고기자리 | 5/5~ 양자리 | 6/21~ 게자리 |
| 3/30~ 물고기자리 | 5/13~ 쌍둥이자리 | 7/9~ 처녀자리 | 12/5~ 사수자리 | 2/11~ 양자리 | 6/1~ 황소자리 | 7/15~ 사자자리 |
| 4/25~ 양자리 | 6/7~ 게자리 | 9/10~ 사자자리 | 12/29~염소자리 | 3/8~ 황소자리 | 6/26~ 쌍둥이자리 | 8/9~ 처녀자리 |
| 5/19~ 황소자리 | 7/1~ 사자자리 | 10/2~ 처녀자리 | 1970 | 4/4~ 쌍둥이자리 | 7/22~ 게자리 | 9/2~ 천칭자리 |
| 6/13~ 쌍둥이자리 | 7/26~ 처녀자리 | 11/10~천칭자리 | 1/22~ 물병자리 | 5/11~ 게자리 | 8/15~ 사자자리 | 9/27~ 전갈자리 |
| 7/8~ 게자리 | 8/20~ 천칭자리 | 12/8~ 전갈자리 | 2/15~ 물고기자리 | 6/12~ 쌍둥이자리 | 9/9~ 처녀자리 | 10/21~사수자리 |
| 8/1~ 사자자리 | 9/14~ 전갈자리 | 1968 | 3/11~ 양자리 | 8/6~ 게자리 | 10/3~ 천칭자리 | 11/15~염소자리 |
| 8/26~ 처녀자리 | 10/10~사수자리 | 1/2~ 사수자리 | 4/4~ 황소자리 | 9/8~ 사자자리 | 10/27~전갈자리 | 12/10~물병자리 |
| 9/19~ 천칭자리 | 11/6~ 염소자리 | 1/27~ 염소자리 | 4/28~ 쌍둥이자리 | 10/6~ 처녀자리 | 11/20~사수자리 | 1977 |
| 10/13~전갈자리 | 12/8~ 물병자리 | 2/21~ 물병자리 | 5/23~ 게자리 | 10/31~천칭자리 | 12/14~염소자리 | 1/5~ 물고기자리 |
| 11/6~ 사수자리 | 1966 | 3/16~ 물고기자리 | 6/17~ 사자자리 | 11/25~전갈자리 | 1975 | 2/3~ 양자리 |
| 11/30~염소자리 | 2/7~ 염소자리 | 4/9~ 양자리 | 7/13~ 처녀자리 | 12/19~사수자리 | 1/7~ 물병자리 | 6/7~ 황소자리 |
| 12/24~물병자리 | 2/26~ 물병자리 | 5/4~ 황소자리 | 8/9~ 천칭자리 | 1973 | 1/31~ 물고기자리 | 7/7~ 쌍둥이자리 |
| 1964 | 4/7~ 물고기자리 | 5/28~ 쌍둥이자리 | 9/7~ 전갈자리 | 1/12~ 염소자리 | 2/24~ 양자리 | 8/3~ 게자리 |
| 1/17~ 물고기자리 | 5/6~ 양자리 | 6/22~ 게자리 | 1971 | 2/5~ 물병자리 | 3/20~ 황소자리 | 8/29~ 사자자리 |
| 2/11~ 양자리 | 6/1~ 황소자리 | 7/16~ 사자자리 | 1/7~ 사수자리 | 3/1~ 물고기자리 | 4/14~ 쌍둥이자리 | 9/23~ 처녀자리 |
| 3/8~ 황소자리 | 6/27~ 쌍둥이자리 | 8/9~ 처녀자리 | 2/6~ 염소자리 | 3/25~ 양자리 | 5/10~ 게자리 | 10/17~천칭자리 |

| | | | | | | |
|---|---|---|---|---|---|---|
| 11/11~ 전갈자리 | 1/17~ 물고기자리 | 5/5~ 양자리 | 6/20~ 게자리 | 1987 | 2/4~ 물병자리 | 3/19~ 황소자리 |
| 12/4~ 사수자리 | 2/10~ 양자리 | 5/31~ 황소자리 | 7/15~ 사자자리 | 1/8~ 사수자리 | 2/28~ 물고기자리 | 4/13~ 쌍둥이자리 |
| 12/28~ 염소자리 | 3/7~ 황소자리 | 6/26~ 쌍둥이자리 | 8/8~ 처녀자리 | 2/6~ 염소자리 | 3/24~ 양자리 | 5/9~ 게자리 |
| 1978 | 4/4~ 쌍둥이자리 | 7/21~ 게자리 | 9/2~ 천칭자리 | 3/4~ 물병자리 | 4/17~ 황소자리 | 6/6~ 사자자리 |
| 1/21~ 물병자리 | 5/13~ 게자리 | 8/15~ 사자자리 | 9/26~ 전갈자리 | 3/29~ 물고기자리 | 5/11~ 쌍둥이자리 | 7/11~ 처녀자리 |
| 2/14~ 물고기자리 | 6/6~ 쌍둥이자리 | 9/8~ 처녀자리 | 10/21~ 사수자리 | 4/23~ 양자리 | 6/5~ 게자리 | 8/21~ 사자자리 |
| 3/10~ 양자리 | 8/7~ 게자리 | 10/2~ 천칭자리 | 11/14~ 염소자리 | 5/18~ 황소자리 | 6/29~ 사자자리 | 10/7~ 처녀자리 |
| 4/3~ 황소자리 | 9/8~ 사자자리 | 10/26~ 전갈자리 | 12/10~ 물병자리 | 6/12~ 쌍둥이자리 | 7/24~ 처녀자리 | 11/9~ 천칭자리 |
| 4/28~ 쌍둥이자리 | 10/5~ 처녀자리 | 11/19~ 사수자리 | 1985 | 7/6~ 게자리 | 8/18~ 천칭자리 | 12/6~ 전갈자리 |
| 5/22~ 게자리 | 10/31~ 천칭자리 | 12/13~ 염소자리 | 1/5~ 물고기자리 | 7/31~ 사자자리 | 9/12~ 전갈자리 | 1992 |
| 6/17~ 사자자리 | 11/24~ 전갈자리 | 1983 | 2/3~ 양자리 | 8/24~ 처녀자리 | 10/9~ 사수자리 | 1/1~ 사수자리 |
| 7/12~ 처녀자리 | 12/19~ 사수자리 | 1/6~ 물병자리 | 6/7~ 황소자리 | 9/17~ 천칭자리 | 11/5~ 염소자리 | 1/25~ 염소자리 |
| 8/9~ 천칭자리 | 1981 | 1/30~ 물고기자리 | 7/7~ 쌍둥이자리 | 10/11~ 전갈자리 | 12/10~ 물병자리 | 2/19~ 물병자리 |
| 9/8~ 전갈자리 | 1/12~ 염소자리 | 2/23~ 양자리 | 8/3~ 게자리 | 11/4~ 사수자리 | 1990 | 3/14~ 물고기자리 |
| 1979 | 2/5~ 물병자리 | 3/20~ 황소자리 | 8/29~ 사자자리 | 11/28~ 염소자리 | 1/17~ 염소자리 | 4/7~ 양자리 |
| 1/8~ 사수자리 | 3/1~ 물고기자리 | 4/14~ 쌍둥이자리 | 9/22~ 처녀자리 | 12/23~ 물병자리 | 3/4~ 물병자리 | 5/2~ 황소자리 |
| 2/6~ 염소자리 | 3/25~ 양자리 | 5/10~ 게자리 | 10/17~ 천칭자리 | 1988 | 4/6~ 물고기자리 | 5/26~ 쌍둥이자리 |
| 3/4~ 물병자리 | 4/18~ 황소자리 | 6/7~ 사자자리 | 11/10~ 전갈자리 | 1/16~ 물고기자리 | 5/4~ 양자리 | 6/19~ 게자리 |
| 3/30~ 물고기자리 | 5/12~ 쌍둥이자리 | 7/11~ 처녀자리 | 12/4~ 사수자리 | 2/10~ 양자리 | 5/30~ 황소자리 | 7/14~ 사자자리 |
| 4/24~ 양자리 | 6/6~ 게자리 | 8/28~ 사자자리 | 12/28~ 염소자리 | 3/7~ 황소자리 | 6/25~ 쌍둥이자리 | 8/7~ 처녀자리 |
| 5/18~ 황소자리 | 6/30~ 사자자리 | 10/6~ 처녀자리 | 1986 | 4/4~ 쌍둥이자리 | 7/20~ 게자리 | 9/1~ 천칭자리 |
| 6/12~ 쌍둥이자리 | 7/25~ 처녀자리 | 11/10~ 천칭자리 | 1/21~ 물병자리 | 5/18~ 게자리 | 8/14~ 사자자리 | 9/25~ 전갈자리 |
| 7/7~ 게자리 | 8/19~ 천칭자리 | 12/7~ 전갈자리 | 2/14~ 물고기자리 | 5/27~ 쌍둥이자리 | 9/7~ 처녀자리 | 10/20~ 사수자리 |
| 7/31~ 사자자리 | 9/13~ 전갈자리 | 1984 | 3/10~ 양자리 | 8/7~ 게자리 | 10/1~ 천칭자리 | 11/13~ 염소자리 |
| 8/25~ 처녀자리 | 10/9~ 사수자리 | 1/1~ 사수자리 | 4/3~ 황소자리 | 9/8~ 사자자리 | 10/25~ 전갈자리 | 12/9~ 물병자리 |
| 9/18~ 천칭자리 | 11/6~ 염소자리 | 1/26~ 염소자리 | 4/27~ 쌍둥이자리 | 10/5~ 처녀자리 | 11/18~ 사수자리 | |
| 10/12~ 전갈자리 | 12/9~ 물병자리 | 2/20~ 물병자리 | 5/22~ 게자리 | 10/30~ 천칭자리 | 12/12~ 염소자리 | |
| 11/5~ 사수자리 | 1982 | 3/15~ 물고기자리 | 6/16~ 사자자리 | 11/24~ 전갈자리 | 1991 | |
| 11/29~ 염소자리 | 1/24~ 염소자리 | 4/8~ 양자리 | 7/12~ 처녀자리 | 12/18~ 사수자리 | 1/5~ 물병자리 | |
| 11/23~ 물병자리 | 3/3~ 물병자리 | 5/3~ 황소자리 | 8/8~ 천칭자리 | 1989 | 1/29~ 물고기자리 | |
| 1980 | 4/7~ 물고기자리 | 5/27~ 쌍둥이자리 | 9/8~ 전갈자리 | 1/11~ 염소자리 | 2/22~ 양자리 | |

# 금성성좌가 양자리인 당신

## 火 양자리
*자신을 근본부터 바꾸는, 존경할 수 있는 사람을 고르자.*

이 태생의 사람은, 태양도 금성과 같이 양자리에 있다. 그 사랑은 격렬하게 뜨겁고 타오르는 불꽃같다. 아마도 당신에게 있어서 결혼이란 "연애의 무덤"과 동등한 개념일 것이다. 두 사람의 관계가 안정되고, 형식이나 계약으로 맺어진 현실은 오히려 정열의 불을 꺼 버린다는 것을 의미할 듯하다. 쉽게 말하자면 연애지상주의면서 한 사람에게 얽매이지 않고 청춘을 구가하고 싶어 하는 것이다.

하지만 뒤집어 말하면 그러한 자신을 근본에서부터 바꿔 줄 수 있는 한 남성을 기다리고 있다는 심리도 있다. 실제, 결혼을 계기로 전혀 다른 사람처럼 부드럽고 더욱 여성답게 바뀌는 타입이다.

## 地 황소자리
*행복을 날려 버릴 법한 충동적 바람기는 엄금이다.*

태어났을 때의 당신의 태양은 금성을 덮은 배치를 하여서 여자로서의 행복이나 애정 라이프에 그림자가 드리워지기 일쑤다. 본질적으로 보수적이어서 빨리 결혼하고 싶어도 주저함이나 오기에 빠지는 사람이 적지 않을 것이다.

결혼이 결정된 순간에 장래에 대한 불안감이 들거나 또는 그로부터는 단순한 마누라쟁이 취급을 당하지 않을까 하는 불안감이 들기도 한다. 그럴 때 약혼자 말고 다른 사람으로부터 정열적인 콜을 받았다면 흔들리게 된다. 충동적인 바람기나 모험은 커다란 트러블을 초래한다. 이렇게 눈앞의 행복을 날려버리기 쉽다는 점에는 항상 주의를 기울여야 한다.

## 風 쌍둥이자리, 물병자리
*웨딩드레스를 두 번 이상 입을 가능성이 있다.*

당신의 태양과 금성은 파트너십을 강화하는 위치관계에 있다. 양자리에 금성을 갖고 있는 사람 중에서는 가장 결혼운이 좋은 여성이라고 말할 수 있다. 단지 〈風〉의 성좌 출생은 자유를 사랑하는 기질때문에 한 군데에 오래 머무르는 것을 좋아하지 않는 타입이다. 연애관도 상식에 얽매이지 않기 때문에 두 번 이상 웨딩드레스를 입을 가능성이 높다고 할 수 있다. 전 남편과 새 신랑이 친구사이라던가, 재혼하고서도 전 남편과 친구처럼 지낸다거나 하는 식의 깔끔한 면을 지닌 사람도 있다. 요즘 시대의 패턴처럼 결혼·출산 후에도 당연히 부지런히 움직이며 일하기도 한다.

## 水 물고기자리
*이상만 쫓는 것은 바람직하지 않다. 아기가 운세를 안정되게 만들어 주는 열쇠가 된다.*

당신의 경우는 이상과 현실의 갭이 최대의 난관이다. 원래 로맨티스트로서 멋진 만남에서 시작하여 결혼까지의 드라마를 머릿속으로 상상하거나 멋진 저택에 살고 있는 모습 등 공상의 날개를 펼치는 타입이다.

또한, 금성과 태양의 별자리 모두 충동적이고 믿음이 심한 경향을 나타내고 있다. 외골수적으로 사랑한 결과가 꿈을 깨고 보니 끝난 파티였더라는 패턴에 빠지기 쉽다. 장점이나 아름다움은 결점의 속살이다. 인생은 완벽해질 수 없기 때문에 그것을 메꾸어나가는 기쁨이 있다는 것을 인정하는 것이 행복의 첫걸음이라는 것을 알아야 한다. 아기를 가져야 운세가 안정되고 생활과 부부의 기반도 튼튼해진다.

# 금성성좌가 황소자리인 당신

## 火 양자리
*결심하면 오직 한길, 전격적인 결혼에 주변사람은 아연실색한다.*

당신의 태양은 〈火〉성좌에 있으므로 본래 자립심이 왕성하고 활력적인 여성이다. 평소의 결혼 지향심은 제로상태이며 독신을 지향하는 경향마저 있다고 할 수 있다.

그런데, 황소자리의 금성에서 촉발되어서 사랑을 하게 되면 다른 모습이 나타난다. 그를 독점하려고 하며 항상 그와 함께 있고 싶어 하는 생각이 급속히 나타나게 된다. 뿌리 자체가 열정적이며 충동적인 만큼 확신이 서면 오직 한길로만 나간다. 전격적인 결혼이나 갑자기 방침을 변경하는 등, 주변을 아연실색케 하는 사람이 많은 것도 이 엘레멘트의 특징이다.

## 地 황소자리
*결혼욕구가 강하고 행복한 가정을 동경한다.*

당신의 태양은 금성을 강화하는 구역에 있어서 결혼과 관련하여 그 운기도 양호하다. 안정 지향적인 성향이 강한 〈地〉 성좌 중에서도 결혼욕구가 강하고 행복한 가정에 대한 동경을 남들보다 더 가슴에 품고 있는 타입이다. 만일 지금은 꿈이 소중하고 경력이 재산이라고 간주하고 있어도 막상 결정을 내려야 되는 상황이 되면 일변하여 망설임이 없이 모든 것을 버리고 사랑의 둥지를 찾아 떠나는 각오를 결정할 것이다.

당연히 당신이 사랑을 할 때는 그 연장선상에 결혼을 내다보고 있다. 따라서 남편감은 화려함이나 정열보다 금전감각이나 총명함 등, 현실적인 측면을 추구하는 경향이 크므로 안정되고 평온한 가정을 만들어 나갈 것이다.

## 風 쌍둥이자리
*자신의 꿈을 실현시킬 수 있는, 이해력있는 남성이 베스트다.*

이 태생은 태양과 금성의 영향력이 언밸런스를 보이고 있다. 결혼은 하고 싶지만 속박당하는 것을 싫어하고, 출산이나 육아로 인해 자신의 꿈이 희생당하고 싶지 않은 생각 등, 여러 가지로 갈등을 품기 쉽다.

따라서 평생을 함께 보낼 사람과는 무엇보다도 이해와 공감을 전제로 맺어지고 싶다고 생각한다. 회사 동료나 학창 시절의 친구와 공동생활을 하는 형태로 동거를 단행하고, 결혼 후에도 맞벌이를 하는 케이스가 많은 것은 오로지 대등한 관계를 원하기 때문인 것이다. 평범하면서 조용한 결혼이나 혼인신고를 하지 않는 선택도 무방하다.

## 水 게자리, 물고기자리
*아내가 됨으로서 여자의 매력이 개화되는 사람이다.*

당신의 태양성좌와 금성은 연애보다 결혼에 대한 적성을 잠재적으로 나타내는 배치로 구성되어 있다. 따라서 자신이 느끼지 못해도 아내가 됨으로서 삶의 기쁨과 여자의 매력이 개화될 것임에는 틀림이 없다.

본래 〈水〉 성좌의 연애운은 불안정하여서 상대에 의해 인생이나 자기 자신마저 순시에 변해버린다고 여겨지는 운이다. 그렇지만, 당신의 경우는 황소자리의 금성이 사랑을 정착시켜주고 계속해서 유지시켜 주기 위해서 그 약점을 커버해 준다. 오히려 사랑을 지속시켜가며 결혼으로 결실을 맺어내는 능력이 뛰어나다고 할 수 있다. 연애심이 강한 여자가 많은 〈水〉 성좌 중에서는 예외적으로 착실한 삶을 영위하는 타입이다.

# 금성성좌가 쌍둥이자리인 당신

## 火 양자리, 사자자리
*다양한 연애를 거친 결혼으로 행복을 쟁취하는 사람.*

의외라고 생각할 수도 있지만 이 태생은 결혼에 의해 행복을 쟁취하는 전형적인 사람이다. 원래 〈火〉의 에너지를 갖는 성좌는 뜨거워서 젊었을 때부터 여러 남성들과 사귀면서 연애편력을 쌓아나가는 사람이다. 그러나 쌍둥이자리의 금성과 좋은 밸런스를 갖기 때문에 그러한 경험들이 좋은 교훈이 되어서 남자를 고르는 눈이 길러지는 결과로 연결되는 것이다. 그 결과 자신에게 딱 맞는 남편을 쟁취하여 오랫동안 행복과 사랑 속에서 살아가게 되는 사람이 많을 것이다.
또, 잠재적으로 유명인이나 부잣집 아들에게 사랑받는 운명을 지닌 사람으로 핸섬한 왕자님이 나타날 확률도 매우 높다.

## 地 황소자리
*결혼에 트러블이 발생한다는 암시가 있지만 극복하면 행복이 찾아올 것이다.*

당신이 태어났을 때의 금성과 태양의 각도가 매우 좋지 않았다. 때문에 결혼함에 있어서 애정이 얽힌 트러블이나 장애가 따라 다닐 가능성이 있다. 본래 〈地〉 성좌의 태생은 안정을 지향하고 가정에 대한 적성도 좋은 편이다. 그럼에도 불구하고 묘하게도 인연이 멀어지거나 행운에서 멀어진다면 금성이 여성의 性을 농락하기 때문이다. 거의 다 되어가던 혼담이 무산되거나 예식을 목전에 두고서도 과거의 남자에 대한 미련때문에 고민에 빠지거나 한다.
마음속에 살고 있는 또 다른 자신의 목소리를 극복할 수 있는지의 여부가 행복의 열쇠를 쥘 수 있는 포인트라고 할 수 있다.

**쌍둥이자리**

*결혼에는 흥미가 없지만 진보적인 남성과는 좋은 인연이 있다.*

태양과 금성이 모두 다 〈風〉의 엘레멘트라고 불리는 성좌에 있는 당신은 자유로운 연애를 즐기며 여러 남성과 러브 어페어를 엔조이하는 현대적인 여성이다. 속박이 많고 지속성이 필요한 결혼에는 솔직히 말해서 그다지 흥미가 없다는 것이 진심일지도 모른다.

그렇다고는 하지만 태양과의 각도는 좋으므로 상대를 고르는 눈만 실수하지 않으면 결혼 생활 자체는 순풍에 돛을 단 만선처럼 순조로울 것이다. 사고방식이 진보적인 외국인이나 자영업을 하는 사람과는 특히 파동이 잘 맞아서 잉꼬부부가 될 수 있다.

부부가 각자의 경제권을 유지하거나 데릴사위를 데려오거나 하는 등의 격식을 파괴하는 스타일로는 진행하지 않는 것도 당신만의 특징이다.

 **게자리**

*정열적으로 결혼한 이후에도 사랑을 즐기는 타입이다.*

〈水〉 성좌는 "애정이 많은 여성"이다. 뿐만 아니라 플레이 러브를 관장하는 쌍둥이자리에 금성을 지닌 당신은 말 그대로 사랑하기 위해서 태어났다고 해도 과언이 아닌 사람이다. 좋아지면 한시도 떨어져 있지 못해서 아직 학생이나 미성년자의 몸으로서도 주위의 반대를 무릅쓰고 결혼하는 사람도 있다. 대체적으로 조혼을 하며 20대 전반에 결혼하는 케이스가 대세를 차지하고 있다. 가정을 갖게 되면 안정적으로 변하여 솔선수범하는 현모양처가 된다.

다만 고리타분하거나 타성적인 것에는 견디지 못하는 타입으로 곁눈질을 하거나 복수의 상대와 불륜, 황혼이혼의 경향이 나타남을 부정할 수 없다. 때문에 이성과 냉철함을 유지하는 노력을 경주할 필요성이 있다.

# 금성성좌가 게자리인 당신

## 火 사자리
*신뢰할 만한 사람이 나타나면 바로 골인.*

결혼욕구는 그다지 강하지 않은 것 같지만 금성을 게자리로 갖고 있기 때문에 일단 사랑에 빠진 순간 본래의 가정적인 기질에 눈을 뜨게 되고 일거에 사랑의 보금자리를 만들고 싶은 경향이 있다.

원래 〈火〉의 성좌를 갖고 태어난 사람은 화려한 연애나 드라마를 좋아한다. 이성과의 교제도 다채로워서 서로 속박하지 않는 결혼생활을 추구하는 사람도 많다. 그러나 당신은 사랑하고 사랑받는 기쁨을 느껴감에 따라서 끈끈한 인연이나 안정성을 추구하기 시작한다. 거꾸로 말하면 안정적이고 경제적으로도 정신적으로도 믿고 의지할 수 있을만한 사람을 만나면 골인까지 가는 것은 빠를 것이다.

## 地 황소자리, 처녀자리
*확실한 신뢰관계를 구축하여 천천히 사랑을 데워나가자*

이 태생은 태양과 금성의 파장이 서로 맞으므로 결혼 운이 매우 좋다. 깊은 모성과 〈地〉의 성좌가 갖고 있는 안정성이 더해져서 따뜻한 가정생활과 사랑을 함께 키워나갈 수 있을 것이다.

하지만 연애 자체에는 둔하면서 신중한 타입이다. 고지가 바로 눈앞에 있는 것이 아니므로 한 사람과의 장기 교제를 거쳐서 확실한 신뢰를 쌓은 뒤에야 드디어 본론으로 나서는 경향이다. 그러므로 동거, 주말부부를 거쳐서 결혼이 이뤄진 커플도 많다. 독점욕이 남들보다 많아서 결벽적인 면도 있으므로 바람기 있는 사람이나 플레이 보이는 장래를 맡길 만한 후보에서 제외하는 편이 무난할 것이다.

## 風 쌍둥이자리
*냉정한 연애관이 바뀌어 결혼하면 헌신적인 여성이 된다.*

〈風〉의 성좌로 태어난 당신은 원래 사랑을 냉정하게 단정적으로 생각하는 타입이다. 하지만 결혼에 임해서는 단숨에 바뀌고, 게자리의 금성이 영향을 끼쳐서 '여자로서의 욕심'이 모습을 드러내게 된다.

플레이 러브나 단기적인 연애편력을 쌓아 온 사람도 진정으로 사랑해야 할 존재를 찾아낸 순간, 단번에 헌신적인 여성으로 변모한다. 그때까지 가사나 육아 등에 흥미도 비치지 않았던 사람조차도 연인을 위해 총총히 신부수업에 매진하는 모습도 보인다. 당신을 거기까지 변모시킨 남성은 지성, 인격 모두 수준이 높은 사람이다. 그런 사람과 인연이 있는가의 여부가 결혼운을 좌우한다.


## 水 게자리
*계산적으로 결혼하면 후회할 가능성이 있다.*

당신의 결혼운은 하이 앤드 로우, 어느 쪽이던 극단적으로 기울 것이다. 그도 그럴 것이 태양과 금성이 모두 게자리에 있으며, 또한 어떤 상대를 만나는가에 따라서 인생이 좌우되기 때문이다.

교제 중에도 연애와 결혼에는 항상 동등한 가치를 두는 타입이므로 "이 사람과의 장래는 어떤 모습일까?"라고 마음속에서 항상 그리게 될 것이다.

사랑을 하려면 있는 그대로의 정열을 쏟고 상대를 흡수해버릴 것 같은 당신. 하지만 결혼에 자신의 모든 것을 맡기는 것이므로 의외로 계산적인 경향이 나타나게 된다. 지위나 연봉만을 염두에 두어서 결혼을 서두르면 후회할 가능성도 있으니 주의하기 바란다.

# 금성성좌가 사자자리인 당신

## 火 사자자리
*결혼에 있어서 타협은 금물이다. 어디까지나 이상을 관철시키도록.*

금성이 사자자리이며 태양이 〈火〉 엘레멘트인 당신은 이상이 높고 반려자에게 요구하는 조건도 많다. 다만 그 경향은 연애부터 일관적이어서, 사랑은 즐기지만 결혼 상대는 부자여야 한다는 타산적인 면이 계속 유지된다. 마음으로부터 존경할 수 있고 인생의 가치를 서로 향상시킬 수 있는 파트너를 얻어서 비로소 결혼을 생각하는 편이다. 거기서 타협을 우선시하는 경우에는 결국에는 파국을 면하지 못하게 된다.
결혼 후에도 기본적으로는 화려한 것을 좋아하고 엔조이도 좋아하는 성향을 답습한다. 또한 아이를 낳는 것은 생의 기쁨과 감동을 높여서 인생을 의미있게 해준다.

## 地 처녀자리
*남편을 고르는데 있어서의 결정인자는 SEX의 상성여부이다.*

당신은 사자자리에 금성을 둔 사람 중에서 사랑의 도취에 대해 현실적으로 잘 절충해 나가는 사람에 속한다. 어느 정도 교제기간도 흘렀고 시기적으로도 슬슬 타이밍이 도래되었다고 느껴지면 매끄럽고도 꼼꼼하게 준비하여 가정을 갖게 된다.
또한 성실하다고 여겨지는 〈地〉성좌치고는 유흥이나 엔조이 심리도 풍부한 편이다. 견실함과 즐거움의 밸런스를 잘 유지하며 멋진 가정을 운영해 나갈 것이다.
또한 남편과의 관계에서는 SEX의 상성이 꽤 중요도를 차지한다. 인격이나 가치성을 간파하는 눈은 충분하므로 남자를 고를 때는 이 점을 반드시 유의해야 한다.

## 風 쌍둥이자리, 천칭자리
*결혼하고 사회운이 상승된다. 예식은 성대히 치르자.*

냉정한 〈風〉의 기질에 사자자리의 금성의 정열이 더해지는 좋은 배치이다. 사랑을 유리하게 리드하는 솜씨가 뛰어나서 연애부터 결혼까지로 이행은 원활하게 진행된다. 원래가 커뮤니케이션 능력이 좋은 편이므로 파트너와는 다소 가치관이 달라도 잘 절충해 나가면서 서로 인정할 것은 인정하면서 이상적인 관계를 구축할 것이다.
또한 결혼에 의해 사회운이 파격적으로 상승되는 운을 갖고 있다. 동거나 사실혼만의 관계로는 모처럼의 복록이 삭감될 것이다. 예식을 성대히 올려서 가능하면 많은 사람에게 두 사람의 끈끈한 관계를 인지시키도록 하자.


## 水 게자리
*결혼을 초조히 여겨서는 안 된다. 지긋이 상대를 관찰하자.*

사자자리에 금성을 갖는 사람 중에서는 결혼욕구가 단연 제일 높다. 연애를 할 때마다 두 사람의 달콤한 생활을 그려보는 타입일 것이다. 가사능력이 높고 융통성도 좋은 당신. 언뜻 화려하게 보이는 만큼 "최고의 여자"라고 말하고 싶은 분위기를 갖도록 한다. 남자들이 꿈꾸는 로망의 급소에 딱 들어맞기 때문이다. 보기 좋게 뜨거운 구애를 이끌어 낼 것이다.
다만, 결혼을 서두르려는 생각이 앞서면 상대의 단점에 눈을 감게 되어 나중에 실망하는 경향도 있다. 빨리 친구나 가족에게 소개하고 솔직한 생각을 들어보거나 계약동거를 해보거나 하는 등 의식적으로 관찰기간을 갖게 되면 좋을 것이다.

★「인연의 빨간 실로 묶여진 사람과 조우하게 된다」

서로 사랑하는 남녀의 새끼손가락은 태어날 때부터 보이지 않는 빨간 실로 연결되어 있다고 한다.
이런 전설에 믿음을 갖고, 시주나 헌금을 할 때는 빨간 실로 묶은 돈을 넣어보는 것도 좋을 듯하다.

# 금성성좌가 처녀자리인 당신

## 火 사자자리
*유능하면서도 화끈한 성격은 무능한 남자에게 빠져들 위험이 있다.*

사자자리 출생이 갖는 관대함에다 금성의 나이스 팔로우가 더해져서 유능하면서도 성격도 화통하다. 연인의 기분을 관찰할 수 있는 섬세함도 갖추고 있다. 수용력과 그릇이 커서 누이같은 부인이 되어 행복을 쟁취하는 타입이다.

연애에는 의외로 고풍스런 면이 있어서 마음에 들면 헌신적으로 다 바치는 편이다. 반면에 그러한 희생정신이 부메랑이 되어서 「나 없이는 안 된다니까」라면서 무능한 남자에게 빠지는 경향도 없지만은 않다. 또한 성공하지 못하고 뜨지 못한 연예인에게 밑도 끝도 없이 빠져들거나 해서 모든 것을 다 잃는 경우도 있다.

## 地 처녀자리
*이상 속의 남편을 추구하되, 남자를 몰아세우지 않도록.*

태양과 금성이 모두 처녀자리인 당신은 사랑에 대한 동경과 이상이 매우 강한 사람이다. 언젠가는 왕자님이 나타날 것이라고 굳게 믿으며 운명적인 만남을 꿈꾸며 기다리는 듯한 순수함이 있다. 그러나 현실에서는 그렇게 제 눈에 안경처럼 딱 들어맞는 상대는 나타나지 않으므로 싱글로 관철되어 살던가 아니면 연인에게는 늘 불만을 품고 지내기 쉽다.

본래 자잘한 애정을 갖고 있고 배려심도 좋은 당신은 부인감으로서의 적성이 좋은 편이다. 때문에 비판정신과 완벽주의로 남성을 몰아세우려고만 하지 않는다면 행복하고 평온한 결혼생활을 영위할 수 있을 것이다. 이상만이 아니고 현실을 직시하는 시야를 갖춰야 할 것이다.

### 風 천칭자리
*남자친구가 많아도 혼기를 놓칠 염려가 있다.*

금성과 처녀자리의 꼼꼼함이 태양과 천칭자리의 사교성을 겸비하고 있기 때문에 꾸밈없는 태도로 인해 주변에서 호감을 갖는 타입이다. 남자친구는 많은 편인데 식사에 초대하거나 음악회에 불러주는 남자로서의 친구는 없다. 하지만 이상이 높아서 내 남자를 고르는 기준은 꽤나 까다롭다. 연인에게 품위있게 행동해 줄 것을 요구하며 이것저것 까다롭게 굴다가는 결혼 찬스를 놓쳐버릴 우려가 있다.
그것은 금성과 처녀자리 특유의 주도면밀한 리서치 능력이 얼굴을 드러내기 때문으로 이것이 이면에서 발동되지 않도록 조심할 것이다.


### 水 게자리, 전갈자리
*배려를 잘 하는 현모양처 타입이다. 남성 관리는 적당히 하자.*

이 태생의 당신은 〈水〉의 한결같은 엘레멘트에 처녀자리가 갖는 순수함이 더해지기 때문에 남자에게 일편단심으로 애정을 쏟는 정열적인 사람이다. 태양이 게자리인 사람은 남에 대한 배려심이 좋고 정성스럽게 도와주며 거들어 주는 타입이다. 전갈자리는 통찰력으로 상대의 의향을 간파하는 행동을 하여 "야무진 신부" 타입이 될 것이다.
반면에 그 극진함은 남성에게 꽉 막힌 듯 답답함을 줄 수 있다. 결혼을 앞두고 상대가 엉거주춤한 자세를 보이거나 다른 여자에게로 피난처를 만들려고 할 우려가 있다. 헌신적으로 대해주거나 관리하는 것도 좋지만 남성의 입장이나 생각도 존중해서 적당히 해야 한다는 점도 명심하도록 하자.

### ★「꽃샘추위 감기에 걸렸다」
삼각관계에 빠진다는 암시다. 추운 겨울이 끝나고 드디어 봄이 도래했다. 마음이 동하는 시기에 무심코 걸려버린 봄 감기는 삼각관계로 고민하게 될 징조다. 나을 때까지 10일 이상 걸린다면, 그 삼각관계는 진흙탕처럼 바뀌는 경우가 많으므로 주의하자.

# 금성성좌가 천칭자리인 당신

## 火 사자자리, 사수자리
*자기주장이 강한 당신은 자신감이 충만한 남성이 최적이다.*

〈火〉가 지닌 엘레멘트의 밝은 성질이 금성·천칭자리의 매력을 더 높여 준다. 결혼은 주변을 시끄럽게 만들 정도로 화려하며 드라마틱한 사건의 히로인이 되기도 한다. 우아하고 스마트함을 지향하면서 태양이 사자자리인 사람은 자존심이 증가하므로 가볍게 말을 걸기 어려운 듯한 분위기가 흐른다. 태양이 사수자리인 사람은 남자친구가 많고 늘 따르는 사람이 있는 타입이다. 어느 쪽이던지 자기주장이 강하고 상대에 대해 최선을 다하는 마음이 없는 당신과의 결혼을 남자가 결정하는 것은 그 사람의 자신감이나 각오가 섰을 때일 것이다.

## 地 처녀자리
*남자를 보는 눈은 정확하지만 이상이 높다는 점이 족쇄가 된다.*

처녀자리 태생의 지성과 양식에 천칭자리의 미적 센스를 겸해서 갖고 있는 당신은 뛰어난 감정 능력의 소유자이다. 연인을 고르거나 남편으로서의 적성을 시야에 넣어 지긋이 음미하므로 기본적으로 실수는 없는 편이다.
불륜이나 연인을 놓고서 다투거나 하는 등, 밸런스를 무너뜨리는 행위는 금성·천칭자리의 성질에다가 처녀자리의 순수함마저 더해진 당신에게는 우선 어울리지 않을 것이다. 또한 연애에서 결혼으로 순조롭게 발전해 가는 사람이다. 반면에 높은 경계심과 이상으로 사랑의 찬스를 부지불식간에 놓쳐버리는 실수도 하므로 평소에 주의가 필요하다.

**천칭자리**

*인생은 파트너에 의해서 좌우된다. 신중하게 상대를 고르자.*

태양과 금성이 모두 천칭자리에 있는 당신은 사랑의 여신인 비너스의 혜택을 충분히 받은 사람이다. 남자들에게 인기도 높고 러브 콜도 많을 것이다. 주의해야 할 것은 원래부터 천칭자리는 파트너에게 좌우되어 인생이 크게 바뀌는 운명을 갖고 있다는 점이다. 더구나 자신과 정반대의 남성을 선택하는 스릴감있는 애정에 몸을 맡기는 경향이 가끔은 있다. 많은 남성으로부터 경쟁적으로 러브 콜을 받고, 그리고 탈취당하는 듯한 애정이야말로 이상적이라고 말하니 무서울 정도다. 당신도 그것을 본능적으로 알고 있고, 상대를 신중히 고르지는 않는지?

**水 전갈자리**

*높은 안정도를 지닌 남성과 어른스러운 관계를 키워본다면.*

당신은 전갈자리다운 내면에 감춰진 열정에다가 금성·천칭자리의 밸런스 감각을 지니면서 어른스러운 관계를 키워나가는 사람이다. 질척거리는 감정을 드러내기 싫어하므로 라이벌이 있거나 난관이 많은 애정보다는 자연스럽게 안정도가 높은 상대를 초이스하게 된다.

이런 밸런스가 유지되고 있는 동안은 괜찮지만, 전갈자리는 궁극의 상황까지 몰고 가면서, 게다가 무엇이든지 아무 일도 아닌 척 하지 못하는 성향이 높아서 불륜이나 플레이 보이와의 묵은 인연을 끊지 못하게 되는데 결국에는 모든 것에 싫증을 느끼고 사랑 그 자체로부터 멀어져 갈 경향도 있으므로 주의해야 한다.

# 금성성좌가 전갈자리인 당신

## 火 사수자리
*세상의 상식에 개의치 않으나 결혼은 의외의 모습을 띤다.*

태양을 사수자리에 그리고 금성을 전갈자리에 갖는 타입인 이 사람은 살아가는 에너지가 넘쳐나는 상태이다. 지금, 서로 사랑해도 내일은 어떻게 될지 모르는, 그런 불확실한 진실을 드러내려고 하므로 세상에 정해진 틀에 맞추려 하지 않을 것이다.

뿐만 아니라 당신이 결혼을 시야에 넣으려고 했다면, 라이벌을 비웃듯 쟁탈전을 벌리면서까지 호적에 올려버리던가, 생각지도 않은 결혼으로 마지못해서 각오를 내려버리던가 둘 중 한 가지가 될 징후가 농후하다고 할 수 있다. 그리고 세상의 평가는 염두에 두지 않는 타입이다.

## 地 처녀자리, 염소자리
*결혼을 한다면 자신을 높게 평가해 주는 사람과.*

전형적인 와이프 캐릭터인 당신은 남성중심 사회에서 위화감이 없이 융화되는, 서포트 정신이 뛰어난 사람이다. 그도 그럴 것이 〈地〉 엘레멘트인 처녀자리는 인간관계의 발전을 원하고, 염소자리는 사물의 한도를 명심하고 있기 때문이다. 유능하면서도 더구나 절제할 줄 아는 태도는 호감도가 높으므로 결혼상대 리스트에 제일 먼저 이름이 오를 정도이다.

다만 천성적으로 강한 인내심이 뒷면으로 드러나면 단순히 이해심이 좋은 애인 후보로만 여겨질 우려도 있다. 연애는 어쨌든 자신을 높게 평가해주고 사주는 상대를 찾아내는 것이 과제라고 할 수 있을 것이다.

---

### 썸TIP

★ [사랑의 라이벌을 해치운다]

라이벌을 만날 때마다 양손을 뒤로 돌려서 "사랑에 의해 나는 강해진다"라고 주문을 외우는 동시에 턱을 앞으로 내미는 동작을 하자.

---

## 風 천칭자리
*결혼을 안심의 지렛대로 삼고 타협하듯 결혼하면 후회의 불씨가 된다.*

사실은 연애에 있어서 겁이 많은 것이 이 조합 태생이다. 내 사람이 될 남자와 친밀하게 교제를 하고 있는데도 뭔가 실수하지는 않았는지, 내가 싫어지지는 않았는지 늘 두려워하고 있을 듯하다. 원래 내면에 숨어 있는 전갈자리의 애정 경향에 덧붙여져 〈風〉의 엘레멘트인 천칭자리에게는 인간의 마음 겉모습뿐만 아니라 속 안도 볼 수 있는 기질이 있다. 그럴 만큼 결혼을 안심으로의 패스포트로 생각하기 쉽다. 인생 최대의 선택에서 선뜻 타협해 버리고 나서 후회를 되풀이하지 않도록 주의하기 바란다. 또한 호적에 올리는 것을 계기로 재물 운이 향상된다. 미세스가 되면 돈에 대한 고생은 하지 않아도 될 것이다.

## 水 전갈자리
*남들보다 몇 배로 애정이 깊고 명예보다 실리를 취하는 타입이다.*

태양과 금성의 이중지배를 받는 태생인 사람이다. 남보다 배 이상으로 애정이 깊고 신중하게 연애를 하지만 의외로 결혼에 대한 욕구는 낮다. 왜냐면 명예는 없어도 실리를 취하는 성격인 채로, 좋아하는 남성과 함께 지낼 수 있다면 그것만으로도 만족하기 때문이다. 법률적으로 인정받지 못하거나 주변 사람의 인정 등을 받지 못해도 세상에서 가장 유일한 사랑을 하고 있다는 자신감이 있는 것이다.

그런 당신이 웨딩 마치에 열을 올리는 것은 불안감이 나타나기 때문이다. 불식간에 사랑의 덧없음, 허무함에 직면했을 때, 속편하게 비온 뒤에 땅이 굳어졌다고 생각해버리는 패턴이 대부분이다.

# 금성성좌가 사수자리인 당신

## 火 사수자리
*결혼 후에도 삶의 보람을 추구하며 국제결혼에도 좋은 인연이 있다.*

사수자리에 금성을 갖고 있으며 태양이 〈火〉 엘레멘트에 있는 당신은 사랑에 이상을 추구하는 사람이다. 기본적으로 가사만 전담하거나 일방적으로 헌신적이 되던가 하는 관계에서는 만족하지 못하므로 결혼 후에도 독신 시절처럼 일이나 생의 보람을 찾는 것을 계속해서 추구하게 될 것이다. 예를 들어서 사랑하는 사람이라도 상대가 당신의 삶의 방식을 인정해 주지 않는 한 언제나 떠날 수 있다는 용기를 가슴 속에 품고 있을 것이다.
또한 이 태생의 사람은 외국과 깊은 인연을 갖고 있는 운명이다. 국제결혼에서도 결혼 운이 매우 좋거나 외국에서 인연이 맺어져서 그대로 살게 되는 사람도 그 중에는 있을 것이다. 또한 외국에서 예식을 거행하는 것도 행복의 계기가 될 것이다.

## 地 염소자리
*사랑의 편력을 쌓아서 견실한 상대와 결혼한다.*

사수자리의 자유분방한 연애관과 문자 그대로의 「地」에 발을 붙이고 산다는 인생관을 겸비한 당신이다. 화려한 연애 편력을 쌓은 뒤에 목표물을 쟁취하듯이 견실한 결혼상대를 고를 가능성이 높을 듯하다.
신중한 성격을 지닌 〈地〉의 성좌 중에서는 사랑에 대해서 적극적이고 플레이 걸이라는 소문이 도는 시기조차도 있을지 모른다. 하지만 당신에게 있어서 모든 사랑은 생의 동반자를 찾아내기까지의 과정에 지나지 않는다. 당신은 갑자기 현모양처 스타일로 변하여 안정된 결혼생활을 보낼 것이다.

## 風 천칭자리, 물병자리
*가정의 복잡한 일은 패스하고 소신파 상대를 고르자.*

금성을 사수자리에 두고 〈風〉의 엘레멘트를 지닌 당신은 사랑하는 남성과 자주적인 파트너 십을 맺고 싶은 마음이 강한 사람이다. 가정이나 친척과 연련된 것에 대해서는 가능한 한 패스해버린다는 생각이 진심일 것이다. 때문에 동거나 사실혼으로 지내는 사람도 이 태생에 많은 듯하다.

예를 들면 결혼을 선택한다고 해도 법적만의 평범한 혼인이든가 거꾸로 개성적인 피로연을 계획하거나, 어디까지나 자신의 소신을 관철시키려고 하는 편일 것이다. 실제로 그런 사고방식에 공감해주는 상대를 잘 찾아 낼 것이다.

## 水 전갈자리
*찰나적인 사랑의 결과, 보금자리를 갖으려는 욕망이 심해질 것이다.*

이 태생의 사람은 사랑에 울고 사랑에 웃기 쉬운 타입이다. 기본적으로 결혼욕구가 강한 편이지만 젊었을 때는 쉽게 상대에게 반해서 빠져버리거나 이성의 사이에서 왕성하게 갈아타기를 하는 등, 생활 그 자체가 불안정해지기 쉬운 면도 있다. 당신 자신도 교제하는 상대도「결혼 따위는 안중에도 없다」라고 느끼는 시기가 한번은 있을 것이다.

그런 찰나적인 사랑을 허무하게 느끼고 보금자리를 갖으려는 욕망이 커질 때야말로 당신의 적령기가 될 것이다. 그리하여 비로소 인생의 재기를 도모하고 남편으로서 동시에 아버지로서의 최고의 반려자를 찾아내어 행복한 골인을 맞이할 것이다.

# 금성성좌가 염소자리인 당신

## 火 사수자리
*보기보다는 올드한 면이 있다. 주위사람을 내편으로 만들자.*

당신은 아무런 가식도 없는 직선적인 사랑을 키워가는 타입으로 원래부터 솔직하고 느긋한 성격이다. 간섭이나 속박을 싫어하므로 복잡한 사정이 있는 상대나 또는 그러한 불륜, 삼각 관계처럼 귀찮은 관계는 패스해 버린다. 겉보기와는 달리 올드한 면이 있어서 순진한 마음을 한 사람에게 표현해 가는 것이 연애 스타일이고 결혼 스타일이라고 할 수 있다. 〈火〉의 성좌 태생은 자유롭고 대담하며 밝은 성격으로 나서는 편이지만 염소자리에 금성을 지닌 여성은 현실적이다. 이성적으로 감정을 컨트롤하고 주위 사람도 자기편으로 잘 끌어들이면서 결혼으로 한걸음씩 내딛어 갈 수 있을 것이다.

## 地 염소자리
*현실적인 상대를 고르며, 전형적인 현모양처가 된다.*

〈地〉의 성좌 태생은 원래 안정지향적인 면이 강하고 현실적이다. 사랑만으로는 먹고 살수 없다고 생각하여 보장적인 것을 염두에 두고, 장래를 시야에 넣어 인생을 선택하는 타입이다. 덧붙여서 염소자리에 금성을 갖는 당신은 남보다 좋은 생활을 갈구하는 성향이기도 하다.

사랑을 함에 있어서도 그 주변 상황을 계산에 넣고 상대를 고르며 그에 맞는 책임, 즉 결혼을 염두에 두고 행동한다. 그것으로 성공을 거두는 것을 삶의 보람으로 생각한다. 생애에 있어서 한 사람하고만 인생을 함께하고, 남편의 출세를 위한 내조를 위해 최선을 다한다. 때문에 현모양처의 전형적인 모습이 된다. 하지만 딱딱하고 감칠맛이 나지 않는 처가될지도 모른다.

## 風 물병자리
*대등한 관계가 이상적이다. 서로 협력하여 결혼생활을 영위한다.*

〈風〉의 성좌 중에서도 당신은 자립심이 강하고 남성과 대등한 관계를 구축해 나가는데 열심인 타입이다. 통상적으로 염소자리에 금성을 갖고 있는 여성은 한 발자국 떨어져서 뒤따라가는 타입이지만 태양성좌가 물병자리 태생인 사람이라면 오히려 가정적인 연대감을 선호한다는 뚜렷한 특징이 있다.

남성의 의중대로 하는 것이 아니라 둘이서 함께 손을 맞잡고 결혼생활을 영위해 나간다. 상호이해와 상생의 노력에 의해 보다 좋은 인생을 지향하려는 경향이 강하다는 점이 특색이므로 매우 현대적인 결혼관의 소유자라고 할 수 있다.

## 水 게자리, 물고기자리
*성실한 사람을 알게 되면 견실한 여성으로 변신한다.*

연애에 관해서는 수동적인 입장의 당신은 교제 패턴이나 생활의 스타일도 상대의 컬러에 완전히 흡수되어 자기의 컬러마저 바꿔버리는 〈水〉 성좌의 특징이 강하다. 그런 애처로움이 오히려 사랑을 받게 되는 요인임과 동시에 부침이 많은 인생을 보낼 가능성도 적지 않다.

하지만 금성을 염소자리에 둔 사람은 성실한 사람을 사귀게 되면 견실한 여성으로 변신한다. 젊었을 때는 염문을 뿌려도 그 결과는 좋은 의미로, 말하자면 계산능력이 있는 성인으로 성장하게 되는 것으로, 사랑의 편력에 종지부를 찍고 결혼으로 골인하는 사람이 많다. 그리고 일편단심이며 사랑스러운 처로 변한다.

# 금성성좌가 물병자리인 당신

## 火 양자리, 사수자리
*연애 찬스도 많아서 결혼보다는 연애 타입이다.*

당신의 금성과 태양은 모두 연애에 적합한 배치에 놓여 있다. 자신은 결혼 욕망이 강한 편이라고 생각하고 있어도 결정적인 시기기 되면 한 발 물러서는 결혼 약속을 파기하고, 웨딩 드레스를 입은 채로 예식장에서 뛰쳐나오는 타입이다. 원래 〈火〉 성좌의 연애운은 드라마틱하고 문자 그대로 인생의 모든 것이 사랑에 지배되기 쉬운 경향이 있다. 뿐만 아니라 당신의 경우는 물병자리인 금성이 인연이나 찬스를 증대시켜주기 때문에 실로 남자를 엿장수처럼 맘대로 골라잡기 하는 상태이다. 한번은 와이프 자리를 차지했어도 몇 년 안가서 이혼하고 재혼을 거듭하며 여자의 이력서를 화려하게 다시 써내려가는 사람이 많을 것이다.

## 地 염소자리
*야무진 사람이지만 판단 미스를 주의해야 한다.*

〈地〉 성좌에 태양이 있는 당신은 기본적으로 안정지향이 강하다. 남자로부터 대쉬를 받아도 "이 사람이라면 결혼해도 되겠다"라던가 "남편감으로 적당하다"라는 확신이 서지 않으면 맘이 내키지 않는 편은 아닌지?
다만 태양과 물병자리의 금성과 조합이 나쁘므로 때로는 그 판단에 미스가 생기는 것이 약점이다. 이상에 딱 맞는 상대를 고른다는 것이 단순히 겉모습만 그럴듯한 플레이 보이였거나 불륜의 늪에 빠져서 혼기를 놓치거나 한다. 그런 쓰라린 기억을 경험하기 쉽다.

### ★「벚꽃이 날려 입에 닿는다」
그와 첫 키스를 할 징조이다. 벚꽃이 흩날려서 당신의 입술에 부드럽게 닿는다면 당신의 입술에 기쁜 일이 일어난다. 지금은 연인이 없는 사람도 가까운 시일에 멋진 연인이 생겨서 곧바로 키스로 전개되는 시그널이다.

## 風 물병자리
*결혼에 소극적인 당신, 해보지 않으면 모르니 도전해보자.*

본인은 모르고 있겠지만 잠재적인 플레이 걸의 자질을 갖고 있다. 결혼에 대해서 귀찮거나 묶인다거나 하는 생각 등 마이너스 이미지를 갖고 있어서 소극적이기 쉽다. 또한 싱글이 편하다고 생각하여 그 필요조차도 느끼지 못하고 있을 조짐마저 있다.

하지만 기본적인 금성과 태양의 포지셔닝은 좋으므로 한 평생 싱글로 지내기에는 아깝다는 이야기다. 특히 금성이 쌍둥이, 천칭자리인 남성과는 상성이 매우 좋다. 결혼이란 해보지 않으면 모르는 것이므로 두 사람의 새로운 생활을 시작한다면 나중에 결혼하길 잘 했다고 생각할 날이 반드시 올 것이다.


## 水 물고기자리
*결혼 적성도가 높은 사람이다. 진심으로 사랑할 수 있는 사람을 고르자.*

깔끔한 성격이면서 여성스러운 세심함과 부드러움, 그리고 감성을 함께 지니고 있는 당신은 외견상의 이미지가 어떻든간에 높은 결혼적성의 소유자임에는 틀림이 없다.

단지 부인로서의 재능과 기쁨에 눈을 뜨는 것이 상당히 늦다. 아마도 임신이나 출산을 겪고 나서 엄마라는 또 다른 얼굴을 가질 때가 그 계기가 될 것이다. 가령 연애를 많이 한 여성으로서 다양한 남성편력이 쌓여있다면 아직 진심으로 사랑할 수 있는 사람을 만나지 못했을 뿐이다. 평생을 따라갈 수 있을 만한 남편을 찾아내야 하므로 떠돌고 있는 것이 지금의 당신의 진정한 모습일지도 모른다.

# 금성성좌가 물고기자리인 당신

## 火 양자리
*천성의 감과 행동력으로 속성 결혼의 경향이 있다.*

속성으로 결혼하기 쉬운 별의 배치를 보이고 있는 당신은 연애보다 일이나 자기실현을 우선시하기 쉬우므로 혼기 자체는 어느 정도 늦을 것이다. 하지만 천부적인 감과 행동력으로 좋은 사람을 만나면 개화가 늦은 꽃들을 일시에 피우게 된다.

〈火〉 성좌인 사람은 독립심이 강하고 남의 말을 듣기 싫어하지만 당신의 경우는 금성이 물고기자리에 있기 때문에 사랑에 빠지면 얌전해져서 순종적으로 변하는 경향이 있다. 그 갭을 이해할 수 있고 결혼 후에도 일을 하도록 해 주는 사람, 그리고 함께 자극해 줄 수 있는 사람을 선택하면 좋을 것이다.

## 地 황소자리, 염소자리
*연애는 결혼이라고 생각하는 당신, 시간을 들여서라도 좋은 인연을 만나도록 하자.*

당신은 연애는 결혼이라고 생각하는 타입이다. 그 때문에 상대를 고르는 눈이 까다롭고, 여간해서는 인연을 찾아내기가 어려울지도 모른다. 하지만 반드시 좋은 사람을 만날 수 있다는 암시가 있다. 그 뒤에는 지긋이 사랑을 키워나가면서 오래도록 교제의 열매를 맺게 될 것이다. 원래 〈地〉 성좌는 재주가 둔하고 상대에게 코드를 맞추는 것도 서툴다. 하지만 당신의 경우는 금성이 물고기자리에 있기 때문에 사랑을 하면 그의 취향에 맞춰주는 건강함을 발휘한다. 그러한 어여쁜 면을 본 그는 평생을 지켜주고 싶은 여자로 느끼게 될 것이다. 일을 그만두고 남편이나 아이를 위해서 살아가는 편이 행복할지도 모른다.

## 風 물병자리
*그의 신뢰 하에 일과 가정을 함께 영위하게 된다.*

당신의 결혼은 공감에 의해 이끌려진다. 때문에 상대는 학창시절의 동창이나 서클 동료일 확률이 높다. 우정이 사랑으로 변하여 그대로 자연스러운 흐름으로 인생의 동반자가 된다. 때문에 친구같은 부부가 될 것이다.

〈風〉 성좌는 원래 자유를 갈구하고 속박을 싫어하는 성격이다. 하지만 당신의 경우는 금성을 물고기자리에 갖고 있기 때문에 사랑하는 사람에게 꼭 달라붙어 살고 싶어 하는 편이다.

"나만은 특별하다"는 생각을 그가 품도록 하므로 그는 당신을 안심하고 밖으로 내보내 줄 것이다. 때문에 당신은 일과 가정을 함께 영위해 나가는 타입이다.


## 水 물고기자리
*몸과 영혼 모두가 사랑에 살므로 지나친 헌신은 주의하자.*

인기가 있으면서 남자들이 반하기 쉬운 당신은 젊은 와중에 그 기세로 인해 결혼하든가 아니면 화려한 연애편력을 쌓은 뒤에 조용해 지내든가 둘 중의 한가지이다. 어느 것이든 결혼 후에는 오랫동안 뜨거운 관계를 유지하는 부부가 된다.

당신은 태양과 금성의 두 별을 물고기자리에 갖고 있기 때문에 차원이 다른 애정의 소유자이다. 좋아하는 사람을 위해서 몸과 영혼을 바쳐서 헌신하고 옷에서부터 라이프 스타일, 인생까지도 바꿔버린다. 단지 너무 헌신적으로 임한 결과, 쉽고도 만만한 여자로 여겨질 가능성이 있는 것도 무시하지 못함이 사실이다. 때문에 좋은 상대로는 성실하고 배려심이 있는 남성을 골라야 할 것이다.

# Work
# 직업운

「토성의 운행」이 예지하는 시련을 극복하고 커리어를 상승시키는 방법
직업 면에서의 커리어 업을 원한다면 시련을 관장하는 토성의 움직임을 간파하자. 토성의 움직임을
보면 이후에 일어날 수 있는 트러블을 사전에 알 수 있다. 때문에 극복할 수 있는 준비는 여러 가지
가 되므로 직무 면에서 보다 큰 성과를 얻을 수 있다.


찾아오는 시련을 예지하여 위기에 강한 여자가 된다.
인생에는 몇 번이라고 할 수 없을 정도의 시련이 찾아오게 된다. 그리고 쓰라린 국면을 극복했을 때
사람은 소중한 무엇인가를 얻게 되는 것이다. 그러한 시련은 당신을 단련시키고 행복으로 이끌어
주는 것이다.
당신이 태어났을 때, 시련을 관장하는 토성이 어느 성좌에 위치했었는가에 따라서 찾아오게 되는
재앙을 미리 알 수 있다. 더구나 당신의 원래의 성좌가 속해 있는 엘레멘트(요소)가 앞으로의 과제를
가르쳐 준다.

판독법
우선 당신이 태어난 토성의 위치를 찾아내자. 우측의 표1 「토성운행표」를 보고 자신이 태어나기 전
에 자신의 생년월일에 가장 가까운 날짜를 찾는다. 그 날짜의 옆에 적혀있는 성좌가 당신의 토성의
성좌이다. 예를 들면 1980년 9월 20일 태어난 사람은 「토성운행표」를 보면 1978년 7월 27일이 적
혀 있는 칸이 생년월일에서 가장 가까우므로 「처녀자리」가 된다.
또한 표2의 「엘레멘트표」에 있는 자신의 성좌 (기본적인 태양성좌)가 지닌 성질과 조합시켜서 보면
보다 구체적인 운기향상법을 알 수 있게 된다.

## 표1. 토성운행표

| 년 | 월 | 일 | 성좌 |
|---|---|---|---|
| 1948 | 9 | 20 | 처녀자리 |
| 1949 | 4 | 4 | 사자자리 |
| 1949 | 5 | 30 | 처녀자리 |
| 1950 | 11 | 21 | 천칭자리 |
| 1951 | 3 | 8 | 처녀자리 |
| 1951 | 8 | 14 | 천칭자리 |
| 1953 | 10 | 23 | 전갈자리 |
| 1956 | 1 | 13 | 사수자리 |
| 1956 | 5 | 14 | 전갈자리 |
| 1956 | 10 | 11 | 사수자리 |
| 1959 | 1 | 6 | 염소자리 |
| 1962 | 1 | 4 | 물병자리 |
| 1964 | 3 | 25 | 물고기자리 |
| 1964 | 9 | 18 | 물병자리 |
| 1964 | 12 | 17 | 물고기자리 |
| 1967 | 3 | 5 | 양자리 |
| 1969 | 5 | 1 | 황소자리 |
| 1971 | 6 | 19 | 쌍둥이자리 |
| 1972 | 1 | 11 | 황소자리 |
| 1972 | 2 | 22 | 쌍둥이자리 |
| 1973 | 8 | 3 | 게자리 |
| 1974 | 1 | 9 | 쌍둥이자리 |
| 1974 | 4 | 20 | 게자리 |
| 1975 | 9 | 18 | 사자자리 |
| 1976 | 1 | 15 | 게자리 |
| 1976 | 6 | 6 | 사자자리 |
| 1977 | 11 | 17 | 처녀자리 |
| 1978 | 1 | 5 | 사자자리 |
| 1978 | 7 | 27 | 처녀자리 |
| 1980 | 9 | 22 | 천칭자리 |
| 1982 | 11 | 30 | 전갈자리 |
| 1983 | 5 | 7 | 천칭자리 |
| 1983 | 8 | 25 | 전갈자리 |
| 1985 | 11 | 17 | 사수자리 |
| 1988 | 2 | 14 | 염소자리 |
| 1988 | 6 | 11 | 사수자리 |
| 1988 | 11 | 13 | 염소자리 |
| 1991 | 2 | 7 | 물병자리 |
| 1993 | 5 | 22 | 물고기자리 |

## 표2. 엘레멘트표

 엘레멘트

양자리　3월 21일~4월 20일
사자자리　7월 23일~8월 22일
사수자리　11월 23일~12월 21일

地 엘레멘트

황소자리　4월 21일~5월 21일
처녀자리　8월 23일~9월 23일
염소자리　12월 22일~1월 20일

風 엘레멘트

쌍둥이자리 5월 22일~6월 21일
천칭자리　9월 24일~10월 23일
물병자리　1월 21일~2월 18일

 엘레멘트

게자리　　6월 22일~7월 22일
전갈자리　10월 24일~11월 22일
물고기자리 2월 19일~3월 20일

# 토성이 양자리
*최근에 사고가 있지는 않았는지? 감을 길러서 강한 승부욕을 키우자.*

## ◆ 시련

원래 양자리는 싸움이나 생존경쟁을 주도하는데, 여기에 토성을 갖는 사람은 그 능력이 제어되어 결정적인 시기와 장소에서 파워를 발휘하지 못하는 불운이 항상 따라 다닌다. 즉, 타이밍에 약한 타입이다. 아직도 시험이나 콩쿠르, 스포츠 대회 등에서 평소에는 용의 주도하지만 결정적인 시기에 와서는 지각이나 컨디션 부조, 라이벌의 계략 등에 걸려들어서 통한의 눈물을 흘리기도 했을 것이다.

이 태생의 사람은 승부에 집착하는 야심의 소유자이기도 하다. 수단을 가리지 않고 행동하므로 남으로부터 원한을 사거나 거꾸로 패배를 너무 두려워하는 면도 있다.

특히 당신이 지위나 권력을 얻었을 때가 위험하다. 부서의 중요한 역할에 발탁되어도 주변은 모두 적군뿐이거나 그 일에 발목을 잡힐지도 모른다. 당신 인생의 테마는 쓸데없는 경쟁은 피하고 뜻을 크게 갖는데 있다.

## ◆ 시련을 극복하는 방법

고지가 바로 눈앞에 있는데 그 자리에서 주저하거나 해서 가능성을 허공에 날려버리는 것이 당신의 약점이다. 결정적 시기에 실력을 발휘할 수 있는 체질을 양성하는 것이 현재 당신의 급선무가 된다. 평소에 경쟁에 충분히 익숙해지도록 훈련을 해서 동시에 승부할 때의 야성적인 감을 키워 두는 것이 포인트가 된다.

가장 잘 맞는 것은 두 명 이상이 플레이하는 맞대결 형 스포츠나 게임이다. 무의식 속에서 피어나는 두려움을 대결을 통해서 없앨 수가 있으면서 전체를 관조하는 행동은 자연스럽게 팀워크를 길러주기 때문이다. 때문에 어떠한 무대에서도 당당하게 처신할 수 있고 강력한 당신의 모습을 구축할 것이다. 남의 위에 설 때나 스포트 라이트를 받을 때는 자신을 한 발짝 뒤로 물리는 겸허함도 중요하다. 특히 남성이나 경험자와의 관계에 있어서는 상대를 능숙하게 치켜세워줄 줄 아는 것은 자기 자신에 대한 메리트가 된다. 동업의 경우에는 책임과 권력을 분산시켜서 토성의 힘을 낮춰 줄 수 있다.

**火** 당신은 원래 지기 싫어하는 성격이므로 실패를 거듭하더라도, 이대로 물러설 수는 없다는 근성으로 임하므로 실패를 거울삼아 재기할 수 있는 사람이다. 대인관계에서는 싸운 뒤에 신뢰를 돈독히 해가는 타입이다.

**地** 「地」 엘레멘트 중에서는 드물게 노력을 싫어하고 게으른 사람이다. 실패하거나 바닥을 쳤을 때에도 운이 나쁠 뿐이라고 생각하고 간단히 포기해버리기 일쑤이기도 하다. 인내력이 엉뚱한 면으로 발현되어서 불행이라는 상황에 습관이 들지 않도록 하는 주의가 필요하다.

**風** 토성이 가져다주는 시련을 피하고 싶어 하는 경향에 놓여 있다. 때문에 운기의 에너지도 바뀌기 쉬워서 의욕이나 재능이 있어도 꿈이나 목표를 쉽게 바꿔버리기 일쑤이다. 때문에 무책임한 인상을 주지 않도록 주의해야 한다.

**水** 당신은 불운에 휩쓸리면 패닉상태에 빠지기 쉬운 타입이다. 남들보다 더 노력을 경주했던 학문이나 취미를 사소한 실패를 계기로 내팽개친 경험도 있을 것이다. 이러한 약한 맷집을 개선하는 것이 금후의 과제가 된다.

썸TIP

**★「좋아하는 사람의 손수건을 주웠다」**

그 사람에게 고백을 해도 성공하기 어렵다는 암시다. 옛부터 손수건은 "슬픔의 눈물을 닦는 것"으로 여겨졌다. 좋아하는 사람의 손수건을 주운 경우는 당신은 그 사람 때문에 울게 되고, 그 손수건으로 눈물을 닦게 되는 것이다.

# 토성이 황소자리

*의 · 식 · 주에 대한 강한 욕구가 재앙의 씨앗이 된다. 집착과 결별하고 터전을 굳건히 다져야 한다.*

## ◆ 시련

황소자리는 삶을 영위하기 위한 쾌적한 환경을 상징한다. 이곳에 토성을 갖고 있는 사람은 재산, 주거, 생활의 양식 등 금전이나 물질적인 결실을 받아들이기 어려운 운명이다. 식생활에도 곤란할 정도의 곤궁함에 인내하는 생활에 최선을 다해야 할 것을 강요당하거나, 예를 들면 유복한 태생이라도 부유함에 대한 집착이나 욕심에 휘둘려서 "돈의 사신"이라는 악명이 따라다닐 듯하다. 또한 돈이나 물질에 대한 집착은 심성의 풍요로움마저도 좀 먹는다. 아름다운 음악이나 예술, 자연의 혜택에 접촉되어도 무관심하여서 감성조차도 빈곤하게 된다. 남의 호의나 배려에도 행복감을 얻을 수 없는 고갈된 인간이 되지 않도록 주의하자. 또한 침식을 잊어가면서 일하거나 금욕적인 생활을 강요당하는 등, 잠자고 먹고 교류하는 인간의 3대 욕구에 무엇인가의 영향이 미쳐질 것이다. 하지만 황소자리가 갖고 있는 천성의 인내력이 아군이 되어 주어서 다소의 고통도 자신의 자양분으로 삼으면서 끈기를 무기로 삼아서 고난에 맞서야 할 것이다.

## ◆ 시련을 극복하는 방법

당신에게 필요한 것은 생활환경을 정비한 뒤에 필요한 경제적 기반이다. 욕심이나 이해득실에 연연하지 말고 신중하게 행동하여 견실하게 일해야 비로소 당신 인생의 토대는 튼튼해 질 것이다. 더불어서 검약한 사람과 결혼하거나 시골 생활, 농업 · 목축에의 종사, 전승적인 기예를 터득하거나 하는 것 등은 풍부한 결실을 맺을 수 있는 인생을 부여해 줄 것이다. 하지만 당신의 경우 일상의 생활에 윤활유가 부족해지기 쉽고 인간관계가 건조해지기 쉽다는 것이 난점이다. 자신이 지니고 있는 물건이나 식기 등 신변에 가까운 물건에 집착심을 갖는 것도 감수성을 높이는 계기가 된다. 거기서 마음에도 여유가 생겨서 배려할 줄 아는 사람이 될 것이다. 혹시나 일이 원만하게 진행되지 않아서 고난이 계속될 것 같으면 자신의 완고한 면에 대해서 의심해 보아야 한다. 사소한 것에 대한 집착을 버리는 것도 하나의 방법이 된다. 그리고 마이너스 이온도 당신의 답답한 마음을 정화시키는데 도움이 될 것이다.

**火** 당신은 금전적인 트러블을 부르기 쉽고 그것이 원인이 되어서 신뢰를 잃거나 인생에 그림자를 드리우는 위험성이 있다. 직업 결정에 있어서도 급여나 조건만으로 결정해버리는 것은 반드시 후회하게 된다. 남보다 이익을 더 보고자 한다면 정면에 서서 정공법으로 승부를 걸어야 한다.

**地** 토성이 몰고 오는 결핍감이 오히려 강력한 헝그리 정신을 갖게 하여서 자신의 길을 의욕적으로 개척해가고자 한다. 힘들었던 체험이 당신의 인간적인 매력을 높여주는 교훈도 될 것이다.

**風** 늘 행운이 깃들 것이라고 믿었는데 불운에 휩싸이거나, 병마의 장난인가 싶을 정도로 재난이 속출하거나 한다. 이들 재앙으로부터 자신을 보호하려면 다툼에는 함부로 접근하지 말고 주변 환경에 민감하게 대처해야 할 것이다.

**水** 성실한 당신은 좋지 않은 환경 속에서도 남에 대한 배려를 잊지 않는다. 그 덕분에 평생 신뢰관계를 쌓아나갈 것이다. 또한 당신의 유연성은 고난을 벗겨낼 수 있는 지름길이 될 것이다.

★「꿈에 봄에 활짝 핀 꽃을 보았다」

벚꽃이나 백합 등 봄꽃이 나오는 꿈을 꾸었다면 그것은 새로운 모임이나 직장 등에서 호감을 사게 된다는 징조이다. 새로운 환경에서도 참신함을 발휘하므로 인간관계도 잘 전개될 것이다.

# 토성이 쌍둥이자리

*재능을 썩히는 함정에 빠질 듯하다. 능력개발과 인적교류에 수고를 아끼지 않아야 한다.*

## ◆ 시련

토성이 쌍둥이자리에 있는 사람은 본래의 능력개발이나 인적교류를 소홀히 하기 쉬운 암시가 있다. 지식이나 기능을 익히는데 필요이상의 시간을 허비하거나 재능을 발휘할 타이밍에서 운이 나쁘거나 하는 등, 자신을 발전시키는 프로세스에서 장벽에 부딪칠 것 같다. 또한 학력이나 그에 상응할만한 자격을 지녔음에도 아르바이트 생활에서 탈출하지 못하거나, 조직의 주축이 될 수 있는 위치를 손에 넣어도 결과가 따라주지 않는 등의 불운도 나타난다. 이것들은 당신의 굳은 머리와 둔한 처세술이 불러 온 불운이다. 천부적인 자질을 허공으로 날리지 않기 위해서도 인맥이나 가능한 시야를 넓히도록 노력하자.

또한 말로 표현하기 힘든 반감을 사거나 아무 생각 없이 내뱉은 말로 상사의 기분을 언짢게 하거나 하는 경우도 있다. 입은 재앙의 근원이라고 명심하고 언행에 충분한 배려를 할 필요가 있다. 복잡하게 얽힌 일은 떠들지 말고 우선 일기나 메모로 자세하게 기록하도록 하자. 매사를 객관적으로 검토하는 테크닉이 자기 자신을 구해준다.

## ◆ 시련을 극복하는 방법

당신이 품고 있는 완고함이나 냉담함을 경계하는 것만으로는 아직도 충분하지 않다. 중요한 것은 공적을 세워서 이익을 거두는 공리주의적인 면을 세이브시키는 것이다. 이것이 재앙을 물리치고 인생을 개척하는 지름길인 것을 잊지 않도록 하자. 마음과 머리를 유연하게 갖고 늘 사람이나 세사에 정면으로 임하자. 틀렸어도 노력이나 열의를 늦추지 말고, 재빨리 성과를 얻으려고 하는 것 등은 꿈꾸지 않도록 하자. 실로 그러한 것이야말로 토성에서 불어오는 당신에 대한 시련인 것이기 때문이다.

토성이 쌍둥이자리인 사람에게는 전문직이나, 한 분야에서 성공을 이룬 사람들과의 교류는 매우 높은 가치를 갖고 있다. 거기서 촉발되는 것도 많아서 당신의 감성이나 사고력의 폭과 깊이를 더해 주게 된다. 또한 인간의 행동학에 대한 공부도 인생에 도움이 된다. 중요한 날에는 시계 바늘을 5분 앞으로 해서 자기 손잡이 쪽에 차면 액운을 방지할 수 있을 것이다.

火 「火」의 성좌 특유의 다혈질적인 면이 토성의 제어로 마침 알맞은 밸런스를 갖게 된다. 본업을 영위하면서 한 편으로는 사이드 비즈니스에서 재주껏 돈을 벌수도 있다. 언행도 신중하므로 다툼으로 인한 상처 따위도 없을 것이다.

地 근성이 견실한데다가 지적호기심이 토성의 흉한 기운에 의해 손상당하기 때문에 정보나 시대의 대세에서 낙오되어 버리는 경향이 있다. 새로운 것에 대한 도전이나 정보나 지식을 수집하는 노력을 아끼지 말자.

風 화를 복으로 부르는 타입이다. 다 된 일이 번복되거나 친구의 배반 등이 있다면 토성은 과감한 조치로 살아가는 테크닉을 전승해 주지만, 이것들도 극복했을 때 인생은 광채를 더하기 때문에 참을성을 갖고 극복해 내도록 하자.

水 마음의 교류나 감동을 추구해도 토성에게 방해를 당하는 운명이다. 호의가 있는 사람일수록 등을 돌리기 쉽고 소외감이나 사람이 싫어지는 경향으로 빠지기도 한다. 꿈을 쫓아서 이직을 반복하거나 하는 경향도 있다. 목표달성을 이루고자 하는 노력을 쌓아나가야 한다.

★「진창에 발을 빠뜨렸다」

새로운 사랑이 시작될 암시다. 비가 그친 도로 등에서 실수로 진창에 발을 디뎌버렸거나 하는 것은 짜증나는 경험이 된다. 하지만 그것은 새로운 사랑이 시작된다는 전조이므로 낙담할 필요는 없다. 그러나 일부러 빠지는 것은 효과가 없다.

# 토성이 게자리

*유소년기의 가정환경이 장래에 영향을 준다. 있는 그대로를 수용한다면 평화가 있다.*

## ◆ 시련

모성을 상징하는 게자리는 마음이 이끌리는 곳이나 자신이 귀착해야 할 보금자리를 소중히 하는 성좌이다. 토성은 당신이 어렸을 때 가정환경이나 이후의 인생에도 영향을 끼친다. 양친의 이혼이 원인이 되어 결혼생활에 환멸을 느끼거나 거꾸로 가족에 대한 끈이 강하여 기생적인 존재에서 빠져나오지 못하거나 한다. 그 어느 것이나 가족과의 거리감을 잘 포착하지 못하는 것에서 기인되는 것이다. 즉, 당신의 최대 시련은 육친과의 분리나 집을 떠나는 국면에 있다.

결혼 후에도 일을 계속하는 사람은 특히 가정에 주의해야 한다. 남편이나 자식들에게 지나치게 간섭해서 트러블을 일으키거나, 그것이 원인이 되어 노이로제로까지 발전하는 경우도 있다. 그것은 토성이 당신에게 가하는 압박이 원인인 것이다. 어깨의 힘을 빼고 따뜻한 관계를 쌓아나가야 하는 점을 명심하자.

또한 자신의 주거나 영역에 집착하는 경향이 있다. 그것을 수중에 넣기 위해서는 비정한 행동에 호소하는 면도 있을 듯하다.

## ◆ 시련을 극복하는 방법

본래, 게자리의 토성은 강렬한 경계심과 방어본능을 부여받았다. 이해관계나 영역 의식에 민감한 것이 다 그 이유가 된다. 일방적인 생각은 지양하고 상대의 입장에서 생각하거나 다른 각도에서 접근하도록 노력하면 위기는 면할 수 있다. 더불어 어렸을 때의 가정환경, 가족관계의 양상, 주위와의 트러블 등 불운의 성장과정도 좋은 교훈으로 삼도록 하자. 이것은 미래를 살려나가기 위해 부여받은 운명이다. 과거를 부정적으로 보지 말고 있는 그대로 받아들임으로서 당신에게도 안락과 발전의 도래가 있을 것이다.

직업 외의 경우에서는 자원봉사 활동이 행복한 인생에 눈을 뜨는 계기가 될 것이다. 남에게 보답을 바라지 않는 사랑을 주는 것으로 당신에게 결여되어 있던 정체성에 눈을 뜨게 될 수 있다. 또 수예나 정원 가꾸기 등 잠깐 잠깐 할 수 있는 취미를 갖는 것도 권장하는 바이다. 불안감에 굴복하지 않는 강한 마음을 기르는데 도움이 되기 때문이다.

🔥 일단 트러블이 발생하면 답답했던 에너지가 폭발하여 동요된 감정은 제어불능이 된다. 때로는 밝은 이미지를 보이면서 자신의 닫혀있던 생각에 정면으로 부딪쳐 보고 욕구도 꼼꼼하게 발산되도록 하자.

🟫 가족의 존재가 당신의 사회성이나 성장에 영향을 끼친다. 결혼 후에도 직업과 가정 사이에서 이러지도 저러지도 못하거나 고독감에 고통을 받는다. 연령이나 경험을 쌓으면서 해소되어 갈 수 있는 운명이므로 전향적인 자세를 유지해야 한다.

🌀 냉정하고 머리 회전도 뛰어나다. 어떠한 환경이나 상황에도 대처할 수 있는 처세 능력이 좋은 사람이다. 단, 너무 자기의 이익을 우선시하므로 원한을 사기 쉬운 것이 난점이다. 이해득실만이 아니라 영혼이 통하는 교류를 하자.

💧 젊었을 때는 가정이나 직장 사람들과 적당한 거리감을 유지하지 못해 고민하는 경우도 많을 것이다. 하지만 그 경험이 미래에 있어서의 성공을 보장하는 통과의 례가 된다. 차라리 서툴거나 자신이 없는 분야의 역할을 자처하는 것도 성장의 지 렛대가 되어 준다.

**★「노트나 서류에 벌레가 앉았다」**

공부나 일이 순조롭게 진척된다는 암시다. 언뜻 노트나 서류 위에 작은 벌레가 있는 것을 발견하면 지저분하다거나 꺼림칙하다거나 생각하지 말고 그 방향을 부드러운 눈으로 지켜보자. 틀림없이 그 뒤로 당신의 머리가 맑아지면서 공부나 업무가 신속하게 끝낼 수 있을 것이다.

# 토성이 사자자리

*냉정한 태도가 불행의 씨앗이 된다. 불필요한 자존심을 버리고 의식을 개혁하자.*

## ◆ 시련

"생의 기쁨"을 관장하는 사자자리에 토성이 위치하는 사람은 감동이나 정열, 고양감 등 활력적인 생명 에너지의 움직임이 억제되어 있어서 자기의 표현력도 축소되어 간다. 때문에 레저나 화사한 치장 등 원래라면 가슴이 설렐만한 것도 당신에게는 시시하게 느껴진다. 무리에 속해 있어도 차가운 태도를 취하여 주위로부터 반감을 사는 케이스도 적지 않다. 주변사람들 입장에서는 뭔가 물을 끼얹는 듯하는 태도의 당신은 다루기 힘든 존재가 되어 있다. 때문에 이대로는 사람들이 점점 떠나버리고 고독에 빠지게 된다. 무엇보다 생의 최대 기쁨이기도 한 연애에서도 어딘가 불완전 연소의 모습을 보이는 당신. 이것도 토성의 나쁜 기운이 관계되어 있기 때문이다.

무감동하고 무기력하며 살아가는 목적마저도 잃기 쉬운 당신은 그러한 악순환을 방지하기 위해서라도 순수한 마음의 움직임을 속박하는 겁쟁이 자존심을 하루 빨리 자각하여 의식의 개혁을 시작해야 한다.

## ◆ 시련을 극복하는 방법

사자자리의 토성은 순수한 영혼을 위협하는 존재로서 부친, 권위, 풍채, 명성 등을 나타낸다. 당신의 인생에 빛이 들지 않는 것은 가문의 전통이나 격식, 남존여비 사상 등 엄격한 틀에 속박당하고 있기 때문이다. 어쩌면 마더 콤플렉스가 아닌 파더 콤플렉스일지도 모른다. 우선 별 볼일 없는 자존심은 버릴 것. 직장의 꽃이 되건, 부친과 닮은 남성과 교제를 하건 맘 내키는 대로 살아보도록 하자. 거기서 자립하는 힘도 싹이 트고 속박에서 해방되어 자유로워질 것이다.

혹시라도 이벤트 산업 등의 화려한 세계나 여성만 근무하는 직장에 저항감을 느끼면서도 빠져나오지 못하는 것을 느꼈다면 그것은 정말로 자신에게 맞는 것이라고 생각하자.

이 위치에 토성을 갖는 사람은 예능적인 재능에 뛰어난 자질을 갖고 있다. 취향이나 장르에 관계없이 그 쪽의 한 분야에 정통하면 명성을 얻을 가능성도 있다. 창조성도 풍부하므로 크리에이티브 비즈니스에도 매우 좋다.

🔥 당신은 승부에 집착하므로 평범한 일이라도 라이벌에게 넘기기 싫다는 일념으로 그것을 쟁취하려는 경향이 있다. 마음이 편안한 인생을 선망한다면 조금 신중하기 바란다. 이혼으로 인해 한 재산을 움켜쥐는 것도 이 타입이다.

🟤 주위에 대한 의심의 마귀가 떠나지 않으며, 자기를 혐오하는 생각에도 괴로울 것이다. 진심으로 이야기할 수 있는 사람을 얼마나 갖고 있는가가 개운의 실마리가 될 것이다. 물질로 사랑을 계측하는 경향이 고개 들기 쉬운 타입이므로 주의해야 한다.

🌀 만만치 않은 성격을 천성으로 갖고 있다는 점을 밝음으로 커버할 수 있다. 그 강인함에 의해 업무도 좋은 것만을 취하여 무리가 없이 회피해 나갈 것이다. 단 불륜이나 계략적인 면으로 길을 잘못 들기 쉬운 점이 우려되므로 이는 주의해야 한다.

💧 토성으로 인한 현실적인 구속이 당신의 부침을 감소시키고 그것을 상승지향으로 바꿔준다. 당신은 예능이나 전통 분야에서 대성을 꿈꾸는 타입이다. 단, 경륜이나 기반이 필요한 세계이므로 서둘거나 초조해 하는 것은 금물이다.

---

## 썸TIP

### ★「가족 중에서 가장 빨리 일어났다」

가족 중에서 가장 빨리 일어난 날은 통학이나 통근 중에 생각하고 있던 의중의 사람과 둘만 남게 되는 찬스가 있을 것이다. 일찍 일어난 것이 예를 들어 공휴일이라도 잔뜩 치상하고 나가보자. 반드시 생각하고 있던 사람과 투 샷이 될 수 있다.

# 토성이 처녀자리
*속박과 잘 타협해 나가며, 터프해짐으로서 길이 열린다.*

## ◆ 시련

처녀자리는 봉사와 질서를 관장한다. 이 성좌에 토성을 갖고 있는 사람은 경력이나 또는 여인으로서의 모든 위상과 책임을 요구받던가, 아니면 힘든 역할을 강요당하며 살아 나가든가 둘 중의 하나다. 단, 당신은 토성에서 부여한 억압이나 속박의 에너지와는 잘 어울려서 지내므로 흉한 운을 후광으로 바꾸어 버릴 수 있는 파워를 갖추고 있다. 실력을 발휘하기까지 시간은 걸리지만 이러한 경험이 모두 당신의 재산이 되어서 재능을 만개시키는 데 있어서 강력한 무기가 되는 것이다.

당신의 완전주의 성향이 조장된다면 자기 자신에게 많은 압력이 걸리게 될 것이다. 최종적으로 승리를 손에 넣기 위해서는 억압에 굴하지 않고 견디어 내는 터프한 정신력을 갖는 것이 중요하다.

처녀자리는 건강도 관장하므로 인생의 중요한 타이밍에서 건강면의 장벽에 시달릴 우려가 있으므로 컨디션 관리에는 만전을 기하도록 하자. 식사량 조절이나 과도한 다이어트, 과격한 운동은 오히려 건전한 신체를 좀 먹게 되는 지름길이므로 적당히 할줄 알아야 한다.

## ◆ 시련을 극복하는 방법

시련과 싸우는데 있어서 당신에게 필요한 것은 능숙하게 세파를 견뎌내는 처세술을 터득하는 것이다. 보다 빨리 정보를 취득하고 자신을 둘러 싼 환경이나 동향을 파악하여 두는 것이 남보다 더 우위에 설 수 있는 포인트이다. 커뮤니케이션의 폭을 넓히고 안테나를 항상 가동하자. 라이벌과의 PT 경쟁이나 기사회생의 장면에서는 사전공작과 데이터 전략이 승부를 결정지을 것이다. 이 때, 토성을 아군으로 하여서 명성을 얻는 열쇠가 되는 것이 실적이나 자격, 유력자로부터의 보증 등이 갖고 있는 사회적 가치를 어필해야 하는 것이다.

또, 터프하게 살려면 건강한 신체는 필수조건이다. 재앙으로부터 자기를 지키려면 엔조이 정신도 필수다. 규칙바른 생활에 너무 연연하지 말고 스포츠나 레저로 원활하게 한 템포를 늦춰주는 것도 터득하도록 하자. 혹시 허약체질이나 장기간의 질병에 시달림에서 벗어나고자 한다면 한약이나 침으로 좋은 효과를 볼 수 있다.

**火** 토성의 억압과의 밸런스가 맞지 않는 타입이다. 비전이 클수록 소소한 부분에 파탄을 불러서 좌절을 맛보는 결과가 될 것이다. 단, 당신의 항복하지 않는 불굴의 정신을 무기삼아서 부딪쳐본다면 꿈에서라도 응답이 있을 것이다.

**地** 당신은 모험이 서툴다보니 안정을 지향하는 사람이다. 노력과 경험으로 갈고 닦은 경력을 수단으로 하여 어떠한 장벽이라도 극복할 수 있을 것이다. 남에게 까다로운 면이나 최신 정보에 뒤쳐진 면이 인생의 개화를 뒤처지게 하기 쉬우므로 개선해야 함을 명심하자.

**風** 당신은 사이드 쪽의 목소리나 세파에 휩쓸려서 재능이나 자질에 눈도 뜨지 않은 채로 열매가 맺히지 않은 인생에 만족할 듯하다. 편안한 길을 가는 것도 잘못된 것은 아니지만 노력이 없는 진정한 만족은 존재하지 않는다고 명심해야 한다.

**水** 헌신적인 자세가 좋은 평가를 받아서 보기 좋게 스포트 라이트를 받게 된다. 보조 요원에서 순식간에 리더로 승진하는 등 화려한 변신도 도모할 수 있을 것이다. 단, 건강에는 주의해야 한다. 질환에 노출되면 장기간 지속되므로 컨디션 관리는 철저하게 해야 한다.

**★「휘파람을 부니까 강아지가 다가 왔다」**

짝사랑에서 벗어나 그가 다가온다는 암시. 공원이나 길가에서 강아지를 보았다면 다가갈 것이 아니라 우선은 휘파람을 불어 보자. 강아지가 당신 쪽으로 다가 온다면 짝사랑하고 있던 상대가 당신에게 마음이 기울어지기 시작했다는 암시이다. 조심스럽게 접근해 보자.

# 토성이 천칭자리

*조건이나 체제에 주저함이 앞서게 된다. 자신감을 갖는 것이 개운으로 이끄는 열쇠가 된다.*

## ◆ 시련

아름다움과 조화를 상징하는 천칭자리에 토성이 위치한 사람은 체제나 겉모습에 휘둘려서 길을 잘못 들 우려가 있다. 예를 들면 좋은 조건으로 이직을 제안받고 그에 응했으나 막상 뚜껑을 열어보니 전혀 엉뚱한 결과였다는 불행도 또한 토성이 당신의 라이프 스타일에 콤플렉스를 품도록 한 결과이기 때문이다. 절대로 그것을 눈치재지 못하게 하려는 심산으로 의문을 품으면서도 당신은 위험한 다리를 건너려고 해버리기 일쑤일 것이다.

생존경쟁의 장면에서도 어두운 그림자를 드리우는 배치이므로 거의 확정적인 상황의 입상 경쟁이나 리더의 직책 등이 한 번에 뒤집혀 버리는 등 배반과 역전의 교차에 울고 웃는 상황의 연속이 된다. 하지만 사전 평판이나 아마츄어적인 판단만으로 체념하는 것은 인생을 포기하는 것과 같은 것이다. 문자 그대로 천칭자리는 밸런스 감각을 관장하는 성좌이다. 그것을 토성에게 제어당하기 때문에 막상 결혼이 결정되고 일과 병존시켜 나가려고 해도 잘 안되어서 혼란을 초래하는 경우도 자주 있다.

## ◆ 시련을 극복하는 방법

토성의 흉한 기운이 가까이 오지 않도록 하려면 자신감을 갖는 것이 최대의 테마가 된다. 그 때문이라도 우선 내면을 단련하는 것이 득책이다. 예를 들면 공원을 산보하고 있을 때나 여행을 했을 때, 아름다운 자연과 접하거나 예술이나 시집 등으로 마음에 비타민을 보급하는 것도 하나의 방법이다. 덧붙여서 에스테틱이나 다이어트에도 신경을 쓰면 눈에 띄게 당신의 광채는 증가하게 되어서 더 이상 두려운 것은 없어지게 된다. 여기서 나태함에서 탈피하고 분발하는 자신이 좋아지도록 하자. 그것이 토성이라는 악마의 손에서 벗어나는 결정적인 방법이 되는 것이다.

또한 주위에서 다투거나 트러블이 발생했을 때는 토성의 나쁜 기운을 극복할 찬스가 된다. 당신의 경우 중재역을 자처하여 오히려 소용돌이 속으로 들어가는 것이 자신을 보다 더 안전한 곳에 두는 것이 된다. 정확한 상황판단으로 해결의 길로 이끌면 좋은 운이 자연스럽게 당신에게 접근하여 올 것이다.

**火** 스포츠 선수로서의 꿈은 깨졌지만 예능계에서 유명해지는 등, 좌절을 극복한 뒤에 의외의 방면에서 성공을 거둘 듯하다. 당신은 토성에 억압받으면 받을수록 정열적으로 분발할 수 있는 타입이라고 할 수 있다.

**地** 원래 딱딱한 사람이지만 토성의 움직임에 의해 굳은 머리가 중화되어 거꾸로 좋은 결과를 낳는다. 다른 「地」의 성좌라면 거절할만한 일이라도 유연하게 제안에 응해보면 의외로 대성공을 거둘 수 있을 것이다.

**風** 「風」이 갖고 있는 연약한 면이 단련되어서 불리한 상황도 우세하게 역전시킬 수 있는 재능이 있다. 한번 그만 둔 회사에 다시 들어가는 등 옛집으로의 회귀처럼 다소 파격적인 행태의 실험은 당신에게 있어서는 몸값을 올릴 수 있는 찬스가 된다.

**水** 무엇을 하더라도 막다른 길에 접하게 되고 재앙을 피하기는커녕 남의 재앙까지 뒤집어 써버리는 사람이다. 소용돌이 속에서도 활약할 수 있는 천칭자리이지만 당신은 남으로부터의 영향을 받기 쉬운 체질이므로 트러블 메이커에게는 부디 주의를 기울여야 한다.

### ★「오른 손이 우연히 남성의 손에 닿았다」

그와 의기투합될 징조이다. 옛날 사람들은 오른 손에는 행운이 깃들어 있다고 믿고 있었다. 그 오른 손이 모르는 남성의 오른 손에 우연히 닿았다면 그 날은 어떤 남자하고도 상성이 좋아서 즐거운 하루가 된다. 접촉된 상대가 연인이라면 더 이상 바랄 것도 없이 최고의 컨디션이 된다.

# 토성이 전갈자리

*번뇌와 아픔에 정면으로 맞서서, 닫혀있는 본심을 해방시키는 노력을 경주해야 한다.*

## ◆ 시련

사물의 뒷면에 숨겨진 본질을 나타내는 전갈자리는 사람 마음의 어두운 부분이나 잠재의식을 관장한다. 여기에 토성이 깃들어 있는 당신은 정신면으로 강력한 억압이 걸려 있어서 본심이나 진정함을 억누르고 강력한 자신을 표현하려고 한다. 후회, 질투, 의혹 등 마이너스적인 감정에도 휩쓸리기 쉬우므로 심정이 평탄하지 않은 인생을 살아 갈 듯하다. 과거의 실패나 트라우마에서 벗어나지 못하고 같은 리듬이 밀려올 것 같으면 컨디션을 망쳐버리는 등 거부반응을 나타내는 경향도 있다. 당신에게 있어서의 위기는 친구가 라이벌로 바뀌거나 동지가 갑자기 심적 변화를 일으킨다거나 하는 등 대체로 배반으로부터 나오는 것들이다. 거꾸로 당신 자신이 그런 행동으로 나서는 케이스도 있다. 당신의 가장 큰 불행은 상대를 용서하지 않은 채로 인연을 끊어버린 탓에 고독과 절망으로 떨어지게 된다는 것이다. 그러나 사실은 불굴의 정신과 생명력을 갖고 있는 당신에게는 같은 실수를 두 번 다시 범하지 않고 다음 위기를 극복해내는 파워가 있다는 점을 간과하지 않기 바란다.

## ◆ 시련을 극복하는 방법

번뇌나 고통에 눈을 감으려고 발버둥 칠수록 해결의 실마리는 보이지 않는다. 자신의 마이너스적인 면이나 트라우마를 직시하는 용기를 갖는 것이 기사회생으로 연결되는 것이다. 당신의 경우 심층적인 심리나 마인드 테라피 같은 공부가 도움이 될 것이다. 그러면 인간에 대한 이해가 깊어지고 자신에게나 남에게나 관대해 질 수 있을 것이다. 그것을 지속함으로써 가슴 깊이 지니고 있는 암울한 액운의 정화에도 도움이 된다.

역경에 처했을 때는 냉정하게 문제 해결에 나서기 위해서도 심정이나 상황을 자세하게 적어보자. 그리하면 해결의 실마리가 보이거나 다음에 찾아오는 역경에 맞서고자 할 때에 파워가 되어 주기도 한다. 당신에게 있어서 깊이 빠져들 수 있을만한 취미를 갖는 것도 감정의 폭발을 방지할 수 있으면서 매우 유효한 방법이므로 도전해보기 바란다.

토성이 전갈자리인 사람은 고뇌를 거듭함으로서 진정한 삶의 보람이나 사랑을 찾아내는 운명이다. 역경에 굴복하지 않고 자신을 믿는 강인함을 잊어서는 안 된다.

**火** 토성의 움직임에 의해 「火」의 약점이 된다고 여겨지는 용의주도한 조심성이나 인내심이 생길 것이다. 시간은 걸리더라도 흔들림이 없는 신망을 쌓아가는 타입이다. 특히 사업이나 가업을 계승함으로서 장래의 번영이 약속된다.

**地** 「地」의 신중함, 근면함이 토성의 힘과 상성을 이루어서 착실하게 성공을 거둘 것이다. 때로는 개성적인 사람과 교제하는 등 전혀 다른 루트를 더듬어보면 인생의 폭이 더욱 넓어질 것이다. 적합한 일은 연구직이나 전문직이다.

**風** 일을 강요하거나 후배를 괴롭히는 것이 드러나서 신용을 잃는 등, 우발적인 생각이 재앙을 부를 우려가 있다. 자신의 행동에 책임을 갖는다는 중요함을 안다면 당신의 미래는 열려나갈 것이다.

**水** 당신은 비록 장애물이 있더라도 집념으로 생각한 바를 성취하는 강력한 정신력이 무기이다. 재능이 빨리 개화되기를 원한다면 커다란 조직에 소속되는 것이 좋다. 단, 남의 것에 욕심내는 버릇과 이성으로부터 호감을 잘 산다는 점은 질투의 대상이 될 것이다.

**★「착각하고서는 학교나 회사에 빨리 나갔다」**

시험이나 PT에서 큰 활약을 한다는 징조다. 시간을 착각하면 불길한 예감이 들 수 있지만 그것은 의욕이 충만한 결과의 미스다. 사실은 좋은 결과를 기대할 수 있다. 더 늦은 시간으로 착각하고 지각을 해버렸다면 좋지 않은 결과로 나타난다.

# 토성이 사수자리

*너무 미래의 비전에 얽매인 나머지 현실의 생활을 소홀히 하게 될 우려가 있다.*

## ◆ 시련

토성을 사수자리에 갖고 있는 사람은 미래에 대한 집착이 강한 것이 특징이다. 장래의 꿈이나 인생을 너무 중시한 나머지 현실생활에 대한 적응력이 부족해지는 면이 있다. 공부를 좋아함에도 성적이 나쁘고 철저하게 세운 여행 계획도 예기치 못한 사건으로 무위로 끝나거나 하는 등 생각대로 진행되지 않는다는 현상에 화가 날 정도의 쓰라린 경험도 많이 맛보았을 것이다.

당신은 모든 일에 있어서 그것을 추구하는 능력은 뛰어나지만 순간적인 판단의 전환이 서툴러서 불리한 방향으로 스스로 걸어 들어가기 쉽다. 시야가 좁은 것도 불운의 씨앗이다.

또한 해외와 관련된 트러블도 늘 따라다닌다는 암시가 있다. 무언가 갈아타는 행동에 있어서 운기가 나쁘므로 비행기 출발시간에 늦거나, 시차나 기후에 적응하지 못하고 컨디션을 망치거나 하는 등 최악의 상황을 맞으며, 도난이나 사고에 말려들 우려도 있다. 자력으로 해결하려면 사태는 더욱 꼬여갈 뿐이다. 어려움에 처했을 때는 솔직하게 SOS를 보내보도록 하자.

## ◆ 시련을 극복하는 방법

당신에게는 일상생활이나 세속적인 상황을 가볍게 보는 경향이 있다. 때문에 아무래도 이상에 접근되기도 전에 현실에 발목을 잡혀버리기 쉽다. 현재의 자기 자신도 장래의 자기 자신과 연결되어 있음을 진지하게 인식하자.

구체적으로는, 애완동물이나 식물을 키우는 것이 당신에게 권할만한 일이다. 물이나 먹이를 주는 매일의 일상이 드디어 커다란 열매를 가져온다는 사실을 싫더라도 깨닫게 된다. 그 프로세스에서 나태해지기 쉬웠던 일상에서의 노력에 대한 소중함에 눈을 뜰 수 있게 되고 불운을 극복할 수 있는 강운의 체질을 얻을 수 있을 것이다.

처음 가보는 나라나 장소로 여행을 가려는 계획이 있을 때는 3개월 이상 전부터 일기를 쓰는 습관을 들이자. 당신의 상상력과 잠재의식이 활성화되어서 어떤 장소에서는 어떠한 행동이 적절한가에 대한 좋은 시뮬레이션이 되어 줄 것이다. 그리하여 본격적으로 여행에 임할 때는 트러블이 없이 무사한 여행을 보장받게 되는 것이다.

火 일을 그만두고 홀로 해외 유학을 가거나 육아를 하면서 대학에 다시 입학하거나 하는 등 매사를 이론만이 아닌 본능으로 직시하여 자신의 마음에 대해 정직하게 살아가는 소위 파란만장한 타입의 사람이다. 의외로 제2의 인생을 선택하는 등의 파격적인 선택이 개운의 열쇠가 될 수 있다.

地 당신은 계획대로 매사가 진행되지 않으면 마음이 내키지 않는 완벽주의자이다. 하지만 현실에서는 일이 잘 진행되지 않으니 항상 불평불만을 품고 있을 듯하다. 예정된 사항이 아니더라도 그것을 즐길 줄 아는 여유가 액운을 찬스로 바꿔주는 것을 명심하자.

風 상대와 다소 의견이 달랐을 뿐인데 역시 서로가 맞지 않는 것 같다고 일방적으로 인연을 끊어버리는 경향이 강하다. 그 당시의 상처는 가벼웠겠지만 당신의 미래의 행복은 확실하게도 멀어져 있다.

水 당신은 실패나 좌절로부터 인생을 배워나가고자 하므로 똑같은 실수는 되풀이하지 않는다. 때문에 목표보다도 높은 레벨의 포지션을 획득하는 등 기뻐할 만한 뜻밖의 결과가 인생에 있어서 여러번 찾아온다는 암시가 있다.

★「그와 스킨십이 기능하다」

좋아하는 그가 가까이 왔을 때 「자석처럼 나와 그대가 서로 끌어 당긴다」라고 재빨리 주문을 외우고 발바닥을 꾹~하고 누른다. 발바닥을 누르면 땅을 밟지 않아도 자극을 주어 주문의 효과가 배증된다. 끌어당기듯이 서로의 몸이 닿게 될 것이다.

# 토성이 염소자리

*대성할 수 있는 찬스가 가득하다. 지위나 명성에 대한 집착이 강하면 그것에 발목을 잡힐 수 있다.*

## ◆ 시련

염소자리의 토성은 좋건 나쁘건 염소자리의 특질을 극단적인 모습으로 강화시킨다. 곤경을 받아들이는 인내력, 목적을 향하여 나가는 강력한 정신력과 신체, 그리고 불운을 박차고 나서는 불굴의 정신 등 성공을 거두기 위한 필수 요소를 틀림없이 몇 가지나 겸비하고 있을 것이다. 그러므로 당신은 항상 승리해 나가야 할 사람인 것이다.

단, 지위나 명성, 재력, 권력에 대한 집착이 너무나 강해서 그 함정에 빠지기 쉬운 것도 운명이다. 야심을 어떻게 이성적으로 컨트롤 할 수 있는지가 모든 것을 결정지을 수 있는 열쇠가 된다. 혹시 남을 질투하거나 명성을 까닭없이 싫어하거나 한다면 요주의다. 원하던 모습의 생활을 보내고 있는 것이 아니므로 비굴해져 있다는 증거이다. 불만을 늘어놓기 전에 필요한 것이 있다면 얻을 수 있도록 노력해야 한다. 축하받을 정도의 성공을 거두어도 현재의 모습에서 움직이지 않거나 자신의 체면을 늘 중시하는, 통이 작은 면을 보인다면 사람들은 떠나게 된다. 그 자리에서 방출당하지 않도록 바짝 신경을 써야 하는 것이다.

## ◆ 시련을 극복하는 방법

토성은 대기만성을 상징한다. 모든 고난이나 갈등을 극복했을 때, 사회적인 성공을 거둘 수 있는 것이다. 가장 빠른 길은 한 걸음 한 걸음 정진해 나가면서 오랜 기간을 들여서 목표를 향해 나가는 것이다. 토성이 갖고 있는 흉한 기운에 휩쓸리지 말고 성과를 올리려면 눈앞의 이해득실에 연연하지 않아야 대성을 이룰 수 있다.

갑자기 큰 무대에 나서려고 하기보다는 현재의 조직에서 리더 역할을 담당하는 등 작은 무대부터 시작해 보는 것도 좋을 것이다. 갈등이 있는 만큼 사람을 부리기가 어려운 점이나 힘의 논리를 고려해야 한다는 괴로움, 돈으로 해결할 수 있는 한계 등도 배울 수 있다면 좋은 기회가 될 것이며, 한 단계 더 도약하기도 가능해 질 것이다.

혹시 경력이나 성공 면에서 성취가 있다면 그 다음은 사람을 키워나가는 일에 힘을 쏟아야 한다. 이때까지 터득한 지혜와 경험을 전해주는 것이 당신에게 진정한 명예와 행복을 가져다주는 계기가 될 것이다.

火 "여사장님"이란 타이틀처럼 지위나 명성을 거두는 사람이 많은 것이 특징이다. 이기적인 경향이 강해지면 부의 독점을 꾀하거나 모든 것을 장악하려고 하여서 사방에 적을 만들기 일쑤다. 때문에 성실한 노력이야말로 행운의 열쇠가 되어 준다.

地 토성과의 상성이 좋아서 터프하게 살아 갈 수 있다는 암시가 있다. 역경이 「地」의 완고한 면을 다듬어주고 성공을 앞당겨 줄 듯하다. 금전이나 물질에 집착하는, 도에 넘치는 검약한 생활은 사람들로부터의 신뢰를 잃게 되는 것이므로 그것도 적당히 해야 한다.

風 꿈만 쫓다가는 현실에서 낙오될 듯하다. 어느새 주위와는 코드가 어긋나게 되고 그러한 것을 알아차렸을 때는 이미 출세가도에서 저만치 멀어졌던 경험도 있을 법하다. 이도 저도 아닌 인생을 맞이하지 않기 위해서도 현실로 눈을 돌려야 한다.

水 곤경에 처했어도 의외로 잘 극복해 낼 수 있는 것이 「水」의 특징이다. 당신의 구세주는 권위를 갖고 있는 사람이지만, 단순한 아양만으로는 구세주로부터 가벼운 사람으로 여겨질 따름이다. 그리고 적절한 협상과 흥정이 명암을 가르는 포인트가 된다.

**★「사이가 좋지 않은 사람이 헤어스타일을 바꿨다」**

호의적으로 변하여 말을 걸어온다는 암시다. 옛날부터 머리카락은 "밖으로 드러나는 혼"이라고 여겼고 그 형태가 변하는 것으로서 그 사람의 사고방식에 변화가 있었다는 것을 나타낸다. 평소 사이가 나쁜 사람이 헤어 스타일을 바꿨다면 지금까지의 관계도 회복되어 가는 것으로 바뀌게 되고 관계 개선이 될 듯하다.

# 토성이 물병자리

*권력에 대항하는 개혁심이 적이 된다. 이해를 초월한 관계로 자기를 발견하자.*

## ◆ 시련

물병자리에 토성이 머무는 당신은 혁명가로서의 사명을 지고 있다. 기존의 가치관이나 룰, 나쁜 습관 등을 부정하고, 허물거나 다시 짓는 것이 본분이다. 그 중에서도 권력이나 낡은 체제에 대한 반발이 심해서 위로부터의 압력에도 표연히 일어서며, 자신의 주장을 관철하여 권리를 획득한다. 강자보다는 약자에게, 다수파보다는 소수파를 좋아하고 어울리는 것에 차원이 다를 정도의 특질을 가진 것이 이 타입이다.

당신에게 응원을 보내는 사람도 적지 않지만 세상은 상상 이상으로 차갑다. 상사나 조직에서 미움을 사면 불우함을 피하지 못하게 된다. 무턱대고 행동하기 전에 현실을 직시하거나 주위와의 협력을 먼저 제안해야 할 것이다.

틀이나 형식은 그 자체를 싫어하므로 혼란을 느끼기 쉬운 당신. 독립이나 결혼이 원인이 되어 부모와 절연하거나 생활 스타일이 일치되지 못해서 전직을 되풀이 하거나 한다. 토성의 올가미에 걸리지 않도록 주의해야 한다.

## ◆ 시련을 극복하는 방법

권력이나 규칙이 당신을 속박하고 저해하는 것이라는 뜻이 물병자리의 토성에 심어져 있는 것이다. 그 주술을 풀려면 이해관계나 강제력을 제거한 순수한 목적으로 이어진 집단에 소속해 보는 것도 좋을 것이다. 가장 좋은 것은 NPO 조직이나 봉사단체 등이다. 타인과 협력하여 뭔가를 성취해감으로서 자기 자신도 빛나게 됨을 실감할 것이다. 그리고 사람은 이렇게 다듬어져 가는 것이라고 느끼게 될 것이다.

당신에게 즉시 실천해주기 바라는 것은 사무실의 데스크 주변이나 가정의 거실 등, 남과 공유하는 스페이스를 화이트와 그린으로 장식하는 것이다. 인테리어에서든 식물에서든 어느 수단이나 방법이라도 OK이다. 당신 속에 주위나 상황을 받아들이는 여유가 커나가고 운도 좋아질 암시이다. 또한 마음을 정화하고 토성이 부려대는 파란곡절의 씨앗을 뜯어내려면 서예나 다도같은 전통문화에 정진해 보는 것도 권장된다.

🔥 다른 엘레멘트와 비교해서 맷집이 좋은 편인 것이 특징이다. 주위의 맹렬한 반대를 무릅쓰고 거행한 결혼이나 뉴 비즈니스에 착수하는 등 자신이 가야 할 길을 관철함으로써 불운을 누르고 스스로 행복을 얻게 된다고 할 수 있다.

🟫 당신은 남과 협력하거나 보조를 맞추는 것을 시간낭비라고 생각하는 합리주의자이다. 당신의 경우는 사교의 장이나 취미를 확대하는 것만으로도 토성으로부터의 나쁜 기운을 약화시킬 수 있으므로 꼭 트라이해 보도록 하자.

🌀 토성과 「風」이 결합하여 뛰어난 행동력과 통찰력을 겸비했다. 독창적인 아이디어로 새로운 기획을 세우거나 남의 의견도 능숙하게 프로듀스할 수 있는 크리에이터 재능을 갖고 있다.

💧 목표로 삼았던 것이 무위로 끝났다면 바로 패닉 상태에 빠진다. 서둘러서 행동을 취하다가 일을 더 꼬이게 만들기 일쑤다. 회사에서는 자기가 모셔야 할 상사를 잘 알아보지 못하면 날벼락이 떨어지므로 상사는 잘 파악해 두어야 한다.

**★「두 사람 사이에 비둘기가 날아와 앉았다」**
그와 영원히 이어진다는 암시다. 그리스 신화에 사랑의 여신인 아프로디트의 심부름꾼으로 등장하는 비둘기. 그 비둘기가 당신과 연인의 앞으로 날아왔다는 것은 두 사람이 아프로디트에 축복을 받고 있다는 사인이다. 절대로 헤어지는 일은 없을 것이다.

# 토성이 물고기자리

*자신의 꿈과 직감을 믿는 파워가 부정적인 심리에 승리할 수 있는 비결이 된다.*

## ◆ 시련

물고기자리는 민감한 감수성을 상징한다. 예술적인 감성과 자애, 헌신 등을 키우는 한편, 토성의 이성과 질서, 제한을 관장하는 힘이 작동하여 무구한 것이나 몽상적인 영혼은 부정되고 파괴된다. 정을 주니까 버릇없이 군다거나 꿈을 꿀 여유가 있다면 일을 하라는 등 냉혹한 속삭임이 당신을 괴롭히지만 이 일면이 진리인 것도 사실이다. 동정심을 실제적인 원조로 바꾸고 꿈을 구체화하는 건설적인 힘이 없다면 현실은 움직일 수 없다.

모순처럼 들리겠지만 당신이 봉사에 힘을 쓸수록 위선자로 취급당하기도 한다. 그 결과 이용당해서 납득하기 어려운 요구를 강요당하는 경우도 있다. 인생을 살아가려면 당근은 물론이고 채찍도 필요한 것이라고 명심하자.

자신의 둔한 행동 탓에 누군가가 책임을 뒤집어쓰거나 집단 따돌림에 가담한 결과 상대가 출근을 거부하는 등 당신의 냉담하고 소심한 면이 비극을 몰고 오는 경우도 있다. 어떠한 변명으로 죄악감을 떨쳐내려고 해도 마음속의 갈등은 남게 된다.

## ◆ 시련을 극복하는 방법

당신이 인생에서 위기에 처해지는 가장 큰 요인은 물고기자리가 갖고 있는 잠재의식이 약해져 있음에 너무 기인되는 탓이다. 겉모양만의 가치나 눈에 보이는 것에 이끌려서 본래의 직감력이 둔해지고 타인과의 트러블이나 인선과정에 있어서의 실수, 사고나 부상 등을 일으키게 되는 것이다. 그러한 당신은 탁해진 영혼을 정화시키고 신뢰하는 힘과 본능을 자각시키는 행동으로 나가야 한다. 예술이나 음악 감상, 그림그리기 등 감수성을 자극하는 것이 가장 알맞다. 꿈 일기를 쓰고, 무의식의 메시지를 읽어내는 작업도 위기를 회피하는데 도움이 될 것이다. 또한 일부러 왼손을 사용하는 등 우뇌를 단련시키는 훈련도 연상력을 환기시키는데 효과가 뛰어날 것이다.

창피함이나 두려움에 의해서 부드러움과 사랑하는 마음이 닫혀버리고 답답하고 울적한 기분이 된다면 식물이나 동물을 기르는 생명력과 접해보는 경험은 닫힌 마음을 열어주는 실마리가 될 것이다.

**火** 패배하거나 창피당하는 것을 극단적으로 두려워한다. 타인을 걷어차서라도 자신의 일신을 지키려는 집념으로 인해 마음이 안정되지 못한다. 실패를 극복함으로서 행복이 찾아오는 사이클을 현실에서 배우도록 하자.

**地** 다소 염려심이 많은 점은 있으나 그것이 실패를 미연에 방지해주는 유비무환의 무기가 될 것이다. 배려심, 실무능력 모두가 뛰어나서 사내에서도 착실하게 좋은 평가를 쌓아나가는 안정된 운세이다.

**風** 중요한 일을 실행할 때의 사전 평판은 좋았으나 아무도 지지해 주지 않는 등, 냉담한 반응에 아연실색할 것이다. 깔끔한 척 하지만 말고 설령 진흙투성이가 되거나 인정에 시달리더라도 존경과 신뢰를 얻도록 트레이닝을 해야 한다.

**水** 당신은 본질을 꿰뚫는 힘이 있고 찬스와 위기를 간파해내는 본능 또한 강력하다. 당신의 친절이나 인정도 남에게 짓밟히는 경우가 거의 없어서 가령 상처를 받아도 그것이 개운의 계기가 될 것이다.

**★「계단에서 넘어졌다」**

슬럼프에 빠진다는 암시다. 학교나 직장의 계단에 오를 때 넘어지는 것은 공부나 일에 대한 의욕을 잃어버리거나 노력이 무위로 끝나버릴 징조라고 여겨지고 있다.

# 4장

# 궁금한 그의
# 운명에 대해서
# 파악하기

# 틀림없는 남자 고르기

심리 테스트와 점성술로 당신의 "남자를 보는 눈"을 체크해보자!

자신이 남자를 보는 눈은 얼마나 정확한가에 대해서 심리 테스트와 점성술을 이용하여 철저하게 진단해보자. 별자리마다의 어드바이스도 참고해서 소위 별 볼일 없는 남자를 가려내는 능력을 마스터하자.

## 당신에게 감춰진 심층 심리가 남자를 보는 눈을 컨트롤!?

**Q1** 다음에 나열한 것은 사랑이 시작된 순간의 4가지 케이스이다. 히로인은 당신이다. 당신의 취향과 맞는 케이스는 어느 것인가?

a. 전철 안에서 한 남성과 눈이 마주치게 되었고 그 순간부터 사랑이 시작되었다.

b. 어렸을 때부터 집이 근처에 있어서 함께 성장했던 사람.
　서로 사춘기를 맞이했을 때 갑자기 "여자"와 "남자"로 상대에게 느껴지기 시작했다.

c. 사내에서 항상 당신에게 엄격한 말만 하는 상사, 그의 고독한 일면에 눈을 떴을 때,
　돌연 연심이 싹트기 시작했다.

d. 하나의 실수가 계기가 되어서 서로 만나게 되었던 사람과 그대로 사랑에 빠졌다.

**Q2** 아래의 4가지 도형에서 연상되는 것은?
각각 a, b 중에서 선택해야 한다.

① a. 개방　b. 융합 　② a. 대립　b. 커뮤니케이션

③ a. 속박　b. 지식 　④ a. 비약　b. 영원

**Q3** 최근 결혼하는 동료에게 직장 모든 사람이 축하의 선물을 보내기로 했다. 선물을 고르는 것은 당신이 맡았고 그 예산은 50만원 전후이다. 다음의 4가지 중에서 어느 것을 고를 것인가?

a. 와인 그라스나 오브제 등 세련된 센스가 풍기는 것.

b. 전기제품처럼 실용적인 것.

c. 미니 테이블이나 체어 등 인테리어 가구.

d. 커플용 배스로브 등 신혼무드가 풍기는 것.


**Q4** 휴일 날에 혼자서 근처에 나갔을 때와 집에서 보낼 때의 복장은 어떻게 바뀌는가?

a. 나갈 때는 근처에 가더라도 치장하지만 집에서 보낼 때는 스웻 셔츠나 파자마를 입는다.

b. 외출할 때나 집에 있을 때나 진에다 스웨터 같이 터프하면서 러프한 스타일이다.

c. 나가든 나가지 않든 관계하지 않고 늘 변함없이 제대로 치장하고 있다.


**Q5** 남자에게 명함을 얻었다면 당신은 그것을 어떻게 보관하나?

a. 명함 홀더에 일상처럼 정리해 둔다.

b. 「내 취향에 맞는 타입」으로부터 받은 것은 따로 파일링하고 그렇지 않은 명함은 서랍 속에 넣어 둔 채로 있다.

c. 곧바로 전화번호부에 기록하고 명함은 보관하지 않는다.


**Q6** 오른 쪽의 도형은 어느 것의 실루엣이다. 원래는 무엇일까? 당신이 연상한 것과 가까운 것을 한 가지 고르시오.

a. 기구     b. 복싱 글로브     c. 열쇠구멍     d. 여자의 얼굴


**Q7** 아래의 ①~⑤의 ( ) 속에 들어 갈 말은? 각각 a, b 중에서 고르시오. 너무 골똘히 생각하지 말고 직감으로 맞춰보도록.

① 나의 마음은 늘 (     )이다.  a. 흔들리고 있다.   b. 무엇인가에 동경되어 있다.

② 쾌감은 죄악이다. 그리고 때로는 쾌감은 (     )이다.  a. 위선   b. 진실

③ 나는 나 자신의 (     )이다.  a. 증인   b. 재판관

④ 눈물은 인간이 만든 가장 작은 (     )이다.  a. 보석   b. 호수

⑤ 새빨간 (     )은 사랑의 상징이다.  a. 장미   b. 열정

Q8  어느 회사의 사내 연애 이야기이다. 막 입사한 A녀는 연인이 있는데도 유부남인 N과장에게 첫눈에 반해버렸다. 적극적으로 접근한 결과 N과장도 A녀에게 남자가 있는 것을 알면서도 그녀를 받아들이게 된다. 결국 불륜이 시작되었다. 그런데 A녀를 좋아하게 된 남사원 J가 그것을 알아차리고 사내에 소문을 퍼뜨렸다. 견디지 못한 A녀는 퇴사를 했다. N과장은 아무 일 없었던 것처럼 그대로 남아 있다. 사실은 두 사람의 불륜관계를 J에게 알려 준 것은 K과장이다. 라이벌인 N과장을 밀어내리고 암중에 조종하고 있었던 것이었다. 과연 이 스토리에 등장하는 인물 중에서 당신이 가장 혐오감을 느끼는 사람은 누구인가?

a. 연인이 있는데도 N과장에게 접근한 A녀다. 그녀에게 근본적인 책임이 있다.

b. A녀에게 연인이 있는데도 불륜을 저지른, 게다가 자기에게도 책임이 있는 N과장이다.

c. 추한 질투심을 품고 있었기 때문에 K과장에게 휩쓸려서 두 사람의 소문을 터뜨린 J.

d. 출세를 위해서는 지저분한 방법도 아무렇지도 않게 구사하는 K과장이다.
　 그가 N과장을 밀어내리고 하지 않았으면 그 어느 누구도 불행해지지 않았다.

Q9  친구 집에 전화했는데 모르는 사람이 받았다.
아무래도 잘못 걸은 것 같다. 이럴 경우 당신의 대처 방법은 무엇인가?

a. 순간적으로 잘못 걸었음을 느끼고는 아무 말도 없이 수화기를 내려버린다.

b. 미안하다는 인사를 건네고 전화를 끊는다.

c. 거기 아무개씨 댁이 아닌가요? 하면서 확인한 뒤에 전화를 끊는다.

Q10  다음의 6가지 단어에서 연상이 되는 것은? 각각 a, b 중에서 직감적으로 고르시오.
술 (a. 사랑의 미약 b. 고양감), 말 (a. 회화 b. 약속), 화장 (a. 민낯 b. 거울)
이별 (a. 눈물 b. 상처), 인생 (a. 꿈 b. 현실), 사랑 (a. 안락 b. 정념)
당신이 고른 것 중에는 a가 몇 개나 있는가? 다음의 3가지 중에서 고르시오.

a. 1 ~ 2개　　　　　　b. 3개　　　　　　c. 4개 이상

Q11  일하다가 서로 다투게 되어서 기분이 최악의 상태. 기분전환을 위해서 술을 마시러 가려고 할 때는 누구에게 콜을 할까?

a. 잘 놀줄 알아서 유쾌하지 못한 생각을 잊게 해주는 친구.

b. 남의 말을 잘 들어주며 부드럽게 위로해주는 친구.

c. 아무도 부르지 않고 혼자 마신다.

d. 좋아하는 남성이나 남자 친구들.

**Q12** 오늘은 바겐세일을 하는 날이다. 일찍 줄을 선 보람이 있어서 이전부터 눈독을 들이던 니트 슈트를 살 수 있게 되었다. 그런데 그 슈트는 가게의 어느 쪽에 있었다고 생각되는가?

a. 도어 앞의 가판 진열대    b. 점내의 진열대에 쌓여 있었다.    c. 마네킹에 입혀져 있었다.

**Q13** 영화나 콘서트에 갈 때 무엇을 기준으로 고르는지? 다음 중에서 한 가지를 들어보시오.

a. 잡지나 TV에 나왔던 것 중에서 자기가 재밌을 것 같이 여겨진 것을 보러 간다.

b. 친구가 권해 준 것. 누군가 꽤 좋았다고 했던 것에 흥미가 생겨서 보러 간다.

c. 자기가 좋아하는 배우나 아티스트가 나오는 것을 발견해내고 보러 간다.

d. 어쩌다가 같이 가자고 권유받거나 아니면 티켓 얻은 것이 있어서 아무렇지 않게 보러 간다.

**Q14** 당신이 신문을 보는 방법은 다음 중에서 어느 것과 가까운가?

a. 1면 → TV란 → 정치·경제면 → 문화·스포츠면

b. TV란 → 1면 → 정치·경제면 → 문화·스포츠면

c. TV란 → 문화·스포츠면 → 1면 → 정치·경제면

d. 1면 → 정치·경제면 → TV란 → 문화·스포츠면

**Q15** 해변에 있는 별장을 구입했다. 일이 없을 때는 도회지를 벗어나서 별장에서 지내기로 했다. 그런데 당신이 멋질 것이라고 생각되는 별장에서의 소일 방법은 무엇인가?

a. 느긋하게 독서한다.

b. 유화 도구를 지참해서 그림을 그린다.

c. 천체망원경을 사서 밤하늘의 별을 관찰한다.

**Q16** 마음에 드는 옷이나 액세서리인데 어울리지 않는다고 연인이 말한다. 당신은 어떻게 할 것인가?

a. 뭐라고 하던지 자신이 맘에 드는 것이므로 신경쓰지 않고 평소처럼 걸친다.

b. 왠지 이상해서 점점 착용하지 않게 된다.

c. 그 사람 앞에서는 다시는 착용하지 않도록 하고 다른 곳에서는 지금대로 착용한다.

**Q17** 당신이 자주 저지르는 실수는?
● 지갑이나 면허증을 두고 왔다. ● 남의 우산을 착각해서 들고 왔다. ● 남의 이름을 깜박하고 잊어버린다. ● 가격표나 크리닝 택이 붙어 있는 채로 옷을 입고 다녔다. ● 열쇠를 두고 오거나 전기를 끄는 것을 잊어먹었다. ● 회의나 약속시간에 늦어버렸다. ● 넘어지거나 구르거나 한다. ● 스커트의 지퍼나 단추 등을 채우지 않았다.
몇 개나 되는지? 다음의 3가지에서 고르시오.

a. 3개 이하            b. 4개            c. 5개 이상

**Q18** 다양한 상황이나 환경에서 마시는 커피.
당신이 가장 맛있다고 생각하는 것은 어느 것인가?

a. 아침 식사에 마시는 모닝 커피

b. 식후에 마시는 에스프레소

c. 업무가 일단락되었을 때 마시는 브레이크 타임의 커피

d. 아무런 용건도 없이 커피 숍에 가서 느긋하게 마시는 커피

e. 오픈 에어 카페나 캠프 등의 아웃 도어에서 마시는 커피

**Q19** 지금부터 쇼핑에 나서려고 하는 참이다.
당신의 쇼핑 방법은 다음 중에서 어느 것과 가까운가?

a. 필요한 것은 이미 결정되어 있다. 그것을 찾을 때까지 천천히 시간을 들이면서 다닌다.

b. 첫 눈에 확 드는 물건을 산다. 여러 가지로 찾아 본 결과 마음에 드는 것이 없으면 아무 것도 사지 않고 그냥 돌아온다.

c. 사려고 하는 것이 정해져 있는데도 점원이 권하면 다른 물건을 그냥 사버린다.

**Q20** 업무를 보다가 점심시간이 되었다. 런치를 먹으려 한다. 당신의 런치 스타일은?
다음 중에서 하나를 고르시오

a. 함께 가는 일행이나 음식점도 거의 정해져 있다. 늘 즐기는 메뉴를 선택한다.

b. 멤버는 같지만 가는 음식점이 그 날에 따라 다르다.

c. 멤버도 가는 음식점도 그날에 따라 다르다.

d. 도시락을 이용하거나 사원식당에서 혼자 마친다. 밖에 나가서 먹을 때도 거의 혼자다.

## 점수표

| Q \ A | a | b | c | d | e |
|---|---|---|---|---|---|
| **1** | 5 | 1 | 3 | 7 | |
| **2①** | 3 | 1 | | | |
| **2②** | 3 | 1 | | | |
| **2③** | 3 | 1 | | | |
| **2④** | 3 | 1 | | | |
| **3** | 7 | 1 | 3 | 5 | |
| **4** | 5 | 3 | 1 | | |
| **5** | 1 | 5 | 3 | | |
| **6** | 5 | 7 | 1 | 3 | |
| **7①** | 1 | 3 | | | |
| **7②** | 1 | 3 | | | |
| **7③** | 3 | 1 | | | |
| **7④** | 3 | 1 | | | |
| **7⑤** | 1 | 3 | | | |

| Q \ A | a | b | c | d | e |
|---|---|---|---|---|---|
| **8** | 1 | 3 | 5 | 7 | |
| **9** | 5 | 3 | 1 | | |
| **10** | 1 | 3 | 5 | | |
| **11** | 7 | 5 | 1 | 3 | |
| **12** | 1 | 3 | 5 | | |
| **13** | 5 | 1 | 7 | 3 | |
| **14** | 3 | 5 | 7 | 1 | |
| **15** | 1 | 5 | 3 | | |
| **16** | 5 | 1 | 3 | | |
| **17** | 1 | 3 | 5 | | |
| **18** | 5 | 7 | 9 | 1 | 3 |
| **19** | 3 | 5 | 1 | | |
| **20** | 5 | 3 | 1 | 7 | |

※ 전 20문항 테스트에 대한 회답을 상기표의 점수와 대조
하여 득점합계를 낸다

## 118점 이상

**자신이 보는 눈을 과신하여
그의 진정한 모습이 보이지 않는다.**

당신은 상당히 독단과 편견이 심한 타입이다. 나르시즘 경향이 강하고 자기의 판단에 자신을 너무 가져서 과신에서 오는 실패를 많이 겪을 것이다. A는 이런 타입이고 B는 저런 타입일 것이라고 멋대로 정해버려서 실상을 제대로 보고 있지 않는 경우가 많은 것이다. 그 결과 사귀기 시작하여 그의 진짜 모습을 알게 되면 "원래는 이게 아닌데...."라고 후회하는 경우도 많을 것이다. 또 진짜 멋있고 좋은 남자를 놓쳐버리고 있을 가능성도 매우 크다. 당신은 더욱 시간을 들여서 상대를 신중하게 판단할 필요가 있다. 친구나 가족 등 주위 사람의 의견에는 제대로 귀를 기울이고 객관적인 이미지를 확보하고 나서 교제에 들어가는 것이 좋을 것이다.

**상대를 이상화 시켜버려서 결점 또한 간과해 버린다.**

당신은 암시에 걸리기 쉬운 타입이다. 그것이 마이너스로 작동되어 첫인상에 강한 임팩트가 걸려서 최면에 걸린 것처럼 다른 것에는 시야가 어두워지는 경향이 있다. 남자를 고르는 데 있어서도 마찬가지다. 첫인상이 멋있는 사람, 개성적인 사람을 퍼펙트하다고 간주해버려서 다른 결점을 간과해 버리기 일쑤다. 즉 그 사람을 이상화시켜버리므로 사랑의 실패를 범하기 쉬운 것이다. 중요한 것은 남성의 다른 면도 볼 줄 아는 능력이다. 멋있게 보이는 그는 자신을 꾸미는 능력이 탁월할 뿐일지도 모른다거나 개성적인 그는 단순한 자기중심적인 사람일지도 모른다는 사고방식, 그러니까 반대의 측면도 생각해보도록 하자. 그러한 점을 확인하고서 교제를 시작한다면 적어도 실패는 하지 않을 것이다.

82~99점

**표면적인 매력으로 남자를 고르다가 사랑이 곧바로 The end!**

심리학에서 말하는 「순환질」 성격으로 단순히 말한다면 현상 긍정적인 경향이 강할 듯하다. 매일 매일을 흥미롭게 보내고 싶은 것이 당신의 진심이 아닐지 모르겠다. 또한 약은 면도 있어서 연애에서도 이익을 보려고 하거나 즐겨보고 싶다는 욕심쟁이 기질이 선행되는 타입이다. 때문에 남자를 고르는데 있어서의 기준은 극히 표면적인 것으로 되어버리기 쉬운 당신이다. 외모가 좋아 보이는 남자, 돈이 많은 남자, 서비스 정신이 풍부한 남자 등 보기에도 메리트가 많아 보이는 남자들만 골라왔던 것이 아니었는지? 그러면 당연히 그들에 대한 진정한 체크는 뒤로 물려지게 된다. 그 결과로 인해서 사랑도 깊게 발전되지 못한 상태로 The end가 된다. 사랑의 가치를 베이스로 한 상대를 골라야 함을 명심하기 바란다.

64~81점

**자기에게 맞는다고 믿어버리고는
같은 사랑의 실패를 되풀이 한다.**

당신은 자기 자신에 대한 명료한 이미지를 갖고 있는 사람이다. 다소 편향적인 경향도 있어서 취향이 일단 정해졌다면 여간해서 바꾸지 않는 편이다. 남자를 선택함에 있어서도, 자신의 취향에 부합되는 조건을 확실히 정해 둔다. 그리고는 가령 초이스에 실패했다 치더라도 셀렉트 기준을 그리 간단히는 바꾸려 하지 않을 것이다. 때문에 항상 같은 타입의 남성과 교제를 하고, 비슷한 실패가 되풀이되기 쉬운 것이다. 당신은 선입관을 확실히 버려야 하며 더욱 다양한 개성의 남성과 교제해 보아야 할 것이다. 두뇌보다도 오감에 의지하여 감각적으로 피부로 느껴지는 상대를 찾아야 한다. 그것이 두 번 다시 같은 과오를 저지르지 않기 위한 포인트가 된다.

### 46~63점

**그의 약점을 호의적으로 본 탓에**
**별 볼일 없는 남자를 골라버린다.**

정신적인 성숙도가 꽤 높은 타입이다. 어른스러운 여인으로서 안정감이 있고 상대의 입장도 생각하고 행동할 수 있는 사람이다. 단, 그것이 남자 고르기에서는 역작용을 할 것이다. 그의 위크 포인트가 그대로 보이는데도 당신은 포용력이 좋기 때문에 옆에 있어주면 틀림없이 좋아 질 것이라거나, 아니면 좀 더 성장할 것이라던가 하는 식으로 호의적으로 해석하여 그의 결점에 눈을 감아버리기 쉽다. 그 결과로 인해 별 볼일 없는 타입의 남성임을 알면서도 그를 선택해버리는 실패의 케이스가 많을 것이다. 당신에게는 냉정한 결단력이 필요하다. 한두 번 찬스를 주는 것은 무방해도 그래도 안 된다면 좀 더 나은 남자에게로 산뜻하게 갈아타는 것이 새로운 사랑의 찬스를 낚는 비결이다.

### 45점 이하

**남자를 보는 눈이 너무 까다로워서**
**상성이 좋은 상대를 놓치게 된다.**

당신은 남자를 보는 눈이 까다로우면서 정확한 편이다. 관찰력과 판단력 모두가 뛰어나고 연애경험도 풍부하므로 남자를 고르는데 실수는 적을 것이다. 단, 걱정되는 것은 보는 눈이 너무 까다롭다는 점이다. 때문에 모처럼 만난 좋은 상성의 남자나 장래성이 좋은 루키 등을 스스로 놓쳐버리기 쉽다. 결점만 체크한 나머지 원래는 Yes인 사람인데도 No라는 라벨을 붙여버리는 것이다. 이제부터라도 다소 판단기준을 달리할 필요가 있을 것이다. 마이너스 평가보다 플러스 평가를 메인으로 하여서 매력이나 장점을 픽업할 수 있는 남자 고르기에 대한 사고를 갖춰주기 바란다. 그렇게 한다면 좋은 사람을 틀림없이 자기 것으로 만들 수 있는 찬스가 도래한다.

# 태양성좌로 당신의 남자 보는 눈에 대한 경향과 대책을 한 번 더 체크하기.

## 3월 21일 ~ 4월 20일 양자리
*첫 인상만으로 결정해버리므로*
*남자를 잘 파악해야 하는 노력이 필요하다.*

**남자 고르기의 경향**　　양자리는 충동의 별인 화성의 영향을 받아서 첫눈에 반하기 쉬운 것이 특징이다. 직감으로 남자를 고르기 쉽고 처음 만났을 때의 인상을 중시한다. 룩스가 자신의 취향에 맞으면서 자기 어필을 잘 하는 타입이라면 곧바로 정열적으로 반해 버릴 것이다. 그러면 냉정한 판단이 어려워지고 잘못 선택할 위험성이 있다. 특히 첫 인상이 너무 좋은 상대라면 주의를 기울여야 한다. 모든 것이 계산되어 있고 노는데 있어서 끝내주는 면도 갖고 있는 플레이 보이일지도 모른다. 게다가 남성의 매력은 곧 파워라고 스트레이트하게 생각하기 쉬운 것도 양자리의 특징이다. 육체적으로도 늠름하고 강인하기까지 한 결단력을 보이는 타입에게도 곧바로 빠져든다. 그런 상대일수록 자기 맘대로의 유아독존 스타일의 남자들뿐이다.

**보는 눈을 연마시키기 위한 어드바이스**　　당신의 경우는 상대를 잘 파악해야 하는 능력이 필요하다. 예를 들면 첫눈에 반해도 본격적으로 교제하기 전에 세번 정도는 데이트를 해 봐야 한다. 그동안 그가 친구 등에게 어떻게 대하는지를 체크해야 한다. 거기서 그의 근본이 나타날 것이다. 이것을 실마리로 해서 본질을 간파할 것. 또 델리커시함이 있어서 섬세한지 아닌지의 여부를 판단하려면 데이트를 할 때 일부러 30분 정도 지각해 보자. 데이트를 하러가는데 정성껏 치장하는 것은 당연한 것이다. 초조하게 안절부절 하거나 기다리지 않고 그냥 가버리는 사람은 실격이다. 여유가 없는 사람일지도 모르기 때문이다.

**당신의 눈을 흐리게 하는 남성의 성좌**　　눈초리가 예리하고 섹시한 전갈자리 남성에게 첫눈에 반하지만 그는 독점욕이나 질투가 강해서 질긴 남자일 가능성이 크다. 염소자리의 어른스럽고 남자다운 면을 갖고 있는 사람도 주의해야 한다. 어른이란, 보기에만 그렇고 본질은 그저 단순하게 시대에 뒤떨어진 가부장적인 타입이다. 양자리는 신체는 건장하지만 마음은 안정지향성이 강하며 따분한 남자일지도 모른다.

# 4월 21일 ~ 5월 21일 **황소자리**

*고가의 선물에 약한 것이 남자를 고르는데 함정이 된다.*

**남자 고르기의 경향** 황소자리는 연애에 신중하고 수동적인 타입이다. 안정을 지향하고 사랑을 소중하게 키워나가며 결혼으로 이끌어 나가려고 한다. 이렇다면 남자 고르기에서 실수는 없을 것 같지만 커다란 함정이 도사리고 있는 것이다. 그것은 황소자리의 강한 물질적인 욕구가 초래하는 재앙이다. 남자로부터 고가의 선물을 받으면 자기 멋대로 사랑의 증표라고 믿어버리는 것이다.

그러면 상대를 보는 눈도 흐려진다. 특히 골드 액세서리에 약하므로 주의하자. 또한 수호성인 금성의 영향을 받아서 의외로 외모를 중시하는 점도 있다. 외관상으로는 성장 과정이 좋아 보이고 핸섬한 타입의 남자가 상냥하게 대해주면 곧바로 빠져버리게 될 것이다. 하지만 그는 플레이 보이로서 현재 당신을 속이려 하고 있는지도 모른다. 사기결혼에도 주의해야 한다.

**보는 눈을 연마시키기 위한 어드바이스** 사랑에 신중한 면이 거꾸로 방해를 해서 당신은 남자경험이 부족해지는 기미가 있다. 때문에 껍데기뿐인 남자를 잘 파악해내지 못하는 경향이 많을 것이다. 너무 경직되게 생각하지 말고 가볍게 교제할만한 보이프렌드를 다수 만들어서 남자들의 심리에 대해서 공부해보자. 그러면 핸섬한 것보다는 성격이나 인품을 보게 되고 남자를 선택하기에 있어서도 실수를 방지할 수 있을 것이다. 무엇인가를 선물받았을 때 그러한 점에 대해서 그 사람과의 친밀도를 생각해 보자. 어울리지 않을 정도로 비싼 것이라면 그 차액만큼의 흑심이 숨어 있는 것이다.

**당신의 눈을 흐리게 하는 남성의 성좌** 사자자리의 남자는 믿을 만하므로 매달리고 의지하고 싶지만 잘난 체만 하는 타입일지도 모른다. 성실한 인상의 물병자리는 매사에 싫증이 빨라서 전직을 자주한다는 암시가 있으므로 안정지향적인 당신에게는 어울리지 않는다. 천칭자리 남자는 미적 센스가 일치하지만 경제적인 면에서는 고생을 시킬 수 있다.

# 5월 22일 ~ 6월 21일 쌍둥이자리
*실수는 하지 않지만 싫증이 빠른 것이 약점이다.*

**남자 고르기의 경향** 쌍둥이자리는 두 개의 성좌와 조율하는 능력이 좋다. 사랑의 테크니션으로서 그 수완은 필적할 만한 사람이 없을 정도이다. 남성의 심리를 읽어내는 능력이 장점이므로 속는 일도 없을 것이다. 위험한 남자를 고르는 실수도 여간해서는 없을 것이다. 그러나 수호성인 수성의 영향을 받아서 쌍둥이자리에게는 싫증이 나기 쉬운 약점이 있다. 때문에 상대의 진짜 좋은 점을 이해하기 전에 다음 상대로 옮겨가버리므로 가장 베스트였던 연인 후보를 놓쳐버릴지도 모른다. 게다가 유행에 민감한 핸섬한 타입이 취향이기도 하다.

이러한 경향은 결혼상대를 고를 때 실수를 부를 소지가 있다. 당신을 언제까지나 사랑해 줄 수 있는 성실하고 소박한 타입에게도 제대로 눈을 돌려보도록 하자.

**보는 눈을 연마시키기 위한 어드바이스** 싫증이 빠른 점이 위크 포인트인 쌍둥이자리에게 필요한 것은 사랑을 지속시키기 위한 노력이다. 그에게 싫증이 나기 시작했을 때와 같은 상황이라면 당신 자신이 스스로 분위기를 바꿔본다면? 평소에 명랑하다면 진지한 대화를 나눠보거나 일부러 말다툼을 걸어보거나 하자. 그러면 상대의 의외인 점이 발견되어 서로 자극적으로 느낄 수 있게 된다. 그의 전체적인 모습 또한 클리어하게 보이므로 종합적인 판단이 설 수 있을 것이다. 생활의 안정도를 최우선시하여서 최적의 후보를 골라나가도록 하자.

**당신의 눈을 흐리게 하는 남성의 성좌** 처녀자리의 남자는 스마트하게 보이지만 사실은 신경질적인 타입이다. 또한 사교적인 당신에게는 귀찮은 존재가 될 수 있다. 전갈자리인 남자의 신비한 매력은 쌍둥이자리의 호기심을 자극해 준다. 하지만 남들 보다 매우 독점욕이 강하다. 밝은 행동파인 사수자리와는 즐겁게 지내지만 서로 싫증내기 쉬우므로 저절로 관계가 소멸될 수 있다.

# 6월 22일 ~ 7월 22일 **게자리**

*모성애가 나쁜 영향을 끼쳐서*
*아무하고나 사랑에 빠져 버린다.*

**남자 고르기의 경향**　　게자리는 모성의 원리에 지배되는 성좌이다. 모성애가 남들보다 강하여 소위 누구하고라도 사랑해버릴 가능성을 갖고 있다. 미덥지 못한 타입이라면 그냥 두고 볼 수 없어서 뭔가 품어서 도와주고 싶은 마음이 끓게 되고 이내 헌신적인 입장으로 빠져버린다. 결국 동정과 애정을 혼동하기 쉬운 면에서 게자리의 남자 고르기가 실패하는 원인을 찾을 수 있다. 특히 주의해야 할 점은 당신에게 매달리며 어려움이나 투정 등을 풀어내는 남자이다. 위로하다가 점점 정이 들게 되는데, 상대는 단지 어두운 성격의 소유자일 뿐이다. 항상 뭔가 불만을 찾아내어 투정만 부리는 남자이므로 결국에는 질려버리게 될 것이다.

**보는 눈을 연마시키기 위한 어드바이스**　　남자를 고르는데 실패하지 않기 위해서는 교제하기 전의 체크가 중요해진다. 예를 들면 귀찮은 부탁을 하여 상대의 행동력과 자립심을 확인해 보자. 잘 하지 못하는 분야의 부탁일수록 효과적이다. 열심히 전력을 다해서 완수해주는 사람이라면 틀림이 없을 것이다. 또한 상대가 연하라면 둘이서 진지한 영화라도 보러 가서 그의 감상이 낮은 정신연령을 보인다면 패스해 버리는 것이 정답이다. 갭이 느껴지지 않고 확실하다면 나이를 따지지 않고 교제할 수 있을 것이다.

**당신의 눈을 흐리게 하는 남성의 성좌**　　천칭자리의 남자는 우유부단하고 항상 옆에 있어줘야 한다고 느끼게 하는 타입이다. 사실은 뒤에서 지나칠 정도로 계산을 하고 있다는 암시이다. 소년풍의 쌍둥이자리에게도 모성애를 자극당하지만 사실은 그는 한량한 사람이고 덜렁거리도 하다. 양자리에게도 주의를 해야 한다. 그는 눈물이 많지만 그것은 단순히 이기적인 경우로서 당신이 휘둘리게 된다.

# 7월 23일 ~ 8월 22일 사자자리
*신분이나 지위를 중시하는 것에서*
*사람됨을 중시하여 보는 것으로 생각을 바꾸자.*

**남자 고르기의 경향**　　사자자리는 여왕을 나타내는 성좌이다. 스타 지망형으로 남들이 부러워하는 연애를 하는 것에 기쁨을 느끼는 타입이다. 당연히 교제상대로는 신분이나 지위가 있는 남성을 고르므로 애정의 돈독함이나 인간성 등은 뒷전으로 밀린다. 때문에 남자를 고르는데 실패를 보기 쉬운 성좌 중의 하나이다. 한편 사랑하는데 있어서도 드라마틱한 요소를 추구하므로 운명적인 만남, 정열적인 접근처럼 극적인 전개에 약한 점이 있다. 그러면 스스로 상대를 최대한 이상화시켜서 커다란 실패를 맛볼 우려가 있다. 또한 경계해야 하는 대상은 아티스트를 꿈꾸고 있는 사람이다. 사자자리는 예술적인 감성이 풍부하여 이 타입에게는 시야가 관대해진다. 지금은 유명하지 않아도 장래를 기대하고 끌리게 된다. 진짜 유망한지 어떤지 그것이 우려된다.

**보는 눈을 연마시키기 위한 어드바이스**　　사자자리에게 필요한 것은 남성의 인간성을 냉정하게 보는 눈이다. 그러기 위해서는 상대의 친구를 만나보는 것이 지름길이다. 어떤 타입의 사람들과 교류하고 있는가를 알면 그의 사람됨을 알 수 있다. 많은 친구들과 만날수록 정확하게 판단된다. 또 강력하게 대쉬해 오는 그에게는 말수를 줄이거나 무언으로 대응해 보자. 당신을 마음에서부터 사랑하지 않는다면 따분한 듯 초조해하기 시작할 것이다. 또한 아티스트 지망생인 그의 장래는 당신이 꾸며내는 무언의 시간이 많아질수록 가능성이 낮아진다.

**당신의 눈을 흐리게 하는 남성의 성좌**　　천칭자리 남자는 화려한 에스코트로 사랑을 드라마틱하게 전개시킨다. 하지만 자신에게 불리함을 느끼면 한발을 빼려고 한다. 개성적인 물병자리도 조심해야 한다. 소신은 있어도 말만 앞서는 타입이다. 야심이 있는 염소자리에게도 금새 끌리지만 센스가 둔하므로 이내 따분해 질 것이다.

# 8월 23일 ~ 9월 23일 **처녀자리**

*결점을 찾아내기보다는 장점을 인정해주는 시각을 갖도록.*

**남자 고르기의 경향**　까다로운 판단력을 가진 처녀자리는 남자를 보는 눈도 확실하다. 하지만 너무 신중하게 검토해서 모처럼 만나게 된 진정한 인연을 놓쳐버리는 치명적 실수를 범하기 쉽다. 그것은 교제 상대에게 너무 완벽함을 요구하는 나머지 더 이상의 결점이 없는지 시종일관 찾아내기에만 급급하여 상대의 장점에는 눈도 돌리지 않기 때문이다. 나중에 그 사람을 선택하지 않은 점을 두고두고 후회하기도 한다. 여기서 주목하고 싶은 것은 결점이나 매력도 아직 다듬어지지 않은 타입의 사람이다. 아무 생각이 없이 리스트에서 제외되기 쉽지만 장래가 촉망되는 유망주일지도 모른다. 또 순진한 처녀자리는 페미니스트에 약한 경향이 있다. 당신에게 부드럽게 대하며 결점이 없을 것 같이 보이는 남성은 사실은 능력적으로는 아무런 개성도 없는 증거라고 말할 수 있다.

**보는 눈을 연마시키기 위한 어드바이스**　당신에게 우선 필요한 것은 남성에 대한 체크 방법의 전환이다. 결점이 적은 사람을 고르는 것이 아니라 장점이 많고 플러스 면이 높은 사람을 고르도록 해보자. 그러면 매력이 충만한 유망주를 놓치지 않게 된다. 또 상대의 사랑에 확신을 갖지 못하고 그 불안감에서 특별한 사람과 헤어져 버리는 경향이 많은 것도 처녀자리의 특징이다. 그런 경우는 시험삼아서 100만 원 정도 빌려 달라고 그에게 요청해보자. 이유를 묻지도 않고 거절당하면 사랑이 없다고 판단하자.

**당신의 눈을 흐리게 하는 남성의 성좌**　쌍둥이자리 남자는 무엇이든지 낭비가 없이 성취해 내어서 완벽하게 보일 것이다. 하지만 요령이 좋을 뿐으로 약은 타입이다. 서비스 정신이 왕성하고 스케일이 큰 사수자리에게도 끌리지만 무책임하므로 결국은 당신은 후회하게 된다. 친절한 물고기자리에게도 믿고 의지할 만한 구석은 없을 것이다.

# 9월 24일 ~ 10월 23일 **천칭자리**

*열렬하게 공략해 오는 상대에게 약하고*
*수동적으로 되기 쉽다.*

**■■■ 남자 고르기의 경향**     천칭자리는 많은 사람에게 사랑받고 싶다는 염원의 성좌이다. 실제로 여러 남자들에게 열렬하게 공략을 받을 것이다. 다만 수동형이므로 진정한 상성을 알지 못하고 남자를 잘못 고를 것 같다. 그의 정열에 감격하여 교제를 시작했으나 아무래도 파장이 맞지 않는 케이스가 많다. 특히 주의해야 할 것은 꼼꼼하면서도 집중적으로 어프로치해 오는 상대이다. 이 타입은 여성을 손에 넣으면 곧바로 안심하고서는 서비스 정신도 없어지므로 당신과는 상성이 매우 나쁘다. 또 천칭자리는 센스가 좋고 우아하기 때문에 품위있게 에스코트를 해주는 상대에게는 방어심이 풀려버리는 경향이 있다. 그런 남자일수록 생활력이 없는 플레이 보이일 가능성이 크다.

**■■■ 보는 눈을 연마시키기 위한 어드바이스**     마음에 드는 남성이 있으면 회사에 전화해서 본인을 찾아보자. 데이트를 2~3회 했을 즈음에 자신의 이름을 대지 말고 연결을 부탁하는 것이다. 그의 대응이 뭔가 불편한 분위기로 친밀감이 없다면, 교제하기 시작하자마자 금새 태도를 바꾸고 가부장적인 기운을 풍길 것이라고 보아도 좋을 것이다. 또한 당신임을 알게 된 순간에 다정하게 대해 주어도 결코 속지 않도록 주의하자. 또 에스코트를 잘하는 상대는 B급의 맛 집 데이트에 가자고 콜을 해보자. 거기서 자기가 원하는 코스나 메뉴로 유도하려고 한다면 적응력이 전혀 없는 남자일 것이다.

**■■■ 당신의 눈을 흐리게 하는 남성의 성좌**     물고기자리의 남자는 무드를 잘 만들지만 친해지면 귀찮아하면서 아무 것도 하지 않을 것이다. 양자리의 정열적인 애정표현도 매력적이지만 쉽게 뜨거워지고 쉽게 식으므로 싫증이 나면 차일지도 모른다. 섬세하고 꼼꼼한 게자리에게도 주의를 요한다. 그는 자기가 사랑받고 싶은 욕구가 강해서 사실은 사랑하는 것에 대해서 서툰 사람이다.

# 10월 24일 ～ 11월 22일 **전갈자리**
*격정에 휩쓸려서*
*남자를 보는 눈이 뒤집힐 수도 있다.*

**남자 고르기의 경향**　　전갈자리는 직감력과 통찰력이 예리해서 잠시 이야기를 나눈 것만으로도 상대의 본질을 간파하는 사람이다. 또한 경계심이 강해서 그리 간단히 남자에게 마음을 열지 않는다. 때문에 남자를 고르기에 실패하는 경우는 적다고 여겨지지만 그 때문에 모처럼의 뛰어난 자질도 효과를 보지 못할 때가 있다. 그것은 전갈자리 특유의 격정적인 면이 재앙으로 나타나서 정렬에 휩쓸려 버리는 경우이다. 특히 섹스어필이 강렬한 타입에게는 주의가 필요하다. 사랑은 섹스라고 하는 섹슈얼한 감수성이 강한 당신은 자신의 존재를 잊고 그에게 빠져 버리기 쉬울 것이다. 상대는 여자에게 능숙한 플레이 보이인 것이다. 독점욕이 강한 전갈자리는 남들 보다 더 몇 배나 상처를 잘 받는다. 더군다나 전갈자리는 도 아니면 모의 극단적인 별자리이다. 나름의 독창적인 판단때문에 남자를 고르는데 있어서 실패하기 쉬운 경향이 있다.

**보는 눈을 연마시키기 위한 어드바이스**　　남자를 고르는데 있어서의 실수를 방지하려면 갖고 있는 성적 욕구를 억제하는 것이 우선적인 과제이다. 뭔가 창조성이 있는 취미를 갖는다면 효과적일 것이다. 예를 들면 그림그리기나 도예에 몰두하는 것으로서 그러한 취미는 성욕을 좋은 방향으로 승화시킬 수 있을 것이다. 그러면 남성의 섹시한 도발에도 냉정하게 대처할 수 있게 된다. 또한 독단을 방지하려면 불필요한 소신을 갖는 자신의 버릇을 이해하는 것이 필요하다. 특정한 타입에게 끌리기 쉬운 것은 첫사랑의 남자와 닮았다거나 아니면 비슷한 뭔가의 이유가 있을 것이다. 그것에 대해서 정확히 알고 있으면 똑같은 실수는 되풀이 하지 않을 수 있다.

**당신의 눈을 흐리게 하는 남성의 성좌**　　사수자리의 남성은 와일드하고 남자다운 면도 있어서 섹스어필 또한 만점이다. 하지만 그에게는 천성적으로 여자에 대한 나쁜 습성이 있다. 개성적인 물병자리에게는 자극을 받지만 그와의 섹스는 담백하다. 그래서 사랑을 받아도 당신은 항상 욕구불만에 빠진다. 사자자리 남성은 정열적이고 매력 또한 충분하지만 극단적인 폭군이 될 가능성도 있다.

# 11월 23일 ~ 12월 21일 **사수자리**

*손이 닿지 않는 곳의 상대를*
*본능적으로 쫓게 된다.*

**남자 고르기의 경향**　　사수자리에게는 사냥꾼의 피가 흐르고 있다. 당신은 공격적인 사랑의 헌터이다. 노리고 있던 대상의 남자를 뒤 따라가서 내 것으로 만드는 프로세스야말로 진정한 기쁨이다. 때문에 손에 닿을 수 없는 상대가 발견되면 천성의 수렵 본능을 자극받게 된다. 타깃은 사무실이나 클래스에서 동경하던 사람이거나 또는 연인이 있는 남자이기도 하다. 그러나 실제로 획득하고서 교제를 시작해 보면 성격이 전혀 맞지 않음을 알게 되는 실패 경험도 꽤나 많을지 모른다. 또 사수자리는 원래 상당한 귀차니즘 타입이다. 타깃으로 하는 남자를 항상 꼼꼼하게 체크하기 귀찮아서 첫 인상만으로 상대를 결정해버리고 나중에 치명적인 결점을 알고 후회하는 경우도 있을 것이다

**보는 눈을 연마시키기 위한 어드바이스**　　당신의 문제점은 말 그대로 타깃 설정에 있다고 할 수 있다. 특히 연인이 있는 그를 좋아하는 것은 논외로 한다는 점이다. 그래도 좋아한다면 상대가 연인과 헤어질 가능성이 있는가를 판단하지 않으면 안 된다. 또한 상성을 확실하게 간파하기 위해서는 전화를 매일 걸어 보는 것이 가장 좋은 방법이다. 정말로 상성이 좋다면 며칠간이나 이야기를 해도 화제가 끊이지 않고, 영원히 이이야기를 나누고 싶어질 것이다. 거꾸로 상성이 나쁘다면 곧바로 화제가 결핍되어 전화하는 것조차도 주저하게 될 것이다.

**당신의 눈을 흐리게 하는 남성의 성좌**　　쌍둥이자리는 바람기가 있는 섹시남이라서 이내 사귀고 싶어지지만 성격이나 섹스는 보기와는 딴 판이 될 가능성이 크다. 전갈자리의 그늘에 있는 매력에도 호기심을 자극당하지만 그는 단지 복잡한 기분의 소유자일 뿐이므로 교제를 시작하면 코드를 맞춰 주는데 한 고생해야 한다. 게자리는 여성에게 인기가 있으나 남자다운 모습은 전혀 없는 타입이다.

# 12월 22일 ~ 1월 20일 **염소자리**

*눈에 보이지 않는 좋은 점을 간과하여*
*크게 실패할지도 모른다.*

**남자 고르기의 경향**　　염소자리를 지배하는 별은 시간을 관장하는 토성이다. 당신은 무슨 일이라도 시간을 들여서 하는 사람일 것이다. 남자를 고르는 것도 마찬가지다. 예를 들어 첫인상이 마음에 들었다고 해도 결코 곧바로 몰입하지 않는다. 몇 달이나 소비해가면서 그의 성실함이나 장래성 등을 꼼꼼하게 체크한다. 이렇다면 틀림없을 것이지만 눈에 보이는 것만 믿는 염소자리의 특징이 때로는 실패를 초래할 수도 있다. 상대가 자기 자신을 잘 나타내지 않는 타입이라면 그 좋은 점을 간파하지 못하고 놓쳐 버릴 가능성도 있다. 또한 신분이나 지위에 약한 것도 염소자리의 위크 포인트이다. 하이레벨의 타이틀을 달고 있는 남성이라면 갑자기 체크의 정밀도가 둔해지는 경향이 있다.

**보는 눈을 연마시키기 위한 어드바이스**　　생각지도 못한 실패를 방지하기 위해서는 상대의 보이지 않는 부분에도 눈을 돌려야 할 것이다. 여기에는 그의 사생활에 대해 파악하는 것이 제일 빠르다. 밖으로 자기 자신을 표현하지 않는 타입은 에너지를 개인적인 분야로 승화시키는 타입이다. 취미나 인테리어 센스 그리고 페트를 사랑하거나 다루는 방법 등에 숨겨진 매력이나 장점이 나타난다. 또 신분이나 지위가 있는 남성의 본질을 간파하기 위해서는 그레이드가 높은 일류 숍에서 데이트를 해 보도록 하자. 옆에서 보았을 때, 행동이나 태도에서 매너 위반이 눈에 띈다면 그가 달고 있는 타이틀은 가짜일 것이다.

**당신의 눈을 흐리게 하는 남성의 성좌**　　양자리 남성은 신분이나 지위에서 당신을 흔들리게 할 수 있는 매력이 충분하다. 그러나 성격이 급한 폭력적인 남성이 될 우려가 있다. 게자리의 훌륭한 외모에는 주의가 필요하다. 솜씨있게 당신의 취향에 맞는 남자를 연출하지만 연인사이가 된다면 자잘한 주문이 많아져서 당신은 이내 진절머리를 낼 것이다. 사수자리의 남성은 처음부터 다른 여성의 존재를 의심하면서 대할 필요가 있다.

# 1월 21일 ~ 2월 18일 **물병자리**

*개성파처럼 보이는 모습에 속지 말고*
*진짜 모습을 간파하도록.*

**남자 고르기의 경향**　물병자리는 개성을 중시하는 성좌이다. 남자 고르기에 있어서도 자기만의 시각을 갖고 있으며 과감하게도 독창적인 개성파를 고르는 경향이 있다. 강렬한 캐릭터의 남성이란 어쨌든 기본적인 상식이나 모럴이 결여된 사회성 부족의 타입이 많을 것이다. 그러한 부분을 간파하지 못하고 남자 고르기에서 실패해 버리는 케이스가 의외로 많다. 또 물병자리는 오픈되어 있어서 남자친구가 많기 때문에 우정과 애정을 혼동하기 쉬운 경향도 있다. 연인으로서 사귀어 보면 이전만큼의 매력을 느끼지 못하는 실패의 케이스도 적지 않을 것이다. 게다가 자유를 추구하는 물병자리는 여성의 자립심에 이해를 표시해 주는 남성에게 곧바로 마음을 허락해 버리는 경향도 있다. 그런 점에도 체크를 요한다.

**보는 눈을 연마시키기 위한 어드바이스**　상대가 진정한 개성파인가 아닌가를 간파하기 위해서는 그가 윗사람에게 대하는 태도에 주목해야 한다. 상사나 선배, 연배의 사람에게 반항적이거나 묘하게도 저자세를 보이거나 한다면 실격이다. 그 어느 쪽이나 본인이 어린이처럼 자신이 없다는 것을 나타내고 있는 것이다. 정말로 자기의 개성에 자신이 있다면 평소 보다는 조금 더 정중할 정도일 것이며 마이 페이스의 상태는 변하지 않을 것이다. 또 우정과 애정을 혼동하지 않기 위해서는 그와의 키스신을 상상해 보도록 하자. 뭔가 미스 매치를 느낀다면 그는 친구 수준에 지나지 않는 것이다.

**당신의 눈을 흐리게 하는 남성의 성좌**　전갈자리가 갖고 있는 강성의 매력은 다른 남성에게는 없는 개성이다. 단, 사귀어 보면 꽤 독단적이어서 고생될 것이다. 섬세하게 보이는 물고기자리 남성도 현실을 전혀 생각하지 않는 몽상가로서 생활력이 제로일 가능성이 크다.
냉정한 염소자리 남성은 지배욕이 강해서 당신의 개성을 인정하지 않는다는 암시가 있다.

# 2월 19일 ~ 3월 20일 물고기자리
*무드에 젖지 않고*
*남자의 본질을 보아야 한다.*

**남자 고르기의 경향**　　물고기자리는 베일을 뒤집어 쓴 성좌라고 여겨지며, 모든 것을 무드로 판단하는 경향이 있다. 남자를 고르는 것도 상대의 본질보다 본인이 허락하는 분위기를 중시한다. 소프트한 이미지로 사교에 능하고 웃는 모습이 멋지다고 생각되는 타입에게는 한방에 빠져버리는 수가 있다. 그 자리에서의 무드에도 젖어들기 쉽고, 술을 마시는 상황에서 달콤한 목소리의 속삭임을 들으면 들뜨게 된다. 또 연출을 잘 하는 남성에게는 약해서 갤러리에서의 기다림에서부터 야경이 아름다운 레스토랑에서의 디너, 분위기 있는 바에서의 칵테일 등의 과정을 갖는 에스코트를 받으면 완전히 그에게 빠져버린다. 그러나 그는 여심에 대해서 퍼펙트하게 알고 있는 플레이 보이일지도 모른다. 중요한 것은 무드에 휩쓸려서는 실패가 많아진다는 점이다.

**보는 눈을 연마시키기 위한 어드바이스**　　물고기자리에게 가장 필요한 것은 남성의 분위기보다도 본질을 중시해야 하는 것이다. 그 본질을 간파하기 위해서는 우선 데이트를 낮에 집중시켜 보자. 밝은 태양 아래에서라면 분위기는 진정되고 본질을 클리어하게 보여 준다. 때문에 간단히는 속지 않게 된다. 그리고 무드에 휩쓸리지 않기 위해서는 위험하다고 생각되었을 때 심호흡을 되풀이해서 머리에 산소를 공급하도록 하면 이성을 깨워서 위험한 올가미를 피할 수 있게 된다. 또 상대와 눈을 마주치지 않고 이야기를 하면 암시에 걸리지 않고 실상도 파악하기 쉬울 것이다.

**당신의 눈을 흐리게 하는 남성의 성좌**　　우선 천칭자리 남자를 경계해야 한다. 많이 놀아 보았고 여성을 무드에 취하도록 만드는 테크닉이 뛰어난 위험도 넘버원의 남자이다. 정열적으로 어프로치 하는 양자리도 주의해야 한다. 일방적으로 포용하여 가슴을 덜컹하게 만들지만 그는 자기중심의 나르시스트이다. 칭찬을 잘 하는 사람처럼 보이지만 이내 배반을 일삼는 쌍둥이자리에게도 항상 조심해야 한다.

# 연인이 생기면

그는 도대체 어떤 운을 갖고 태어난 것일까? 역시 좀 궁금해지는 것이 여자의 마음일 것이다. 여기서는 남성의 운에 강력한 영향을 주는 태양과 목성, 토성의 배치로 분석한다.

서양 점성술에서는 태양을 비롯해서 10개의 별을 기반으로 운세를 파악한다. 이 중에서 남성의 운에 강한 영향을 주는 것은 태양, 화성, 목성, 토성의 4개이다.

태양은 원래 여성의 홀로스코프(출생 천궁도) 중에서는 남편을 나타낸다고 할 정도로 남성 그 자체를 상징한다. 스스로의 가치관, 흥미, 욕구에 기초한 행동을 일으키고 자신의 힘으로 구축해 나가는 운, 즉 운세 속에서도 남성적이고 늠름한 일면을 지배하는 것이 태양인 것이다. 그가 어떤 운을 갖고 있는지 그 베이식한 경향은 태양의 성좌(태어난 성좌)를 보면 거의 알 수 있다.

다음으로 목성은 확대, 발전시키는 별이다. 태양과 목성의 각도가 좋으면 본래 갖고 있는 운세가 더욱 발전도를 증가시켜 운에 기세가 붙게 되는 것이다. 또한 태양 – 목성의 각도가 초래하는 운은 사파이어처럼 밝고 기쁜 것이므로 사파이어 스타라고 불린다.

한편 토성은 목성과는 역으로 낙관성을 억제하고 인내와 극기심을 낳는 별이다. 토성이 태양과 행운의 각도라면 방심이나 실수로부터의 실패를 막고 한번 획득한 성공을 단단하게 고정시켜 확실한 것으로 만들어 준다. 그것이 물질적, 금전적인 운을 향상시켜주는 일도 많다. 태양 – 토성의 행운의 각도는 재산가치가 높은 보석인 에메랄드 스타라고 불린다.

끝으로 사파이어 스타, 에메랄드 스타 양쪽을 지닌 그는 태양, 목성, 토성의 3가지 별이 상호로 좋은 각도를 갖고 있음을 나타낸다. 실로 큰 행운의 각도로 그가 사회적으로 커다란 영향력을 갖고 높은 지위에 오름을 약속하는 것이다. 또 생애를 통해서 획득한 성공이나 행복이 지속되고 축적된다는 것을 나타낸다. 따라서 그의 인생의 운은 상승일로를 그릴 것이다. 이 정도의 행운은 좀처럼 마주하기 어려운 것으로서 이런 배치는 다이아몬드 스타라고 불린다.

이처럼 그가 태어났을 때의 태양, 목성, 토성의 3별의 위치나 각도를 중심으로 운세를 보아 나가면 개인적으로도 사회적으로도 그가 어떤 운을 갖고 태어나서 어느 정도의 운의 혜택을 입고 있는가를 거의 정확하게 파악할 수 있는 셈이다.
한편 화성은 그의 성적 매력이나 투쟁력을 나타내지만 다른 3별에 비해서 그 힘이 미치는 범위가 좁으므로 다루지 않았다.


## [점성술을 보는 방법]
*기본적으로는 출생 성좌를 기초하여 본다*

❶ 우선, 아래의 홀로스코프에서 그의 태양성좌(태어난 성좌)의 구역에 ☉ (태양의 마크)를 적어 넣는다.
❷ 아래의 목성, 토성의 운행표를 보고, 그가 태어난 날, 목성, 토성은 각각 어느 자리에 있었는지 조사한다.
❸ ①과 같이, 홀로스코프 안에 해당되는 성좌 스페이스에 ♃(목성), ♄(토성) 마크를 적어 넣는다. ♃, ♄가 같은 성좌라면 같은 스페이스에 적을 것.
❹ 그 다음에는 태양성좌를 1번째로 세어서 목성이 1번째 (같은 성좌), 3번째, 5번째, 9번째, 11번째의 성좌에 있으면 사파이어 스타로 한다. 또한 이 "몇 번째"라는 것을 세는 방향은 시계 반대 방향이므로 모쪼록 틀리지 않도록 주의해야 한다.
❺ 마찬가지로 태양성좌를 1번째로 세어서 토성이 1번째, 3번째, 5번째, 9번째, 11번째에 있으면 에메랄드 스타로 한다.
❻ ④, ⑤ 모두 해당하는 그는 필연적으로 다이아몬드 스타의 소유주가 된다.

[예] 예를 들면, 1970년 5월 3일 출생인 그의 경우는 ① 황소자리 출생이므로 우선 ⊙(태양)을 황소자리의 칸에 적는다. ② 그 다음은, 아래의 목성, 토성의 운행표에서 찾아보면 목성은 천칭자리, 토성은 황소자리가 된다. ③ 각각의 별 마크인 ♃(목성), ♄(토성)을 적어 넣으면 아래의 그림처럼 된다. ④ 화살표 방향으로 세면 ♃은 ⊙으로부터 6번째의 성좌이므로 사파이어 스타에는 해당되지 않는다. ♄는 1번째의 성좌로 에메랄드 스타에 해당된다. 그 결과 여기에 해당되는 그는 황소자리의 기본적인 운세 외에 에메랄드 스타의 해당 란을 읽어보면 된다.

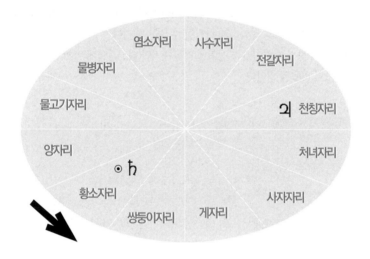

★「서로 위해줄 수 있는 사랑을 하고 싶다」

하얀색과 핑크색 머쉬멜로우를 1개씩 준비하여 하얀 것에는 여섯 군데, 핑크에는 두 군데를 이쑤시개 등으로 조그맣게 구멍을 낸다. 그리고 먹을 때는 구멍의 갯수와는 역으로 하얀색은 두 번에 나눠서 그리고 핑크색은 여섯 번에 나눠서 먹자.

| 연 | 월 | 일 | 성좌 | 연 | 월 | 일 | 성좌 |
|---|---|---|---|---|---|---|---|
| 62 | 3 | 26 | 물고기자리 | 76 | 3 | 26 | 황소자리 |
| 63 | 4 | 4 | 양자리 | | 8 | 23 | 쌍둥이자리 |
| 64 | 4 | 12 | 황소자리 | | 10 | 17 | 황소자리 |
| 65 | 4 | 22 | 쌍둥이자리 | 77 | 4 | 4 | 쌍둥이자리 |
| | 9 | 21 | 게자리 | | 8 | 20 | 게자리 |
| | 11 | 17 | 쌍둥이자리 | | 12 | 31 | 쌍둥이자리 |
| 66 | 5 | 5 | 게자리 | 78 | 4 | 12 | 게자리 |
| | 9 | 27 | 사자자리 | | 9 | 5 | 사자자리 |
| 67 | 1 | 16 | 게자리 | 79 | 3 | 1 | 게자리 |
| | 5 | 23 | 사자자리 | | 4 | 20 | 사자자리 |
| | 10 | 19 | 처녀자리 | | 9 | 29 | 처녀자리 |
| 68 | 2 | 27 | 사자자리 | 80 | 10 | 27 | 천칭자리 |
| | 6 | 15 | 처녀자리 | 81 | 11 | 27 | 전갈자리 |
| | 11 | 16 | 천칭자리 | 82 | 12 | 26 | 사수자리 |
| 69 | 3 | 31 | 처녀자리 | 84 | 1 | 20 | 염소자리 |
| | 7 | 15 | 천칭자리 | 85 | 2 | 7 | 물병자리 |
| | 12 | 17 | 전갈자리 | 86 | 2 | 21 | 물고기자리 |
| 70 | 4 | 30 | 천칭자리 | 87 | 3 | 3 | 양자리 |
| | 8 | 16 | 전갈자리 | 88 | 3 | 9 | 황소자리 |
| 71 | 1 | 14 | 사수자리 | | 7 | 22 | 쌍둥이자리 |
| | 6 | 5 | 전갈자리 | | 12 | 1 | 황소자리 |
| | 9 | 12 | 사수자리 | 89 | 3 | 12 | 쌍둥이자리 |
| 72 | 2 | 7 | 염소자리 | | 7 | 31 | 게자리 |
| | 7 | 25 | 사수자리 | 90 | 8 | 19 | 사자자리 |
| | 9 | 26 | 염소자리 | 91 | 9 | 13 | 처녀자리 |
| 73 | 2 | 23 | 물병자리 | 92 | 10 | 11 | 천칭자리 |
| 74 | 3 | 8 | 물고기자리 | 93 | 11 | 11 | 전갈자리 |
| 75 | 3 | 19 | 양자리 | 94 | 12 | 10 | 사수자리 |

목성

| 연 | 월 | 일 | 성좌 | 연 | 월 | 일 | 성좌 |
|---|---|---|---|---|---|---|---|
| 62 | 1 | 4 | 물병자리 | 77 | 11 | 17 | 처녀자리 |
| 64 | 3 | 25 | 물고기자리 | 78 | 1 | 5 | 사자자리 |
| | 9 | 18 | 물병자리 | | 7 | 27 | 처녀자리 |
| | 12 | 17 | 물고기자리 | 80 | 9 | 22 | 천칭자리 |
| 67 | 3 | 5 | 양자리 | 82 | 11 | 30 | 전갈자리 |
| 69 | 5 | 1 | 황소자리 | 83 | 5 | 7 | 천칭자리 |
| 71 | 6 | 19 | 쌍둥이자리 | | 8 | 25 | 전갈자리 |
| 72 | 1 | 11 | 황소자리 | 85 | 11 | 17 | 사수자리 |
| | 2 | 22 | 쌍둥이자리 | 88 | 2 | 14 | 염소자리 |
| 73 | 8 | 3 | 게자리 | | 6 | 11 | 사수자리 |
| 74 | 1 | 9 | 쌍둥이자리 | | 11 | 13 | 염소자리 |
| | 4 | 20 | 게자리 | 91 | 2 | 7 | 물병자리 |
| 75 | 9 | 18 | 사자자리 | 93 | 5 | 22 | 물고기자리 |
| 76 | 1 | 15 | 게자리 | 93 | 7 | 1 | 물병리 |
| | 6 | 6 | 사자자리 | 94 | 1 | 29 | 물고기자리 |

토성

● 표를 보는 방법

목성, 토성은 각각 날짜의 우측에 적혀있는 성좌를, 다음 성좌의 날짜 전일까지 운행하고 있다. 예를 들면 1970년 5월 3일 출생이라면 목성은 1970년 4월 30일 ~ 8월 15일까지 천칭자리를 운행하고 있으므로 태어난 날의 목성의 성좌는 천칭자리가 된다. 토성은 마찬가지로 황소자리다.

## 3월 21일 ~ 4월 20일 양자리
*비즈니스계에서 실력을 발휘한다. 남자로서의 매력 또한 충분하다.*

양자리 남성의 운은 「전사의 운」이다. 인생을 전쟁으로 여기고 스스로 승리를 거머쥐는 운을 갖고 있다. 직무에서는 영업직이나 기획, 기술이나 상품개발 등 공략하는 힘이 필요한 분야에서 압도적으로 강인함을 발휘한다. 중요 포스트에 오를 가능성도 충분하다. 벤처 기업의 경영자로서도 성공을 거둘 것이다. 운은 빨리 열리는 것이 특징이다. 20대 중반까지 두각을 나타내게 된다면 그 기운에 올라타서 출세 레이스에서는 항상 일등을 달린다. 거꾸로 젊었을 때 싹이 트지 못하면 후반기에서 역전의 가능성은 낮아지고 일생을 이러지도 저러지도 못하는 상황에 처한다.

연애운은 쟁탈과 추적의 이미지를 갖는 전사적인 사랑에 강한 운명이다. 또 직업에 한층 열정이 들어가서 사랑과 성공 양쪽에 꽃을 피울 수 있을 것이다. 결혼 뒤에는 인품이 원만해진다. 사람들을 잘 다루므로 출세도는 한층 상승되어 간다.

**사파이어 스타**   목성이 사교성을 높이기 위해서 인기 운을 더해준다. 동성이나 이성에게서도 이 사람은 밝고 전향적인 부분을 사랑받게 되고 어떠한 분야의 리더로 추대되는 경우가 많다. 또 이 태생의 사람에게는 한번 운이 붙기 시작하면 꼬리를 물고 찬스가 찾아오는 운도 더해지게 된다. 한 가지 성공을 거두면 그 기세에 올라타서 앞으로 나가야 할 것이다.

**에메랄드 스타**   양자리의 경우 토성의 원조에서는 연장자도 지원이나 애정을 불러다 준다. 일에서는 그의 능력이나 장래성을 보아 주는 사람을 만나게 되고 그것을 계기로 운이 크게 열려나간다. 또 연상의 여성과 사랑하는 것이 재능개발에 도움이 되어서 새로운 미래를 개척한다는 예감도 있다. 당신이 연상이라면 노려볼 만한 가치가 충분하다.

**다이아몬드 스타**   경영자로서의 성공을 약속하는 배치이다. 지금 일의 노하우를 확실하게 흡수하여 인맥을 가능한 확대해 두면 좋을 것이다. 그리고 36세~40세 사이에 자신의 회사를 갖는다면 커다란 성공을 거둘 것이다. 또 창조성이 강한 재능을 살려서 독립을 하면 유명인의 길을 걸어 나가게 될 운명이다.

# 4월 21일 ~ 5월 21일 황소자리

*일생 의식주에 곤란함이 없으며 안정된 가정을 가꾸어 나갈 것이다.*

황소자리 남성은 강력한 「재물 소유운」을 갖고 있다. 일단 손에 넣은 것은 나가지 않으므로 결과적으로는 일생을 풍부하게 살아갈 수 있는 운명이다. 일에서도 한번 얻은 지식, 기술은 확실하게 자기 것으로 만들고 착실하게 실력을 쌓으며 자신의 입장을 확고히 다져 나간다. 비교적 금전이나 재산가치가 있는 것을 다루는 일에서의 성공과 남겨진 물건의 복록에 행운이 깃드는 것도 황소자리의 특징이다. 하지만 욕심을 부리면 모든 것을 잃게 되는 위험도 있다.

또한 쌓아 온 운이 강해지는 30세 이후, 급속하게 좋은 운이 찾아온다.

연애 운은 안정되었으며 온화하다. 외조로 성공하는 운도 갖고 있는 사람이다. 교제 중에는 요리나 방 꾸미기 재능을 발휘하여 당신을 기쁘게 해 줄 것이다. 연애가 결혼으로 이어지는 운도 강해서 든든한 마이 홈 스타일의 남편이 된다.

**사파이어 스타**　황소자리의 경우, 목성의 원조는 지식과 관리능력을 높여 주는 것이다. 전문적인 지식이나 자격을 살려서 스페셜리스트로서 성공하는 사람이 많을 것이다. 또 사람을 잘 다루므로 관리직이 된 순간 운이 열려 나간다. 황소자리는 행동이 다소 늦지만 이 운을 갖는 사람에 한해서는 임기응변의 재능이 있기도 하다.

**에메랄드 스타**　토성이 현실적인 판단력을 높여준다. 사물의 메리트와 디메리트를 정확하게 판단할 수 있고 운을 효율 좋게 살려나갈 것이다. 특히 재테크 능력이 상승되어서 30대에서 상당한 재산을 손에 넣는 운도 갖고 있다. 중매로 좋은 인연을 잡는 운이 있으므로 결혼을 노리는 사람은 부모님이나 중간에서 소개해 주는 사람에게 부탁하여 정식으로 이야기를 진행시켜보도록 하자.

**다이아몬드 스타**　강력한 재산 운을 부르는 배치이다. 비교적 부동산과 인연이 있어서 넓은 토지(산림이 많다)를 양친으로부터 물려받는 경우가 많다. 해외에서의 토지거래로 성공을 거두는 운도 있다. 또 규모의 대소를 불문하고 기업의 대표가 될 가능성이 높다. 가업을 잇는 것도 길하다. 그의 재능을 개화시키는 결과가 되니 결혼상대로서는 좋은 인연이다.

## 5월 22일 ~ 6월 21일 **쌍둥이자리**

*기회를 보는데 민감한 성격이므로 선견지명이 있으며 매스컴이나 예능계에서 대활약한다.*

쌍둥이자리 남성의 운은 남보다 한발 앞서서 찬스를 잡고 성공하는 「선취운」을 갖고 있다. 상황의 변화가 빠르고 정보에 민감하게 반응하는 것이 조건인 매스컴 업계의 직무는 천직이라고 할만하다. 인맥을 확대시킬수록 운도 좋아진다. 단, 장기전에 약한 것이 특징이다. 노력형으로 끈기가 강한 스태프를 두도록 하면 운이 보강된다.

두 개의 얼굴을 구사할 수 있는 것도 강운의 한 가지가 된다. 비교적 어린 나이에 세상에 나서는 경우도 많고 20대에 유명인이 되는 사람도 있다.

연애는 교제중이거나 결혼 뒤거나 관계없이 많은 걸 프렌드를 갖는 것도 쌍둥이자리 운의 특징이다. 그 자극으로 의욕적으로 일을 할 수 있게 되고 젊음도 보장된다. 한편 바람이나 삼각관계가 발각되기 어려운 것도 쌍둥이자리의 강점이다.

**사파이어 스타**   목성이 가져오는 운은 대담한 발상과 행동력이다. 일에서는 요령이 좋은 면에다가 틀을 깨는 점이 가미되어 대히트 기획을 탄생시키거나 깜짝 놀랄만한 상담을 성사시키거나 하는 의외성을 발휘한다. 국내에서 싹이 트지 않는 경우 해외로 나가서 성공하는 운도 있다. 외국 여성과 결혼할 가능성도 충분하다.

**에메랄드 스타**   토성이 쌍둥이자리 특유의 가벼움을 제어해주므로 차분한 매력이 더해진다. 지적으로 강함을 느끼게 해주면서 안정감이 있어서 남자로서의 타이틀을 빛내주므로 여성에게 매우 인기가 높은 운세다. 유력자에게도 눈에 잘 띄므로 좋은 조건으로 결혼하게 되는 경우도 많다. 직업에서는 여사원을 부하로 두는 입장에 서면 커다란 성공을 거두게 될 것이다.

**다이아몬드 스타**   이것은 그 사람이 뭔가의 분야에서 스타가 될 것임을 나타내는 배치이다. 업계의 유명인, 사내의 에이스, 혹은 탤런트 등으로 빛나는 존재가 될 가능성이 높다. 천재적인 능력을 갖고 있는 경우도 있다. 그 의미로서는 틀에 얽매이지 않고 자기 방식대로 살아가는 것이 운을 살려나가는 비결이다.

## 6월 22일 ~ 7월 22일 **게자리**

*우정이나 가족에 대한 사랑의 끈을 지키면서 착실한 저축으로 재산을 모을 것이다.*

게자리의 남성에게 부여된 것은 「지키는 운」이다. 가정, 우정이나 사랑의 끈, 진심 등을 지켜나가는 운을 갖고 있다. 출세 운은 강하지 않지만 총무, 인사 등 회사를 지키는 분야에서는 성공을 거둘 것이다. 또 생활을 지키는 직종에 종사하면 출세도는 다시금 높아진다. 운은 지켜야 할 것이 증가할 때마다 강해진다. 결혼하고 가정을 가지면 회사에서의 지위가 오르는 등 비약적으로 행운이 상승되는 타입이다. 또 차곡차곡 저축하여 한 재산을 모으게 되는 운도 있다.

연애운은 여성에게 포용력을 발휘함으로써 열려나간다. 그의 보호 본능을 자극하면 마음이 끌릴 것이다. 그리고 연애가 결혼으로 연결될 확률도 높으므로 당신의 가사능력에 대한 어필도 잊지 않도록 하자.

　**사파이어 스타**　목성이 주위로부터 받아들여지는 운을 강하게 만들어서 사람들로부터 얻어내는 것이 증가된다. 금전이나 물질적인 원조를 비롯하여 정보나 지식 등 무형의 대상까지 주변 사람들로부터 얻어 낸다. 인맥은 가능한 확대시켜 두는 것이 유리하다. 결정적인 순간이나 마지막의 마지막이라고 할 최후의 순간에 운이 찾아오는 기운도 더해진다. 때문에 무엇이든지 포기하지 말아야 한다.

　**에메랄드 스타**　토성의 응원으로 전략이 완성되어 성공하는 운이 있다. 원래 정보가 풍부한 게자리이지만 이 태생의 사람은 또 다른 한 가지의 책사, 해결사의 얼굴을 가지고 있다. 예를 들면 라이벌을 함정에 끌어넣거나 유력자의 참모, 음지의 스태프로서 활약하거나 한다. 우려되는 것은 몰래 애인을 두게 되는 운도 갖고 있다는 점이다.

　**다이아몬드 스타**　이 태생의 사람은 대단한 인기운을 갖게 될 운명이다. 게자리를 지배하는 별인 달은 원래 인기를 나타내는 별로서 그 행운이 크게 팽창되어 간다. 이성에게도 동성에게도 이상할 정도로 인기가 있어서 사내의 리더를 맡거나, 동경하는 남성으로서의 직업운이나 연애운도 함께 상승되어 나간다. 예능계에 진출해도 폭넓게 인기를 모을 것이다.

# 7월 23일 ~ 8월 22일 사자자리

*12성좌 중에서 가장 강한 운을 가진 사람으로서 연애에도 혼신의 힘을 경주하는 남자다.*

사자자리 남성은 「왕의 운」을 갖고 있다. 이상하리만치 각광을 받으며 그다지 노력하지 않았음에도 자연스럽게 주역을 차지하는 경우가 있다. 일은 기획, 프로듀스 등 창조력으로 승부를 거는 분야에서 본령을 발휘한다. 리더로서 지휘봉을 잡는 경우도 많을 것이다. 또, 독립하여 성공한다는 좋은 운도 갖고 있다.

운세의 터닝 포인트는 21세이다. 31세와 1이 붙는 해도 마찬가지다. 전직이나 독립으로 행운을 손에 넣는 것도 이 해가 된다. 단, 무례함이나 건방진 면이 발목을 잡는 경우도 있으니 주의해야 한다.

연애운은 매우 크다. 정열적이고 무드도 화려하므로 여성에게 매우 인기가 좋다. 혼신의 힘을 다하는 연애를 생애에 여러 번 경험하게 된다. 연애 중에는 생명력이 높아져서 일에도 힘이 들어간다. 바람은 피우지만 본격적으로는 피우지 않는 것이 특징이다.

**사파이어 스타**　목성이 활력과 지성을 높여주고 발전운을 다시 활성화시킨다. 능력 있는 매가 발톱을 숨기는 듯한 권위도 더해져서 주위로부터 이 사람에게 맡기면 안심할 수 있다는 절대적인 신뢰를 받을 수 있다. 상담이나 교섭건에 있어서도 그것을 카드로 사용하여 커다란 성공을 거두게 된다. 주변에서 무리라고 하는 커다란 목표도 그가 도전하면 달성시킬 수 있다.

**에메랄드 스타**　사자자리에게 있어서 토성은 명예를 부여하는 별이다. 이 별에 보호받는 남성은 장래에 높은 타이틀을 갖게 되고 무엇인가의 포상 등 영예와 감투도 얻기 쉬울 것이다. 예술, 연구에 일생을 건다면 이러한 운이 특히 강해진다. 사자자리는 역경에 약한 일면이 있지만 이 별을 갖고 있다면 권토중래로 역전시키는 운세를 기대할 수 있다.

**다이아몬드 스타**　이것은 최강의 운을 시사하며 제왕으로서 군림한다는 증표이다. 실력에다가 인덕마저 더해져서 경영자나 커다란 조직의 수장으로서 이름을 날릴 가능성이 높아진다. 선택 받았음을 나타내는 별의 배치라고 할 수 있다. 또, 사람의 마음을 잘 잡으므로 정치인이나 탤런트로서도 성공할 것이다. 어쩌면 장래에는 탤런트를 겸하고 있는 국회의원이 될지도 모른다.

## 8월 23일 ~ 9월 23일 **처녀자리**

*명석한 두뇌에 착실한 업무태도, 요즘 보기 드문 순애주의자이다.*

처녀자리의 남성은 견실한 상승운을 갖고 있다. 인생의 설계도를 치밀하게 그리고 착실하게 목표를 실현해 나갈 수 있다. 단, 우등생의 가치를 위주로 하므로 남의 밑에서 자신을 살려나 가는 운명이다. 좋은 상사 아래 붙어있는 것이 두각을 나타낼 수 있는 조건이 된다.

운이 건강을 좌우하기 쉬운 것도 처녀자리 남성의 특징이다. 날씨 좋은 날 바로 전에 컨디션이 다운되거나 할 우려가 있다. 건강관리에는 만전을 기해야 한다. 한편 어렸을 때의 꿈은 언젠가는 어떤 형태로 실현시키게 될 운을 갖고 있다.

연애 면에서는 순애로 달릴 운명을 갖고 있다. 그를 공략하려면 마음의 연대감을 만들어야 한다. 반면에 라이벌이 나타나면 스스로 몸을 사려버리게 되고, 가능성이 있는 운도 놓쳐버릴 가능성이 많을 것이다. 결혼 후는 여자를 잘 다루게 되어서 인기가 높아지게 된다.

**사파이어 스타**　목성이 처녀자리의 금전운을 높여주는 배치가 된다. 일에 도움이 되는 자격을 취득하면 좋은 평가를 받는 계기가 되며 고수입으로 연결되며, 취직이나 전직도 훨씬 유리해진다. 또 주식이나 재테크 운도 있다. 처녀자리의 분석력을 살려서 각종 정보를 비교 검토하여서 투자하면 일확천금을 거두는 경우도 없지는 않을 것이다.

**에메랄드 스타**　토성이 투쟁의 힘을 향상시키는 배치가 된다. 처녀자리는 원래 투쟁에 약한 편이지만 이 태생의 남자라면 이야기는 달라진다. 일이나 연애에서도 끈기있게 공격을 획책하여 라이벌들이 비명을 지르며 항복하게 된다. 결국 그가 승리를 거두게 되는 것이다. 또, 일하다가 커다란 행운이 찾아오는 것도 특징이다. 현재 두각을 나타내지 못해도 지속적인 안목으로 본다면 초우량주인 것이다.

**다이아몬드 스타**　이 배치는 처녀자리의 완전주의를 성공으로 연결시킨다. 완벽한 직무, 타협을 용인하지 않는 자세가 그를 명인, 달인으로 불리는 사람으로 만들 것이다. 전문직, 공예, 예술의 길을 걷는다면 이러한 좋은 운을 가장 잘 살려나갈 수 있다. 한 분야에서 가장 뛰어난 사람으로서 장래에 커다란 명예를 가질 수도 있다.

## 9월 24일 ~ 10월 23일 천칭자리

*실력이 없어도 성공을 거두는 별의 도움으로 행운이 따르는 사람.*

천칭자리의 남성은 진정한 행운의 소유자이다. 예를 들어서 실력이 없어도 남들 이상으로 성공할 수 있는 운을 갖고 있다. 유력자가 곁에서 보듬어 주고 있으며 공동 사업에서 성공을 거두는 일도 있다. 어부지리를 획득하는 운도 있다. 조정하는 능력이 뛰어나서 타인의 분쟁에 끼어들어 수습할 때마다 평판과 입장이 높아질 것이다.

반면에 스스로 남들과 싸우면 패배하는 경우가 많고 운이나 주위로부터의 도움도 잃고 된다. 무엇이나 평화를 위주로 일관하는 것이 운을 강화시키는 열쇠가 된다.

연애는 늘 복수의 여성으로부터 사랑을 받는 행운의 소유자이다. 그에게 간택당하기를 원하는 사람은 누구보다도 정열적으로 대쉬해야 한다. 그는 자신을 가장 사랑해 주는 사람을 보답으로 사랑해 주는 타입이다. 결혼 후에는 후원이나 지원으로 살아가던 인생에서 탈피하여 늠름한 남성으로 변신한다.

사파이어 스타   목성이 그에게 다면적인 개성과 재능을 부여했다. 본업 외에도 취미나 부업 등, 제2의, 제3의 얼굴을 갖고 다채로운 활약을 하는 경우가 많을 것이다. 또 가벼운 호기심에서 시작한 것이 적중하여 인생이 한 방에 열려나가는 운도 있다. 흥미를 느낀 것에는 무엇이든지 관심을 가질 정도로 대성하게 된다.

에메랄드 스타   토성의 원조는 천칭자리에게 「교묘함」을 가져다준다. 때문에 천칭자리로서는 드물게도 상사나 회사에 아주 능숙하게 자기 자신과 능력을 팔아서 원하는 포스트나 수입을 스피디하게 손에 넣을 것이다. 즉 성공도가 높은 것이다. 또 천칭자리 특유의 게으름을 제어할 수 있어서 몰라볼 정도로 근면해 질 것이다.

다이아몬드 스타   목성과 토성의 응원을 받는 그는 인생의 경계와 경계에서 멋진 조력자를 만나는 운의 소유자이다. 전직하고 싶다고 생각하면 스카우트의 손이 뻗쳐 오거나 결혼하고 싶다고 생각하면 이상으로 생각하던 타입을 소개해주는 사람이 나타나거나 한다. 행운이 넘쳐나고 있다고 할 수 밖에 없는, 마치 순풍에 돛을 단 격의 인생을 살게 될 것이다.

# 10월 24일 ~ 11월 22일 **전갈자리**

*역경을 지렛대로 삼을 수 있는 재능. 뛰어난 집중력은 연구자로 적합하다.*

전갈자리 남성은 「역경운」을 갖고 있는 성좌이다. 코너에 몰리거나 형세가 불리하면 변신하여 유리한 상황을 만들어 내는 운을 천성적으로 겸비하고 있다. 집중력이나 탐구심이 성과로 직결되는 분야에서는 남들 이상의 재능을 갖고 있다. 반면에 시야가 좁은 것이 좌절의 근원이 되기 쉽다. 주위의 조언을 받아들이는 유연성이 운을 살려나가는 열쇠가 된다.

행운의 개막은 연령이나 시기를 묻지 않는다. "도"아니면 "모" 식의 극단적인 선택을 강요받을 때 찾아온다. 또 좌천당한다거나 하는 역경을 반전의 용수철로 삼는 강인함도 있다. 연애운은 성에 도취되다가 진정한 사랑을 얻는 운세로서 SEX에서 시작된 사랑도 유망하다. 한편 전갈자리는 비밀을 나타내므로 불륜 등 비밀스런 사랑과 인연이 깊은 경향도 있다. 충실한 SEX가 예방책이 된다.

**사파이어 스타**　이 배치는 계획한 것은 반드시 실행하는 강한 의지를 나타낸다. 장래 설계나 자금계획을 면밀하게 수립하여 이미지나 순서를 명확히 하면 그대로 생활수준이나 성공을 얻을 수 있다. 현상에 만족하지 않고 높은 목표를 계속해서 세워나가면 일생동안 운이 확장되어 나갈 것이다. 정보통의 친구가 행운의 전령사 역할을 할 것이다.

**에메랄드 스타**　토성의 원조가 더해지면 강력한 부활의 운이 나오게 된다. 과거의 사랑이 다시 불타오르거나 기존의 실패했던 것에 대한 재도전 등이 멋진 성공, 좋은 결과를 가져다준다. 어렸을 때, 품었던 꿈에 대해 성인이 되고나서 도전해 보는 것도 행운을 불러다 준다. 또 과거에 도움을 주었던 사람으로부터의 커다란 보답의 암시도 있다.

**다이아몬드 스타**　차원이 다른 직감력, 이상할 정도의 예지력 등을 나타내는 별의 배치이다. 이 별을 갖고 있는 사람은 감이 예리해서 위험을 미연에 방지하고 찬스를 사전에 감지할 수 있는 가능성이 높을 것이다. 그가 말하는, 왠지 모르게 싫은 느낌이나 심장이 두근거리는 듯 하는 예감 등은 가능하면 믿고서 판단의 참고자료로 삼는 것도 좋을 것이다.

# 11월 23일 ~ 12월 21일 사수자리
*해외에서의 성공도는 넘버원이다. 사랑의 상대는 머리가 좋은 여성이다.*

사수자리 남성은 꽤나 「성공체질」이다. 좋아하는 것에 열중한다면 주위에서 인정받는 운세이다. 하고 싶은 것을 하고 싶은 대로 실행하는 낙관적인 삶이 센스나 재능을 최대한으로 살려준다. 또 사수자리의 운은 스피디하게 전개된다. 찬스라고 느끼면 간발의 차도 주지말고 실행으로 옮기도록 하자.

해외로 나가는 것도 사수자리의 운을 높여준다. 무역, 번역, 통역 등의 직업이나 글로벌한 활약을 목표하여 해외 유학, 해외 이주를 진지하게 검토하면 운도 열려질 것이다.

연애는 노리던 대상을 손에 넣으면 놓치지 않는 「수렵의 운」을 갖고 있다. 또, 향상심이 왕성하여 사랑의 상대는 늘 지적 레벨이 높은 여성이다. 결혼 후에는 와이프에 대해서 페미니스트가 되어서 직업을 갖는 것 등에 대해서 이해를 보여주기도 한다.

**사파이어 스타**    목성은 사수자리의 수호성이다. 때문에 운기 전반에 걸쳐 강해지고 모든 면에서 행운도가 상승된다. 특히 넓고 관대한 마음이 갖춰져 있으므로 어떠한 타입이라도 잘 교제해 나갈 수 있다. 코디네이터로서 발군의 재능을 발휘할 것이다. 또, 이성의 친구가 늘어나서 그녀들의 협력으로 연애운이 더 한층 상승된다.

**에메랄드 스타**    사수자리의 경우 토성의 원조는 행운의 정착을 의미한다. 원래 사수자리는 싫증을 잘 내며 한 가지 성공을 거두어도 금새 팽개치고 다음 것으로 흥미가 이동하기 쉽다. 하지만 에메랄드 스타가 있으면 같은 분야에서 다시 실적을 쌓아올려 선두의 위치로 올라 갈 수 있다. 경영자로서 성공을 거두는 운도 있다.

**다이아몬드 스타**    국제적인 사람으로서 성공을 부르는 배치이다. 사수자리는 해외와 인연이 깊은 성좌이지만 목성, 토성의 원조에 의해 국제사회에서 중요한 입장을 차지하게 된다. 해외와 무역, 구매업무, 해외지사에서의 성공, 외국계 기업에서의 성공 등을 기대할 수 있다. 외국으로 귀화하는 경우도 있다.

# 12월 22일 ~ 1월 20일 **염소자리**

*불굴의 정신으로 「벼락출세」, 인내의 끝에는 커다란 꽃이 핀다.*

염소자리 남성은 강력한 「벼락출세운」의 소유자이다. 불굴의 인내력으로 최종적으로는 수장의 자지를 차지하는 운이 있다. 단, 이 운은 고생이나 좌절의 양과 비례하는 것이 특징이다. 과감하게 치열한 세계나 우회로를 선택하거나, 거친 파도에 시련을 겪거나 할수록 인생의 열매는 크게 열린다.

또 무엇이든지 장기계획을 세워서 착실하게 노력과 경험을 쌓는 것으로 최종적으로는 커다란 성과를 얻을 수 있게 되는 것이다. 인생으로 말하자면 40대 이후에 운의 피크를 맞이하는 것이다.

연애는 장기전에 강함을 시사한다. 일단 사랑을 하게 되면 몇 년이 걸리더라도 손에 넣게 된다. 또 사랑을 하게 되면 이상하게도 재물운이 향상되는 운명이다. 결혼 후에는 포용력이 증대되어 사내에서 인기가 상승된다.

**사파이어 스타** 목성의 확대력이 재물, 물질면에 부여되어 재산가가 될 운명이다. 그 중에서도 염소자리는 대지를 표현하므로 부동산을 재테크의 수단으로 하면 큰 행운이 따른다. 또 목성은 강력한 시험운도 받았다. 각종 자격시험, 승진시험 등에 적극적으로 도전하면 그것이 인생을 열어주는 계기가 된다.

**에메랄드 스타** 전통을 나타내는 토성의 영향으로 후계자로서 성공하는 운이 주어진다. 역사가 오래된 기업이나 전통직 등의 세계로 나간다면 높은 지위를 얻을 수 있을 것이다. 또, 가업의 승계나 유산상속을 계기로 단번에 운이 열리는 경향도 있다. 지금은 생가를 떠나 있는 사람도 언제든 U턴을 염두에 두는 편이 좋을 것이다.

**다이아몬드 스타** 지배자로서의 운을 가져다주는 배치이다. 책임을 부여받아서, 남으로부터 믿음을 받을수록 의욕이 불타올라서 실력을 발휘할 수 있는 운명이다. 큰 조직의 구성원으로서 실적을 쌓아 가면 50세 이후에 최고의 자리에 오를 수 있을 것이다. 또, 원예 등 땅과 친밀감이 있는 취미를 가지면 수명이 매우 늘어나서 오랜 기간 건강하게 지낼 수 있을 것이다.

# 1월 21일 ~ 2월 18일 물병자리

*기성관념을 깨뜨리는 것으로 성공한다. 인생의 무기가 되는 크리에이티브 능력이 탁월하다.*

물병자리 남성은 「해프닝 운」의 소유자이다. 우연히 생긴 일이나 애정 외의 일에서 갑자기 운이 찾아와 준다. 계획에 구애받지 않고 남들의 대역이나 플랜의 변경 등을 유연하게 받아들이는 것이 성공의 열쇠가 된다. 또 기성의 개념을 파괴하는 것으로 성공하게 되는 운도 있다. 새로운 방법이나 아이디어 등 탁상공론이라도 제안해 보아야 한다. 매스컴, 개업 등의 분야에서 파워를 발휘한다.

운은 동료에 의해서도 열려진다. 좋은 친구나 이해력이 있는 사람, 동지를 갖는다면 20대 후반에서의 독립도 꿈만은 아니다.

연애는 그다지 고생하지 않고 사랑을 손에 넣을 수 있다. 왜냐면 우정이 사랑으로 발전되는 경우가 많기 때문이다. 결혼에 있어서는 시대의 첨단을 달리는 타입이다.

**사파이어 스타**   목성이 행동력을 받으므로 플랜을 세우는 것만이 아니라 그것을 실행으로 옮기는 능력을 겸비했다. 원래가 물병자리는 실행력이 결여된 것이 난점이다. 그것을 보완하므로 승진도 대폭적으로 빨라진다. 또 사람을 내보내도 미움을 받지 않는 것도 이 태생이 갖고 있는 운의 덕택이다. 찬스는 체면을 무시해서라도 손에 넣어야 한다.

**에메랄드 스타**   토성은 물병자리에 독립운을 주었다. 그러나 회사를 갖기 보다는 프리하게 개인적으로 활약하는 편이 능력을 최대한 발휘할 수 있을 것이다. 특히 창조적인 분야에서의 성공운은 강력하다. 서바이벌 스포츠에 강한 운도 더해진다. 트라이애슬론 등에 도전 해보는 것도 좋을 것이다.

**다이아몬드 스타**   물병자리가 갖고 있는 새로운 이론이나 발상이 활용된다. 에콜로지 운동이나 자원봉사, 리사이클 등의 운동에 참가하면 지도력을 발휘할 수 있고 리더로서도 유명해진다. 또 자연과 사람이 조화를 이루는 환경에서 생활할 수 있는 운도 있다. 장래는 녹색이 충만된 교외에 살면서 일할 가능성이 크다.

## 2월 19일 ~ 3월 20일 물고기자리
*왠지 모르게 꿈이 이뤄지는 운이다. 결혼 후에는 부드러운 남편이 된다.*

물고기자리 남성은 꿈이 인생을 이끄는 운을 갖고 있다. 자력으로 길을 개척하고 투쟁에서 승리하는 듯한 강운은 없지만 어렸을 때부터의 꿈이 자연스럽게 이뤄지거나 갖고 싶었던 것을 손에 넣을 수 있을 것이다. 직업은 사람에게 꿈과 감동을 주는 예술적인 분야에서 성공하는 경우가 많을 것이다. 남을 위해서 자신을 희생하는 것으로 커다란 행운을 잡는 것도 그가 갖고 있는 운 중의 한 가지이다. 반면에 너무 현실적이어서 갑자기 약한 운기로 빠지기도 한다. 꿈을 지속적으로 추구하는 것이 중요하다.

다만, 운 자체는 꽤 불안정하다. 물고기자리는 인간관계의 좋고 나쁨에서 운이 좌우되기 쉬운 운세를 갖고 있다.

연애는 여성주도형의 연애가 많은 것이 특징이다. 또한, 연애를 할 때마다 섹스에 대한 자신감이 증가되어 늠름한 남성으로 변모한다. 결혼 후에는 자식 때문에 번뇌가 있으며 자상한 남편이 된다. 단, 경제적인 면에서는 다소 허술한 감이 있다.

**사파이어 스타** 　목성이 그가 남으로부터 사랑받는 운을 강화시켜서 그만큼 운이 강력해진다. 주위의 보호본능을 자극하는 어리광의 무드가 효력적이어서 어려울 때는 바로 남에게서 도움을 받을 수 있을 것이다. 또, 주위로부터 운을 나눠 받을 수 있는 운기도 더해진다. 행운이 있는 사람 옆에 항상 붙어 있으면 길하다.

**에메랄드 스타** 　이 태생의 사람은 토성의 영향으로 라이프 워크나 천직을 만나는 운이 강력하다. 왠지 끌리는 취미, 일 등에 임하면 점점 몰두할 수 있게 되고 생애에 걸쳐서 추구할 수 있게 된다. 또한 활달한 일상을 보낼 수도 있다. 또 꼭 하고 싶던 일에 임하게 되는 확률이 높은 것도 이 태생의 특징이다.

**다이아몬드 스타** 　목성과 토성이 손을 잡고 표현자로서의 성공을 가져다준다. 음악, 연극, 영상 등 이미지를 구체화시키는 분야에 관계되면 두각을 나타내고 유명해지는 운명이다. 평소에 감성의 안테나를 민감하게 하고 창조력을 높여 두자. 일인자로서의 가치가 성공의 계기가 될 것이다.

# 그가 나타내는 사랑의 모습

금성의 힘으로 당신을 행복하게 만드는 그의 애정운 판단.

그가 태어났을 때의 금성의 위치로 보는 애정운. 남성의 홀로스코프에서 금성은 "여성과의 관계"를 나타낸다고 여겨지고 있다. 그가 금성의 힘에 의해 당신에게 가져다주는 것은 어떤 운일까?

사귀기 전에는 물론, 어느 정도 교제 기간이 흐른 상대라도 그가 갖고 있는 천성의 애정운은 궁금할 따름이다.
사실은 금성이 가져다주는 애정운에서 그가 바라는 사랑의 모습을 알 수 있다. 상대 남성과 보다 좋은 관계를 쌓아나가기 위해서는 금성의 메시지를 지긋이 독파해 볼 필요가 있다.
금성성좌는 그의 생일에 금성의 위치가 어느 성좌에 위치해 있었는지에 의해 알 수 있다.
찾아보는 방법은 P317 처럼 우측 표에서 도출해서 궁금한 그 사람하고의, 그리고 앞으로의 두 사람의 연애 양상에 대해서 점쳐보자.

## 썸TIP

★「그가 머리를 자르고 데이트에 온다」

그가 싸움을 걸어온다는 암시다. 남성이 머리카락을 자르는 것은 초조하거나 집중력이 떨어질 때에 무리해서라도 안정을 취하고자 자르는 사람이 많은 것 같다. 그럴 때는 당신의 언행은 바로 까칠맞게 변하여 싸움으로 발전되기 쉬울지도 모른다.

# 남자 파트너의 금성성좌 조견표

| | | | |
|---|---|---|---|
| **1962** | 12/8~ 물병자리 | 12/5~ 사수자리 | 10/10~ 사수자리 |
| 1/22~ 물병자리 | **1966** | 12/29~ 염소자리 | 11/6~ 염소자리 |
| 2/15~ 물고기자리 | 2/7~ 염소자리 | **1970** | 12/8~ 물병자리 |
| 3/11~ 양자리 | 2/26~ 물병자리 | 1/22~ 물병자리 | **1974** |
| 4/4~ 황소자리 | 4/7~ 물고기자리 | 2/15~ 물고기자리 | 1/30~ 염소자리 |
| 4/29~ 쌍둥이자리 | 5/6~ 양자리 | 3/11~ 양자리 | 3/1~ 물병자리 |
| 5/23~ 게자리 | 6/1~ 황소자리 | 4/4~ 황소자리 | 4/7~ 물고기자리 |
| 6/18~ 사자자리 | 6/27~ 쌍둥이자리 | 4/28~ 쌍둥이자리 | 5/5~ 양자리 |
| 7/13~ 처녀자리 | 7/22~ 게자리 | 5/23~ 게자리 | 6/1~ 황소자리 |
| 8/9~ 천칭자리 | 8/16~ 사자자리 | 6/17~ 사자자리 | 6/26~ 쌍둥이자리 |
| 9/7~ 전갈자리 | 9/9~ 처녀자리 | 7/13~ 처녀자리 | 7/22~ 게자리 |
| **1963** | 10/4~ 천칭자리 | 8/9~ 천칭자리 | 8/15~ 사자자리 |
| 1/7~ 사수자리 | 10/28~ 전갈자리 | 9/7~ 전갈자리 | 9/9~ 처녀자리 |
| 2/6~ 염소자리 | 11/20~ 사수자리 | **1971** | 10/3~ 천칭자리 |
| 3/5~ 물병자리 | 12/14~ 염소자리 | 1/7~ 사수자리 | 10/27~ 전갈자리 |
| 3/30~ 물고기자리 | **1967** | 2/6~ 염소자리 | 11/20~ 사수자리 |
| 4/25~ 양자리 | 1/7~ 물병자리 | 3/4~ 물병자리 | 12/14~ 염소자리 |
| 5/19~ 황소자리 | 1/31~ 물고기자리 | 3/30~ 물고기자리 | **1975** |
| 6/13~ 쌍둥이자리 | 2/24~ 양자리 | 4/24~ 양자리 | 1/7~ 물병자리 |
| 7/8~ 게자리 | 3/21~ 황소자리 | 5/19~ 황소자리 | 1/31~ 물고기자리 |
| 8/1~ 사자자리 | 4/15~ 쌍둥이자리 | 6/13~ 쌍둥이자리 | 2/24~ 양자리 |
| 8/26~ 처녀자리 | 5/11~ 게자리 | 7/7~ 게자리 | 3/20~ 황소자리 |
| 9/19~ 천칭자리 | 6/7~ 사자자리 | 8/1~ 사자자리 | 4/14~ 쌍둥이자리 |
| 10/13~ 전갈자리 | 7/9~ 처녀자리 | 8/25~ 처녀자리 | 5/10~ 게자리 |
| 11/6~ 사수자리 | 9/10~ 사자자리 | 9/18~ 천칭자리 | 7/10~ 처녀자리 |
| 11/30~ 염소자리 | 10/2~ 처녀자리 | 10/12~ 전갈자리 | 9/3~ 사자자리 |
| 12/24~ 물병자리 | 11/10~ 천칭자리 | 11/5~ 사수자리 | 10/5~ 처녀자리 |
| **1964** | 12/8~ 전갈자리 | 11/29~ 염소자리 | 11/10~ 천칭자리 |
| 1/17~ 물고기자리 | **1968** | 12/24~ 물병자리 | 12/7~ 전갈자리 |
| 2/11~ 양자리 | 1/2~ 사수자리 | **1972** | **1976** |
| 3/8~ 황소자리 | 1/27~ 염소자리 | 1/17~ 물고기자리 | 1/2~ 사수자리 |
| 4/5~ 쌍둥이자리 | 2/21~ 물병자리 | 2/11~ 양자리 | 1/27~ 염소자리 |
| 5/10~ 게자리 | 3/16~ 물고기자리 | 3/8~ 황소자리 | 2/20~ 물병자리 |
| 6/18~ 쌍둥이자리 | 4/9~ 양자리 | 4/4~ 쌍둥이자리 | 3/15~ 물고기자리 |
| 8/6~ 게자리 | 5/4~ 황소자리 | 5/11~ 게자리 | 4/9~ 양자리 |
| 9/9~ 사자자리 | 5/28~ 쌍둥이자리 | 6/12~ 쌍둥이자리 | 5/3~ 황소자리 |
| 10/6~ 처녀자리 | 6/22~ 게자리 | 8/6~ 게자리 | 5/28~ 쌍둥이자리 |
| 11/1~ 천칭자리 | 7/16~ 사자자리 | 9/8~ 사자자리 | 6/21~ 게자리 |
| 11/25~ 전갈자리 | 8/9~ 처녀자리 | 10/6~ 처녀자리 | 7/15~ 사자자리 |
| 12/20~ 사수자리 | 9/3~ 천칭자리 | 10/31~ 천칭자리 | 8/9~ 처녀자리 |
| **1965** | 9/27~ 전갈자리 | 11/25~ 전갈자리 | 9/2~ 천칭자리 |
| 1/13~ 염소자리 | 10/22~ 사수자리 | 12/19~ 사수자리 | 9/27~ 전갈자리 |
| 2/6~ 물병자리 | 11/15~ 염소자리 | **1973** | 10/21~ 사수자리 |
| 3/2~ 물고기자리 | 12/10~ 물병자리 | 1/12~ 염소자리 | 11/15~ 염소자리 |
| 3/26~ 양자리 | **1969** | 2/5~ 물병자리 | 12/10~ 물병자리 |
| 4/19~ 황소자리 | 1/5~ 물고기자리 | 3/1~ 물고기자리 | **1977** |
| 5/13~ 쌍둥이자리 | 2/3~ 양자리 | 3/25~ 양자리 | 1/5~ 물고기자리 |
| 6/7~ 게자리 | 6/6~ 황소자리 | 4/18~ 황소자리 | 2/3~ 양자리 |
| 7/1~ 사자자리 | 7/7~ 쌍둥이자리 | 5/13~ 쌍둥이자리 | 6/7~ 황소자리 |
| 7/26~ 처녀자리 | 8/4~ 게자리 | 6/6~ 게자리 | 7/7~ 쌍둥이자리 |
| 8/20~ 천칭자리 | 8/29~ 사자자리 | 7/1~ 사자자리 | 8/3~ 게자리 |
| 9/14~ 전갈자리 | 9/24~ 처녀자리 | 7/25~ 처녀자리 | 8/29~ 사자자리 |
| 10/10~ 사수자리 | 10/18~ 천칭자리 | 8/19~ 천칭자리 | 9/23~ 처녀자리 |
| 11/6~ 염소자리 | 11/11~ 전갈자리 | 9/14~ 전갈자리 | |

| | | | | | | | |
|---|---|---|---|---|---|---|---|
| 10/17~ | 천칭자리 | 8/19~ | 천칭자리 | 8/29~ | 사자자리 | 6/29~ | 사자자리 |
| 11/11~ | 전갈자리 | 9/13~ | 전갈자리 | 9/22~ | 처녀자리 | 7/24~ | 처녀자리 |
| 12/4~ | 사수자리 | 10/9~ | 사수자리 | 10/17~ | 천칭자리 | 8/18~ | 천칭자리 |
| 12/28~ | 염소자리 | 11/6~ | 염소자리 | 11/10~ | 전갈자리 | 9/12~ | 전갈자리 |
| **1978** | | 12/9~ | 물병자리 | 12/4~ | 사수자리 | 10/9~ | 사수자리 |
| 1/21~ | 물병자리 | **1982** | | 12/28~ | 염소자리 | 11/5~ | 염소자리 |
| 2/14~ | 물고기자리 | 1/24~ | 물고기자리 | **1986** | | 12/10~ | 물병자리 |
| 3/10~ | 양자리 | 3/3~ | 물병자리 | 1/21~ | 물병자리 | **1990** | |
| 4/3~ | 황소자리 | 4/7~ | 물고기자리 | 2/14~ | 물고기자리 | 1/17~ | 염소자리 |
| 4/28~ | 쌍둥이자리 | 5/5~ | 양자리 | 3/10~ | 양자리 | 3/4~ | 물병자리 |
| 5/22~ | 게자리 | 5/31~ | 황소자리 | 4/3~ | 황소자리 | 4/6~ | 물고기자리 |
| 6/17~ | 사자자리 | 6/26~ | 쌍둥이자리 | 4/27~ | 쌍둥이자리 | 5/4~ | 양자리 |
| 7/12~ | 처녀자리 | 7/21~ | 게자리 | 5/22~ | 게자리 | 5/30~ | 황소자리 |
| 8/9~ | 천칭자리 | 8/15~ | 사자자리 | 6/16~ | 사자자리 | 6/25~ | 쌍둥이자리 |
| 9/8~ | 전갈자리 | 9/8~ | 처녀자리 | 7/12~ | 처녀자리 | 7/20~ | 게자리 |
| **1979** | | 10/2~ | 천칭자리 | 8/8~ | 천칭자리 | 8/14~ | 사자자리 |
| 1/8~ | 사수자리 | 10/26~ | 전갈자리 | 9/8~ | 전갈자리 | 9/7~ | 처녀자리 |
| 2/6~ | 염소자리 | 11/19~ | 사수자리 | **1987** | | 10/1~ | 천칭자리 |
| 3/4~ | 물병자리 | 12/13~ | 염소자리 | 1/8~ | 사수자리 | 10/25~ | 전갈자리 |
| 3/30~ | 물고기자리 | **1983** | | 2/6~ | 염소자리 | 11/18~ | 사수자리 |
| 4/24~ | 양자리 | 1/6~ | 물병자리 | 3/4~ | 물병자리 | 12/12~ | 염소자리 |
| 5/18~ | 황소자리 | 1/30~ | 물고기자리 | 3/29~ | 물고기자리 | **1991** | |
| 6/12~ | 쌍둥이자리 | 2/23~ | 양자리 | 4/23~ | 양자리 | 1/5~ | 물병자리 |
| 7/7~ | 게자리 | 3/20~ | 황소자리 | 5/18~ | 황소자리 | 1/29~ | 물고기자리 |
| 7/31~ | 사자자리 | 4/14~ | 쌍둥이자리 | 6/12~ | 쌍둥이자리 | 2/22~ | 양자리 |
| 8/25~ | 처녀자리 | 5/10~ | 게자리 | 7/6~ | 게자리 | 3/19~ | 황소자리 |
| 9/18~ | 천칭자리 | 6/7~ | 사자자리 | 7/31~ | 사자자리 | 4/13~ | 쌍둥이자리 |
| 10/12~ | 전갈자리 | 7/11~ | 처녀자리 | 8/24~ | 처녀자리 | 5/9~ | 게자리 |
| 11/5~ | 사수자리 | 8/28~ | 사자자리 | 9/17~ | 천칭자리 | 6/6~ | 사자자리 |
| 11/29~ | 염소자리 | 10/6~ | 처녀자리 | 10/11~ | 전갈자리 | 7/11~ | 처녀자리 |
| 11/23~ | 물병자리 | 11/10~ | 천칭자리 | 11/4~ | 사수자리 | 8/21~ | 사자자리 |
| **1980** | | 12/7~ | 전갈자리 | 11/28~ | 염소자리 | 10/7~ | 처녀자리 |
| 1/17~ | 물고기자리 | **1984** | | 12/23~ | 물병자리 | 11/9~ | 천칭자리 |
| 2/10~ | 양자리 | 1/1~ | 사수자리 | **1988** | | 12/6~ | 전갈자리 |
| 3/7~ | 황소자리 | 1/26~ | 염소자리 | 1/16~ | 물고기자리 | **1992** | |
| 4/4~ | 쌍둥이자리 | 2/20~ | 물병자리 | 2/10~ | 양자리 | 1/1~ | 사수자리 |
| 5/13~ | 게자리 | 3/15~ | 물고기자리 | 3/7~ | 황소자리 | 1/25~ | 염소자리 |
| 6/6~ | 쌍둥이자리 | 4/8~ | 양자리 | 4/4~ | 쌍둥이자리 | 2/19~ | 물병자리 |
| 8/7~ | 게자리 | 5/3~ | 황소자리 | 5/18~ | 게자리 | 3/14~ | 물고기자리 |
| 9/8~ | 사자자리 | 5/27~ | 쌍둥이자리 | 5/27~ | 쌍둥이자리 | 4/7~ | 양자리 |
| 10/5~ | 처녀자리 | 6/20~ | 게자리 | 8/7~ | 게자리 | 5/2~ | 황소자리 |
| 10/31~ | 천칭자리 | 7/15~ | 사자자리 | 9/8~ | 사자자리 | 5/26~ | 쌍둥이자리 |
| 11/24~ | 전갈자리 | 8/8~ | 처녀자리 | 10/5~ | 처녀자리 | 6/19~ | 게자리 |
| 12/19~ | 사수자리 | 9/2~ | 천칭자리 | 10/30~ | 천칭자리 | 7/14~ | 사자자리 |
| **1981** | | 9/26~ | 전갈자리 | 11/24~ | 전갈자리 | 8/7~ | 처녀자리 |
| 1/12~ | 염소자리 | 10/21~ | 사수자리 | 12/18~ | 사수자리 | 9/1~ | 천칭자리 |
| 2/5~ | 물병자리 | 11/14~ | 염소자리 | **1989** | | 9/25~ | 전갈자리 |
| 3/1~ | 물고기자리 | 12/10~ | 물병자리 | 1/11~ | 염소자리 | 10/20~ | 사수자리 |
| 3/25~ | 양자리 | **1985** | | 2/4~ | 물병자리 | 11/13~ | 염소자리 |
| 4/18~ | 황소자리 | 1/5~ | 물고기자리 | 2/28~ | 물고기자리 | 12/9~ | 물병자리 |
| 5/12~ | 쌍둥이자리 | 2/3~ | 양자리 | 3/24~ | 양자리 | | |
| 6/6~ | 게자리 | 6/7~ | 황소자리 | 4/17~ | 황소자리 | | |
| 6/30~ | 사자자리 | 7/7~ | 쌍둥이자리 | 5/11~ | 쌍둥이자리 | | |
| 7/25~ | 처녀자리 | 8/3~ | 게자리 | 6/5~ | 게자리 | | |

## 금성이 양자리에 있는 남자
*첫인상이 강렬하고 애정표현도 능숙*

금성이 양자리에 있는 사람은 첫 인상이 강렬하고 놀라울 정도로 핸섬한 경우가 많다. 이러한 점에서, 얼굴만 따지며 남성을 액세서리 정도로 생각하는 여자에게는 최고의 상대라고 할 수 있다. 또한 그는 일단 여자를 사랑하면 일편단심이 되는 성격이다. 게다가 드라마틱한 애정표현을 부끄러워하지 않고 할 수 있다. 그에게 사랑받는 여성은 데이트를 할 때마다 꽃다발을 선물로 받거나 그로부터 사랑한다는 속삭임을 듣거나 해서 최상의 연인 기분을 만끽할 수 있다. 그와의 사랑이 짧은 기간에 끝나는 경우도 많지만, 평생 잊을 수 없는 보석과도 같은 추억이 될 것이다. 그러나 단점은 사랑의 방식이 자기 중심적이고 상대가 자신의 페이스대로 따라오지 않으면 발끈해 하는 점이다. 이러한 점은 여성이 성숙한 테크닉으로 컨트롤을 해야 할 필요가 있다.

## 금성이 황소자리에 있는 남자
*평생을 걸고 사랑할 수 있는 '아내'를 갈망하는 사람*

황소자리에 금성이 있는 남성은 따뜻하고 성실한 사랑의 소유자이다. 격한 면이나 강인함은 없는 대신에 애정이 장시간 지속되어 여성의 마음을 지긋이 심지부터 따뜻하게 데워 준다. 또한 생활 감각이 풍부하고 인테리어와 식생활에 센스를 요구한다. 즉, 그는 근본적으로 평생에 걸쳐 사랑할 수 있는 "처"를 요구하고 있는 것이다. 당연히 당신에게는 최대로 행복한 결혼생활을 느끼게 해줄 것이다. 다만 그는 현실적인 사람이기 때문에, 당신이 "좋은 아내"로서의 책임을 완수한 것에 대한 보상으로 주어지는 것임을 잊지 않도록 하자. 또 한 가지는 그가 주는 멋진 섹스 라이프이다. 그는 상당한 수준까지 사랑은 섹스라고 믿는 사람이며, 침대에서의 애정에 남들 이상의 열심과 연구심을 쏟아서 충실해지도록 만들 것이다.

## 금성이 쌍둥이자리에 있는 남자
*지적 자극을 주어 자신을 연마하는데 있어서 최적의 상대*

금성이 쌍둥이자리에 있는 남성은 화술에 능하고 결코 여성을 지루하게 만들지 않는 타입이다. 또한 지식과 취미의 폭이 넓어서 지적으로도 충분한 자극을 해준다. 사랑을 통해 자신을 연마하고 싶은 여성에게는 최고의 파트너가 된다. 또한 그는 호기심이 왕성해서 새로운 놀이문화 개척에도 여념이 없다. 데이트를 할 때마다 오늘 밤은 어디를 데려갈 것인가 하고 늘 기대하게 해준다. 그런 그에게 여성들은, 건드리면 바로 울리는 종처럼 반응하는 대답이나 반짝이는 듯한 재치를 기대하게 된다. 당신 자신도 지성과 교양을 높이는 노력을 계속하지 않으면 이내 그에게 실망감을 줄 수 있다. 덧붙여 그는 여자의 연애 편력이나 남자 관계에 얽매이지 않는 성향이다. 남자 친구가 여럿 있는 사람, 속박을 싫어하는 사람에게는 안성맞춤의 상대일 것이다.

## 금성이 게자리에 있는 남자
*착한 남자로는 넘버원, 그러나 그에게 비밀은 금물이다.*

게자리에 금성이 있는 남성은 강한 보호 본능의 소유자라고 할 수 있다. 그에게 있어서 사랑이란 전력을 다해서 여성을 보호해 주는 것이다. 한 번 사랑한 여자는 비호 속에 가두듯이 가까이 두고 가능한 모든 것을 편리하게 살 수 있는 생활을 제공하려고 한다. 당신이 원하는 것이라면 비록 빚을 내서라도 사다주고, 사소한 불평도 진지하게 들어 줄 것이다. 남성에게 부드러움을 갈망하는 여성에게는 둘도 없는 파트너이다. 단지, 그의 그러한 보호 본능 때문에 당신이 자기 손에서 멀어지는 것을 극단적으로 싫어한다. 친구 관계를 그에게 밝혀 두거나 이미 뭔가를 결정했어도 일단은 다시 상담해 보는 등의 세심한 배려가 필요해 질 것이다. 또한 그는 특이할 정도까지 아이들을 좋아할 듯하다. 때문에 그는 평화롭고 따뜻한 가정생활을 100% 이상으로 보증해 줄 것이다.

## 금성이 사자자리에 있는 남자
*화려한 연출로 당신은 여왕님 기분*

사자자리에 금성이 있는 남성의 사랑은 화려함 그 자체이다. 생일이나 크리스마스는 물론이고 그 이외의 경우에도 당신에게 어울릴 것 같은 옷과 보석을 보면 사주거나, 데이트도 유명한 숍이나 극장도 S석으로 예약하는 등 마음껏 사치를 하게 해준다. 또한 그는 자신의 연인이 타인의 관심을 끄는 것을 매우 기뻐하는 성향으로, 사랑하는 여자를 잘 차려 입히고 데리고 다니려고 한다. 당신은, 그는 물론이고 많은 남성의 시선을 받으며 여왕같은 기분에 젖을 것이다. 그와의 사랑은 결혼까지 이르지 않고 끝나는 경우도 많지만 당신을 한 단계 위의 여자로 만들어준 것임에는 틀림이 없다. 다만 단점이라고는 자신을 세워주지 않으면 기분이 상하는 자기 본위라는 부분이다. 늘 "당신이 최고"라고 부추겨 주어야 할 필요가 있다.

## 금성이 처녀자리에 있는 남자
*연인뿐만 아니라 인생의 좋은 지남철 역할이 되어 준다.*

금성이 처녀자리에 있는 사람은 날카로운 비평의 눈과 관찰력의 소유자이다. 연인관계라고 점수를 후하게 내리거나 판단에 실수하지 않는다. 보기에는 사귀기 어려울 것 같지만 좋은 상담 상대로서 연인임과 동시에 인생의 네비게이터 역할을 해준다. 또한 그는 섬세함도 충분히 갖추고 있다. 생일이나 두 사람의 기념일을 결코 잊지 않으며 단 한 번, 당신이 갖고 싶다고 중얼 거렸던 물건을 기억하고서 나중에 선물해 주는 기쁜 일면도 있다. 문제점으로서는 예리한 관찰력 덕분에 잔소리가 있다는 것이다. 당신이 연인으로서의 책임과 의무를 소홀히 하면 불쾌하게 생각하며 중심이 서지 않은 발언도 수용하지 않는다. 다만 이 태생의 그는 대체로 상류층의 꽃미남인 경우가 많으므로 그러한 점이 여성에게는 기쁘기만 할 따름이다.

## 금성이 천칭자리에 있는 남자
*어른다운 사랑을 즐기는 스마트한 신사.*

천칭자리에 금성이 있는 남성은 본격적인 신사다. 예의와 스마트한 행동거지를 겸비하고 있다. 특히 에스코트 역할에서는 그 사람 이상 빠지게 만드는 남자는 없을 것이다. 그에게 초청받아 동반 파티에 참석한 여성들은 일종의 자긍심마저 느낄 것이다. 또한 그는 유례를 보기 힘들 정도로 여성에게 칭찬을 아끼지 않는 타입이기도 하다. 꽤 교제가 지속되었어도 오늘은 너무 예쁘다고 시시때때로 속삭여 주는 것은 기쁠 수밖에 없다. 단지 단점이라고는 다소 무책임한 것. 그에게 사랑은 성인에게 있어서 최고의 레저다. 자신에 대한 책임은 스스로 취하는 성숙한 여자이어야 하는 것이 그와 사귀는 절대 조건이다. 또한 그는 생활감이 없는 결혼생활을 원하는 편이다. 결혼 후에도 경력 쌓기가 목표인 사람, 독신기분을 잊지 않고 지내고 싶은 여성은 최고의 동반자이다.

## 금성이 전갈자리에 있는 남자
*남자의 성적 매력이 넘치며 애정이나 질투도 강렬하다.*

금성이 전갈자리에 있는 남성은 섹스어필이 강해서 안겨보고 싶은 생각이 들게 만드는 타입이다. 그는 남성으로서의 자각이 강렬하고 몸이나 행동거지 등에서 섹슈얼한 흡인력을 갖추고자 노력하고 있을 가능성이 있다. 관능의 세계에 취해보고 싶은 당신에게는 최적일지도 모른다. 부드러우면서 격렬하게 사랑받고, 육체적으로도 정신적으로도 만족하는 섹스를 체험할 수 있을 것이다. 실로 섹스로 인해 아름다워지는 경우도 있다. 또한 그의 사랑은 괴로울 정도까지 정열적이다. 일단 결정했다 싶으면 다른 여자에게 눈길을 주지 않으므로 성실함을 중시하는 사람에게는 더 이상의 상대는 없을 것이다. 하지만 질투심도 강하므로 당신이 조금이라도 다른 남자에 관심을 나타내는 것조차 허락하지 않을 것이다. 그에게 애정을 열심히 표현해서 안심시켜두면 다소 완화될 것이다.

## 금성이 사수자리에 있는 남자
*자유연애를 추구하는 그. 항상 긴장감이 필요하다.*

사수자리에 금성이 있는 사람은 자유로운 사랑을 추구하는 경향이 있다. 이상으로 생각하는 것은 서로의 자유를 존중해 주는 것이다. 그가 사랑했던 여자는 그의 지적 욕심에 항상 자극받으므로 자연스럽게 수준 높은 지성과 교양을 익힐 수 있다. 그에게서 자유라는 선물을 받음으로서 자신의 인생을 느긋하게 걸어 나갈 수 있게 되는 것도 큰 장점이다. 그와 사귀는 것으로 인해 100% 자기에게 자신감을 가질 수 있고 자신의 힘으로 살아가는 당당한 여성이 될 것이다. 다만 그는 다소 싫증이 빠른 것이 단점이다. 지적인 매력은 물론이고 귀여움, SEXY함 등이 풍부한 만큼 당신은 그에게 다면적인 매력을 어필하여 끌어 당길 필요가 있다. 그 긴장감이 결과적으로 다시금 당신의 숨은 매력을 꺼내준다고 할 수 있다.

## 금성이 염소에 있는 남자
*남들보다 더 책임감이 있고 결코 배반하지 않는 남자.*

금성이 염소자리에 있는 사람은 첫인상이 고지식한 느낌이 들어서 친근감을 느끼기 어려운 경향이 있다. 그렇지만 그의 애정은 미래까지 예측한 책임감을 바탕으로 하고 있다. 오늘의 데이트는 내일의 신뢰를 위해 있으며, 결국은 결혼이라는 골을 목표로 하고 있는 것이다. 일에도 열심이고 사회적인 포지션에 대한 집착도 있으므로 출세도는 증가한다. 안정적인 것을 지향하는 사람에게는 최고의 반려자가 될 수 있다. 또한 센스가 차분하고 고전 예술이나 고미술에 대한 지식이 풍부하기도 하여서 트래디셔널한 패션을 산뜻하게 차려입거나 한다. 당신에게 진정으로 좋은 것에 대한 훌륭함을 가르쳐 준다. 의외로 신선한 감각도 익힐 수 있을 것 같은 점이 매력이다. 다만 그는 여성관에 고풍스러운 면이 있는 사람이다. 경력을 중시하는 사람은 착실하게 이해를 얻도록 노력을 해야 한다.

## 금성이 물병자리에 있는 남자
*새로운 자극을 주는 친구 같은 존재가 된다.*

물병자리에 금성이 있는 남성은 개성이 풍부하다. 패션이나 여가생활도 독창적이다. 그와 사귀면서 지금까지의 가치관이 확 바뀌거나 새로운 삶의 즐거움을 배우거나 일종의 기분좋은 문화적 충격을 경험시켜 준다. 또한 그는 친구를 소중히 하는 사람이기도 하다. 다양한 그의 개성있는 친구들과의 교류도 생겨나서 많은 정보와 인맥이 확보되거나 하는 경우도 있을 것이다. 인맥이 중요한 직업을 갖고 있는 사람에게는 도움이 되는 파트너이기도 하다. 다만 그의 애정은 깔끔하다고 할 수 있다. 섹스도 담백하고 끈적거리는 관계를 싫어한다. 섹스리스를 희망하는 사람은 번거롭지 않아서 좋은 상대가 되겠지만 섹스를 소중한 애정 표현이라고 생각하는 사람에게는 어딘지 부족할지도 모른다. 무드 조성에 열중하거나 그를 칭찬하거나 북 돋우는 노력을 하자.

## 금성이 물고기자리에 있는 남자
*단점까지도 통째로 사랑, 깊은 애정이 매력.*

금성이 물고기자리인 남성은 여성에게 관대하며 헌신적인 애정의 소유자이다. 연민이 넘치고 순수한 마음으로 감싸준다. 그에게 사랑받은 여성은 단점이나 콤플렉스를 포함하여 자신이 통째로 사랑받을 수 있다는 소중한 사랑을 체험할 수 있을 것이다. 그는 사랑하는 사람을 위해서라면 어떤 희생도 마다하지 않는다. 당신이 어려움을 겪고 있는 경우에는 자신을 내던져서라도 도와줄 것이다. 강력한 힘은 결여되지만 더 이상 애정이 깊은 남성은 그리 많지 않다. 까다로운 여성에게는 인연이 될 남자 후보로서 최적일 것이다. 또 한 가지 메리트는 감성이 풍부한 점이다. 아티스트적인, 그리고 풍부한 센스의 창조력과 표현력으로 당신의 표현 욕구를 자극해 준다. 사귀는 동안에 크리에이티브적 재능에 눈을 뜨게 되고 새로운 길이 열리는 경우도 있을 것이다.

# 당신은 그의 여신!

차트로 알 수 있는, 그의 운을 높여주는 방법.

그를 성공으로 이끌고 행복하게 만들 수 있는 것은 당신이 하기 나름이다. 그가 어떤 남성인가를 차트로 파악해나가자. 그러면 타입별로 그의 고민이나 아픔에 대해 적절한 어드바이스를 해 줄 수 있다. 그의 행운의 여신이 되는 방법을 알려준다. 우선은 설문 1부터 스타트해 나가자.

그는 특히 연상녀에게 인기가 있는 편이다.
Yes▶3　No▶2

당신과 함께 있을 때도 때때로 자기 혼자만의 세계에 들어가 버리는 경우가 있다.
Yes▶5　No▶4

징크스를 믿거나 인연을 믿거나 한다.
Yes▶6　No▶5

나란히 앉을 때는 대개 당신의 오른 쪽으로 간다. (가고 싶어 한다)
Yes▶7　No▶8

당신이 취했을 때, 그의 보살핌은 완벽하다.
Yes▶9　No▶8

그에게는 아군이 많지만 그만큼 적군도 많다.
Yes▶9　No▶10

라면 한 그릇 먹으려고 100km나 차를 몰고 갈 정도로 고집스럽게 사는 남자다.
Yes▶11　No▶8

그에게는 손톱을 물어뜯는 버릇이 있다.
Yes▶12　No▶11

바에 가면 반드시 주문하는 그의 고정 칵테일이 있다.
Yes▶12　No▶13

그에게 어울리는 모험 여행은 어디?
a. 티벳음악 연구 여행 ▶13
b. 파리 다카르 랠리 ▶9

전화가 걸려왔을 때, 바로 용건을 말한다.
Yes▶14　No▶15

그가 좀 더 나이가 들면 어떤 타입일까?
a. 섬세한 사람 ▶16
b. 남자다운 사람 ▶15

그는 일과 관계없는 라이프 워크를 갖고 있다.
Yes▶16　No▶17

취해도 결코 야한 농담은 하지 않는다.
Yes▶15　No▶18

그는 아멕스나 다이너스 골드 카드를 갖고 있다.
Yes▶18　No▶19

포르쉐나 페라리를 타고 있는 그를 상상하면 멋지기만 하다.
Yes▶19　No▶20

**17**
웃으면 그의 눈가에
주름이 잡힌다.

Yes▶20 No▶16

**18**
그는 외국인
친구가 있다.

Yes▶21 No▶22

**19**
그는 와인의 이름에
대해서 정통하다.

Yes▶22 No▶23

**20**
일 년 사시사철 그는
항상 선탠을 하고 있다.

Yes▶23 No▶24

**21**
당신과 이야기 할 때
눈을 피하지 않는다.

Yes▶25 No▶22

**22**
롤렉스나 론진 시계를
차고 있다.

Yes▶25 No▶26

**23**
환경문제에 관심이
있는 것 같다.

Yes▶26 No▶27

**24**
따뜻한 계열의
색상보다 차가운 계열의
옷이 어울리는 그다.

Yes▶27 No▶23

**25**
솔직히 말해서
남성 동성연애자에게
인기가 있을 듯하다.

Yes▶29 No▶28

**26**
그의 자동차 BGM으로는
어느 것이 어울릴까?

a. 팝 ▶ 30  b. 록 ▶ 29

**27**
당신과 디너를 한다면
어디로 불러주는 타입인가?

a. 이태리 요리 ▶ 30
b. 고급한정식 ▶ 31

**28**
그가 좋아하는 타입의
여성은 어느 쪽일까?

a. 건강하고밝은 타입 ▶ 32
b. 온화하고부드러운타입 ▶ 33

**29**
그는 재테크에는 전혀
흥미를 나타내지
않는 타입이다.

Yes▶34 No▶33

**30**
밤에 그가 혼자서
비디오를 볼 때
고르는 것은?
a. 액션 ▶ 34
b. 휴먼스토리 ▶ 35

**31**
그의 향기를 생각할 때
떠오르는 향수가 있다.

Yes▶35 No▶36

**32**
당신 생일날의 데이트에
그가 고른 것은?

a. 크루징 디너 ▶ A타입
b. 유명 레스토랑 개실 ▶ 33

**33**
그에게는 아무렇지도 않게
손가락으로 코를 만지는
버릇이 있다.

Yes▶ A타입  No▶B타입

**34**
슬럼프일 때 그는 혼자
있고 싶어 하는 타입이다.

Yes▶C타입  No▶B타입

**35**
그는 자동응답 전화기에
BGM을 넣는다.
(그런 전화기가 아니라면 No로 판단)

Yes▶C타입  No▶D타입

**36**
그는 저렴, 싸다, 저가
등의 이미지에 집중하며
신경을 많이 쓰는 편이다.

Yes▶D타입  No▶35

결과는 뒷장으로 →

# 당신이 지향하는 행복의 여신은 바로 이 타입이다!

## 조련사 같은 여신

*내달리기 쉬운 그를 부드럽게 지켜주자.*

이 타입의 그는 운이 좋을 때야말로 위험하다는 역설적인 타입이다. 그 이유는 너무 가속 페달을 밟아서 이내 지나침, 과욕이 너무 많아져서 모처럼의 운을 허공에 날려버리는 경우가 있기 때문이다. 그런 의미에서 그의 운을 강화해 줄 수 있는 것은 이성적으로 좋은 역할의 브레이크가 되어 주는 것이다. 지나치거나 자만하면 안 되는 점을 좋은 타이밍에 이야기 하여 그의 지나침을 예방해 주면 그의 성공도는 비약적으로 높아질 것이다. 마치 승마의 조련사처럼 잘 조련해 주어야 하는 것이다.

## 견제의 여신

*변덕을 지적하여 잘못된 기준을 자각시킨다.*

그는 외향적 성향이 강한 남자다. 좋다고 생각한 것은 적극적으로 실행하며 새로운 것에도 남보다 빨리 달려든다. 단, 너무 행동이 즉흥적이고 확실한 기준이 없어서 주위로부터의 신용도는 그저 그럴 것이다. 이런 그의 운세를 대폭적으로 상승시키려면 당신이 날카로운 견제를 가하는 것이다. 그에게 항상 "왜?", "왜 그렇게 해?"라는 의문을 제기하는 것이 그의 정확한 기준점의 형성을 북돋아 주기 때문이다.

## 모성애 풍부한 여신
*어머니처럼 대해주어 그에게 자신감을 부여한다.*

그는 꽤나 간지가 좋아서 여성들이 선호하는 타입일 것이다. 사실은 그것은 자신에게 강한 자신감이 없기 때문에 상대에게 영합해 버리는 경우가 많은 결과이기도 한 것이다. 이런 그는 이대로는 평범한 운 밖에 잡지 못한다. 그에게 필요한 것은 자신을 진심으로 사랑해주고 자신감을 익히게 해주는 여성이다. 당신이 그의 모든 것을 인정하고 부추겨주면 그는 더욱 더 적극적으로 자신의 능력에 자신감을 갖고 발휘하게 될 것이다. 그의 발전은 당신의 힘에 달려있다고 해도 과언이 아니다.

## 자극을 주는 여신
*그의 세계를 넓혀주는 자극제같은 존재.*

지금 그는 다소 자극이 부족한 상태다. 따라서 쉽게 자기에게 만족해 버리고 자신의 세계로부터 밖으로 나오려는 의욕이 결여되어 있는 것 같다. 그것이 결과적으로는 자신의 운을 깎아내리는 요인이 되었을 것이다. 그에게 필요한 것은 행동적이고 날카로운 센스를 갖고 있으며 지적 매력도 충분히 자극적인 여성의 존재이다. 당신의 그런 면을 잘 살려서 그에게 충격을 주면 그의 의욕이 회복되어 자신의 세계를 더 넓히려는 욕구가 들 것이다. 또한 그것이 찬스나 기회를 잡을 수 있는 경우로 연결될 것이다.

# 5장

# 심리테스트로
# 더욱 깊이
# 자신을 알자

# 연애편

수겨진 자신의 진심을 알아서 사랑의 번민은 가볍게 극복!

상대의 아무렇지도 않은 언행에 머리를 감싸고 고민하거나 급전개되는 상황에 연정의 부침이 심해
지거나 한다. 연애는 번민이 끊이지 않는 귀찮은 존재다. 그래도 사랑이란 곧 행복이라고 믿고 싶다.
멋진 사랑이 이뤄지도록 당신의 진정한 목소리를 탐색해 보자.

**Q1** **밤하늘에 아름다운 달이 떠있다.**

오늘은 밸런타인 데이이다. 2월 14일의 달은, 사실은 여신이
태양신에게 보내는 밸런타인 · 초콜릿인 것이다.
하지만 여신은 둥그런 보름달 초콜릿을 선물하고 싶은데 누
군가에게 한 귀퉁이를 뜯겨 먹힌다.
올 해의 달님도 잘 보니까 이런 이빨 모습이.....이것은 도대체
누구의 소행이라고 생각하는가?

A. 장난을 좋아하는 토끼들이 전부 함께 먹어버렸다.
B. 달의 여신에게 홀린 천사가 질투해서 먹어버렸다.
C. 사실은 초콜릿을 매우 좋아하는 여신이 참지 못하고
맛을 보았다.

330 ★별에서 온 **썸男 썸女**의 별자리 심리테스트

## Q2  숲 속을 걷다가······

당신은 길을 잃어 버렸다. 이제 한 걸음도 더 걸을 수 없을 정도로 힘이 빠졌을 때 겨우 작은 움막 집을 발견했다. 과연 그 움막집의 지붕은 무슨 색이었다고 생각하는가?

A. 하양이나 핑크 등 「옅은 색」
B. 빨강이나 노랑 등 「따뜻한 색상 계열」
C. 검정이나 보라 색 등 「짙은 색」

## Q3  이번 일요일은 그와 드라이브를.

다음 질문에 답하시오.

(1) 당신은 드라이브를 좋아하는가? 아니면 싫어하는 가? 왜 그렇게 생각하는지 그 이유도 답하시오.
(2) 드라이브 당일, 당신은 그의 운전이 무서워서 어쩔 줄 몰랐다. 도대체 그의 운전 어느 점이 나쁜 것일까?
(3) 그 대신에 운전하게 된 당신은 최고 시속 몇 km까지 속도를 냈는가?

## Q4  줄기 부분을 연결해 보자.

꽃잎이 하트 모습을 하고 있다. 이런 꽃이 있다고 하자.
도중에 끊어져 있는 줄기 부분을 자유롭게 그려 넣어서 꽃과 연결하시오.
그 그림은 A~D 어느 것과 가까운가?

A.

B.

C.

D.

**3개의 선을 그려 넣으시오.**

네모 안에 같은 길이의 직선 3개를 자유롭게 그려 넣으시오. 과연 그 결과는 어떻게 되었나?

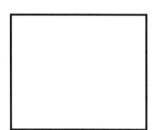

A. 3개를 평행되게 그렸다.
B. 3개가 흩어지게 그렸다.
C. 교차되게 그렸다.
D. 삼각형이 되도록 그렸다.

 **뭔가 한 가지를 그려 넣으시오.**

여기에 집을 그린 그림이 있다.
화면 속에 당신이 좋아하는 것
한 가지를 자유롭게 그려 넣으시오.

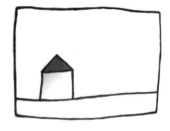

**Q7 지구의 마지막 날이다.**

어느 날 아침 갑자기 인류는 지구 최후의 날을 맞이하게 되었다. 당신 앞에 전지전능한 신의 심부름꾼인 천사 미카엘이 와서 다음과 같이 말했다. 「지금까지 범한 죄목에서 가장 무거운 죄를 고백하시오. 그렇다면 다음 생에 구원받을 것이다」
과연, 당신이 A~C의 3가지 죄를 저질렀다고 한다면 그 중에서 어느 것을 고백할 것인가?

A. 사실은 시험에서 커닝으로 유명한 학교에 합격했다.
B. 사실은 그 사람 몰래 바람을 피운 적이 있다.
C. 사실은 친구에게 100만원을 빌리고는 떼어먹었다.

## Q8 나체가 되어서 거울에 전신을 비춰보자.

옷을 하나도 걸치지 않은 당신의 전신이 비춰진다.
그 모습을 보고 제일 먼저 눈이 멈춘 부위에 1, 2……식으로
순번에다 자유롭게 번호를 매긴다.
단, 얼굴은 제외한다.

## Q9 수조에 금붕어 한 마리가 있다.

그러면 수초는 왜 넣어져 있다고 생각하는가?
왜 넣어져 있는지 그 이유를 확실하게 대답하시오.

## Q10 샘물을 마시고 변신을 했다면 그 모습은?

샘물에 비친 자신의 모습을 사랑해버린 미소년, 나르시스의 이야기는 너무나도 유명하다. 당신도 흉내를 내어서 샘물에 자신의 모습을 비추고 물을 마셔보았다. 그런데 그것은 마법의 물로, 그물을 마신 당신은 어느 것으로 변신해 버렸다. 도대체 그것은 무엇이라고 생각하는가?

A. 샘에 피어나는 수련 꽃
B. 용감한 기사
C. 무서운 악마
D. 아름다운 백마

## Q11 케이크를 그려보자.

자유롭게 생각이 드는 대로 케이크를 그리시오. 과연 그려진 일러스트는 다음 중에서 어느 것과 가까운가?

A. 둥그런 홀 케이크
B. 삼각형으로 커트된 한 조각의 케이크
C. 슈크림이나 컵 케이크 등 단품 형태의 케이크

## Q12 무슨 말이 들어가야 하는가?

아래의 표제는 어느 주간지 광고에서 발췌한 것이다.

> [        ]!!!
> 그 ○○○가 극비리에 식을 올렸다!

과연 표제의 [        ] 안에는 A~D의 어느 말이 들어간다고 생각하는가?

A. 독점          B. 의외          C. 눈물          D. 축하

## Q13 당신은 채소가게로 쇼핑을 하러 간다.

사고자 하는 것은 당근, 양파, 연근 중에서 한 가지다. 자신은 당근을 사고 싶은데 핸섬한 점원이 오늘은 씨알이 좋고 단맛이 나는 양파가 들어왔다고 말했다. 그러자 옆에 있던 친절해 보이는 여자가 사실은 이 집의 연근이 맛있다고 알려 준다. 과연 당신은 어느 것을 살 것인가?

A. 당근          B. 양파          C. 연근

## Q14 이 도형을 사용하여 일러스트를 그린다면?

A ~ C 중에서 어느 일러스트를 그리는가?

A. 텔레비전    B. 안경    C. 가방

## Q15 오늘은 그와 유원지에서 데이트를 한다.

유원지에서 즐겁게 놀고 있다. 하지만 어쩌면 회전목마가 말이 아니라 아래의 거대한 생물이었다고 가정했을 때, 그와 둘이서 반드시 타지 않으면 안 되는 상황이라면 A~C 중에서 어느 것을 고를까?

A. 고슴도치
B. 민달팽이
C. 독거미

**Q16** 그에게 오른 손을 내밀어 보자.(그와 함께 답하세요)

아무 설명도 하지 말고 자기 손을 쥐라고 오른 손을 내밀어 그가 손을 잡도록 한다.
그 쥐는 방법에 가장 가까운 것은 A~D 중에서 어느 것인가?

A. 손목 쪽을 세게 잡는다.
B. 평소의 악수하는 스타일로 가볍게 쥔다.
C. 손가락 끝만 쥔다.
D. 야무지게 손가락끼리 깍지를 낀다.


**Q17** 한밤중에 갑자기 화재가 났다! (그와 함께 답하세요)

「불이야~」하는 소리에 잠을 깨고 창밖을 보니 옆집으로부터 불이...... 서둘러 빠져나가야 한다. 과
연, 당신이라면 A~D 4가지를 어떤 순서로 들고 나갈 것인가? 두 사람이 각각의 질문에 대답하시
오.

| 당신<br>연인 | A | B | C | D |
|---|---|---|---|---|
| A | | (가) | (나) | |
| B | | | (다) | |
| C | | (나) | | |
| D | | | | |

A. 페트
B. 당신이나 그의 사진
C. 비상식량
D. 지갑

두 사람이 각각 두 번째로 옮긴 것은 어느 것일까?
그 대답의 조합으로 어느 타입이 되는지 알 수 있다.

Q18 혹시 겨울 뒤에 곧바로 여름이 온다면. (남자만 답하세요.)

당신은 어디로 나가고 싶은 생각이 들까? A~D에서 가까운 것을 고르시오

A. 숲                B. 바다              C. 산               D. 호수

Q19 어느 남성이 꾸었다는 꿈 이야기이다. (남자만 답하세요.)

「밤하늘에 두둥실 보름달이 떠올랐다. 그 보름달은 사람의 얼굴을 하고 있다. 화내거나 웃거나 표정이 휙휙 바뀐다. 그러자 둥근 달이 점점 나에게 다가 왔다. 사람의 얼굴을 한 보름달이 나를 쫓아온다」 과연, 그 후의 전개는 어떻게 되었다고 생각하는가?

A. 「사람 살려!」하고 외치다가 꿈에서 깼다.
B. 손을 뻗어서 보름달을 만져 보았다.
C. 묘하게도 보름달이 몸을 통과해 버렸다.

┌─────────────────────────────────────────────────────────┐

★「만남의 운이 상승한다」

전철이나 버스를 타면 창이나 문 쪽으로 이동한다. 그리고 오른 손 집게손가락에 가볍게 키스를 하고 아무렇지도 않게 유리창에 하트 마크를 그리자. 이것을 월요일부터 금요일까지 5일간 매일 계속하면 통학이나 퉁근 중에 멋진 만남을 기대할 수 있다.

└─────────────────────────────────────────────────────────┘

심리 테스트 결과는? 번호와 맞추어보며 대답을 체크하자.

## 01 사랑을 하면 이런 매력이 상승하다.

달은 여성미의 상징이다.
부족한 부분은 사랑하면 빛을 내기 시작한다는 당신의 숨겨진 매력을 암시하고 있다.

A의 「토끼」를 선택한 사람은 사랑하게 되면 여자로서의 자신감에 눈을 뜨고 요염한 매력
이 빛나는 타입이다.
B의 「천사」는 모성애의 이미지가 농후하다. 사랑에 빠진 당신에게서 모성이 눈을 뜨게 되
고 남성을 감싸주는 듯 따뜻함과 부드러움이 표정이나 행동으로 나올 것이다. 안정감도
갖춰진다.
C의 「여신 자신」이라고 대답한 사람은 사랑을 알게 되면 청초한 아름다움이 감돌게 된다.
남성의 보호 본능을 자극하는 타입이라 할 수 있다.

## 02 차인 뒤에 취하는 행동

색상의 취향에는 심층 심리가 나타난다.
사람에게 차여 버린 충격적인 사건을 당했을 때 어떻게 행동해야 하는지를 살펴보도록 하자.

A의 「옅은 색상」을 선택한 당신은 담백한 성격을 지난 사람이다. 떠나간 사람은 쫓지 않
으며 차여도 별로 소란을 떨지 않는 타입이 아닐까?
B의 「따뜻한 색상」을 연상한 당신은 꽤 정열적이고 공격적인 성격이다. 이성을 잃고 몹시
흥분하거나 상대의 험담을 하거나 하면서 소동을 부릴 것 같다. 하지만 떠들어 댄 것에 비
해서는 의외로 쉽게 잊어버리는 편이고 다음의 연인을 찾아 나서는 등 심정의 전환이 빠
를지도 모른다.
C의 검정이나 보라 등 「짙은 색상」이라고 대답한 사람은 꽤 집요한 타입이다. 언제까지나
헤어진 그를 잊지 못하고 따라다니는 등, 복수심이 강한 사람이다.

## 03 당신이 품고 있는 SEX감성

드라이브는 성적 흥분을 동반하는 것이다.
그 드라이브에 대한 시각에서 당신의 SEX감성을 알 수 있다.

(1) 사실은 드라이브에 대한 호불호는 SEX를 좋아 하는가 그렇지 않은가와 똑같은 의미를
갖고 있다. 이유도 그대로 들어맞는다. 무미건조해서 별로라고 대답한 사람이 있지는 않
는지?
(2) 그의 운전이 무서운 이유는 당신이 SEX할 때 품게 되는 불안을 표시한다. 안전운전을
하지 않는다고 답한 사람은 임신을 강하게 걱정하는 사람이다. 무리하게 추월하는 사람
이라는 식으로 대답했다면 남성의 SEX가 격렬해서 공포감을 갖는 사람이다. 너무 느리다
고 대답했다면 엑스터시를 얻지 못할 것 같은 불안과 불만이 있다.
(3) 최고 스피드로부터 당신의 성적욕구불만도를 알 수 있다. 빠를수록 불만도가 높고, 시
속 100km 이상인 사람은 상당한 욕구불만이라고 할 수 있다.


## 04 사랑의 천적은 바로 이것!

A B C D 줄기의 모습은 당신의 유아성을 파악하기 위한 것이다.

줄기를 위쪽으로 늘린 사람일수록 정신구조가 어리고 사랑에 관해서도 어린아이답다. 이
결과에서 알 수 있는 것은 당신 자신 안에 있는 사랑의 천적이다.
A를 선택한 사람이라면 장래의 목표나 진로를 위한 공부가 사랑의 장애가 될 것이다. 사
랑과 공부가 잘 공존되도록 해야 한다.
B인 사람은 우정과의 사이에서 사랑을 포기해버릴지도 모른다.
C에는 부모가 반대를 하면 간단히 사랑을 놓아버리는 경향이 있는 듯하다.
D는 꽃을 뒤로 나타낸 형태로서 꽤나 결벽증이 강한 사람이다. 사랑의 적은 바로 SEX일
지도 모른다.

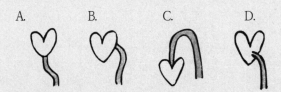

A.    B.    C.    D.

## 05 싫은 사람에 대한 대처법

3개의 선은 사랑에서의 대인관계에 대한 가치관을 나타낸다.

A인 사람은 차갑게 대하는 타입이다. 상대가 상처를 받든지 말든지 관계없는 타입이다.
B인 사람은 정중하게 거절하는 타입이다. 상대가 자존심에 상처받지 않도록 예의바르게
행동하지만 사실은 상대에게는 이것이 제일 반응이 좋다.
C를 고른 사람은 거절하지 못하고 질질 끌면서 사귀어버리는 타입이다.
D인 사람은 「OK」를 외쳐 놓고서 데이트 약속을 어기거나 하는 트러블 메이커이다. 거절
하려면 그 자리에서 확실하게 거절해야 한다.

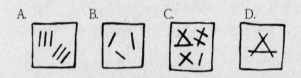

A.      B.      C.      D.

## 06 이상적인 결혼생활

그림 속의 집은 당신의 신혼생활의 상징이다.

그려 넣은 것에서 이상으로 생각하는 결혼생활을 알 수 있다. 예를 들면 태양이나 도어,
유리창을 그린 사람은 밝고 개방적인 가정을 원하고 있다. 나무나 꽃을 그린 사람은 사랑
이 충만한 스위트 홈 생활이 이상이다. 또 새나 동물을 그린 사람은 늘 친구들을 불러서
떠들썩거리면서 살고 싶다고 생각하고 있지 않는지? 자동차나 자전거를 그린 사람은 결
혼 후에도 일이나 여가생활 등으로 밖으로 나가고 싶어 할지도 모른다. 굴뚝이나 야외 테
이블이라면 필시 풍족한 생활을 할 것이다. 과연 당신이라면?

## 07 친구의 연인을 좋아하게 되었을 때

이 테스트에서는 친구의 연인을 좋아하게 되었을 때, 당신이 어떤 대응을 취할지를 알 수 있다.

A의 「커닝」이라고 대답한 사람은 겉치레를 중시한다. 멋있는 사람이라면 친구의 연인이라도 자기 것으로 만들고 싶어 한다. 단, 파워가 부족하므로 꽤나 질척거리는 드라마를 연출하면서까지 과연 자기 것으로 만들 수가 있을지는 모르겠다.

B의 「바람」을 선택한 사람은 윤리적인 면이 강해서 친구의 연인을 뺏는다는 것은 몹시 잘못된 것이라고 생각하고 있다. 때문에 아무래도 기가 약해서 실행으로 옮기지 못하는 타입이다.

C의 「채무」를 선택한 사람은 커다란 욕심쟁이다. 매사에 철저한 당신은 모든 것이 자기 것이 되지 않으면 내키지 않는 타입이다. 내면에 감춘 파워는 놀라울 정도여서 삼각관계 따위는 겁내지도 않고 무슨 수단을 써서라도 그를 자기 것으로 만들 것이다.

## 08 키스를 당해서 기쁜 포인트

거울에 비치는 「자기애」를 나타낸다.

눈에 띄는 곳일수록 당신이 신체 중에서 스스로 좋아하고 매력적이라고 생각하는 차밍 포인트이다. 이 테스트에서는 남성으로부터 신체의 어디에 키스를 당해야 기쁨을 느끼는가, 그리고 그가 키스 해주기를 원하는 순번은 어떻게 되는지를 알 수 있다. 5군데 이상 표시를 한 사람은 애정에 굶주려 있는 사람일지도 모른다. 거꾸로 2군데 이하는 사랑에 충실한 사람이라고 하기 보다는 그다지 사랑을 진지하게 생각하지 않는 사람이라고 할 수 있다.

## 09 당신에게 있어서 키스의 「의미」

금붕어와 수초의 관계는 성적 호기심을 나타낸다.

금붕어는 당신 자신이고 수초는 성적 호기심의 상징인 키스를 의미하며, 이런 테스트에서 당신에게 키스란 과연 어떤 존재인지를 알 수 있다. 「물을 깨끗이 하기 위해서 필요한 것」이라는 식으로 대답한 사람은 키스는 생활을 신선하게 만들어 주는 것으로 생각하고 있는 사람이다. 「금붕어의 먹이」라고 대답한 사람은 식사와 마찬가지로 키스를 절대적으로 필요한 존재로 생각하고 있다. 하루에 세 번 정도는 키스하고 싶어 하는 것, 멋진 사랑이 아닐지?


## 10 사랑을 하면 당신은 이렇게 변한다.

마법의 물을 마신 자신의 모습이 바뀌는 이번 테스트에서 당신이 변한다면 어떻게 변할지를 알 수 있다.

A의 「수련」을 선택한 사람은 사랑을 할 때마다 아름다워지고 여성으로서의 매력이 급상승한다.
B의 「기사」를 선택한 사람은 자기에게 자신감이 붙는 사람이다. 사랑하면 무엇이든지 의욕적으로 변하여 공부나 스포츠 등의 실력도 높아지는 타입이다.
C의 「악마」는 독점욕의 상징으로, 그에게 접근하는 다른 여성에게 질투의 불꽃을 태우며 혼자 괴로워하는 타입이다.
D의 「백마」를 선택한 사람은 의외로 냉정한 사람이다. 사랑해도 어디까지나 자기는 자기라고 선을 그으므로 평소와는 그다지 변화가 없을 것이다. 너무 담담해서 그가 뭔가 부족감을 느껴버릴지도 모른다.

## 11 상대를 속박한다! 독점욕을 알 수 있다.

케이크는 당신의 독점욕을 나타내며, 그것이 크면 클수록 상대를 속박하는 것이 강해지는 타입임을 알 수 있다.

A의 「홀 케이크」를 그린 사람은 독점욕이 너무 강할 것 같다. 그의 모든 것을 자기 것으로 하고 싶어서 지나치게 간섭하기 쉽다. 스토커가 되지 않도록 주의하자.

B의 「조각 상태의 케이크」를 선택한 사람은 그다지 질투심은 강하지 않다. 이상하다고 생각하고 비로소 그를 의심하는 극히 보통의 감각이다.

C는 「작은 단품 케이크」이다. 질투심을 자기의 내면에 확실하게 닫아버리고 울적해지는 타입이다. 질투도 귀엽게 표현하면 사랑의 스파이스가 될 수 있다. 감정을 숨기려고만 하지 말고 아무렇지 않게 부딪쳐 본다면 어떨까?

## 12 미련이 줄줄 흐르는 파? 아니면 깨끗이 떨쳐내는 드라이 파?

「　　　　　　　　　　！ 그 ○○○이 극비리에 결혼식을 올리다!」
과연, 이 잡지광고의 　　　　　　　　　　 안에 어떤 말을 적용시켰을까?

A의 「독점」을 선택한 당신은 상대에 대한 집착이 강해서 헤어진 뒤에 끈질기게 전화하거나 사진을 꺼내어 회상에 젖거나 하면서 미련에 몸을 떨 것이다.

B의 「의외」를 선택한 당신은 상당한 의지박약 타입이다. 헤어진 뒤에 그가 매달리면 할 수 없이 원상태로 돌아가는...... 그러한 패턴을 조심해야 한다.

C는 「눈물」이다. 극히 평범하여서 실연의 고통은 친구와 소란을 피우면서 잊거나 하는 등, 전향적인 방법으로 해소할 수 있다.

D의 「축하」를 선택한 사람은 미련도는 낮다. 과거는 과거로서 드라이하게 처신하며 새로운 사랑을 향해 나갈 것이다.

## 13 당신에게 숨겨진 음란도를 알 수 있다.

기다란 모양을 한 채소는 사실은 여성에게 있어서 남성의 심벌이다. 선택한 채소에서 당신의 숨겨진 음란도를 알 수 있다.

A의 「당근」은 그대로 SEX를 의미하고 있다. 당신은 성에 대한 관심이 높고 경험 또한 풍부할 것이다.
B의 「파」는 거꾸로 모럴을 의미한다. 선택한 사람은 순애적인 사랑을 동경하는 타입이다. 또한 SEX에 대한 관심도도 낮을 것이다. C의 「연근」이라고 답한 사람은 소위 말만 앞서는 사람이다. 말로는 대담하지만 결정적인 시기에는 겁을 내는 사람이다.


## 14 내면에 숨겨진 약탈심

사각형을 사용하여 그린 일러스트에서 사실은 당신에게 내장된 '약탈심'을 알 수 있다.

A의 「텔레비전」은 심층심리 측면에서는 남의 남자를 빼앗는 것에 상당한 흥미가 있는 타입이다. 단지 단순한 호기심에서 나온 것이므로 자기 것으로 만들어지면 싫증이 나버리는 경향이 있다.
B의 「안경」은 두 가지로 흔들리는 마음을 나타낸다. 이끌리는 마음과 그것을 억누르는 마음 사이에서 고민하는 사람이다. 단, 일단 빼앗는 쪽으로 마음이 기울면 작전을 짜서 본격적으로 약탈에 돌입하는 꽤나 진지한 사람이다.
C의 「가방」은 의무의 상징이다. 남의 남자를 좋아해도 더 이상 접근해서는 안 된다는 억제심이 작용될 것이다. 동경하지만 거기서 멈추는 사림일 것이다.

## 15 당신과 그는 어떻게 비쳐지고 있을까?

남에게는 두 사람의 마이너스 면이 두드러져 보이는 것이다.

당신과 그가 다소 「곤란한 커플」로 보이고 있다면 어떤 포인트가 나쁜가를 보도록 하자.

A는 「고슴도치」다. 두 사람은 다툼이 많은 커플로 보이고 있다. 사실은 말이 어울린다는 점을 더욱 어필하는 편이 좋을지도 모른다.

B는 「민달팽이」다. 늘 둘이서 착 달라붙어 있어서 눈엣가시로 여겨지고 있을 듯하다. 남들 앞에서는 손을 잡거나 하는 것은 자제하는 편이 좋을지도 모른다.

C는 「독거미」다. 아무래도 음란한 커플로 보이고 있을 것 같다. 둘이서 슬그머니 사라지거나 의미심장한 눈짓으로 서로 쳐다보거나 하고 있지는 않는지?


## 16 SEX의 상성도를 체크

그가 당신의 손을 어떻게 쥐는가로 두 사람의 SEX 상성도를 체크하자.

A의 「손목을 쥔다」커플은 남성이 주도권을 갖고 있다. 그의 자기만족에서 끝나는 경우가 많고 당신은 욕구불만의 모드로 된다.

B의 「악수」커플에게 SEX는 플레이 감각이다. 재밌는 점은 점점 충실도가 높아지는 엔조이파이기도 하다는 점이다.

C의 「손가락 끝」커플은 그가 약간 소극적이다. 당신 쪽이 리드해 나가지 않으면 SEX는 타성적인 무드로 변하지도 모른다.

D의 「깍지」커플은 정열적인 경우로 격렬히 타오르는 메이크 러브가 된다. 다만 건성적인 관계가 될 수도 있다.

## 17 두 사람에게 딱 맞는 데이트 코스

당신과 그의 성격과 지향점에서 함께 마음껏 즐길 수 있는 데이트 코스를 판단한다.

(가) 타입의 두 사람은 로맨티스트다. 애정영화나 야경을 감상할 수 있는 데이트가 딱 맞는다. 사랑도 더욱 깊어질 것이다.

(나) 타입은 바다나 고원에서의 레저, 스포츠 등 아웃 도어가 베스트이다. 활력이 넘치는 상대에게 자기도 모르게 다시 빠져들 것이다

(다) 타입은 어른스러운 패턴이다. 멋진 레스토랑, 미술관, 클래식 콘서트 같은 곳에 가는 등 여유있게 지내면 분위기는 최고가 된다.


## 18 그에게 제일 맞는 접근 테크닉

그가 여성으로부터 어떤 접근이 있어야 좋아하는지 알 수 있다.

A의 「숲」을 선택한 그는 여성의 신비스런 부분에 끌릴 듯하다. 그가 좋아하는 태도를 취했다가는 금새 마음에 없는 듯한 모습을 보이는 식의 양면 작전이 효과적일지도 모른다.

B의 「바다」를 선택한 그는 섹시한 것에 약한 타입이다. 보디 라인을 강조한 옷으로 공략해 본다면?

C의 「산」은 물질욕의 상징이다. 물욕이 남보다 강한 그는 고가 제품을 선물하면 바로 함락되어 버릴지도 모른다.

D의 「호수」는 비밀의 상징이다. 그는 자기 자신을 그리 오픈하고 싶지 않은 성격이므로 아주 은근히 남몰래 공략하는 것이 최선의 방법이다.

## 19 그의 마더 콤플렉스 성향도의 체크

달은 모성을 상징한다. 꿈을 꾼 뒤에 선택한 스토리 전개에서 그의 마더 콤플렉스를 알 수 있다.

A의 「사람 살려!」를 선택한 그는 마더 콤플렉스 성향도가 꽤나 높다. 그에게 있어서 모친은 절대적인 권력자이며 가장 사랑하는 사람이기도 하다. 하나에서 열까지 모친의 말에 따를지도 모른다. 당신이 확실하게 트레이닝을 시켜야 한다.

B의 「손을 뻗어서....」를 선택한 그는 잠재적인 마더 콤플렉스 성향도가 높다. 본인은 느끼지 못하지만 마음 저변에는 모친에게 기대고 싶은 생각이 강하고 때로는 당신에게 모친의 역할을 갈구하고 있을 것도 같다.

C의 「묘하게도....」를 선택한 그는 극히 평범한 성향도를 갖고 있다. 모친으로부터 떨어져 있어서 자립도도 높으므로 어른스럽다.

# 사실 어떤 SEX를 바라는가?

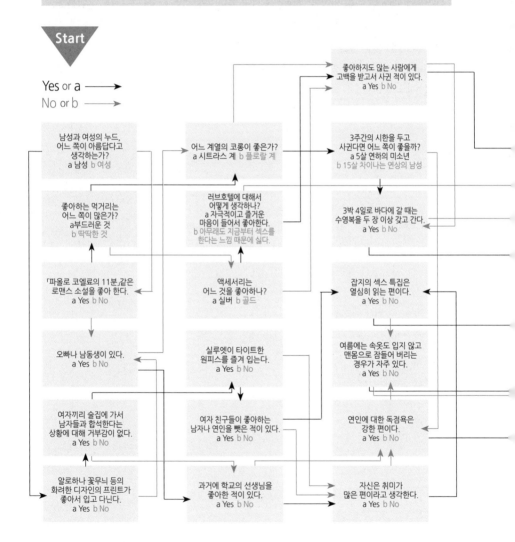

**Start**

Yes or a ⟶
No or b ⟶

좋아하지도 않는 사람에게
고백을 받고서 사귄 적이 있다.
a Yes b No

남성과 여성의 누드,
어느 쪽이 아름답다고
생각하는가?
a 남성 b 여성

어느 계열의 코롱이 좋은가?
a 시트라스 계 b 플로랄 계

3주간의 시한을 두고
사귄다면 어느 쪽이 좋을까?
a 5살 연하의 미소년
b 15살 차이나는 연상의 남성

좋아하는 먹거리는
어느 쪽이 많은가?
a 부드러운 것
b 딱딱한 것

러브호텔에 대해서
어떻게 생각하나?
a 자극적이고 즐거운
마음이 들어서 좋아한다.
b 아무래도 지금부터 섹스를
한다는 느낌 때문에 싫다.

3박 4일로 바다에 갈 때는
수영복을 두 장 이상 갖고 간다.
a Yes b No

「파울로 코엘로의 11분」같은
로맨스 소설을 좋아 한다.
a Yes b No

액세서리는
어느 것을 좋아하나?
a 실버 b 골드

잡지의 섹스 특집은
열심히 읽는 편이다.
a Yes b No

오빠나 남동생이 있다.
a Yes b No

실루엣이 타이트한
원피스를 즐겨 입는다.
a Yes b No

여름에는 속옷도 입지 않고
맨몸으로 잠들어 버리는
경우가 자주 있다.
a Yes b No

여자끼리 술집에 가서
남자들과 합석한다는
상황에 대해 거부감이 없다.
a Yes b No

여자 친구들이 좋아하는
남자나 연인을 뺏은 적이 있다.
a Yes b No

연인에 대한 독점욕은
강한 편이다.
a Yes b No

알로하나 꽃무늬 등의
화려한 디자인의 프린트가
좋아서 입고 다닌다.
a Yes b No

과거에 학교의 선생님을
좋아한 적이 있다.
a Yes b No

자신은 취미가
많은 편이라고 생각한다.
a Yes b No

이상으로 삼고 있는 섹스, 기분이 좋은 섹스란? 최상의 만족감을 얻을 수 있으려면 자신의 섹스관이나 성적 버릇을 알아야 할 필요가 있다. 이 심층심리 테스트라면 자신도 몰랐던 염원에 대해 알게 될 것이다.

## PART 1
### 당신에게 있어서 SEX란 무엇인가?

먼저 알고 싶은 것은 잠재의식에 있는 섹스와 연애의 관계이다. 연애에서 섹스는 필요할까?
그렇지 않다면 섹스에 연애는? 이곳에서는 당신이 갖고 있는 섹스에 대한 가치관을 알 수 있다.

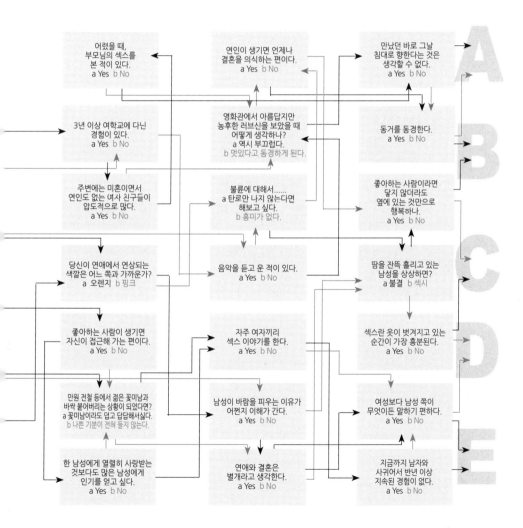

## 연애 ≠ SEX
## 연애에 섹스가 개입되는 것이 불안

당신은 섹스가 불결하고 부끄러운 것이라는 이미지를 갖고 있다. 사랑에 섹스가 개입되면 사랑을 왜곡시키거나 둘 사이의 문제를 복잡하게 만들어 간다고 생각하기 쉽다. 야한 이야기 따위에도 혐오감을 느끼고 있을 것이다. 그것은 과거에 남성으로부터 무리하게 당했거나 동경하던 남성이 노골적으로 성욕을 표시하여 쇼크를 받았거나 하는 등의 경험이 있었던 이유일지도 모른다. 또 자기가 섹스에 탐닉할 수 있다는 우려나 불안감이 당신을 섹스 공포증에 사로잡히게 하고 있을 가능성도 있다. 어느 것이든지 당신은 섹스에 대해서 너무 민감하다. 사랑하는 사람과의 섹스는 최후의 치유도 된다. 좀 더 편안하게 생각하자.

## 연애 → SEX
## 섹스는 사랑하는 사람과 맺어지기 위한 것

당신은 섹스를 육체적인 쾌락을 얻는 남녀의 생생한 행위가 아니라 사랑하는 사람과 서로를 맺어주는 신성한 의미를 지닌 행위로 취급하고 있다. 때문에 플라토닉적인 지향성이 강하고 섹스 자체보다는 베드에서 서로 바라보거나 부드럽게 머리카락을 쓰다듬거나 하는 편을 더 좋아할 것이다. 이러한 순애의 처녀다운 섹스관의 소유자이므로 실제 성적인 관계를 가지면 이상과 현실의 차이에 갭을 느끼고 괴로워하며 남자를 불신하는 입장이 되어 버릴지도 모른다. 데이트를 할 때마다 섹스를 요구받으면 한걸음 물러서거나 할 것이다. 좀 더 잡지나 서적 등의 섹스 특집을 읽어보거나 친구들과 야한 이야기를 나눠보거나 하여서 현실을 알아나가는 것이 중요하다고 할 수 있다.

## SEX → 연애
## 섹스를 하고서 비로소 사람이 성립된다.

당신은 나르시스틱한 경향이 강하고 남에게 보여 지고 싶다는 욕망이 강한 타입이다. 섹스는 사랑을 성립시키기 위해서 없어서는 안 되는 것이라고 당신은 생각하고 있다. 즐거운 데이트나 매일 건네는 전화나 메일만으로는 만족할 수 없다. 사랑하는 사람과는 매일같이 서로 요구해도 당연하다. 그것이 당신의 섹스관이다. 때문에 상대가 당신을 요구하지 않으면 상대의 사랑마저도 의심해 버린다. 또, 자신이 요구를 받음으로서 애정을 느끼는 타입이므로 섹스에서부터 시작되는 사랑에 빠지기 쉬운 경향이 있다. 확실히 섹스는 둘의 사랑을 서로 확인하는 하나의 방법이지만 그의 섹스 이외의 행동에도 사랑을 느끼게 된다면 더욱 좋은 기분이 드는 섹스가 될 것이다.

## 연애 = SEX
## 사랑이란 섹스고, 섹스란 곧 사랑이다.

당신은 섹스를 사랑 그 자체라고 생각한다. 사랑이 없는 섹스는 있을 수 없고, 섹스가 없는 사랑은 믿을 수 없을 것이다. 당신에게 있어서 사랑과 섹스는 일체화되어 있는 것이다. 그리고 사랑에 터부가 없듯이 당신의 섹스에도 터부가 존재하지 않는다. 비록 평범하지 않은 섹스 플레이를 할지라도 그것이 서로 요구하고 있는 것이라면 그것은 사랑하는 사람을 위해서는 모든 것을 바치고 싶다는 욕구가 있기 때문이다. 그러나 섹스의 쾌락에 빠져버리면 어느새 섹스가 모든 것을 차지하게 되어 버릴 위험성도 있다. 그것은 본말이 전도되는 것이므로 마음이 연결되는 행위도 소중히 여겨야 한다.

## 연애 〈 SEX
## 기분이 좋다면 누구하고라도 좋다.

섹스와 애정은 별개라고 생각한다. 육체적 쾌락과 정신적인 연결을 분리해서 생각하는 것이 당신이다. 섹스에 대한 호기심이 남들보다 강하므로 마음에서 우러나와 사랑하는 사람이 있어도 성적으로 매력을 느끼는 남성이 나타나면 하룻밤만의 사랑이라도 죄악감 없이 가능하다. 섹스 친구의 존재에도 거부감이 없다. 실로 섹스 의존증이다. 그러나 이렇게 하면 당신의 연인이 가만히 있지 않게 된다. 삼각관계나 트러블을 일으켜서 결국 소중한 연인을 잃게 된다. 당신의 과제는 마음과 몸의 조화를 생각하는 것이다. 소중한 사람을 위해서도 신중하게 행동하도록 명심해야 한다. 또한 성병 등의 감염에도 주의해야 한다.

## PART 2
*바라는 SEX 스타일은?*

당신은 지금 섹스에 만족하고 있는가? 자신이 진정한 섹스로서 추구하는 것을 이 테스트에서 알게 되면 불만 따위는 바로 해소된다.

## 아래의 질문에 답하세요.

**Q1** 좌측의 일러스트는 무엇으로 보이는가?

A. 잔뜩 화내고 있는 남자의 얼굴
B. 피부색이 다른 남녀가 부둥켜 안고 있는 모습
C. 여성의 누드

**Q2** 지금 남성이 산의 터널로 들어가려고 하고 있다.
터널까지의 길을 그려 넣으시오.

a. 터널을 향하고 있는 직선 도로
b. 오른 쪽으로 구부러진 도로
c 왼쪽으로 구부러진 도로
d. 두 군데 이상 커브진 도로

**Q3** 이 콜라 병을 지긋이 쥔다면 어느 부분일까?

a. ①　　b. ②　　c. ③

**Q4** 우측 일러스트의 나무줄기에서 끈과 같은 것이 늘어져 있는데 너무 멀어서 그것이 무엇인지 알 수 없다. 과연 무엇이라고 생각하는가?

a. 뱀

b. 동물의 꼬리

c. 자살하려고 어떤 사람이 걸어 놓은 로프의 한 쪽 끝

d. 나무의 줄기

**Q5** 왼 쪽의 발자국과 남겨진 하이힐에서 연상되는 스토리로서 당신은 어느 것이 적당하다고 생각하는지 고르시오.

a. 여자는 뒤따라 온 남자에게 여기서 붙잡혀 강제로 끌려갔다. 실랑이 도중에 여자의 하이힐 한 쪽이 벗겨졌다.

b. 여자는 뒤 따라 온 남자에게 여기서 붙잡혔지만 필사적으로 저항하며 하이힐로 남자를 때리고 그 틈을 타서 도망쳤다.

c. 여자는 여기서 간신히 남자를 따라잡게 되었으나 남자는 차갑게도 그녀를 팽개치고 빠른걸음으로 사라졌다.

d. 여자는 술에 취해 있었다. 하이힐을 한 손에 들고 갈지자걸음으로 걷고 있는 것을 남자가 발견하고 여자를 부축하면서 걷고 있었다. 하이힐은 그 때 떨어진 것이다.

**Q6** 이 포즈를 취하고 있는 남성의 오른 팔에 무엇인가를 쥐게 한다면?

a. 우산    b. 꽃다발    c. 주전자    d. 마이크    e. 담배

**Q7** a~d의 남성의 얼굴을 보고 그들의 히프를 상상한 뒤, 그것에 가장 가까운 것을 아래의 일러스트에서 선택해 연결해 보자. a~d 중에서 어느 남성이었을까?

a. 와일드 계열

b. 아메리칸 캐쥬얼 계열

c. 오덕후 계열

d. 힙합 양키 계열

 보통 수준의 히프에 하얀색 브리프

 잘 조여진 히프에 새빨간 비키니

느슨한 느낌의 히프에 화려한 트렁크

**Q8** 이 만화를 보고나서 질문에 답하시오

① 첫 번째 컷의 "이런 곳"이란 어디라고 생각하는가?
　　a. 회사의 회의실 b. 사람들의 눈이 많은 빌딩가 c. 오피스의 복도 d. 엘리베이터 안
② 두 번째 컷의 보이지 않는 남성의 좌측 손은 여성의 어디에 있다고 생각하는가?
　　a. 우측 가슴 b. 오른 뺨 c. 우측 엉덩이 d. 등
③ 세 번째 컷에 딱 맞는 것은?
　　a. 농후한 키스 신 b. 여성이 남성의 따귀를 때림

**Q9** 다음 만화의 두 번째 컷의 대사로 들어가는 것은 어느 것이라고 생각하는가?

a. 부인과 빨리 헤어지지 않으니까
b. 너무 작으니까
c. 항상 먼저 느껴버리니까
d. 위험한 날인데도 피임에 신경써주지 않으니까

**Q1** 당신은 놀러 간 친구 집에서 귀여운 앤티크 남자 인형을 발견했다. 친구가 자리를 비운 틈을 이용하여 그 인형을 만지고 있는데 갑자기 한 부분이 빠져버렸다.

① 빠져버린 인형의 파트는 어느 부위였나?
　 a. 머리　b. 손　c. 얼굴
② 사실 빠져버린 것은 오른쪽 다리였다. 그 다리 끝은 어떤 상태일까?
　 a. 아무 것도 신고 있지 않은 맨발
　 b. 양말을 신고 있다
　 c. 양말과 구두를 신고 있다.

## 진단방법
우측의 표와 당신이 답했던 것을 대조해서 합을 구한다. 그럼 당신이 원하고 있는 섹스는 어떤 것인지 알 수 있다.

71점 이상 …… A
70~56 점 …… B
55~41 점 …… C
40~27 점 …… D
26점 이하 …… E

| Q | A | a | b | c | d | e |
|---|---|---|---|---|---|---|
| 1 | | 5 | 3 | 1 | | |
| 2 | | 1 | 5 | 3 | 7 | |
| 3 | | 5 | 1 | 3 | | |
| 4 | | 1 | 3 | 7 | 5 | |
| 5 | | 1 | 5 | 7 | 3 | |
| 6 | | 3 | 7 | 10 | 1 | 5 |
| 7 | | 5 | 7 | 1 | 3 | |
| 8 | ① | 5 | 1 | 3 | 7 | |
| | ② | 1 | 3 | 5 | 7 | |
| | ③ | 1 | 5 | | | |
| 9 | | 7 | 1 | 3 | 5 | |
| 10 | ① | 5 | 3 | 1 | | |
| | ② | 1 | 3 | 5 | | |

## 지적인 연상의 남성에게
## 격렬하게 공략당하고 싶다

당신의 심층심리에는 변태적인 성적욕구가 감춰져 있다. 피학적인 면이 있고 거친 언어나 육체적인 고통으로 인해 쾌감에 눈이 뜨일 것이다. 당신은 어린 시절부터 부모에게 엄하게 교육을 받고 그 기억에서 피학적인 경향이 태어났던 것이다. 또한 섹스의 상대로서 당신이 욕정을 느끼기 쉬운 것은 연상이며 지적인 남성이다. 경험이 풍부한 연상의 상대라면 여성이 느끼는 포인트를 간파하고 있기 때문에 당신은 아무 생각 없이도 섹스에 몰입할 수 있다. 냉정한 눈으로「벌써 이렇게 젖었구나」하면 당신의 이성은 날아가 버릴 것이다. 또 눈을 가리거나 수갑 등을 이용한 소프트한 SM 플레이에서 새로운 쾌락을 발견해 낼 수도 있을 것이다.


## 연하 남자의 예쁜 손가락에 의해
## 절정에 도달하고 싶다.

당신에게는 남성의 손가락에 대한 페티시즘이 보인다. 남성의 가느다란 손가락을 보면 에로틱한 인상을 갖게 될 것이다. 때문에 삽입보다도 정교한 손놀림에 의해서 절정에 달하게 된다. 전희를 중시하는 섹스를 이상으로 하고 있다. 이것은 당신의 잠재의식이 구순기에 머물러 있고 손놀림에 끌리기 때문이다. 지금도 손톱을 깨물거나 입술에 손가락을 갖다 대거나 하는 버릇이 있지는 않은지? 그런 당신에게 딱 맞는 것은 잘 놀아 본 연하의 남성이다. 섬세하며 길고 아름다운 손가락이 당신의 머리카락이나 뺨에 닿는 것만으로 성욕이 끓어오른다. 키스하는 사이에 그의 손가락을 빨거나 해서 자신의 기분을 고양시켜 보자. 또, 손가락으로 느끼기 쉬운 G스팟은 미리 자위를 통해서 개발해 두면 좋을 것이다.


## 누군가 보고 있는 곳에서 SEX하고 싶다

당신은 나르시스틱한 경향이 강하고 남에게 보여 지고 싶다는 욕망이 강한 타입이다. 섹스 면에서도 "보이면서"하는 것에 강한 쾌감을 얻을 수 있다. 대담한 란제리를 몸에 걸치는 것에도 전혀 거부감이 없다. 거울을 보면서 하거나 동영상을 찍거나 사람들이 많은 노상에서의 카섹스 등에 흥미진진해 할 것이다. 그런 비정상적인 섹스에 적합한 것은 라틴계의 분위기를 풍기는 변태적인 남성이다. 그런 사람은 야외 섹스 등 당신이 만족하는 비정상적인 플레이를 제안해 준다. 또, 자위하는 것을 남에게 보여주는 것으로도 쾌감에 빠질 수 있으므로 한번 도전해 보면 어떨까?

## 틈만 나면 하루 종일
## SEX를 하면서 지내고 싶다.

섹스에서 살과 살의 접촉을 추구하고 있는 당신. 서로에게 마사지를 해 주거나 함께 목욕을 하거나 하는 동안에 자연스럽게 섹스로 이행되는 상황이 당신의 이상이다. 이것은 당신이 과보호 아래에서 키워졌기 때문이고, 가족과 함께 목욕하는 기회가 많았던 영향이다. 남성의 피부 체온이 잠재의식을 안심시켜주는 것이다. 그런 당신에게 있어서 이상의 섹스 상대는 자신을 크게 품어 줄 수 있을 정도의 신체가 건장한 남성이다. 또 당신은 그와 함께 있을 때는 늘 하나로 되고 싶어 하는 어리광쟁이이기도 하다. 하루에 몇 번이라도 섹스하고 싶어 하므로 지구력이 있는 남성이라야 만족을 시켜 줄 수 있을 것이다.

## 조금은 난폭하고 거칠게 다뤄지고 싶다!

섹스로 격렬하고도 거칠게 다뤄져서 기억이 사라질 정도의 절정을 느껴보고 싶어 하는 당신. 당신의 마음 저변에는 자기 자신에 대한 파괴욕구가 적지 않아서 그것이 일종의 "당하고 싶은" 열망이 되어 나타나고 있다. 옷도 벗기지 않은 상태에서, 갑자기 삽입당하거나 손과 발을 묶고 관계를 갖는 조금은 변태적일 정도의 섹스가 당신을 쾌락의 세계로 불러 줄 것이다. 섹스 상대로서 이상적인 것은 오만스럽고 새디스트적인 남성이다. 소위 "아름다운 섹스"로서는 여간해서 절정에 다다르지 못하는 당신이므로 무드나 테크닉 모두 무시된 욕설 플레이를 즐기는 남성과 조우한다면 당신의 섹스 라이프는 충실해 질 것임에 확실하다.

# 진로편

나가야 할 길에서 헤매고 있다면 자기를 찾는 여행을 떠나보자.

앞으로 어떠한 길을 걸어 나가야 좋은지 답답할 때 진정한 자기를 아는 것으로 답을 찾을 수 있다. 이 테스트를 사용하면 마음의 심연에 잠자고 있는 염원이나 진심을 간단히 도출할 수 있다. 빨리 시작해보자.

**Q1** **당신의 여행 목적은?**

문원북 여행사가 「당신의 여행 목적은?」을 조사했다.
결과는 5위가 맛 기행, 4위가 쇼핑이라면, 1~3위가 A~C 중에서 들어간다고 가정할 때,
 1~3위에 A~C의 답을 넣으시오.

1위……

2위……

3위……

4위……쇼핑

5위……맛기행

A. 미지의 문화나 나라를 이해

B. 사람과의 만남

C. 휴양이나 놀이

## Q2  성인의 세계에 들어가기 위한 의식을 행한다면?

우리나라는 19세부터 나이를 성인으로 간주한다. 그러면 나이를 따지지 않고 어른들의 세계로 들어가기 위한 의식을 행한다면 어떤 의식이 가장 좋을 것으로 생각하는가?

A. 결혼식에서 맞절한 뒤에 마시는 한 잔의 술처럼, 성인주를 한 잔 마신다.
B. 「성인의 맹세」등 결의를 표명하는 말을 글로써 사람들 앞에서 읽는다.
C. 성인이 됨과 동시에 또 하나의 이름을 갖는다.

## Q3  이 소년은 비만이다.

물론 이렇게 된 것은 식생활이 원인이다. 도대체 어떤 식생활이었다고 생각하는가?

A. 일어나서 잠잘 때까지 끊임없이 뭔가를 먹고 있다.
B. 하루의 식사는 보통대로 3회이다. 다만 한 번의 식사량이 남들의 배.
C. 먹는 양, 횟수 모두 보통이지만 고칼로리의 음식만 먹고 있다.

## Q4  어느 날, 벽장 정리를 하다가……

초등학생 시절에 쓴 작문이 나왔다. 너무나 옛날이 그리운 기분으로 다시 읽어 보게 된 당신. 그 작문의 내용은 다음 중에서 어느 것이라고 생각하는가.

A. 장래의 꿈에 대해서       B. 나 자신에 대해서 생각한 것       C. 나의 가족

## Q5  최후의 맞춤 조각 한 개는 어느 것?

장기 휴가를 이용해서 1,000 조각의 정물화 직소 퍼즐 완성에 도전했다. 간신히 이제 완성까지 3개만 남은 단계까지 왔다. 이 중에서 최후의 맞춤 조각 한 개는 어느 것이라고 생각하는가?

A. 양초의 일부       B. 과일의 일부       C. 책의 일부

## Q6 생각을 떠올려 보자.

지금 여기에 멋진 검정 스웨터가 있다. 이것을 선물하고 싶은 사람을 한 사람 떠올려 보시오. 과연 그 사람은 A~C 중에서 어느 사람일까?

  A. 회사동료          B. 사적인 친구          C. 남편(처)이나 연인

## Q7 역의 홈에 남자가 있다.

남자는 전철을 기다리고 있다. 그때 전철이 들어왔다. 이 전철은 다음의 어느 것이라고 생각하는가? 직감으로 대답하시오.

A. 각 역마다 서는 일반열차
B. 목적지까지 4~5개 역 정도만 정차하는 급행열차
C. 목적지까지 1~2 역밖에 정차하지 않는 특급열차

## Q8 뜻밖에 「세계일주 여행」에 당첨되었다.

TV 퀴즈 프로그램에 응모했는데 뜻밖에 「세계일주 여행」에 당첨된 당신. 매우 기뻐한다. 그런데 이 세계일주 여행은 며칠간이나 세계를 도는 것일까?

  A. 2주간          B. 10일간          C. 7일간

# 과연 심리테스트의 결과는?

## 01 이제부터 걸어 나가게 될 「인생」

여행은 인생의 상징이다. 그리고 두 번째로 선택한 것은 진심을 나타내는 것으로 여기서는 당신 인생의 가치관을 나타내고 있다.

A의 「미지의 문화나 나라를 이해」를 선택한 사람은 인생은 항상 미지에 대한 도전이라는 적극적인 인생관을 갖고 있는 사람이다. 당신의 인생을 길에 비교한다면 급한 언덕 길이다.

B의 「사람과의 만남」을 선택한 사람은 사람과의 소통을 좋아하는 사교적인 타입이다. 모두 함께, 손에 손을 잡고 밝고 온화한 인생을 보내고 싶어 할 것이다.

C의 「휴양이나 놀이」를 선택한 사람은 속박이나 의무를 싫어하므로 자유롭고 유유자적하게 살고 싶은 타입이다. 길이 없는 길이 당신의 인생의 심벌일지도 모른다.

## 02 합격하고 싶다고 바라고 있는 것.

성인식은 어른으로서 합격했다는 표식이다. 성인식에서 치루는 의식의 내용은 당신의 고집을 나타내며, 합격하고 싶어 하는 것이기도 하다.

A의 「술」을 선택한 사람에게 있어서, 술은 욕망의 해방을 나타낸다. 당신은 유흥이나 연애, 맛 기행 등 욕망을 충족하는 분야에서 능력자나 능력있는 친구라고 여겨지고 싶은 욕망이 있을 것 같다.

B의 「맹세의 말」은 이성적인 사고나 현실을 나타내는 것이다. 당신은 공부나 일에서 주위 사람들에게 주목을 받고 싶어 한다. 사회인이 된다면 승진, 승급을 목표로 하여 바지런하게 열심히 일해 나가는 타입으로서 적합하다.

C의 「또 하나의 이름」은 또 다른 하나의 자신이다. 즉, 잠재적인 가능성을 말한다. 당신은 숨겨진 재능을 펼치고 싶어 하는 듯하다. 새로운 공부나 강습 등에 나가는데 딱 좋은 시기일지도 모른다.

## 03 알맞은 저축법

저축의 경향을 나타내는 것이다.

A처럼 끊임없이 먹고 있다고 답한 사람은 차곡차곡 쌓아 나가는 타입이다. 매일 쓰고 남은 500원짜리 동전을 저금통에 넣는 견실한 저축법이 적합하다.

B의 「식사량이 두 배」라고 답한 사람은 한 번에 크게 왕창 모으고 싶은 사람이다. 보너스 전액을 예금에 넣는 방법으로 저금하는 것이 가장 효율적일 것이다.

C의 「고칼로리 식사」라고 대답한 사람은 금전감각이 견실하다. 가능한 효율성 있게 돈을 늘려나가고자 하는 타입으로 신용카드의 포인트나 마일리지 등의 보너스 특전을 효율적으로 사용하는 능력도 좋을 것이다.

## 04 추천하는 책은 이것이다.

회상에 젖게 만드는 작문이란 잊어버렸던 마음이다. 즉, 지금의 당신에게 부족한 것이다. 그 작문의 내용에서 당신의 마음을 윤택하게 해주는 문학을 찾아보자.

A의 「장래의 꿈」이라고 답한 사람은 어렸을 때의 꿈과 전혀 다른 인생을 걷고 있지는 않는지? 모험소설이나 전기 등 꿈을 떠올려주는 것을 추천한다.

B의 「자기 자신」이라고 답한 사람은 자신의 마음을 뱉어 내고 싶은데 억압당하고 있지는 않는지? 당신의 마음을 대변해 주는 에세이나 논 픽션 소설은 공감대가 형성되어서 스트레스를 해소시키는데 도움을 줄 것이다.

C의 「가족」을 선택한 사람은 따뜻한 온기를 갈망하고 있는 듯하다. 그림책이나 시집, 연애소설을 읽어서 마음을 따뜻하게 데워서 안락감을 얻는다면 좋을 것이다.

## 05 한 해의 계획으로는 이것을 추천한다!

직소 퍼즐의 완성은 목표 달성을 나타낸다. 최후의 1 조각은 당신이 마음속 심연에서 갈구하고 있는 사안을 상징하고 있다. 즉, 그 것을 한 해의 계획으로 삼는다면 충실한 일 년을 보낼 수 있는 셈이 된다.

A의 「불꽃」은 생명력을 나타낸다. 당신은 지금 건강에 불안감을 느끼고 있지는 않는지?

조깅이나 워킹을 일과로 삼거나 식사에 주의를 기울이거나 해서 건강의 향상을 목표로 하는 것이 좋을 듯하다.

B의 「과일」은 풍부의 상징이다. 당신에게 추천하는 것은 바로 저금이다. 자동차나 부동산 구입, 해외여행 등을 목표로 저축에 힘쓰면 일에도 긴장감이 생겨 큰 수확을 얻을 것이다.

c의 「책」은 지식을 나타내는 것이다. 자신을 더욱 높이기 위해서는 강습회 등에 나가서 새로운 공부를 시작하거나 자격이나 면허를 취득하는 것을 목표로 공부한다면 결실이 풍성한 일 년이 될 것이다.

## 06 당신이 지금 버리고 싶은 것.

색채심리학적으로는 「검정」은 무거운 짐이나 억압을 나타낸다. 바꿔서 말하자면 버리고 싶은 것을 상징하는 것이다. 검은 스웨터를 보내고 싶다고 생각되는 사람은 당신이 지금 버리고 싶은 것과 밀접하게 관계되어 있을 가능성이 높다.

A의 「회사와 관계있는 사람」을 선택한 사람은 현재의 업무를 무거운 짐으로 느끼고 있을 것이다. 현재의 포스트나 직책을 버리고 다른 일을 하고 싶은 것이 아닐지?

B의 「친구」는 넓은 의미로는 대인관계를 나타내는 답이다. 진정한 당신은 너무 사람 사귀는 것을 좋아하지는 않는지? 단순한 의리로 유지되는 교제 등은 깔끔하게 정리해서 신변이 가벼워지고 싶은 것이다.

C의 「남편(처)이나 연인」은 애정문제를 의미한다. 연인이나 결혼 상대와의 관계에 당신은 속박을 느끼고 있는 듯하다. 어쩌면 헤어지는 것도 진지하게 생각하고 있을지도 모른다.

## 07 노력하기를 좋아하는 사람인가 아닌가를 알 수 있다.

심리학적으로 본다면 전철은 인생의 상징이다. 많은 역에 정차하는 전철을 선택한 사람일수록 인생에 착실함을 추구하고 성실함도 높을 것으로 추측할 수 있다.

A의 「일반열차」를 선택한 사람은 근면하고 사물을 성실하게 이뤄나가는데 소질이 있는 타입이다. 매일같이 정진하는 자세로 착실하게 노력하는, 그야말로 노력을 너무 좋아하는 사람일 것이다.

B의 「급행열차」를 선택한 사람은 기복이 심한 사람이다. 리듬을 잘 타면 몇 시간 동안이

라도 열심히 일을 하지만 마음이 내키지 않으면 며칠이나 아무 것도 하지 않고 게으름을 부릴 것이다. 결코 노력하기를 싫어하지는 않지만 뭔가를 쌓아 나간다는 것 자체에 서툰 사람이라고 말할 수 있다.

C의 「특급열차」를 선택한 당신은 중간의 노력을 생략하고 성과만을 손에 넣으려고 하는 전형적인 노력기피증 환자이다. 노력하는 것을 귀찮다고 여기고 돈으로 자격만을 손에 넣으려고 하는 경우도 있을 것이다.

## 08 어떤 인생을 보낼 것인가를 알 수 있다.

여행은 인생의 상징이다. 세계일주 여행의 기간을 많이 잡는 것으로 이미지화 한 사람일수록 인생을 길고 넓게 생각하며 여유롭게 지내는 타입이라고 할 수 있다.

A의 「2주간」을 선택한 사람은 마이 페이스로 프로세스를 즐기면서 인생을 보내는 사람일 것이다. 단, 여행에는 다소 늦기 일쑤일지도 모른다.

B의 「10일간」을 선택한 사람은 주위와 같은 페이스로 한다고 생각하는 편이다. 재촉이라도 받게 되면 서두르며, 주위가 여유를 부리면 자기도 여유를 부리면서 쉰다. 이렇게 변환을 자유자재로 하지만 다소 분위기에 휩쓸리기 쉬운 타입이다.

C의 「7일간」을 선택한 사람은 항상 종종걸음을 걷듯이 바쁜 사람이다. 늘 무엇인가에 열중하고 시간을 헛되이 보내지 않는 것이 특징이다. 완전 연소가 가능하여 충실감은 항상 가득 차있다. 반면에 스트레스가 쌓이기 쉬우므로 한 템포 쉬어가는 것을 항상 염두에 두어야 한다.